Law and Economics of International Telecommunications

Under the Auspices of the Max Planck Institute for Foreign and International Private Law
edited by Prof. Ernst-Joachim Mestmäcker
and Prof. Christoph Engel

Volume 44

Christoph Bohl

Konzentrationskontrolle in den elektronischen Medien

Nomos Verlagsgesellschaft
Baden-Baden

Die Deutsche Bibliothek – CIP-Einheitsaufnahme

Ein Titeldatensatz für diese Publikation ist bei der
Deutschen Bibliothek erhältlich. (http://www.ddb.de)

Zugl.: Hamburg, Univ., Diss., 1999

ISBN 3-7890-6707-5

ISSN 0935-0624

1. Auflage 2000

Inhaltsübersicht

Inhaltsverzeichnis

Abkürzungsverzeichnis

Abl.	Amtsblatt
AfP	Archiv des Presserechts
AG	Die Aktiengesellschaft
AGF	Arbeitsgemeinschaft Fernsehforschung
AktG	Aktiengesetz
AO	Abgabenordnung
AöR	Archiv des öffentlichen Recht
ARD	Arbeitsgemeinschaft der öffentlich-rechtlichen Rundfunkanstalten Deutschlands
ArchPT	Archiv für Post und Telekommunikationsrecht
BayMG	Bayerisches Mediengesetz
BayVBl.	Bayerische Verwaltungsblätter
BayVerfGH	Bayerischer Verfassungsgerichtshof
BayVGH	Bayerischer Verwaltungsgerichtshof
BB	Betriebs Berater
BetrVG	Betriebsverfassungsgesetz
BGBl.	Bundesgesetzblatt
BGH	Bundesgerichtshof
BGHZ	Entscheidungen des Bundesgerichtshofs in Zivilsachen
BiB	British Interactive Broadcasting Limited
BKartA	Bundeskartellamt
BLM	Bayerische Landeszentrale für neue Medien
BR-Drs.	Drucksache des Bundesrats
BremLMG	Bremisches Landesmediengesetz
BskyB	British Broadcasting Limited
BT-Drs.	Drucksache des Bundestages
BVerfG	Bundesverfassungsgericht
BVerfGE	Entscheidungen des Bundesverfassungsgerichts
BVerwG	Bundesverwaltungsgericht
BVerwGE	Entscheidungen des Bundesverwaltungsgerichts
CLT	Compagnie Luxembourgeoise de Telediffusion
DB	Der Betrieb
DCTP	DCTP Entwicklungsgesellschaft für TV-Programm mbH
DF 1	DF 1 Digitales Fernsehen GmbH & Co. KG

DJT	Deutscher Juristentag
DLM	Direktorenkonferenz der Landesmedienanstalten
DÖV	Die Öffentliche Verwaltung
DSF	Deutsches Sportfernsehen
DVBl.	Deutsches Verwaltungsblatt
DZWiR	Deutsche Zeitschrift für Wirtschaftsrecht
EG	Europäische Gemeinschaft
EMR	Institut für Europäisches Medienrecht, Saarbrücken
EMRK	Europäische Menschenrechtskonvention
EP	Europäisches Parlament
Epd/KuR	Evangelischer Pressedienst/Kirche und Rundfunk
EU	Europäische Union
EuGH	Europäischer Gerichtshof
EuGRZ	Europäische Grundrechte-Zeitschrift
EuGHMRE	Entscheidungen des Europäischen Gerichtshofs für Menschenrechte
EuR	Europarecht
EuZW	Europäische Zeitschrift für Wirtschaftsrecht
EWG	Europäische Wirtschaftsgemeinschaft
EWS	Europäische Zeitschrift für Wirtschafts- und Steuerrecht
FCC	Federal Communication Commission
FK	Funk-Korrespondenz
FKVO	EG- Fusionskontrollverordnung
FIW	Forschungsinstitut für Wirtschaftsverfassung und Wettbewerb
FS	Festschrift
GBl.	Gesetzesblatt
GfK	Gesellschaft für Konsum-, Markt- und Absatzforschung
GmbHG	Gesetz über die Gesellschaft mit beschränkter Haftung
GRUR Int.	Gewerblicher Rechtsschutz und Urheberrecht Internationaler Teil
GVBl.	Gesetzes und Verordnungsblatt
GWB	Gesetz gegen Wettbewerbsbeschränkungen
HdbVerfR	Handbuch des Verfassungsrechts
HGB	Handelsgesetzbuch
Hmb.MedienG	Hamburgisches Mediengesetz
HMG	Holland Media Groep S.A.
HPRG	Hessisches Privatrundfunkgesetz

IuKDG	Informations- und Kommunikationsdienstegesetz
JZ	Juristen-Zeitung
KDLM	Konferenz der Direktoren der Landesmedienanstalten
KEK	Kommission zur Ermittlung der Konzentration im Medienbereich
KG	Kammergericht
KOM	Dokument der Kommission der Europäischen Gemeinschaft
Kommission	Kommission der Europäischen Gemeinschaft
KWG	Kreditwesengesetz
K&R	Kommunikation & Recht
LG	Landgericht
LMG	Landesmedienngesetz
LMG Bad.-Württ.	Landesmediengesetz von Baden-Württemberg
LMG Bremen	Bremisches Landesmdiengesetz
LPR	Landeszentrale für private Rundfunkveranstalter in Rheinland-Pfalz
LRG	Landesrundfunkgesetz
LRG Nds.	Landesrundfunkgesetz Niedersachsen
LRG NRW	Rundfunkgesetz für das Land Nordrhein-Westfalen
LRG Rh.-Pf.	Landesrundfunkgesetz (Rheinland-Pfalz)
LRG Schl.-H:	Rundfunkgesetz für das Land Schleswig-Holstein
LVwVfG	Landesverwaltungsverfahrensgesetz
MABB	Medienanstalt Berlin Brandenburg
MDStV	Mediendienste-Staatsvertrag
MedienStV	Medienstaatsvertrag Berlin-Brandenburg
MitbestG	Mitbestimmungsgesetz
MMR	Multi Media und Recht
MP	Media Perspektiven
MSG	Media Service Gesellschaft
NdsLRG	Niedersächsiches Landesrundfunkgesetz
NJW	Neue Juristische Wochenschrift
NSD	Nordic Satellite Distribution
NVwZ	Neue Zeitschrift für Verwaltungsrecht
OLG	Oberlandesgericht
OVG	Oberwaltungsgericht
PRG Sa.-Anh.	Gesetz über den privaten Rundfunk in Sachsen-Anhalt
Reg.Entwurf	Regierungsentwurf

RfStV 1991	Rundfunkstaatsvertrag in der Fassung vom 31.8.1991
RfStV 1997	Rundfunkstaatsvertrag in der seit dem 1.1.1997 geltenden Fassung
RGHZ	Entscheidungen des Reichsgerichts in Zivilsachen
RGMV	Rundfunkgesetz für das Land Mecklenburg-Vorpommern
RTL	RTL plus Deutschland Fernsehen GmbH & Co. KG
RuF	Rundfunk und Fernsehen
SächsPRG	Sächsisches Privatrundfunkgesetz
saarl. LMG	Rundfunkgesetz für das Saarland
SAT 1	SAT.1. SatellitenFernsehen GmbH
StV	Staatsvertrag
TB	Tätigkeitsbericht
TDG	Gesetz über die Nutzung von Telediensten
TKG	Telekommunikationsgesetz
TPS	Television par Satellite
TRG	Thüringisches Privatrundfunkgesetz
UFA	UFA Film und Fernseh GmbH & Co. KG
VO	Verordnung
VPRT	Verband Privater Rundfunk- und Telekommunnikation e.V.
VVDStRL	Veröffentlichung der Vereinigung Deutscher Staatsrechtslehrer
WAZ	Westdeusche Allgemeine Zeitung
WpHG	Wertpapierhandelsgesetz
WuW	Wirtschaft und Wettbewerb
WuW/E	Entscheidungssammlung zum Kartellrecht
WuW/EU-V	Entscheidungen von europäischen Gerichten und Behörden zum Kartellrecht
WuW/DE-V	Entscheidungen von deutschen Gerichten- und Behörden zum Kartellrecht
ZDF	Zweites Deutsches Fernsehen
ZGR	Zeitschrift für Gesellschafts- und Unternehmensrecht
ZHR	Zeitschrift für das gesamte Handels- und Wirtschaftsrecht
ZUM	Zeitschrift für Urheber- und Medienrecht

Vorwort

Die vorliegende Arbeit wurde vom Fachbereich Rechtswissenschaft der Universität Hamburg im Sommersemester 1999 als Dissertation zu dem Thema „Konzentrationskontrolle im bundesweiten privaten Fernsehen“ angenommen. Ich danke Herrn Prof. Dr. Dr. h.c.Ernst-Joachim Mestmäcker sehr herzlich für die Anregung zu dem Thema und die Betreuung der Arbeit sowie für die zügige Durchführung des Promotionsverfahrens und die Aufnahme der Arbeit in diese Schriftenreihe. Danken möchte ich auch Herrn Prof. Dr. Marian Paschke für die Erstellung des Zweitgutachtens und Herrn Prof. Dr. Nicolaysen, dem ich die Grundlagen meiner Kenntnisse des Rechts der Europäischen Gemeinschaft verdanke. Mein Dank gilt ferner Frau Waltraut Wieczorek, die mich dabei unterstützt hat, das Typoskript in ein druckfähiges Format zu bringen.

Für die Veröffentlichung wurde die Arbeit auf den neuesten Stand gebracht. Rechtsprechung, Verwaltungspraxis und Literatur wurden bis August 1999, in den Fußnoten teilweise bis Oktober 1999 berücksichtigt.

Die Arbeit ist meinen Eltern, meiner Frau Julia und meinem Sohn Jan Philipp gewidmet.

Berlin, im Oktober 1999 Christoph Bohl

Einführung

In welcher Weise Konzentrationstendenzen in den Medien wirksam begegnet werden kann, wurde unter verfassungs-, medien- und wirtschaftsrechtlichen Gesichtspunkten zunächst allein in Bezug auf die Presse diskutiert[1]. Die Situation im Rundfunk war demgegenüber aufgrund des öffentlich-rechtlichen Sendemonopols lange Zeit durch eine fast vollkommene Abwesenheit von Wettbewerb gekennzeichnet, mit der Folge, daß Konzentrationstendenzen in diesem Bereich ausgeschlossen waren[2]. Die Perspektive veränderte sich Mitte der achtziger Jahre, als im Zuge neuer technischer Übertragungsmöglichkeiten privater Rundfunk zugelassen wurde. Mit dem sog. dualen System ist im Rundfunk ein Wettbewerb um Zuschauer und Hörer sowie um Werbemarktanteile und Programmverwertungsrechte entstanden. Diese Entwicklung hatte zur Folge, daß auch in den elektronischen Medien ein Konzentrationsprozeß einsetzte. Die damit verbundenen zahlreichen neuen Rechtsprobleme stehen im Mittelpunkt dieser Arbeit.

Das Bundesverfassungsgericht leitet in ständiger Rechtsprechung aus der Rundfunkfreiheit die Verpflichtung des Landesgesetzgebers her, rundfunkspezifische Vorkehrungen zum Schutz der Meinungsvielfalt zu treffen[3]. Dabei geht das Gericht davon aus, daß sich die für eine demokratische Ordnung essentielle freie Meinungsbildung[4] im Rundfunk nicht, wie im Pressebereich, durch das Prinzip der "geistigen und wirtschaftlichen Konkurrenz" privater Unternehmen verwirklichen läßt[5]. Der Rundfunk könne nicht dem "freien Spiel der Kräfte" überlassen werden[6]. Der Gesetzgeber habe deshalb im Rundfunk durch eine "positive Ordnung" sicherzustellen, daß die "Vielfalt der bestehenden Meinungen in möglichster Breite und Vollständigkeit" Ausdruck findet[7]. Das Gericht begründete die unterschiedliche Bedeutung des Wettbewerbsprinzips in Presse und Rundfunk zunächst mit den historisch verschiedenartig entwickelten Strukturen und der durch Frequenzknappheit und hohen finanziellen Aufwand gekennzeichneten Sondersituation im Rundfunk[8]. In dem Rundfunkgebührenurteil vom 22. Februar 1994 sieht das Gericht die besonderen Merkmale des Rundfunks allgemein in seiner "Breitenwirkung, Aktualität und Suggestivkraft"[9] und bezogen auf den privaten Rundfunk in den durch die Werbefinanzierung begründeten "programm- und vielfaltsverengenden Tenden-

1 Mestmäcker, Medienkonzentration S. 11; Kübler, Medienverflechtung S. 17.
2 Bericht der Michel-Kommission, BT-Drs. V/2120.
3 BVerfGE 73, 118, 172; 95, 163, 172 f; 97, 228, 256, 266.
4 BVerfGE 35, 202, 222.
5 BVerfGE 20, 162, 175.
6 BVerfGE 57, 295, 323.
7 BVerfGE 73, 118, 152 f.
8 BVerfGE 12, 205, 261; 31, 314, 326.
9 BVerfGE 90, 60, 87.

zen"[10]. Auf die Frage, ob sich diese Prärogative vor dem Hintergrund des technischen Wandels in den elektronischen Medien in den letzten Jahren noch halten läßt wird im Rahmen der Arbeit näher einzugehen sein.
Die Länder haben in Erfüllung dieser Regelungsaufgabe Vorschriften zur Sicherung der Meinungsvielfalt im Rundfunkstaatsvertrag[11] und in den Landesmediengesetzen[12] erlassen.
Gegenstand dieser Untersuchung ist es, diese medienspezifischen Konzentrationsregeln in ihrem verfassungs- und europarechtlichen Zusammenhang darzustellen und zu analysieren. Die Regeln sollen auf der Grundlage der bisherigen Anwendungspraxis der Aufsichtsgremien auf ihre Eignung, ein möglichst hohes Maß gleichgewichtiger Vielfalt im privaten Rundfunk zu sichern, überprüft werden. Im Vordergrund steht dabei nicht so sehr eine genaue Analyse der verschiedenen Einzelregelungen im Rundfunkstaatsvertrag und in den Landesmediengesetzen. Ziel der Untersuchung ist es vielmehr, die maßgeblichen medienspezifischen Kriterien der Konzentrationskontrolle in ihren Grundstrukturen herauszuarbeiten. Der Schwerpunkt der Arbeit liegt dabei auf der für das bundesweite private Fernsehen geltenden Regelung. Anhand dieses für die Bildung der öffentlichen Meinung besonders wichtigen „Leitmediums" [13] lassen sich die aktuellen Fragen der Konzentrationskontrolle in den elektronischen Medien exemplarisch untersuchen.
Grundlage der Vorschriften zur Sicherung der Meinungsvielfalt im bundesweiten privaten Fernsehen ist das mit dem Dritten Rundfunkänderungsstaatsvertrag[14] eingeführte sog. Zuschaueranteilsmodell. Im Mittelpunkt der Regelung steht § 26 RfStV 1997, der einem Unternehmen erlaubt, eine unbegrenzte Zahl von Programmen im privaten Fernsehen bundesweit zu verbreiten, solange dadurch keine vorherrschende Meinungsmacht entsteht. Vorherrschende Meinungsmacht wird vermutet, wenn ein Unternehmen mit den ihm zurechenbaren Programmen einen Zuschaueranteil von 30 v.H. erreicht oder geringfügig unterschreitet und zusätzlich über eine marktbeherrschende Stellung auf einem medienrelevanten verwandten Markt verfügt oder eine Gesamtwürdigung seiner Aktivitäten auf allen Märkten ergibt, daß der Meinungseinfluß dem eines Unternehmens mit einem Zuschaueranteil von 30 v.H. entspricht.
Die Anwendung des § 26 RfStV 1997 wirft in der Praxis eine Vielzahl von grundsätzli-

---

10 BVerfGE 90, 60, 91.

11 Rundfunkstaatsvertrag, Art. 1 des Staatsvertrages über den Rundfunk im vereinten Deutschland vom 31.8.1991, zuletzt geändert durch den Dritten Rundfunkänderungsstaatsvertrag vom 26.8./11.9.1996, bekanntgemacht u.a. BayGVBl. S. 480, abgedruckt bei Ring (Hrsg.) Medienrecht, Bd. 2, C-O StV, (zitiert: „RfStV 1997").

12 Siehe dazu unten 2. Abschnitt A. II.

13 Siehe zuletzt BVerfGE 97, 228, 258, 266 („Kurzberichterstattung").

14 Siehe N. 11.

chen und schwierigen Auslegungsfragen auf[15]. Dabei kommt der Frage, unter welchen Voraussetzungen eine „geringfügige" Unterschreitung des Zuschaueranteils von 30 v.H. im Sinne von § 26 Abs. 2 S. 2 RfStV 1997 anzunehmen ist, besondere Bedeutung zu[16]. Eine wichtige Funktion kommt auch den Zurechnungsregeln[17] zu, nach denen zu beurteilen ist, welche Programme einem Unternehmen zuzurechnen sind. In diesem Zusammenhang werden die Wertungen des Konzernrechts und des Kartellrechts heranzuziehen sein. Die in diesen Rechtsgebieten bestehende Praxis kann insbesondere dazu beitragen, Umgehungen der im Staatsvertrag festgelegten Zurechnungsregeln mittels der Gestaltungsmöglichkeiten des Gesellschaftsrechts zu erfassen. Dabei sind jedoch die unterschiedlichen Zielsetzungen des Rundfunkrechts einerseits und des Konzern- und Kartellrechts andererseits im Auge zu behalten.

Diese Fragen des materiellen Konzentrationsrechts stehen im Mittelpunkt der Arbeit. Es wird jedoch auch auf die ebenfalls durch den Dritten Rundfunkänderungsstaatsvertrag neu gefaßten verfahrens- und organisationsrechtlichen Vorschriften der Konzentrationsaufsicht einzugehen sein. Dabei wird insbesondere die Aufgabe der neu eingeführten Kommission zur Ermittlung der Konzentration im Medienbereich (KEK), die als Organ der Landesmedienanstalten für die Konzentrationsaufsicht im bundesweiten privaten Fernsehen zuständig ist, näher zu betrachten sein.

Das neue Medienkonzentrationsrecht für private Veranstalter von bundesweitem Fernsehen ist vor dem Hintergrund der technischen Entwicklung in den elektronischen Medien und der Telekommunikation sowie dem Entstehen eines europäischen Rundfunkraums zu bewerten.

Die Rundfunkordnung steht vor einem grundlegenden Wandel der technischen Nutzungsmöglichkeiten[18]. Die Digitalisierung des Fernsehens und die Entwicklung neuer Informations- und Kommunikationstechnologien werden zu einer Vervielfachung der Übertragungswege und zu der Einführung neuer Informations- und Kommunikationsdienste führen[19]. Die Konvergenz von Telekommunikation, elektronischen Medien und Informationstechnologien eröffnet die Möglichkeit, durch digitale Netze unterschiedslos Sprache, Daten, Bilder und bewegte Bilder zu transportieren und wird damit die Auflö-

---

15 Siehe hierzu den grundlegenden Beschluß der KEK vom 26.1.1999 in dem Zulassungsverfahren der PREMIERE Medien GmbH & Co. KG zur Veranstaltung von digitalen Pay-TV Programmen, Az. KEK 026; ZUM Rechtsprechungsdienst Heft 5/1999, S. 241 ff.

16 Siehe dazu Beschluß der KEK vom 26.1.1999 (vorherige N.) sowie die obiter gemachten Ausführungen in dem Beschluß der KDLM vom 7.11.1998, ZUM 1998, S. 1054 („Discovery Channel") und die Gutachten von Bork, abgedr. in K&R 1998, S. 163 ff. und Martinek, EMR-Schriftenreihe Bd. 19 passim.

17 § 28 RfStV 1997. Vgl. dazu Beschluß der KEK vom 26.1.1999 in der Sache „ProSieben Media AG"; Az. KEK 007 u. 029; ZUM Rechtsprechungsdinest Heft 5/1999, S. 251 ff.

18 Bullinger/Mestmäcker, Multimediadienste, 1997, S. 15 ff.

19 Siehe vorherige N.

sung der ursprünglich gegebenen Einheit von Transportnetz und Art der übertragenen Signale - Übermittlung von Sprache durch das Telefonnetz, Übertragung von Videosignalen mit Hilfe von Breitbandnetzen - zur Folge haben[20]. Diese weitreichenden technischen Veränderungen erfordern die Schaffung eines neuen Ordnungsrahmens[21]. Unter konzentrationsrechtlichen Gesichtspunkten stellen sich in diesem Zusammenhang eine Reihe von neuen Problemen, von denen hier beispielhaft nur der Zugang zu den Netzen, die Neutralität der Netzbetreiber sowie die Verflechtung von Netzträgerschaft und Programmträgerschaft genannt seien, die im Staatsvertrag bisher nur ansatzweise geregelt sind[22].

Das Entstehen eines europäischen Rundfunkmarkts bringt unter dem Aspekt der Medienkonzentration in zweierlei Hinsicht Rechtsprobleme mit sich. Aus Sicht der Mitgliedstaaten stellt sich in erster Linie das Problem, grenzüberschreitende Verflechtungen zu erfassen. Des weiteren haben die Mitgliedstaaten zu erwägen, ob sie Vorkehrungen für den Fall treffen, daß ein Veranstalter die inländischen Vorschriften umgeht, indem er Programme vom Ausland aus sendet. Diese Regelungsprobleme sind auf den begrenzten Geltungsbereich einzelstaatlicher Vorschriften zurückzuführen[23]. Aus Sicht der Gemeinschaft stellen die unterschiedlichen nationalen Regeln zum Schutz des Pluralismus in den Medien ein potentielles Hindernis für den freien Sendeverkehr dar[24]. Die Kommission hat daher in einem Grünbuch über "Pluralismus und Medienkonzentration im Binnenmarkt" erwogen, die einzelstaatlichen Beschränkungen des Eigentums an Medienunternehmen auf der Grundlage des Art. 47 Abs. 2 EG-Vertrag in der Fassung des Amsterdamer Vertrages (früher Art. 57 Abs. 2 EG-Vertrag) zu harmonisieren[25]. Dieses Ziel kann nach Auffassung der Kommission nur durch eine einheitliche Festlegung von Grenzen für die Medienkonzentration durch die Gemeinschaft erreicht werden[26]. Damit ist neben der Frage der Notwendigkeit und Zweckmäßigkeit einer Harmonisierung der nationalen Konzentrationsvorschriften, die Frage der Zuständigkeit der Gemeinschaft zur Sicherung von Pluralismus im Medienbereich aufgeworfen[27].

---

20 Mestmäcker, Über den Einfluß von Ökonomie und Technik auf Recht und Organisation der Telekommunikation und der elektronischen Medien, in ders. (Hrsg.) Kommunikation ohne Monopole II., S. 33 ff., 39 f.

21 Ebd. S. 160.

22 Siehe § 53 RfStV 1997. Die Bestimmung wird im Rahmen des am 24. Juni 1999 von den Ministerpräsidenten verabschiedeten Vierten Rundfunkänderungsstaatsvertrages neu gefaßt, epd medien Nr. 49 v. 26.6.1999. Siehe dazu KEK, Tätigkeitsbericht 1998/1999, S. 74 ff.

23 Eberle/Gersdorf, Der grenzüberschreitende Rundfunk im deutschen Recht, S. 11.

24 Siehe zu den unterschiedlichen Regelungen in Deutschland, Frankreich, Italien und Großbritannien: Schellenberg, Rundunk-Konzentrationsbekämpfung zu Sicherung des Pluralismus im Rechtsvergleich, 1997.

25 KOM (92) 480 endg., 23.12.1992.

26 KOM (92) 480 endg., S. 109 f.

27 Siehe dazu Schwartz, Subsidiarität und EG-Kompetenzen, Der neue Titel "Kultur", Medienvielfalt und Binnenmarkt, in AfP 1993, S. 409.

Unabhängig von der Ausgestaltung der nationalen oder europäischen Vorschriften des Medienkonzentrationsrechts stellt sich die grundsätzliche Frage, ob Rechtsvorschriften an sich geeignet sind, inhaltliche und thematische Vielfalt im privaten Rundfunk zu bewirken[28]. Der Versuch, einen Lösungsansatz dieser in erster Linie empirischen Fragestellung zu entwickeln, kann im Rahmen der hier vorliegenden Untersuchung, die von einer normativ-juristischen Betrachtungsweise ausgeht, nicht geleistet werden. Der Bezug auf die Meinungsvielfalt ist bei der Bewertung von rundfunkrechtlichen Konzentrationsregelungen indes sowohl unter dem Gesichtspunkt des verfassungsrechtlich vorgegebenen Normziels als auch unter dem Aspekt der Effektivität der Regelung zu berücksichtigen. Das Zuschaueranteilsmodell sieht in dieser Hinsicht eine stärkere Berücksichtigung des tatsächlichen Einflusses einzelner Programme auf die öffentliche Meinungsbildung vor, als das zuvor verwirklichte Beteiligungsmodell.
Neben den medienspezifischen Vorschriften im Rundfunkstaatsvertrag und in den Landesmediengesetzen ist die wettbewerbliche Fusionskontrolle auf Zusammenschlußvorhaben im Medienbereich anwendbar. Die jüngste Praxis der deutschen und der europäischen Fusionskontrolle im Medienbereich hat gezeigt, daß das Wettbewerbsrecht durch die Sicherung des wirtschaftlichen Wettbewerbs auf den Medienmärkten zugleich auch einen Beitrag zur Sicherung von Meinungsvielfalt leisten kann[29]. In diesem Kontext wird die Frage, ob die verfassungsrechtlich gebotene präventive Kontrolle von Konzentration im Medienbereich effektiver durch medienspezifische Regeln, so wie sie derzeit im Rundfunkstaatsvertrag ausgestaltet sind, oder durch die allgemeine wettbewerbliche Fusionskontrolle erreicht wird, neu zu stellen sein.

28 Mestmäcker a.a.O. S. 143 ff., 153 ff.
29 Siehe herzu zuletzt die Entscheidungen der EG-Kommission und des Bundeskartellamtes im Fall Bertelsmann/Kirch/Premiere, WuW/E EU-V 222 und DE-V 53.

Zum Gang der Untersuchung:

Im ersten Abschnitt werden zunächst die verfassungsrechtlichen Grundlagen der Konzentrationskontrolle im Rundfunk untersucht. In diesem Zusammenhang wird der Versuch unternommen, den Gestaltungsspielraum des Gesetzgebers im Hinblick auf den Erlaß von Vorschriften zur Sicherung der Meinungsvielfalt zu bestimmen. Dabei kommt der Frage, ob die Vorschriften zur Sicherung der Meinungsvielfalt als Ausgestaltung oder als Eingriff in den Schutzbereich der Rundfunkfreiheit anzusehen sind, besondere Bedeutung zu.

Im zweiten Abschnitt werden die Vorschriften zur Sicherung der Meinungsvielfalt im Rundfunkstaatsvertrag und in den Landesmediengesetzen unter Einbeziehung der Zuständigkeits- und Verfahrensregeln sowie der bisherigen Praxis der Aufsichtsgremien dargestellt und analysiert. Im Mittelpunkt wird dabei das für das bundesweite private Fernsehen geltende materielle Konzentrationsrecht (§§ 26-34 RfStV 1997) stehen. Neben den rundfunkspezifischen Regelungen werden die Grundlagen und die Praxis der deutschen und der europäischen Fusionskontrolle im Medienbereich behandelt.

Im dritten Abschnitt wird erörtert, ob medienspezifische Maßnahmen auf europäischer Ebene erforderlich sind. Grundlage dieser Untersuchung ist das von der Kommission vorgelegte Grünbuch zu "Pluralismus und Medienkonzentration im Binnenmarkt". Im Vordergrund steht hier die Frage der Kompetenz der Gemeinschaft für den Erlaß von Konzentrationsvorschriften im Medienbereich.

Die Schlußbetrachtung enthält eine kritische Würdigung der novellierten Vorschriften zur Sicherung der Meinungsvielfalt im Rundfunkstaatsvertrag auf der Grundlage der Ergebnisse der Untersuchung.

1. Abschnitt Medienkonzentration und Kommunikationsfreiheit

A. *Verfassungsrechtliche Fragen der Medienkonzentration*

Die medienspezifischen Konzentrationsregelungen im Rundfunkstaatsvertrag und in den Landesmediengesetzen sind zentraler Bestandteil jener "positiven Ordnung" aus materiellen, organisatorischen und Verfahrensregeln, die nach der ständigen Rechtsprechung des Bundesverfassungsgerichts erforderlich ist, um eine freie und umfassende Meinungsbildung durch den Rundfunk zu gewährleisten[1]. Nach Auffassung des Gerichts dient die Rundfunkfreiheit wie alle Garantien des Art. 5 Abs. 1 GG primär der Aufgabe, die Freiheit der Meinungsbildung zu sichern[2]. Diese Aufgabe könne nicht durch "eine lediglich negatorische Gestaltung" erfüllt werden, sondern setze eine positive Ordnung voraus, "welche sicherstellt, daß der Rundfunk jene Vielfalt der Themen und Meinungen aufnimmt und wiedergibt, die in der Gesellschaft eine Rolle spielen"[3]. Die demnach erforderliche Ausgestaltung der Rundfunkfreiheit obliege dem Gesetzgeber[4]. Diesem stehe es frei zu entscheiden, wie er die Rundfunkordnung im einzelnen gestaltet[5]. Entscheidend sei, daß der Rundfunk weder dem Staat noch einer gesellschaftlichen Gruppe ausgeliefert werde[6]. Der Gesetzgeber habe insbesondere Vorkehrungen zu treffen, die geeignet sind, der "Möglichkeit einer Konzentration von Meinungsmacht und der Gefahr des Mißbrauchs zum Zwecke einseitiger Einflußnahme auf die öffentliche Meinung" entgegenzuwirken[7].

Diese grundlegenden Aussagen zu der rechtlichen Ordnung des Rundfunks, die das Bundesverfassungsgericht im Kern bereits in dem sogenannten dritten Fernsehurteil formuliert hat, kennzeichnen zugleich die verfassungsrechtliche Dimension von Konzentrationsvorgängen im Medienbereich. Die verfassungsrechtlichen Aspekte der Medienkonzentration sind im Schrifttum ausführlich erörtert worden[8]. Im Hinblick auf die Pressekonzentration stand dabei von Anfang an die Frage der verfassungsrechtlichen Zulässigkeit von pressespezifischen Maßnahmen zur Konzentrationsbekämpfung im

---

1 BVerfGE 57, 295, 319 ff.
2 BVerfGE 57, 295, 320.
3 Ebd.
4 Ebd.
5 BVerfG a.a.O. S. 321.
6 BVerfGE 12, 205, 262.
7 BVerfGE 57, 295, 323.
8 Vgl. Bulllinger, Freiheit von Presse, Rundfunk, Film, in Isensee/Kirchhof (Hrsg.), Handbuch des Staatsrechts, Bd VI., § 142 Rdnr. 45 ff u. 155 ff. m.w.N.

Vordergrund[9]. Im Rundfunkbereich konzentriert sich die Diskussion demgegenüber bislang überwiegend auf die Eignung und Wirksamkeit von rundfunkspezifischen Konzentrationsregeln. Vor dem Hintergrund der durch die technische und wirtschaftliche Entwicklung veränderten Situation im Rundfunk kommt der Frage, welche Grenzen der zuständige Landesgesetzgeber bei dem Erlaß von medienspezifischen Konzentrationsregeln zu beachten hat, nunmehr auch für den Rundfunk zunehmende Bedeutung zu[10]. Dieser Aspekt wurde in der Debatte im Vorfeld der Einführung des Zuschaueranteilsmodells durch den Dritten Rundfunkänderungsstaatsvertrag indes nur wenig beachtet[11]
Im folgenden soll der Gestaltungsspielraum des Gesetzgebers bei dem Erlaß von rundfunkspezifischen Konzentrationsvorschriften näher bestimmt werden. Dabei wird sich zeigen, daß die Grenzen des gesetzgeberischen Gestaltungsspielraums einmal durch die Auslegung der Medienfreiheiten und das Verhältnis der Medienfreiheiten zu den Wirtschafts- und Wettbewerbsfreiheiten bestimmt wird, und zum anderen durch die Zuordnung rundfunkspezifischer Maßnahmen zur Konzentrationsbekämpfung zum Bereich der Ausgestaltung oder der allgemeinen Gesetze im Sinne von Art.5. Abs. 2 GG. Damit sind Fragen aufgeworfen, die das Grundverständnis des Art. 5 Abs. 1 GG berühren. An erster Stelle ist die Frage der institutionellen Garantien der Medienfreiheiten zu nennen[12]. Die gegensätzlichen Auffassungen zur Auslegung des Art. 5 Abs. 1 GG sind im Spannungsverhältnis von Individualrecht und institutioneller Garantie zu sehen[13]. Damit

---

9 Vgl. nur Kaiser, Presseplanung, 1972, passim.; Lerche, Verfassungsrechtliche Fragen der Pressekonzentration, 1971, passim.; Mestmäcker, Medienkonzentration und Meinungsvielfalt, 1978, passim.; Papier, Pressefreiheit zwischen Konzentration und technischer Entwicklung, in Der Staat 18 (1979); S. 422 ff; Möschel, Pressekonzentration und Wettbewerbsgesetz, 1978, S. 34 ff, 49 ff.; Scholz, Pressefreiheit und Arbeitsverfassung, 1978, S. 168 ff.

10 Mestmäcker, Über den Einfluß von Ökonomie und Technik auf Recht und Organisation der Telekommunikation und der elektronischen Medien, in ders. (Hrsg.), Kommunikation ohne Monopole II., S. 39 f., 149 ff unter Hinweis auf die Rechtsentwicklung in den Vereinigten Staaten, die dadurch gekennzeichnet ist, daß Rechtsprechung und Behörden die rechtlichen Rahmenbedingungen für die elektronischen Medien und die Telekommunikation infolge des technischen Fortschritts überprüfen, wobei als wichtigste Beispiele die Aufhebung der sog. "fairness doctrine" durch die Federal Communications Commission und die Rechtsprechung des Supreme Court zum Kabelfernsehen anzuführen sind. Vgl. zu letzterer eingehend Esser-Wellie´, Das Verfassungs- und Wirtschaftsrecht der Breitbandkommunikation in den Vereinigten Staaten von Amerika - Zusammenhänge zwischen technischer Konvergenz und Wettbewerb, 1994, siehe auch Monopolkommission, Hauptgutachten XI, Tz. 811 ff.

11 Siehe dazu Lehr, Verfassungs- und verwaltungsrechtliche Fragen der Novellierung der rundfunkrechtlichen Konzentrationskontrolle unter besonderer Berücksichtigung des Zuschaueranteilsmodells, in ZUM 1995, S. 668; Ricker/Schiwy, Rundfunkverfassungsrecht, 1997, Rdz E 46 ff. sowie Schellenberg, Rundfunk-Konzentrationsbekämpfung zur Sicherung des Pluralismus im Rechtsvergleich, 1997, S. 34 ff.

12 Mestmäcker, In welcher Weise empfiehlt es sich, die Ordnung des Rundfunks und sein Verhältnis zu anderen Medien - auch unter dem Gesichtspunkt der Harmonisierung zu regeln?, 56. DJT. (1986), Bd. II S. O 9 ff.

13 Starck in v. Mangoldt/Klein, Das Bonner Grundgesetz, Art. 5 Abs. 1, 2 Rdnr. 6.

verbunden ist die Frage nach dem Verhältnis der Medienfreiheiten zu der in Art. 5 Abs. 1 Satz 1 garantierten Meinungsfreiheit[14].

B. Die Grundstrukturen der Kommunikationsfreiheit

I. Die Meinungsfreiheit als Leitidee der Kommunikationsfreiheit

Die Freiheit zur Kommunikation wird in Art. 5 Abs. 1 GG durch verschiedene Einzelgarantien gewährleistet, die im Kern durch das Grundrecht der individuellen Meinungsfreiheit vereint werden[15]. Die Freiheit der Meinungsäußerung und -verbreitung und die Informationsfreiheit sind in Art. 5 Abs. 1 Satz 1 GG verbürgt. Die Medienfreiheiten werden durch Art. 5 Abs. 1 GG Satz 2 in der Freiheit von Presse, Rundfunk und Film garantiert[16].

Die einzelnen Kommunikationsgrundrechte können trotz ihrer eigenständigen Gewährleistung nicht isoliert betrachtet werden[17]. Sie stehen in einem "inneren Zusammenhang" und "überschneiden" sich teilweise[18]. Die Freiheit sich ungehindert zu informieren ist die Voraussetzung der Meinungsbildung und damit zugleich der Meinungsäußerung und -verbreitung[19]. Das Äußern und Verbreiten von Meinungen und Tatsachen und deren Empfang sind wechselseitig aufeinander bezogene Elemente eines Kommunikationsvorgangs[20]. Den Massenmedien kommt unter den Kommunikationsmitteln eine besondere Bedeutung für den Empfang und die Verbreitung von Informationen und Meinungen zu. Sie verstärken die Möglichkeit, Informationen und Meinungen zu verbreiten, und sind wesentliche Voraussetzung freier und öffentlicher Meinungsbildung. Ihre Vermittlungsfunktion wird durch die Medienfreiheiten geschützt[21]. Die Bedingungen der Massenkommunikation verändern die Ausübung der kommunikativen Individualrechte[22]. Trotz der zunehmenden Übergänge von der Individual- zur Massenkommunikation im Zuge der wirtschaftlichen und technischen Entwicklung und der damit verbundenen Tendenzen der "Individualisierung der Telekommunikation" und der "Ver-

---

14 Siehe dazu unter 1. Abschnitt C.
15 Scheuner, Das Grundrecht der Rundfunkfreiheit, 1982, S. 12.
16 Bulllinger/Mestmäcker, Multimediadienste, 1997, S. 17 ff.
17 Bullinger, Kommunikationsfreiheit im Strukturwandel der Telekommunikation, S. 59.
18 Starck in v. Mangoldt/Klein, Das Bonner Grundgesetz, Art. 5 Abs. 1, 2 Rdnr. 4.
19 BVerfGE 27, 71, 81.
20 Vgl. H.H. Klein, Rundfunkfreiheit, S. 34, der von "Kehrseiten einer Medaille" spricht.
21 Ständige Rspr. zuletzt BVerfGE 97, 228, 256 ff.
22 Scheuner, Das Grundrecht der Rundfunkfreiheit, S. 13.

schränkung der Verbreitungsformen"[23], sind die Massenmedien gegenwärtig für Leser, Hörer und Zuschauer in erster Linie wichtige Informationsquellen[24]. Der Informationsfreiheit kommt in dieser Hinsicht eine eigenständige Schutzfunktion zu[25]. Die aktive Teilnahme an der Massenkommunikation ist demgegenüber nach wie vor auf einen begrenzten Personenkreis beschränkt[26], bedingt durch die organisatorischen Voraussetzungen, die ihre Veranstaltung erfordert. Die Medienfreiheiten schützen die in Presse und Rundfunk tätigen Redakteure und Mitarbeiter und die "institutionelle Eigenständigkeit" der Medien von der Beschaffung der Information bis zur Verbreitung der Nachricht und Meinung[27]. Sie tragen damit gleichzeitig zur Verwirklichung der individuellen Freiheit der Rezipienten bei, sich umfassend zu unterrichten.

Aus dem Zusammenhang von Meinungs- und Informationsfreiheit auf der einen Seite und den Medienfreiheiten auf der anderen Seite lassen sich normative Wirkungen, etwa im Sinne der Gewährleistung eines einheitlichen, selbständigen Grundrechts der Kommunikationsfreiheit nicht herleiten[28]. Der funktionale Zusammenhang zwischen den grundrechtlichen Gewährleistungen des Art. 5 Abs. 1 Satz 1 und Satz 2 GG hat indessen zur Folge, daß der individualrechtliche Kern der Meinungsfreiheit bei der Auslegung der Medienfreiheiten zu berücksichtigen ist[29]. Eine Deutung der Medienfreiheiten, welche die objektiv-rechtliche Seite überbetont und dadurch den subjektiv-rechtlichen Gehalt des Grundrechts weitgehend zurückdrängt, ist mit Art. 5 Abs. 1 GG nicht vereinbar[30]. Sie steht auch im Widerspruch zu den allgemeinen Grundsätzen der Grundrechtsinterpretation, die das Bundesverfassungsgericht in dem Mitbestimmungsurteil formuliert hat: "Nach ihrer Geschichte und ihrem heutigen Inhalt sind sie (scil.: die Grundrechte) in erster Linie individuelle Rechte, Menschen- und Bürgerrechte, die den Schutz konkreter, besonders gefährdeter Bereiche menschlicher Freiheit zum Gegenstand haben. Die Funktion der Grundrechte als objektive Prinzipien besteht in der prinzipiellen

---

23 Bulllinger, Freiheit von Presse, Rundfunk, Film, in Isensee/Kirchhof (Hrsg.), Handbuch des Staatsrechts, Bd VI., § 142 Rdnr. 1 ff, 144 ff, 180.

24 Selmer, Bestands- und Entwicklungsgarantie für den öffentlich-rechtlichen Rundfunk in einer dualen Rundfunkordnung, S. 47.

25 BVerfGE 27, 71, 81.

26 Scheuner, Das Grundrecht der Rundfunkfreiheit, S. 13.

27 BVerfGE 10, 118, 121 (Presse); 77, 65, 74 (Rundfunk).

28 Degenhart, Bonner-Kommentar zum Grundgesetz, Art. 5 Abs. 1, 2 (Zweitbearbeitung), Rdnr. 32 ff.; Starck in v. Mangoldt/Klein Das Bonner Grundgesetz, Art. 5 Abs. 1, 2 Rdnr.5. Ein einheitliches Grundrecht der Kommunikation gewährleistet Art. 10 EMRK; vgl. dazu umfassend, Engel, Privater Rundfunk vor der Europäischen Menschenrechtskommission, 1993, passim.; vgl. auch Bullinger, Freiheit von Presse, Rundfunk, Film, a.a.O. Rdnr.180, der für ein "medienübergreifendes" Verständnis der Kommunikationsfreiheit im deutschen Verfassungsrecht eintritt. Siehe ferner Bullinger/ Mestmäcker, Multimediadienste, S. 47.

29 Scholz, Medienfreiheit und Publikumsfreiheit, in FS Löffler, S. 355 f.

30 Schmitt-Glaeser, Die Meinungsfreiheit in der Rechtsprechung des Bundesverfassungsgerichts, in AöR 113 (1988) S. 52 ff.

Verstärkung ihrer Geltungskraft (...), hat jedoch ihre Wurzel in dieser primären Bedeutung (...). Sie läßt sich deshalb nicht von dem eigentlichen Kern lösen und zu einem Gefüge objektiver Normen verselbständigen, in dem der ursprüngliche und bleibende Sinn der Grundrechte zurücktritt"[31]. Diese grundsätzlichen Aussagen zu der Bedeutung des individualrechtlichen Schutzgehalts für die Auslegung der Grundrechte gilt auch für Art. 5 GG, zumal das Gericht in der zitierten Urteilspassage ausdrücklich auf das Lüth-Urteil[32] Bezug nimmt[33]. Dessen ungeachtet betont das Bundesverfassungsgericht in ständiger Rechtsprechung[34] den objektiven Gehalt der Rundfunkfreiheit. Im folgenden soll das Verhältnis von subjektiv- und objektiv-rechtlicher Gewährleistung der Rundfunkfreiheit näher untersucht werden.

II. Individualrecht und institutionelle Garantie der Rundfunkfreiheit

Die verschiedenen Auffassungen zur Auslegung der Rundfunkfreiheit in Rechtsprechung und Schrifttum stimmen in dem Ausgangspunkt überein, daß die Aussage des Grundrechts erst vollständig zur Geltung gebracht ist, wenn sowohl die subjektive als auch die objektive Seite der Norm in die Deutung einbezogen werden (sog. Doppelcharakter der Rundfunkfreiheit)[35].

1. Die subjektiv - rechtliche Komponente der Rundfunkfreiheit

Es besteht Einigkeit darüber, daß die Rundfunkfreiheit zunächst die klassische, abwehrende Bedeutung der Freiheitsrechte hat. Der Art. 5 Abs. 1 Satz 2 GG schützt die Freiheit des Rundfunks vor staatlicher Beherrschung[36]. Das Bundesverfassungsgericht hat die Bedeutung des Gebots der Staatsfreiheit[37] zuletzt in dem Rundfunkgebührenurteil hervorgehoben: "Gegen die Gängelung der Kommunikationsmedien durch den Staat haben sich die Kommunikationsgrundrechte ursprünglich gerichtet, und in der Abwehr staatlicher Kontrolle der Berichterstattung finden sie auch heute ihr wichtigstes Anwen-

---

31 BVerfG Urteil v. 1. 3. 1979, E 50, 290, 336.
32 BVerfGE 7, 198, 205.
33 Siehe N. 31.
34 BVerfGE 12, 205, 261 ff; 31, 314, 326; 57, 295, 319 f; 73, 118, 152 f; 74, 297, 323; 83, 238, 295 f.
35 K. Hesse, Grundzüge des Verfassungsrechts der Bundesrepublik Deutschland, Rdnr. 279 ff.; Rdnr. 387.
36 BVerfGE 57, 295, 320.
37 Vgl. dazu umfassend, Gersdorf, Staatsfreiheit des Rundfunks in der dualen Rundfunkordnung in der Bundesrepublik Deutschland, 1991, passim.

dungsfeld"[38]. Die Rundfunkfreiheit garantiert darüber hinaus im Kern die Programmfreiheit[39]. Sie gewährleistet den Schutz von "Auswahl, Inhalt und Ausgestaltung der Programme gegen fremde Einflüsse"[40]. Sie richtet sich gegen jedwede "Indienstnahme des Rundfunks für außerpublizistische Zwecke" durch den Staat oder gesellschaftliche Mächte[41]. Übereinstimmung besteht weiterhin im Hinblick auf die Bedeutung der Rundfunkfreiheit für die individuelle Freiheit der Bürger, sich umfassend und wahrheitsgemäß durch die Medien zu unterrichten[42]. In der Frage, ob die subjektiv-rechtliche Komponente des Art. 5 Abs. 1 Satz 2 GG neben der passiven Seite der Informationsfreiheit auch die aktive Teilhabe an der Veranstaltung von Rundfunk garantiert, konnte indessen bisher kein Grundkonsens erzielt werden[43].

2. *Die objektiv-rechtliche Komponente der Rundfunkfreiheit*

Die Aussage des Art. 5 Abs. 1 Satz 2 GG erschöpft sich nach allgemeiner Auffassung nicht in dem subjektiv-rechtlichen Gehalt der Rundfunkfreiheit[44]. Die objektiv-rechtliche Bedeutung der Rundfunkfreiheit "als Element der Gesamtrechtsordnung" ergibt sich einmal aus dem Zusammenhang zwischen Art. 5 Abs. 1 Satz 2 GG und dem demokratischen Prinzip und zum anderen aus der Leitbildfunktion des Grundrechts für die rechtliche Ordnung des Rundfunks[45].

a) Die Bedeutung der Rundfunkfreiheit für die demokratische Ordnung

Der über die Individualsphäre hinausgehende Gehalt des Art. 5 Abs. 1 Satz 2 GG beruht auf der offenkundigen Bedeutung der Massenmedien für die öffentliche Meinungsbildung[46]. Die Gewährleistung der freien Meinungsbildung ist sowohl Voraussetzung der Persönlichkeitsentfaltung als auch der politischen Meinungs- und Willensbildung. Die Rundfunkfreiheit ist damit wie alle Kommunikationsgrundrechte zugleich auf die Men-

---

38 BverfGE 90,60, 87,91. ; std. Rspr. zuletzt: BVerfGE 97, 228, 256 ff.

39 BVerfGE 59, 231, 258; 87, 181, 201.

40 BVerfGE 59, 231, 260.

41 Siehe N. 38.

42 Selmer, Bestands- und Entwicklungsgarantie für den öffentlich-rechtlichen Rundfunk in einer dualen Rundfunkordnung, S. 47.

43 Pieroth/Schlink, Grundrechte, Rdnr. 658 f.

44 Vgl. zuerst BVerfGE 7, 198, 204 f.

45 K. Hesse, Grundzüge des Verfassungsrechts der Bundesrepublik Deutschland, Rdnr. 290 ff; ders., Bestand und Bedeutung der Grundrechte in der Bundesrepublik Deutschland, in EuGRZ 1978, S. 427, 431 ff.

46 Vgl. Herzog, in Maunz/Dürig/Herzog, Grundgesetz, Art. 5 Abs. 1, 2 Rdnr. 13, der in diesem Zusammenhang von einer "soziologischen Breitenwirkung" spricht.

schenwürde und auf das Demokratieprinzip bezogen[47]. Die "essentielle Funktion des Rundfunks für die demokratische Ordnung"[48] hat das Bundesverfassungsgericht in dem "Lebach"-Urteil umschrieben. Dort heißt es: "Hörfunk und Fernsehen gehören in gleicher Weise wie die Presse zu den unentbehrlichen Massenkommunikationsmitteln, denen sowohl für die Verbindung zwischen Volk und den Staatsorganen wie für deren Kontrolle als auch für die Integration der Gemeinschaft in allen Lebensbereichen eine maßgebende Wirkung zukommt. Sie verschaffen dem Bürger die erforderliche umfassende Information über das Zeitgeschehen und über Entwicklungen im Staatswesen und im gesellschaftlichen Leben. Sie ermöglichen die öffentliche Diskussion und halten sie in Gang, indem sie Kenntnis von den verschiedenen Meinungen vermitteln, dem Einzelnen und den verschiedenen gesellschaftlichen Gruppen Gelegenheit geben, meinungsbildend zu wirken, und sie stellen selbst einen entscheidenden Faktor in dem permanenten Prozeß der öffentlichen Meinungs- und Willensbildung dar"[49].

So evident und unbestritten der Zusammenhang zwischen den Kommunikationsgrundrechten und dem demokratischen Prinzip ist, so unklar und umstritten ist, welche Folgerungen daraus für die Auslegung des Art. 5 Abs. 1 GG zu ziehen sind[50].

Die Bestimmung des äußerst komplexen Funktionszusammenhangs von Demokratie - Meinungsfreiheit - öffentlicher Meinung sowie zwischen aktiven und passiven Kommunikationsgrundrechten hat sich als besonders schwierig erwiesen[51]. Die Aufgabe wird dadurch erschwert, daß der zugrundeliegende komplexe Sachverhalt erhebliche Ungewißheiten aufweist. Die Wirkung der Massenmedien auf die individuelle Meinungsbildung ist in den Kommunikationswissenschaften nach wie vor umstritten[52]. Das Phänomen der "öffentlichen Meinung" wird in den Sozialwissenschaften auf sehr unterschiedliche Weise erklärt[53]. Eine allgemeingültige Definition konnte bislang ebensowenig erzielt werden[54] wie eine übereinstimmende Einschätzung der öffentlichen Meinung als

47 Herzog, in Maunz/Dürig/Herzog, Grundgesetz, Art. 5 Abs. 1, 2, Rdnr. 6 ff.

48 BVerfGE 73, 118, 157 f.

49 BVerfGE 35, 202, 222.

50 Herzog, in Maunz/Dürig/Herzog, Grundgesetz, Art. 5 Abs. 1, 2, Rdnr. 14, Starck in v. Mangoldt/Klein, Das Bonner Grundgesetz, Art. 5 Abs. 1, 2, Rdnr. 6.

51 Mestmäcker, 56 DJT. a.a.O. S. O 20 ; H.H. Klein, Die Rundfunkfreiheit, S. 47 f.

52 Vgl. hierzu Jarass Die Freiheit der Massenmedien, 1978, S. 46 ff; Scholz, Medienfreiheit und Publikumsfreiheit, in FS Löffler, S. 359 ff.

53 Kloepfer, Öffentliche Meinung, Massenmedien, in Isensee/Kirchhof (Hrsg.), Handbuch des Staatsrechts, Bd II. § 35 Rdnr. 1 ff. Aus der umfangreichen Literatur seien hier stellvertretend nur die folgenden Arbeiten genannt jeweils m.w.N.: Fraenkel, Deutschland und die westlichen Demokratien, 1979, Habermas, Strukturwandel in der Öffentlichkeit, 19. unveränd. Auflage, S. 161 ff; S. 343 ff; Löffler (Hrsg.) Die öffentliche Meinung, 1962, passim.; Luhmann, Öffentliche Meinung, in Politische Viertel-Jahresschrift, 1970, S. 2 ff, Noelle-Neumann, Öffentliche Meinung, Die Entdeckung der Schweigespirale 1991, passim.; Oncken, Politik, Geschichtsschreibung und öffentliche Meinung, in Historisch-politische Aufsätze und Reden, Bd. 1, 1914, S. 203 ff.

54 Kloepfer, Öffentliche Meinung a.a.O. Rdnr. 1 ff; Stern, Das Staatsrecht der Bundesrepublik Deutschland, Bd 1, S.617f; vgl. zu den unterschiedlichen Definitionsversuchen statt vieler: Ha-

politischer Faktor[55]. So zeichnet sich im juristischen Schrifttum auch nach jahrzehntelanger ausgiebiger Diskussion ein Grundkonsens über den objektiv-rechtlichen oder institutionellen Gehalt der Rundfunkfreiheit nicht ab[56].

b) Die Rundfunkfreiheit als objektives Element der Rundfunkordnung

Dem Grundrecht der Rundfunkfreiheit kommt des weiteren im Hinblick auf die Organisation des Rundfunks eine objektiv-rechtliche Bedeutung zu[57]. Die Veranstaltung von Rundfunksendungen erfordert nach ganz überwiegender Ansicht in Rechtsprechung und Schrifttum eine gesetzliche Regelung[58]. Es besteht weiterhin Einigkeit darüber, daß die Grundlagen und Grundzüge der vom Gesetzgeber zu schaffenden rechtlichen Ordnung des Rundfunks dem Grundrecht als "Element objektiver Ordnung" zu entnehmen sind[59]. Der Grundkonsens beschränkt sich indessen auf das Erfordernis einer normativen Grundlage für die Veranstaltung von Rundfunksendungen. Legitimation und Zielsetzung sowie Inhalt und Umfang der rechtlichen Ordnung des Rundfunks durch den Gesetzgeber sind in Rechtsprechung und Schrifttum nach wie vor lebhaft umstritten[60]. Die aus dem Grundrecht abzuleitenden Maßstäbe für die Organisation des Rundfunks werden wesentlich durch die Gewichtung des subjektiv-rechtlichen Gehalts im Verhältnis zur objektiv-rechtlichen Seite der Rundfunkfreiheit bestimmt[61]. Die Bedeutung des

---

bermas a.a.O. S. 343 ff; Martens, Öffentlich als Rechtsbegriff, S. 62 ff; Noelle-Neumann a.a.O. S. 84 ff. Fraenkel a.a.O. S. 173 ist die Wiederentdeckung einer Umschreibung des Phänomens der öffentlichen Meinung von Hermmann Oncken aus dem Jahre 1904 zu verdanken, die in anschaulicher Weise allgemeingültige, wesentliche Elemente des Begriffs benennt: "Öffentliche Meinung ist ein Komplex von gleichartigen Äußerungen größerer oder geringerer Schichten eines Volkes über Gegenstände des öffentlichen Lebens, bald spontan hervorbrechend, bald künstlich gemacht; in den verschiedenartigsten Organen sich ausdrückend, in Vereinen, Versammlungen, vor allem in der Presse und Publizistik, oder auch nur in dem unausgesprochenen Empfinden eines jeden, des gemeinen Mannes auf der Straße oder eines kleinen Kreises von Gebildeten; hier eine wirkliche Macht, auf die auch Staatsmänner blicken, dort ein Faktor ohne politische Bedeutung; und immer anders zu werten in jedem Volke; bald einheitlich, wie eine gewaltige Flutwelle gegen die Regierenden und Sachverständigen sich erhebend, bald in sich zerteilt und die widerstrebendsten Tendenzen bergend; einmal das einfache und natürliche Gefühl des Menschen zum Ausdruck bringend, das andere Mal ein lärmender und unsinniger Ausbruch wilder Instinkte; immer geleitet doch immer führend; von dem Kennenden und Wissenden bezwingend, ansteckend wie eine Epidemie, launisch und treulos und herrschsüchtig wie die Menschen selber, und doch wieder nichts als ein Wort, mit dem sich die Machthaber betrügen".

55 Vgl. Zippelius, Allgemeine Staatslehre,§ 28, S. 244 ff.

56 Pieroth/Schlink, Grundrechte, Rdnr. 656.

57 Starck in v. Mangoldt/Klein, Das Bonner Grundgesetz, Art. 5 Abs. 1, 2 Rdnr. 71.

58 BVerfGE 57, 295, 320; Badura, Verfassungsrechtliche Bindungen der Rundfunkgesetzgebung, S. 60 ff; Scholz, Das dritte Fernsehurteil des Bundesverfassungsgerichts, JZ 1981, 561, 565 f.

59 Scheuner, Das Grundrecht der Rundfunkfreiheit, S. 26.

60 Pieroth/ Schlink, Grundrechte, Rdnr. 656 ff.

61 Starck in v. Mangoldt/Klein, Das Bonner Grundgesetz, Art. 5 Abs. 1, 2 Rdnr. 74.

Grundrechts als Individualrecht hängt wiederum davon ab, was dem Grundrecht auf der institutionellen Seite entnommen wird[62].

3. Das Verhältnis von subjektivem und objektivem Gehalt der Rundfunkfreiheit

Im Mittelpunkt der Auslegungskontroverse um die Gewichtung von subjektiv-rechtlicher und objektiv-rechtlicher Gewährleistung der Rundfunkfreiheit stand zunächst die Frage, ob Art. 5 Abs. 1 Satz 2 GG privaten Veranstaltern ein individuelles Recht auf Zugang zum Rundfunk garantiert[63]. Das Bundesverfassungsgericht hat diese Frage in dem dritten Fernsehurteil[64] ausdrücklich offen gelassen und auch in den nachfolgenden Rundfunkurteilen nicht entschieden[65]. Nachdem mittlerweile alle Bundesländer privaten Rundfunk zugelassen haben, hat sich der Schwerpunkt der Diskussion auf die Frage verlagert, welche Grenzen dem Gesetzgeber bei der Ausgestaltung der Privatfunkordnung gesetzt sind[66]. Die Antwort auf die Frage fällt unterschiedlich aus, je nachdem, ob die subjektiv-rechtliche oder die objektiv-rechtliche Komponente der Rundfunkfreiheit bei der Auslegung des Art. 5 Abs. 1 Satz 2 GG stärker betont wird[67].
Die Auslegung der Grundrechte wird wesentlich durch das grundrechtstheoretische "Vorverständnis" des Interpreten bestimmt[68]. Im Anschluß an die von Böckenförde[69] vorgenommene Einteilung lassen sich die folgenden hauptsächlichen Grundrechtstheorien unterscheiden: die liberale[70], die institutionelle[71], die demokratisch-funktionale[72], die sozialstaatliche[73] und die Werttheorie der Grundrechte[74]. Die genannten Grundrechtstheorien erschöpfen das Verständnis der Grundrechte indessen nicht[75]. Darüber

---

62 Ebd. Rdnr. 6.
63 A. Hesse, Rundfunkrecht S.71, Pieroth/Schlink, Grundrechte, Rdnr. 656 ff. 658.
64 BVerfGE 57, 295, 318.
65 BVerfGE 73, 118, 152 ff; 74; 297, 325 ff; 83, 238, 295 ff; 90, 60.
66 A. Hesse, Rundfunkrecht, S. 68.
67 Hain, Rundfunkfreiheit und Rundfunkordnung, S. 22.
68 Böckenförde, Grundrechtstheorie und Grundrechtsinterpretation NJW 1974, 1529; Stern, Idee und Elemente eines Systems der Grundrechte, in Isensee/Kirchhof (Hrsg.), Handbuch des Staatsrechts, Bd V.§ 109 Rdnr. 24.
69 Grundrechtstheorie und Grundrechtsinterpretation, NJW 1974, 1529, 1530; Ossenbühl, Die Interpretation der Grundrechte in der Rechtsprechung des Bundesverfassungsgericht, in NJW 1976, 2100; Starck, Die Verfassungsauslegung, in Isensee/Kirchhof (Hrsg.), Handbuch des Staatsrechts, Bd VII., § 164, Rdnr. 44. ff.
70 H.H. Klein, Öffentliche und private Freiheit, Der Staat 10 (1971), S. 145, 150 ff.
71 Häberle, Die Wesensgehaltsgarantie des Art. 19 Abs. 2 GG, 3. Aufl., 1983, S. 104 ff.
72 Hoffmann-Riem AöR 109 (1984) S. 304 ff.
73 Häberle, Grundrechte im Leistungsstaat, VVDStRL 30 (1972), S. 69 ff.
74 Smend, Verfassung und Verfassungsrecht (1928) in Staatsrechtliche Abhandlungen, 1968, S. 189 ff, 264 f; ders. ebd., Das Recht der freien Meinungsäußerung S .89 , 96 ff 103 ff.
75 Stern, Idee und Elemente eines Systems der Grundrechte, in Isensee/Kirchhof (Hrsg.), Handbuch des Staatsrechts, Bd V. § 109 Rdnr. 24.; vgl. auch Ossenbühl a.a.O. S. 2100.

hinaus ist für das Verständnis der Rundfunkfreiheit der Gedanke der Grundrechtsverwirklichung durch Organisation und Verfahren von Bedeutung[76].

Das Bundesverfassungsgericht und das Schrifttum folgen nicht durchgehend einer Grundrechtstheorie, sondern verwenden die verschiedenen Theorien jeweils bezogen auf die Konkretisierung einzelner Grundrechte[77]. Im Hinblick auf die Auslegung der Rundfunkfreiheit lassen sich in Rechtsprechung und Schrifttum unter Vernachlässigung unterschiedlicher Ausprägungen im Detail zwei Grundpositionen kennzeichnen: einer institutionell und demokratisch-funktionalen Grundrechtsdeutung, die den objektiv-rechtlichen Charakter des Art. 5 Abs. 1 Satz 2 GG akzentuiert steht eine individualrechtlich-liberale Auslegung gegenüber, die den subjektiv-rechtlichen Gehalt der Rundfunkfreiheit hervorhebt[78].

Die Grenzen des Gestaltungsspielraums des Gesetzgebers im Rundfunkbereich werden vom Standpunkt der gegensätzlichen Deutungen des Art. 5 Abs. 1 Satz 2 GG aus unterschiedlich bestimmt[79]. Wird die Rundfunkfreiheit individualrechtlich ausgelegt, so stellen sich gesetzliche Regelungen, welche die subjektiv-rechtliche Position privater Veranstalter berühren, als Eingriff dar, mit der Folge, daß der Gesetzgeber an das Übermaßverbot und die Schranke des "allgemeinen Gesetzes" im Sinne von Art. 5 Abs. 2 GG gebunden ist[80]. Vom Standpunkt einer institutionellen sowie einer demokratisch-funktionalen Deutung der Rundfunkfreiheit aus entsteht eine subjektiv-rechtliche Position hingegen erst durch die Ausgestaltung des Grundrechts[81]. Demzufolge sind gesetzliche Regelungen, welche die Rundfunkfreiheit ausgestalten, allein an dem objektiven Gehalt des Art. 5 Abs. 1 Satz 2 GG zu messen[82].

a) Die objektiv-rechtliche Deutung der Rundfunkfreiheit

Das Bundesverfassungsgericht[83] und ein Teil des Schrifttums[84], der namentlich durch

76 Degenhart, Bonner-Kommentar zum Grundgesetz, Art. 5 Abs. 1, 2 (Zweitbearbeitung), Rdnr. 81; Hesse, HbdVerfR S. 77, 100 ff; Starck, Staatliche Organisation und Staatliche Finanzierung als Hilfen zur Grundrechtsverwirklichung ?, in FS Bundesverfassungsgericht, Bd. 2, 1976, S. 480.

77 Böckenförde, in NJW 1974, 1529, 1536 f; vgl. auch K. Hesse, Grundzüge des Verfassungsrechts der Bundesrepublik Deutschland, Rdnr. 67, 76.

78 H.H. Klein, Rundfunkrecht und Rundfunkfreiheit, Der Staat 20 (1981) S. 187 ff, 189; Böckenförde/ Wieland, Die "Rundfunkfreiheit" - ein Grundrecht ?, in AfP 1982, S. 77 ff.

79 Hain, Rundfunkfreiheit und Rundfunkordnung, S. 22.

80 Ebd. S. 24.

81 Badura, Verfassungsrechtliche Bindungen der Rundfunkgesetzgebung, S. 22 ff, 52 ff.

82 Badura a.a.O. S. 60 ff.

83 BVerfGE 12, 205, 261 ff; 31, 314, 326; 57, 295, 319 f; 73, 118, 152 f; 74, 297, 323; 83, 238, 295 f; 90, 60; vgl. dazu Brugger, Rundfunkfreiheit und Verfassungsinterpretation, 1991, S. 34 ff.

84 Einen Überblick über den Meinungsstand geben Lerche, Landesbericht, in Bullinger/Kübler (Hrsg.), Rundfunkorganisation und Kommunikationsfreiheit, S. 32 ff; S. 38 ff; H.H. Klein, Rundfunkrecht und Rundfunkfreiheit, Der Staat 20 (1981) S. 177, 185 ff.

die Arbeiten von Bethge[85], Badura[86], Böckenförde/Wieland[87], Grimm[88], Hoffmann-Riem[89], Lerche[90], Kübler[91], W. Schmidt[92] und Stock[93] repräsentiert wird, betont den objektiv-rechtlichen Gehalt des Art. 5 Abs. 1 Satz 2 GG. Die Rundfunkfreiheit wird primär als "dienende" Freiheit verstanden[94]. Die Freiheit des Rundfunks wird demnach nicht in erster Linie im Interesse der Rundfunkveranstalter, sondern im Interesse freier, individueller und öffentlicher Meinungsbildung gewährleistet[95]. Der Gesetzgeber ist verpflichtet, die Erreichung dieses Ziels durch eine entsprechende Ausgestaltung der rechtlichen Ordnung des Rundfunks zu sichern. Wie er diese Aufgabe erfüllt, ist Sache seiner Entscheidung[96]. Dem Gesetzgeber steht es danach frei, ein rein öffentlich-rechtliches System zu wählen oder privaten Rundfunk zuzulassen. Der Gesetzgeber kann weiter entscheiden, ob er als Organisationsform des Privatfunks ein binnenplurales, ein außenplurales oder ein Mischmodell vorgibt. Die Organisationsmacht des Gesetzgebers erschöpft sich nach der objektiv-rechtlichen Deutung des Art. 5 Abs. 1 Satz 2 GG nicht in der Rahmensetzung. Der Gesetzgeber ist auf Grund der "öffentlichen Verantwortung" für den Rundfunk darüber hinaus nicht nur berechtigt, sondern verpflichtet, auf ein "qualitativ" funktionierendes Rundfunksystem hinzuwirken[97]. Die institutionelle Garantie der Rundfunkfreiheit wird demnach nicht im Sinne einer Mindestgarantie von Vielfalt und Pluralität im Rundfunk verstanden, sondern als Pflicht, ein Optimum an Meinungsvielfalt zu erreichen[98]. Das Bundesverfassungsgericht differenziert in dieser Hinsicht zwischen öffentlichem und privatem Rundfunk. Solange und soweit die öffentlich-rechtlichen Anstalten eine "Grundversorgung" gewährleisten, ist es dem Gesetzgeber erlaubt, nicht jedoch geboten, an die Vielfalt der Themen und Meinungen im privaten

---

85 Die verfasssungsrechtliche Problematik der Zulassung von Veranstaltern des Privatrechts, 1981, S. 31 ff; ders. Rundfunkfreiheit und privater Rundfunk, 1985, S. 21 ff; ders. Sachs (Hrsg.) Grundgesetz Kommentar, Art. 5 Rdnr. 90 ff.

86 Verfassungsrechtliche Bindungen der Rundfunkgesetzgebung, S. 22 ff.

87 Die "Rundfunkfreiheit" - in Grundrecht ?, in AfP 1982, 77 ff; vgl. auch Wieland, Die Freiheit des Rundfunks, S. 56 ff.

88 Schutzrecht und Schutzpflichten, in FS Mahrenholz, S. 529 ff.

89 Medienfreiheit und der außenplurale Rundfunk, in AöR 109 (1984) S. 304 ff. ders. Kommunikations- und Medienfreiheit, in Benda/Maihofer/Vogel (Hrsg.), Handbuch des Verfassungsrechts, 2. Aufl., 1994, S. 191 ff.

90 Rundfunkmonopol, 1970, S. 99 ff, 107 ff; ders. Landesbericht, in Bullinger/Kübler (Hrsg.), Rundfunkorganisation und Kommunikationsfreiheit, 1979, S. 38 ff, 42.

91 Massenkommunikation und Massenmedien, in Festschrift Lerche, 1993, S. 649 ff.

92 Die Rundfunkgewährleistung, S. 66 ff; ders. Rundfunkvielfalt.

93 Medienfreiheit als Funktionsgrundrecht, S. 157 ff.

94 BVerfGE 83, 238, 315.

95 Ebd.

96 Ebd.

97 Lerche, In welcher Weise empfiehlt es sich, die Ordnung des Rundfunks und sein Verhältnis zu anderen Medien - auch unter dem Gesichtspunkt der Harmonisierung zu regeln ?, 56. DJT (1986), Bd. II S. O 43.

98 Lerche, Landesbericht a.a.O. S. 23 ff, 26.

Rundfunk geringere Anforderungen als im öffentlich-rechtlichen Rundfunk zu stellen[99]. Der Gestaltungsspielraum des Gesetzgebers wird auf der Grundlage der objektiv-rechtlichen Interpretation grundsätzlich unabhängig von subjektiven Rechten allein durch die Aufgabe des Gesetzgebers, die Funktion der Rundfunkfreiheit zu sichern, begrenzt[100]. Dem Gesetzgeber steht demnach sowohl im Hinblick auf den Erlaß von programmbezogenen Vielfaltsanforderungen als auch von medienspezifischen Konzentrationsvorschriften ein umfassender Gestaltungsraum zu.

b) Die subjektiv-rechtliche Deutung der Rundfunkfreiheit

Ein bedeutender Teil des Schrifttums[101], namentlich Bullinger[102], Degenhart[103], Engel[104], Herrmann[105], Herzog[106], Jarass[107], H.H. Klein[108], Mestmäcker[109], Rudolf[110], Scheuner[111], Schmitt-Glaeser[112], Scholz[113], Selmer[114], Starck[115], Stern[116] und Weber[117], betont im Ge-

---

99 BVerfGE 83, 238, 316.

100 BVerfGE 74, 297, 334.

101 Einen Überblick über den Meinungsstand gibt H.H. Klein, Die grundrechtlichen Schutzpflichten, in DVBl. 1994, S. 489, 494, ders. Rundfunkrecht und Rundfunkfreiheit, Der Staat 20 (1981) S. 177, 189 ff.

102 Kommunikationsfreiheit im Strukturwandel der Telekommunikation, 1980, S. 59 ff; ders., Freiheit von Presse, Rundfunk, Film, in Isensee/Kirchhof (Hrsg.), Handbuch des Staatsrechts, Bd VI., § 142 Rdnr 118 ff, 145.

103 Bonner-Kommentar zum Grundgesetz, Art. 5 Abs. 1, 2 (Zweitbearbeitung),Rdnr. 656 f.

104 Rundfunk in Freiheit, AfP 1994, S. 185.

105 Fernsehen und Hörfunk in der Verfassung der Bundesrepublik Deutschland, 1975, S. 117 ff.

106 Maunz/Dürig/Herzog, Grundgesetz, Art. 5 Abs. 1, 2, Rdnr. 236.

107 56. DJT (1986), Gutachten, Rdnr. 37 f; ders., in Jarass/Pieroth, Grundgesetz, Art. 5 Rdnr. 33.

108 Rundfunkfreiheit, 1978, S. 32 ff; ders., Rundfunkmonopol oder Pressezensur - Medienfreiheit auf dem Prokrustesbett, in FS Löffler, 1980, S. 111 ff; ders., Der Staat 20 (1981) S. 177, ders. Die grundrechtlichen Schutzpflichten, in DVBl. 1994, S. 489, 494.

109 In welcher Weise empfiehlt es sich, die Ordnung des Rundfunks und sein Verhältnis zu anderen Medien - auch unter dem Gesichtspunkt der Harmonisierung zu regeln ? , 56. DJT (1986), Bd. II S. O 9 ff., ders. , Über den Einfluß von Ökonomie und Technik auf Recht und Organisation der Telekommunikation und der elektronischen Medien, in ders. (Hrsg.), Kommunikation ohne Monopole II., S. 149 ff.

110 Über die Zulässigkeit privaten Rundfunks, 1971, passim.

111 Das Grundrecht der Rundfunkfreiheit, 1982, S. 22 ff.

112 Die Rundfunkfreiheit in der Rechtsprechung des Bundesverfassungsgerichts, in AöR 112 (1987), S. 215, 236 ff.

113 Medienfreiheit und Publikumsfreiheit, in FS Löffler, S. 355; ders., Das dritte Fernsehurteil des BVerfG, in JZ 1981, 561.

114 Bestands- und Entwicklungsgarantie für den öffentlich-rechtlichen Rundfunk in einer dualen Rundfunkordnung, S. 44.

115 v. Mangoldt/Klein, Das Bonner Grundgesetz, Art. 1 Abs. 3, Rdnr. 126 ff und Art. 5 Abs. 1, 2, Rdnr. 6 f, 68; ders., Zur notwendigen Neuordnung des Rundfunks, in NJW 1980, S. 1359; ders. Grund- und Individualrechte als Mittel institutionellen Wandels in der Telekommunikation, in Mestmäcker (Hrsg.), Kommunikation ohne Monopole II., S. 291 ff.

116 Neue Medien - neue Aufgaben des Rechts, in DVBL. 1982, S. 1109.

117 Rundfunkfreiheit und Rundfunkmonopol, in FS Forsthoff, S. 467.

gensatz zu der Rechtsprechung des Bundesverfassungsgerichts den subjektiv-rechtlichen Gehalt der Rundfunkfreiheit und bejaht einen grundrechtlichen Anspruch auf die Veranstaltung privater Rundfunksendungen. Die Zulassung privater Anbieter steht nach der subjektiv-rechtlichen Deutung der Rundfunkfreiheit nicht im Ermessen des einfachen Gesetzgebers. Eine Rundfunkfreiheit nur "nach Maßgabe des Gesetzes" ist auf der Grundlage dieser Auslegung mit dem Grundrecht des Art. 5 Abs. 1 Satz 2 GG nicht vereinbar[118]. Die Normsetzung des Gesetzgebers im Schutzbereich der Grundrechte wird als ambivalent betrachtet, da sie die individuelle Freiheit zu dem Zweck der Entfaltung dieser Freiheit einschränkt[119]. Der rechtlichen Ordnung des Rundfunks durch den Gesetzgeber sind dementsprechend durch die subjektiv-rechtliche Position der Rundfunkveranstalters Grenzen gesetzt[120]. Der Gesetzgeber ist grundsätzlich wie generell im Grundrechtsbereich nur zur Rahmensetzung befugt[121].

Die Frage, ob der Gesetzgeber darüber hinaus inhaltliche Anforderungen an die Veranstaltung privaten Rundfunks stellen darf, wird von den Vertretern der subjektiv-rechtlichen Auslegung des Art. 5 Abs. 1 Satz 2 GG nicht einheitlich beantwortet. Im Grundsatz gegen inhaltliche Vielfaltstandards für den privaten Rundfunk haben sich namentlich Bullinger[122], Mestmäcker[123] und Scheuner[124] ausgesprochen. Demgegenüber halten unter anderem Herzog[125], Jarass[126], H.H. Klein[127], Scholz[128], Starck[129] und Stern[130] inhaltliche Vielfaltsanforderungen im privaten Rundfunk für grundsätzlich zulässig.

Unabhängig von den unterschiedlichen Auffassungen zu der Zulässigkeit programmbezogener Vielfaltsregelungen, die durch eine Inhaltskontrolle überwacht werden besteht unter den Vertretern einer subjektiv-rechtlichen Auslegung der Rundfunkfreiheit weitgehend Einigkeit darüber, daß eine medienspezifische, an meinungsneutralen Kriterien ausgerichtete, Konzentrationskontrolle im Rundfunk im Grundsatz notwendig ist, um das Entstehen von vorherrschender Meinungsmacht zu verhindern[131]. Nichtsdestoweniger stellt sich eine gesetzliche Regelung, welche die Tätigkeit privater Rundfunkveran-

118 Scholz, JZ 1981, 566.
119 H.H. Klein, Rundfunkfreiheit, S. 62.
120 H.H. Klein a.a.O.; Hain, Rundfunkfreiheit und Rundfunkordnung, S. 24.
121 H.H. Klein a.a.O. S. 60.
122 Freiheit von Presse, Rundfunk, Film a.a.O. Rdnr. 133 mit Hinweis auf die "Sonderpflichten" für die Presse.
123 56. DJT. a.a.O. S. O 9, 15 ff; ders., Medienkonzentration, S. 210 ff.
124 Das Grundrecht der Rundfunkfreiheit, S. 26 ff.
125 Maunz/Dürig/Herzog, Grundgesetz, Art. 5 Abs. 1, 2, Rdnr. 237.
126 Jarass/Pieroth, Grundgesetz, Art. 5 Rdnr. 37 f.
127 Rundfunkfreiheit, 1978, S. 67.
128 JZ 1981, 561, 565 f.
129 v. Mangoldt/Klein, Das Bonner Grundgesetz, Art. 5 Abs. 1, 2, Rdnr. 74; ders., NJW 1980, S. 1359, 1362.
130 DVBL 1982, 1109, 1116.
131 Bullinger, Freiheit von Presse, Rundfunk, Film a.a.O. Rdnr. 147 f; 155 ff.

stalter zum Zwecke der Konzentrationsbekämpfung einschränkt, vom Standpunkt der individualrechtlichen Deutung des Art. 5 Abs. 1 Satz 2 GG als Eingriff in die Freiheit, privaten Rundfunk zu veranstalten, dar[132]. Dem Gestaltungsspielraum des Gesetzgebers sind demzufolge durch den Schrankenvorbehalt des Art. 5 Abs. 2 GG und den Grundsatz der Verhältnismäßigkeit Grenzen gesetzt[133].

c) *Stellungnahme*

Der primär subjektiv-rechtlichen Auslegung der Rundfunkfreiheit ist der Vorzug vor der überwiegend objektiv-rechtlichen Interpretation des Art. 5 Abs. 1 Satz 2 GG zu geben. Die subjektiv-rechtliche Deutung der Rundfunkfreiheit geht im Hinblick auf die Bestimmung des Verhältnisses von subjektiv-rechtlichem und objektiv-rechtlichem Gehalt des Art. 5 Abs. 1 Satz 2 GG zutreffend von dem individualrechtlichen Kern des Grundrechts aus[134]. Für diese Auslegung spricht einmal der aufgezeigte Zusammenhang zwischen der Meinungsfreiheit und den Medienfreiheiten und zum anderen die systematische Stellung der Kommunikationsfreiheiten im Grundrechtsteil der Verfassung[135]. Die Garantie der Rundfunkfreiheit als Grundrecht verdeutlicht die Grundsatzentscheidung des Verfassungsgebers für eine privatwirtschaftliche Struktur des Rundfunks, vergleichbar der Presse, die bedingt durch die "Sondersituation" im Rundfunk zunächst durch das öffentlich-rechtliche Sendemonopol überlagert war[136]. Nach dem Wegfall des Mangels an Übertragungsmöglichkeiten besteht nunmehr ein grundrechtlicher Anspruch auf die Veranstaltung privater Rundfunksendungen im Rahmen der technischen Möglichkeiten[137]. Aus dem Wortlaut des Art. 5 Abs. 1 Satz 2 GG - "Freiheit der Berichterstattung durch Rundfunk" - läßt sich kein Argument gegen ein subjektives Recht, privaten Rundfunk zu veranstalten, entnehmen[138]. Scholz betont in diesem Zusammenhang zu Recht, daß die Kommunikationsgrundrechte vor allem deshalb richtigerweise als individuelle Freiheitsrechte formuliert wurden, weil Meinung und Meinungsbildung vornehmlich Tatbestände von personaler Qualität sind[139].

Die objektiv-rechtliche Deutung der Rundfunkfreiheit führt zu einer Entsubjektivierung des Grundrechts, die mit dem von dem Bundesverfassungsgericht im Mitbestimmungs-

---

132 H.H. Klein a.a.O. S. 62; Hain a.a.O. S. 24.
133 Siehe vorherige Note.
134 Scheuner, Das Grundrecht der Rundfunkfreiheit, S. 22.
135 Starck, in v. Mangoldt/Klein, Das Bonner Grundgesetz, Art. 5 Abs. 1,2 Rdnr. 6f, 68 unter Hinweis auf BVerfGE 50, 290, 337.
136 H.H. Klein, Rundfunkfreiheit, S. 36; Starck a.a.O. Rdnr. 73; Rudolf a.a.O. S. 73 spricht in diesem Zusammenhang von dem "eingefrorenen Individualgrundrecht".
137 Starck a.a.O. Rdnr. 68; Herzog a.a.O. Rdnr. 236.
138 v. Münch, Grundgesetz - Kommentar, 3.Aufl., Rdnr. 36.
139 Scholz, Pressefreiheit, S. 139.

urteil[140] prinzipiell hervorgehobenen Vorrang der individualrechtlichen Freiheitsgarantie aller Grundrechte gegenüber der institutionellen Seite der Grundrechte nicht in Einklang zu bringen ist[141]. Sie hat zur Konsequenz, daß sich das der Rundfunkfreiheit innewohnende objektive Prinzip unabhängig von ihrem subjektiv-rechtlichen Kerngehalt" zu einem Gefüge objektiver Normen verselbständigt", und steht damit in offenen Widerspruch zu den Grundsätzen des Mitbestimmungsurteils[142]. Der Bezugspunkt der grundrechtlichen Gewährleistung ist nicht mehr die individuelle Freiheit, sondern der Prozeß freier Meinungsbildung[143]. Die Freiheit wird instrumentalisiert und damit nach einer von Böckenförde geprägten Formel zu einer "Freiheit um zu" umgedeutet[144]. Der Inhalt der Freiheit wird dementsprechend allein nach der Funktion bestimmt, der sie dient[145]. Das ist umso bedenklicher, als die der Rundfunkfreiheit zugeordnete "Aufgabe", die Meinungsvielfalt zu sichern, sich nur unzureichend präzisieren und eingrenzen läßt[146]. Dem Gesetzgeber kommt deshalb ein erheblicher Gestaltungsspielraum zu. Ihm wird die Befugnis eingeräumt, den Rundfunk in einer Form zu organisieren, "die dem Grundsatz der Freiheitlichkeit der Medienverfassung für alle an der kommunikativen Entfaltung Interessierten am besten Rechnung trägt"[147]. Damit steht es im Ermessen des einfachen Gesetzgebers losgelöst von subjektiv-rechtlichen Grundrechtspositionen zu entscheiden, welche Rundfunkordnung er für am besten geeignet hält, um die Funktion des Rundfunks zu verwirklichen[148]. Demgegenüber ist der Gesetzgeber auf der Grundlage der individualrechtlichen Deutung der Rundfunkfreiheit an die Schranken des Art. 5 Abs. 2 GG und an das Übermaßverbot gebunden (Art. 1 Abs. 3 GG)[149]. Das schließt organisatorische Maßnahmen des Gesetzgebers zur Sicherung der Meinungsvielfalt nicht aus, führt jedoch dazu, daß jede Regelung auf ihre Eignung, Erforderlichkeit und Verhältnismäßigkeit im engeren Sinne zu überprüfen ist und dem Erfordernis der "Allgemeinheit" entsprechen muß[150]. Dadurch wird gewährleistet, daß die von dem Grundrecht der Rundfunkfreiheit garantierte individuelle Freiheit im Einzelfall in sachgerechter und rational begründeter Weise mit dem Gemeinwohlinteresse an einer freien und öffentli-

140 BVerfGE 50, 290, 337.

141 Starck, Die Verfassungsauslegung, in Isensee/Kirchhof (Hrsg.) Handbuch des Staatsrechts, Bd VII., § 164, Rdnr 44; vgl. allgemein dazu H.H. Klein, Öffentliche und private Freiheit, in Der Staat 10 (1971), S. 145, 164 f.

142 Starck a.a.O.

143 Eberle, Rundfunkübertragung, S. 42 f.

144 NJW 1974, 1529, 1535.

145 Ebd.

146 Eberle a.a.O. S. 43.

147 Hoffmann-Riem, in Benda/Maihofer/Vogel (Hrsg.), Handbuch des Verfassungsrechts, S. 349, 416.

148 Starck, in v. Mangoldt/Klein, Das Bonner Grundgesetz, Art. 5 Abs. 1, 2, Rdnr. 6.

149 Starck a.a.O. Rdnr. 9.

150 Scheuner a.a.O. S. 53 ff; Scholz, Pressefreiheit, S. 116 ff.

chen Meinungsbildung zum Ausgleich gebracht wird.

Ausgehend von dem individualrechtlichen Charakter der Rundfunkfreiheit ist ein Ausgleich zwischen den verschiedenen Grundrechtspositionen zu suchen, die durch Art. 5 Abs. 1 Satz 2 GG gewährleistet werden. Ein Spannungsverhältnis besteht namentlich zwischen der Veranstalterfreiheit und der Informationsfreiheit[151]. Dieses Spannungsverhältnis ist nach dem Grundsatz der "praktischen Konkordanz" zu lösen, der besagt, daß im Falle einer Kollision verfassungsrechtlich geschützter Rechtsgüter nicht das eine auf Kosten des anderen verwirklicht werden darf[152]. Ein Ausgleich ist statt dessen dadurch zu erreichen, daß beiden Gütern Grenzen gezogen werden, damit beide zu optimaler Wirksamkeit gelangen können[153]. Die Durchführung dieses Ausgleichs ist von dem Gesetzgeber vorzunehmen. Der Gesetzgeber hat dabei die Gleichwertigkeit der kollidierenden Grundrechtspositionen zugrunde zu legen. Ein Ausgleich auf der Ebene der Grundrechtsgewährleistung, welche die Gewährleistung einer Position unter Vernachlässigung der anderen vorsieht, ist dem Gesetzgeber demnach verwehrt. Eine Kollisionslösung ist statt dessen auf der Ebene der Grundrechtsausübung zu suchen. Dabei dürfen die kollidierenden Rechtsgüter nur soweit in verhältnismäßiger Weise eingeschränkt werden, wie es zum Ausgleich der entgegengesetzten Positionen erforderlich ist[154]. Der Gesetzgeber hat demnach die notwendigen Voraussetzungen für die Zulassung zum privaten Rundfunk im Rahmen der technischen Möglichkeiten zu regeln und dabei dem Schutzbedürfnis der Rezipienten insbesondere durch Maßnahmen zur Sicherung der Meinungsvielfalt Rechnung zu tragen[155]. Aus dem Verhältnismäßigkeitsgrundsatz folgt, daß der Gesetzgeber dabei an die privaten Rundfunkveranstalter keine Anforderungen stellen darf, die auf ein Optimum an inhaltlicher Ausgewogenheit, Sachlich-

---

151 Selmer, Bestands- und Entwicklungsgarantie für den öffentlich-rechtlichen Rundfunk in einer dualen Rundfunkordnung, 1988, S. 47; vgl. auch die Rechtsprechung des Supreme Court in den U.S.A., der im Hinblick auf die Auslegung der in dem ersten Amendment garantierten Meinungsfreiheit im Zusammenhang mit den elektronischen Medien in ähnlicher Weise die Interessen der Zuschauer und Hörer an umfassender und wahrheitsgemäßer Information mit den Interessen der Rundfunkunternehmen an der Veranstaltung von Sendungen abwägt; Red Lion Broadcasting Co. v. FCC, 395 U.S. 367, 23 L. Ed. 2d. 371, 89 S. Ct. 1794 (1969). Die von dem Supreme Court in der Entscheidung gebilligte "fairness doctrine", die vergleichbar den Vielfaltsanforderungen im deutschen Rundfunkrecht inhaltliche Programmanforderungen vorsah, wurde in der Zwischenzeit von der FCC mit der Begründung aufgehoben, der technische Fortschritt ermögliche in den elektronischen Medien denselben Wettbewerb auf dem Meinungsmarkt, der für die Printmedien charakteristisch ist; vgl. dazu Mestmäcker, Medienkonzentration, S. 189; ders. Über den Einfluß von Ökonomie und Technik auf Recht und Organisation der Telekommunikation und der elektronischen Medien, in ders. (Hrsg.), Kommunikation ohne Monopole II., S. 149 ff. Siehe auch Owen, Economics and Freedom of Expression, Media Structure and the First Amendment, 1975, S. 24 f; S. 116 ff.

152 K. Hesse, Grundzüge des Verfassungsrechts der Bundesrepublik Deutschland, Rdnr. 72; Scholz, JZ 1981, 561, 566; H.H. Klein, Rundfunkfreiheit, S. 36.

153 Siehe vorherige Note.

154 Scholz a.a.O.

155 Starck, in v. Mangoldt/Klein, Das Bonner Grundgesetz, Art. 5 Abs. 1, 2, Rdnr. 68, 89 f.

keit und gegenseitiger Achtung abzielen, sondern sich insofern auf ein Mindestmaß beschränken muß[156]. Dem Gesetzgeber steht indes in bezug auf die zur Sicherung der Meinungsvielfalt zu treffenden Maßnahmen ein Gestaltungsspielraum zu[157]. Der Umfang des Gestaltungsspielraums hängt davon ab, welche Schranken dem Gesetzgeber durch den individualrechtlichen Gehalt der Rundfunkfreiheit gesetzt sind[158]. Das wiederum hängt davon ab, ob die Vorschriften zur Sicherung der Meinungsvielfalt als Ausgestaltung oder Beschränkung der Rundfunkfreiheit eingestuft werden[159].

III. Ausgestaltung und Beschränkung der Rundfunkfreiheit

Die Unterscheidung von grundrechtsausgestaltenden und grundrechtseinschränkenden Normen ist von erheblicher praktischer Bedeutung[160]. Eine ausgestaltende Norm muß dem Grundrecht gegenüber nicht als Schranke gerechtfertigt werden, während eine einschränkende Norm an dem Schrankenvorbehalt des Grundrechts zu messen ist[161]. Im Hinblick auf die Rundfunkfreiheit bedeutet das, daß allein eine einschränkende Norm den Voraussetzungen eines allgemeinen Gesetzes im Sinne von Art. 5 Abs. 2 GG und den Anforderungen des Verhältnismäßigkeitsprinzips entsprechen muß[162].
Die Abgrenzung von Ausgestaltung und Einschränkung im Bereich der Grundrechte birgt schwierige grundrechtstheoretische Probleme von allgemeiner Bedeutung, die im Rahmen der vorliegenden Arbeit nicht vertieft werden können[163]. Die Unterscheidung von ausgestaltenden und einschränkenden Normen wird im folgenden allein im Hinblick auf den Schutzbereich der Rundfunkfreiheit untersucht. Der Schwerpunkt liegt dabei auf der Frage, ob die Vorschriften zur Sicherung der Meinungsvielfalt als Ausgestaltung oder als Eingriff in den Schutzbereich der Rundfunkfreiheit einzustufen sind. Diese Frage wird in Rechtsprechung und Schrifttum abhängig von den vorstehend gekennzeichneten Grundpositionen zur Auslegung des Art. 5 Abs. 1 Satz 2 GG unterschiedlich beantwortet[164]. Bevor auf der Grundlage der hier vertretenen subjektivrechtlichen Deutung des Art. 5 Abs. 1 Satz 2 GG zu der Frage Stellung genommen wird, soll aufgezeigt werden, wie die Vorschriften zur Sicherung der Meinungsvielfalt vom Standpunkt der objektiv-rechtlichen Auslegung der Rundfunkfreiheit aus einzuordnen

---

156 Starck a.a.O.; Herzog, in Maunz/Dürig/Herzog, Grundgesetz, Art. 5 Abs. 1, 2, Rdnr. 237.
157 Starck a.a.O. Rdnr. 89.
158 Hain, Rundfunkfreiheit und Rundfunkordnung, S. 22.
159 Ebd.
160 Alexy, Theorie der Grundrechte, S. 300.
161 Ebd.
162 Starck, NJW 1980, 1359, 1360.
163 Vgl. dazu Alexy, Die Theorie der Grundrechte, S. 300 ff.
164 Hain, Rundfunkfreiheit und Rundfunkordnung, S. 22.

sind. Dazu wird zunächst auf die Rechtsprechung des Bundesverfassungsgerichts einzugehen sein[165]. Aus dem Schrifttum wird insbesondere der organisationsrechtliche Ansatz von Lerche analysiert, der entscheidend zu der Vorstellung der Ausformung der Grundrechte im Gegensatz zum Grundrechtseingriff beigetragen hat[166].

1. Die Rechtsprechung des Bundesverfassungsgerichts

Das Bundesverfassungsgericht hat die Unterscheidung von Ausgestaltung und Begrenzung im Bereich der Rundfunkfreiheit erstmals in dem dritten Fernsehurteil erwähnt, ohne den Gedanken jedoch weiter auszuführen[167]. In dem Niedersachsen-Urteil geht das Gericht dann ausführlicher auf diese Frage ein. Dort heißt es: "Im übrigen bedarf es bei der Beurteilung der Frage, ob das Landesrundfunkgesetz dem Landesrundfunkausschuß in zulässiger Weise Möglichkeiten einer Einflußnahme auf die Veranstalter oder deren Programme eröffnet, der Differenzierung. Bei den einschlägigen Vorschriften kann es sich um ausgestaltende Regelungen handeln, welche der Sicherung der Rundfunkfreiheit dienen und allein dienen dürfen. Diese können keinen Grundrechtseingriff enthalten, bedürfen also keiner weiteren verfassungsrechtlichen Rechtfertigung. Regelungen, welche die Rundfunkfreiheit beschränken, sind hingegen nur auf der Grundlage des Art. 5 Abs. 2 GG oder in den Fällen einer Beschränkung der Rundfunkfreiheit unmittelbar durch die Verfassung zulässig (...)"[168].

Das Gericht hat die zu beurteilenden Regelungen des niedersächsischen Landesrundfunkgesetzes, die Wahrheits- und Sorgfaltspflichten[169] im privaten Rundfunk vorsehen und Vielfaltsanforderungen[170] an private Veranstalter stellen, als ausgestaltende Normen eingestuft[171]. Die Regelungen stellen nach der Auffassung des Gerichts somit, unabhängig davon, ob sie sich für einzelne private Veranstalter belastend auswirken, keine Beschränkung des Grundrechts der Rundfunkfreiheit dar[172].

Diese auf den ersten Blick überraschende Schlußfolgerung läßt sich allein auf der

---

165 BVerfGE 57, 295, 321; 73, 118, 166; 74, 297, 334.

166 Einen Überblick über das Schrifttum zu dieser Frage geben Bremer, Freiheit durch Organisation ? "Ausgestaltung" der Rundfunkfreiheit als Problem von Grundrechtsinterpretation, Grundrechtstheorie und Ordnungstheorie, in Mestmäcker (Hrsg.), Kommunikation ohne Monopole II., S. 312, 314 ff, 336 ff;, Ruck, Zur Unterscheidung von Ausgestaltungs- und Schrankengesetzen im Bereich der Rundfunkfreiheit, in AöR 117 (1992), S. 543, 544 , N. 3; Rossen, Freie Meinungsbildung durch den Rundfunk, S. 283, 286, N. 239.

167 BVerfGE 57, 295, 321.

168 BVerfGE 73, 118, 166.

169 § 13 LRG Nds. v. 23. 5. 1984.

170 § 15 LRG Nds. v. 23. 5. 1984.

171 BVerfGE 73, 118, 166.

172 Vgl. dazu Jarass, Grundrechte als Wertentscheidungen bzw. objektiv-rechtliche Prinzipien in der Rechtsprechung des Bundesverfasssungsgerichts, in AöR 110 (1985) S. 363, 390 f.

Grundlage der primär objektiv-rechtlichen Auslegung der Rundfunkfreiheit durch das Bundesverfassungsgericht erklären[173]. Das Gericht sieht die Legitimation für gesetzliche Regelungen im Schutzbereich des Grundrechts in der Aufgabe des Gesetzgebers, die Rundfunkfreiheit auszugestalten[174]. Der Auftrag an den Gesetzgeber, den Schutzbereich der Rundfunkfreiheit rechtlich auszugestalten, folgt aus dem objektiven Gehalt des Grundrechts. Die Rundfunkfreiheit dient der Aufgabe, eine freie und umfassende Meinungsbildung durch den Rundfunk zu gewährleisten. Zur Verwirklichung dieser Aufgabe ist nach der Einschätzung des Gerichts die rechtliche Ausgestaltung der Rundfunkfreiheit erforderlich. Die Ausgestaltung obliegt dem einfachen Gesetzgeber. Wie er seinen Auftrag erfüllt, ist Sache seiner eigenen Entscheidung[175]. Alle Regelungen, die der Gesetzgeber in Wahrnehmung seines Ausgestaltungsauftrages erläßt, dienen dazu, den objektiven Gehalt der Rundfunkfreiheit zu entfalten. Von diesem Standpunkt aus ist es folgerichtig anzunehmen, daß eine Regelung, welche den primär objektiv-rechtlichen Schutzgehalt der Rundfunkfreiheit verwirklicht und sichert, nicht gleichzeitig als Einschränkung der Rundfunkfreiheit angesehen werden kann. Das gilt auch dann, wenn die Regelung für die individual-rechtliche Position einzelner Grundrechtsinhaber eine Belastung darstellt. Die Gewährleistung subjektiv-rechtlicher Grundrechtspositionen wird nach dieser Auslegung soweit verdrängt, wie die Ausgestaltung der objektiv-rechtlichen Gewährleistung der Rundfunkfreiheit durch den einfachen Gesetzgeber reicht[176].

Damit stellt sich die Frage, welche Grenzen der Ausgestaltungsbefugnis des Gesetzgebers vom Standpunkt der objektiv-rechtlichen Deutung des Art. 5 Abs. 1 Satz 2 GG aus gesetzt sind. Das Bundesverfassungsgericht äußerte sich dazu im Niedersachsen-Urteil nicht ausdrücklich, sondern betonte hingegen den Gestaltungsspielraum des Gesetzgebers[177]. Eine Regelung des baden-württembergischen Landesmediengesetzes, die den Ausschluß der Landesrundfunkanstalten SDR und SWF von der Veranstaltung regionalen und lokalen Rundfunks zugunsten privater Anbieter vorsah[178], veranlaßte das Gericht in der Folgezeit, die Grenzen zulässiger Ausgestaltung näher zu bestimmen. Das Gericht führte hierzu in dem sogenannten Baden-Württemberg-Beschluß aus: "Eine solche Verkürzung (scil.: der Sendetätigkeit von SDR und SWF) wird durch die aus Art. 5 Abs. 1 Satz 2 GG folgende Aufgabe des Gesetzgebers die Rundfunkfreiheit auszugestalten, nicht gedeckt. Die Ausgestaltung darf allein der Sicherung der Rundfunkfreiheit dienen

173 Jarass a.a.O. S. 391.
174 BVerfGE 57, 295, 319 f.
175 BVerfGE a.a.O.
176 Vgl. BVerfGE 83, 238, 315.
177 Jarass, In welcher Weise empfiehlt es sich, die Ordnung des Rundfunks und sein Verhältnis zu anderen Medien - auch unter dem Gesichtspunkt der Harmonisierung zu regeln?, 56. DJT (1986), Gutachten, Rdnr. 34.
178 § 13 Abs. 2 S. 1 u. 2 LMG Bad.-Württ. v. 16. 12. 1985.

(...); die Aufgabe, die dem Gesetzgeber insoweit gestellt ist, befreit ihn nicht von seiner Bindung an Art. 5 Abs. 1 Satz 2 GG (vgl. Art. 1 Abs. 3 GG)"[179].

Das Gericht sah in der streitgegenständlichen Regelung des baden-württembergischen Landesmediengesetzes dementsprechend keine zulässige Ausgestaltung, sondern einen Eingriff in die Rundfunkfreiheit. Die Regelung unterbinde freien publizistischen Wettbewerb und geistige Auseinandersetzung und sei deshalb mit dem Grundgedanken der Gewährleistung des Art. 5 Abs. 1 GG nicht vereinbar[180].

Als Zwischenergebnis ist somit festzuhalten, daß die Ausgestaltungsbefugnis des Gesetzgebers auf der Grundlage der Rechtsprechung des Bundesverfassungsgerichts in erster Linie durch ihre aus Art. 5 Abs. 1 Satz 2 GG folgende Zweckbindung begrenzt ist[181]. Die Frage, ob der Gesetzgeber im Hinblick auf die Ausgestaltung der Privatfunkordnung weiteren Bindungen unter dem Gesichtspunkt der "Funktionsfähigkeit" des privaten Rundfunks unterliegt, läßt sich auf der Grundlage der Rechtsprechung des Bundesverfassungsgerichts nicht eindeutig beantworten. Das vierte Rundfunkurteil enthält einen Ansatzpunkt für eine dahingehende Deutung. Das Gericht führt im Anschluß an eine Analyse der tatsächlich zu erwartenden Defizite an inhaltlicher und thematischer Vielfalt im privaten Rundfunk aus, daß aus dieser Sachlage nicht der Schluß gezogen werden dürfe, "daß es dem Gesetzgeber verfassungsrechtlich geboten wäre, privaten Rundfunk nur noch unter Voraussetzungen zuzulassen, die eine Veranstaltung privater Rundfunkprogramme in hohem Maße erschweren, wenn nicht ausschließen würden"[182]. Das Gericht nimmt diesen Gedanken in dem sechsten Rundfunkurteil wieder auf und zwar im Zusammenhang mit der Erörterung der Grenzen, die dem Gesetzgeber im Hinblick auf die Normierung von Programmanforderungen für private Rundfunkveranstalter gesetzt sind[183]. Der Grundsatz der "Funktionsfähigkeit" privaten Rundfunks tritt damit neben die Zweckbindung als weitere Grenze der Ausgestaltungsbefugnis des Gesetzgebers[184]. Die Tragweite dieses Grundsatzes läßt sich auf der Grundlage des sechsten

179 BVerfGE 74, 297, 334.

180 BVerfGE 74, 297, 335.

181 Siehe hierzu auch Jarass in Jarass/Pieroth, GG, Rdnr. 37; A. Hesse, Rundfunkrecht, S. 72; vgl. auch Schmitt-Glaeser, Die Rundfunkfreiheit in der Rechtsprechung des Bundesverfassungsgerichts, in AöR 112 (1987), S. 216, 246 f, der aus der Bindung des Gesetzgebers an das Grundrecht des Art. 5 Abs. 1 Satz 2 GG die Geltung des Übermaßverbots ableitet.

182 BVerfGE 73, 118, 121 ff, 154 ff; 157.

183 BVerfGE 83, 238, 316.

184 Bauer, Öffentlich-rechtliche Rundfunkanstalten und das Kartellrecht, 1993, S. 34; vgl. zur Terminologie Lerche, Das 6. Rundfunkurteil zur "Modellkonsistenz", in Kohl (Hrsg.), Die Freiheit des Rundfunks nach dem Nordrhein-Westfalen-Urteil des Bundesverfassungsgerichts, S. 51 ff. Das BVerfG verwendet den Begriff der Funktionsfähigkeit oder genauer der Funktionsunfähigkeit in dem 6. Rundfunkurteil, jedoch nicht im Zusammenhang mit der Zulässigkeit von Programmanforderungen an private Veranstalter, sondern im Rahmen der Überprüfung der nordrhein-westfälischen Regelung für den lokalen Rundfunk (§§ 23-30 LRG NRW, sog. Zwei-Säulen-Modell) am Maßstab des Art. 5 Abs. 1 Satz 2 GG, BVerfGE 83, 238, 325 ff.

Rundfunkurteils indes noch nicht vollständig ermessen, da das Gericht auf der anderen Seite an mehreren Stellen der Urteilsbegründung den Gestaltungsspielraum des Gesetzgebers hervorhebt[185] und gleichzeitig den Gedanken der Modellkonsistenz ausdrücklich verwirft[186].

Im Schrifttum wird erwogen, im Hinblick auf die Grenzen der Ausgestaltungsbefugnis des Gesetzgebers zwischen (erstmaliger) Ausgestaltung und Umgestaltung zu differenzieren[187]. Dem Gesetzgeber soll danach der weite, allein durch die Zweckbindung und die Funktionsfähigkeit begrenzte, Gestaltungsraum nur bei der erstmaligen Ausgestaltung der Rundfunkordnung offen stehen. Soweit der Gesetzgeber hingegen durch frühere Ausgestaltungen individuelle Grundrechtspositionen "geschaffen" habe, müßten sich nachfolgende Umgestaltungen am Übermaßverbot messen lassen, soweit sie Eingriffscharakter haben. Die Schranke des Art. 5 Abs. 2 GG komme hingegen auch in diesem Fall nicht zur Anwendung, da Umgestaltungen als Ausgestaltungs- und nicht als Schrankengesetze einzuordnen seien[188]. Das Bundesverfassungsgericht hat sich zu dieser Frage bisher noch nicht ausdrücklich geäußert.

2. *Die Lehre von den "Organisationsgesetzen"*

Das Bundesverfassungsgericht begründet die Ausgestaltungsbefugnis des Gesetzgebers im Bereich der Rundfunkfreiheit unter anderem auch damit, daß eine gesetzliche Regelung notwendig sei, damit die Freiheit des Rundfunks "wirksam werden" kann[189]. Diese Aussage, die das Gericht an den Anfang der Gründe des dritten Fernsehurteils gestellt hat, sowie die Betonung des Gestaltungsspielraums des Gesetzgebers gehen auf die Lehre Lerches vom "Organisationsgesetz" zurück[190]. Auf den organisationsrechtlichen Ansatz von Lerche soll hier deshalb näher eingegangen werden, weil er sich als das theore-

---

185 Ricker, Die Gestaltungsfreiheit des Gesetzgebers und ihre Grenzen im Lichte des 6. Rundfunkurteils, in Kohl (Hrsg.), Die Freiheit des Rundfunks nach dem Nordrhein-Westfalen-Urteil des Bundesverfassungsgerichts, S. 26 ff; Kull, Für den Rundfunkgesetzgeber fast Pleinpouvoir, in AfP 1991, S. 716 ff.

186 BVerfGE 83, 238 (Leitsatz 2 a.) vgl. dazu Lerche a.a.O. S. 52, der nachweist, daß der "Gedanke" der Modellkonsistenz von dem Gericht mehrfach erwähnt bzw. angewendet wird, obwohl das Gericht ein Verfassungspostulat der Modellkonsistenz in dem zitierten Leitsatz und wiederholt in den Gründen ablehnt. Auf diesen Umstand wird im folgenden noch näher einzugehen sein.

187 Hoffmann-Riem, Rundfunkrecht neben Wirtschaftsrecht, 1991, S. 74, Ruck, Zur Unterscheidung von Ausgestaltungs- und Schrankengesetzen im Bereich der Rundfunkfreiheit, in AöR 117 (1992), S. 543, 547 ff.

188 Hoffmann-Riem a.a.O. S. 73 f, der gleichzeitig die Annahme von Rossen für unzutreffend hält, derzufolge generell ein Eingriff in das Grundrecht vorliege, wenn der Gesetzgeber seine Ausgestaltungsaufgabe verfehle. Die Eingriffsqualität sei auch sonst in der Rechtsordnung unabhängig von der Rechtmäßigkeit festzustellen. Siehe dazu auch Rossen, Freie Meinungsbildung durch den Rundfunk, S. 309.

189 BVerfGE 57, 295, 319, vgl. dazu Scholz JZ 1981, S. 561, 565 f.

190 Scholz a.a.O. S. 566.

tische Fundament der Ausgestaltungsrechtsprechung des Bundesverfassungsgerichts erweist und wesentlich für das Verständnis einer organisatorischen "Zwischenschicht" im Grundrecht ist, für das die Rundfunkgesetzgebung der Länder ein "eindrucksvolles" Beispiel abgibt[191].

Lerche nimmt an, daß einige Grundrechte, zu denen er auch die Rundfunkfreiheit zählt, einen normgeprägten Schutzbereich aufweisen[192]. Diese Grundrechte können nach seiner Auffassung nur in einem "gewissen staatlich-organisatorischen Rahmen gedacht werden"[193]. Sie bedürfen der gesetzgeberischen Konkretisierung, um wirksam werden zu können[194]. Es sei an sich eine ursprüngliche Aufgabe des Verfassungsgebers, die rechtlichen und organisatorischen Voraussetzungen für die Grundrechtsausübung zu schaffen[195]. Falls der Verfassungsgeber seine Aufgabe nicht wahrnehme, falle diese dem einfachen Gesetzgeber zu[196]. Dem unteren Normgeber komme im Hinblick auf die Erfüllung seiner Aufgabe ein prinzipieller organisatorischer Gestaltungsraum zu, der, obwohl von der Freiheit des Verfassungsgebers herrührend, dennoch nicht unbegrenzt sei[197]. Das augenfälligste Beispiel für die Organisationskompetenz des einfachen Gesetzgebers im Bereich der Grundrechte bildet die Eigentumsgarantie[198]. Dem Gesetzgeber wird durch die Bestimmung des Art. 14 Abs. 1 Satz 2 GG ausdrücklich die Aufgabe übertra-

---

191 Lerche, Grundrechtlicher Schutzbereich, Grundrechtsprägung und Grundrechtseingriff, in Isensee/Kirchhof (Hrsg.), Handbuch des Staatsrechts, Bd V., § 121, Rdnr 35; ders., Übermaß und Verfassungsrecht, 1961, S. 106 ff; ders., Verfassungsrechtliche Zentralfragen des Arbeitskampfes, 1968, S. 37 ff 49 ff; ders., Rundfunkmonopol, 1970, S. 69 ff 77 ff; ders., Verfassungsrechtliche Fragen der Pressekonzentration, 1971, S. 52 f; ders. Landesbericht, in Bullinger/Kübler (Hrsg.), Rundfunkorganisation und Kommunikationsfreiheit, 1979, S. 95, N. 306; ders. Hoheitliche Programmanforderungen für private Rundfunkveranstaltungen, in Schreiber/Langenbucher/Hömberg (Hrsg.), Kommunikation im Wandel der Gesellschaft, - Otto Roegele zum 60. Geburtstag- 1980, S. 291, 296 ff.

192 Die Grundvorstellung der Grundrechtsprägung bzw. der Ausformung (Ausgestaltung) der Grundrechte durch einfachrechtliche Normen wurde von Lerche zuerst in seiner grundlegenden Schrift "Übermaß und Verfassungsrecht" entwickelt. Lerche entwirft in der Arbeit ein System von einfachrechtlichen Normen im Schutzbereich der Grundrechte, auf das er im weiteren aufbaut. Er unterscheidet eingreifende, verdeutlichende, prägende, mißbrauchsabwehrende und konkurrenzlösende Normen, ders., Übermaß und Verfassungsrecht, 1961, S. 106 ff; ders. Grundrechtlicher Schutzbereich, Grundrechtsprägung und Grundrechtseingriff, a.a.O. Rdnr. 4.

193 Lerche, Grundrechtlicher Schutzbereich, Grundrechtsprägung und Grundrechtseingriff, a.a.O. Rdnr. 35.

194 Ebd. Rdnr. 1, mit Hinweis auf Häberle, Die Wesensgehaltsgarantie des Art. 19 Abs. 2 GG, S. 126 ff, S. 180 ff.

195 Lerche, Verfassungsrechtliche Zentralfragen, S. 37 f.

196 Ebd. S. 38.

197 Ebd. S. 39 f.

198 Lerche, Übermaß und Verfassungsrecht, S. 107. Ein weiterer Grundrechtsbereich, in welchem dem Gesetzgeber ein prinzipielles Organisationsrecht zukommt, ist die durch Art. 9 Abs.3 GG gewährleistete Koalitionsfreiheit. Lerche führt hierzu aus: "Liegt die wesensbestimmende Sozialfunktion der Koalitionsfreiheit in der Herstellung einer sinnvollen Ordnung des Arbeitslebens, so ist der Gesetzgeber einmal verpflichtet, den Sozialpartnern ein effektives Tarifvertragssystem überhaupt erst einzurichten"; ders, in Verfassungsrechtliche Zentralfragen, S. 40.

gen, den Schutzbereich der Eigentumsgarantie normativ zu prägen[199]. Die Gewährleistung der Eigentumsgarantie wäre ohne die Anknüpfung an zivilrechtliche Normen gegenstandslos. Der Gesetzgeber schafft durch die Normen des Eigentumsrechts erst die Voraussetzung für die Eigentumsgarantie des Art. 14 Abs. 1 GG. Die Ausgestaltung des Schutzbereichs des Art. 14 Abs. 1 GG durch zivilrechtliche Normen erweist sich damit gewissermaßen als "denknotwendige" Voraussetzung für die Entfaltung des Grundrechts[200].

Lerche sieht auch in Art. 5 Abs. 1 Satz 2 GG eine organisatorische Schicht, der im Hinblick auf die Rundfunkfreiheit ein weitaus größerer Raum zukomme als im Bereich der Pressefreiheit[201]. Diesen Umstand führt er einmal darauf zurück, daß die Struktur der Presse historisch privatwirtschaftlich geprägt sei[202], während der Rundfunk in Deutschland traditionell gesteigerter öffentlicher Verantwortung unterliege[203]. Die weitergehende Organisationskompetenz des Gesetzgebers im Rundfunk lasse sich allerdings nicht allein aus historischen Gründen rechtfertigen, sondern es seien darüber hinaus auch die spezifischen Wirkungen und Konsequenzen des Mediums von Bedeutung[204].

Die Organisationsgesetze zeichnen sich dadurch aus, daß sie nicht der Sphäre der allgemeinen Gesetze im Sinne von Art. 5 Abs. 2 GG zugehören, sondern "vor" der Ebene der Grundrechtsschranken im Schutzbereich des Grundrechts situiert sind[205]. Die Notwendigkeit einer von der Kategorie der allgemeinen Gesetze abgehobenen Schicht organisatorischer Regelungen folge aus dem sonderrechtlichen Charakter dieser Gesetze. Die Organisationsnormen könnten nicht als allgemeine Gesetze angesehen werden, da sie sich ausschließlich an die Veranstalter von Rundfunksendungen wenden[206]. Andernfalls müßte der Begriff der "allgemeinen" Gesetze erweitert werden mit der Konsequenz, daß dadurch der Zugriff des Gesetzgebers auch auf alle anderen kommunikativen Freiheitsrechte, insbesondere die Pressefreiheit, erleichtert wird[207].

Die Befugnis des Gesetzgebers, im Schutzbereich der Rundfunkfreiheit Normen zu setzen, ist nach der Auffassung von Lerche gleichwohl nicht unbegrenzt[208]. Die Annahme einer Organisationsbefugnis des Gesetzgebers "in" dem Grundrecht sei grundsätzlich

199 Lerche, Übermaß und Verfassungsrecht, S. 107.
200 Vgl. dazu Alexy, Theorie der Grundrechte, S. 303.
201 Verfassungsrechtliche Fragen der Pressekonzentration S. 53; ders. Grundrechtlicher Schutzbereich, Grundrechtsprägung und Grundrechtseingriff, a.a.O. Rdnr. 35.
202 Lerche, Verfassungsrechtliche Fragen zur Pressekonzentration, S. 53.
203 Rundfunkmonopol S. 99 ff ; ders. , Landesbericht a.a.O., S. 23.
204 Lerche, Hoheitliche Programmanforderungen a.a.O., S. 298.
205 Ebd.
206 Ebd. S. 299.
207 Ebd. S. 300.
208 Lerche, Verfassungsrechtliche Zentralfragen, S. 40 f.

"vorsichtig zu dosieren"[209]. Für den Gestaltungsspielraum des Gesetzgebers im Rundfunk ergäben sich besondere Grenzen aus dem einmal gewählten Organisationsmodell[210]. Habe sich der Gesetzgeber für die Zulassung privaten Rundfunks entschieden, so sei "der Rubikon überschritten"[211]. Der Gesetzgeber habe dann die "konkret verfassungsrechtlich vorgeformten Konsequenzen" der privatwirtschaftlichen Organisationsform zu achten[212]. Der private Rundfunk sei damit zwar nicht vollständig aus der "öffentlichen Verantwortung" zu entlassen. Ein Einwirken des Staates auf den Inhalt privater Rundfunksendungen, etwa durch staatsfreie, plural verfaßte Gremien, stände indes im Widerspruch zu der privaten Verantwortung für die Programmgestaltung[213]. Damit scheiden Regelungen aus, die auf eine "Optimierung" abzielen[214]. Als zulässige Ausgestaltung könnten nur solche Normen angesehen werden, welche die "Grundbedingungen für ein Funktionieren freiheitlicher Meinungsbildung" im privaten Rundfunk sichern[215]. Der Gesetzgeber sei im Rahmen seiner fortbestehenden Organisationskompetenz für den privaten Rundfunk somit allein zu "systemgerechten" Maßnahmen ermächtigt[216]. Lerche erkennt demnach in den Kriterien der "Systemgerechtigkeit" und der "Modellkonsistenz" die entscheidende Schranke für die Gestaltungsbefugnis des Privatfunkgesetzgebers[217]. Er sieht sich insofern durch das sechste Rundfunkurteil des Bundesverfassungsgerichts bestätigt[218]. Die bereits zitierte Aussage des Gerichts, der Gesetzgeber dürfe an den privaten Rundfunk keine Anforderungen stelle, die seine Entfaltung in hohem Maße erschweren würden, sei ein "präziser Anwendungsfall des Gedankens der Modellkonsistenz"[219].

Es bleibt indes auf der Grundlage der Konzeption von Lerche im unklaren, wo die Grenzlinie zwischen systemkonsistenten Organisationsnormen "im" Schutzbereich des Art. 5 Abs. 1 Satz 2 GG und den Normen verläuft, die eine Beschränkung der Freiheit

---

209 Lerche, Grundrechtlicher Schutzbereich, Grundrechtsprägung und Grundrechtseingriff, a.a.O. Rdnr. 35.

210 Ebd.

211 Lerche, Presse und privater Rundfunk, S. 29.

212 Ebd. S. 21.

213 Ebd. S. 22.

214 Ebd. S. 26.

215 Lerche, Sind neue rechtliche Instrumente für die Absicherung der Freiheit des Bürgers zu erwägen?, in Bitburger Gespräche Jahrbuch, 1977/1978, S. 55 ff; 60.

216 Lerche, In welcher Weise empfiehlt es sich, die Ordnung des Rundfunks und sein Verhältnis zu anderen Medien - auch unter dem Gesichtspunkt der Harmonisierung zu regeln ?, 56. DJT (1986), Bd. II S. O 50.

217 Lerche, Das 6. Rundfunkurteil zur "Modellkonsistenz", in Kohl (Hrsg.), Die Freiheit des Rundfunks nach dem Nordrhein-Westfalen-Urteil des Bundesverfassungsgerichts, S. 51, unter Hinweis auf Battis, Systemgerechtigkeit, in FS Ipsen, 1977, S. 11 ff; Degenhart, Systemgerechtigkeit und Selbstbindung des Gesetzgebers als Verfassungspostulat,1976; Peine, Systemgerechtigkeit, 1985.

218 Lerche, Das 6. Rundfunkurteil zur "Modellkonsistenz", a.a.O. S. 52; siehe auch ders. Gestaltungskompetenz und Programmbereich der Rundfunkanstalten, in FS für Kübler, S. 239 ff, 249.

219 Ebd.

darstellen und deshalb an Art. 5 Abs. 2 GG zu messen sind. Fraglich ist in dem hier zu untersuchenden Zusammenhang insbesondere, wie medienspezifische Maßnahmen zur Konzentrationsbekämpfung nach der Lehre von den Organisationsgesetzen einzuordnen sind. Lerche stuft pressespezifische Konzentrationsvorschriften ausdrücklich als Eingriff in das Grundrecht ein[220]. Demgegenüber werden rundfunkspezifische Konzentrationsregeln auf der Grundlage des organisationsrechtlichen Ansatzes von Lerche insbesondere im Hinblick auf die vorausgesetzte gesteigerte, öffentliche Verantwortung des Gesetzgebers im Bereich des Rundfunks wohl eher der dem Art. 5 Abs. 2 GG vorgelagerten organisationsrechtlichen Schicht zuzuordnen sein.

3. Die Zuordnung ausgestaltender Regelungen im privaten Rundfunk zum Bereich der allgemeinen Gesetze im Sinne von Art. 5 Abs. 2 GG

Vom Standpunkt der hier vertretenen subjektiv-rechtlichen Auslegung des Art. 5 Abs. 1 Satz 2 GG sind organisationsrechtliche Regelungen im Bereich des Rundfunks als Schranken der Rundfunkfreiheit anzusehen. Sie müssen sich auf Grund ihrer freiheitsbeschränkenden Wirkung am Maßstab des allgemeinen Gesetzes im Sinne von Art. 5 Abs. 2 GG und an dem Übermaßverbot rechtfertigen lassen. Die Zuordnung der "Ausgestaltungsgesetze" oder in der Terminologie Lerches der "Organisationsgesetze" zu Art. 5 Abs. 2 GG folgt aus der Deutung der Rundfunkfreiheit als vorrangig individuelles Grundrecht. Wird jedermann prinzipiell als Grundrechtsträger der Rundfunkfreiheit angesehen, so stellen sich die organisatorischen Regelungen im Bereich des Rundfunks in ihrer Gesamtheit als Grundrechtsbeschränkung dar, denn Organisationsregeln sind in den Worten Herrmanns "ihrer Natur nach Einengungen für die persönliche Gestaltungsfreiheit derjenigen, die ihre Teilnahme an der Rundfunkkommunikation abweichend von diesen Normen gestalten wollten"[221]. Damit ist indes nicht gesagt, daß gesetzliche Regelungen im Bereich des Rundfunks grundsätzlich unzulässig sind.

Es besteht auch unter den Vertretern der subjektiv-rechtlichen Deutung des Art. 5 Abs. 1 GG weitgehend Einigkeit darüber, daß ein Regelungsbedürfnis auch bei einem Überfluß an Übertragungsmöglichkeiten fortbestehen wird[222]. Zulassungsregelungen werden nicht zuletzt auch als Anknüpfungspunkt für konzentrationsrechtliche Bestim-

---

220 Lerche, Verfassungsrechtliche Fragen zur Pressekonzentration, S. 115.

221 Fernsehen und Hörfunk in der Verfassung der Bundesrepublik Deutschland, S. 318.

222 H.H. Klein, Rundfunkrecht und Rundfunkfreiheit, Der Staat 20 (1981), S. 198; Mestmäcker, Medienkonzentration, S. 207, Starck, NJW 1980, 1359, 1362; Gabriel-Bräutigam, Wahlkampf im Rundfunk, in ZUM 1991, S. 466, 471, die den Organisationsbedarf im Bereich des Rundfunks in Abhängigkeit von den Grundrechtsvoraussetzungen bestimmt: "je knapper die Ressourcen, desto umfangreicher der Organisationsbedarf und umgekehrt.

mungen ihre Bedeutung behalten[223]. Diese Regelungen müssen jedoch in jedem einzelnen Fall durch die Schranke des Art. 5 Abs. 2 GG legitimiert sein. Der Gesetzgeber ist demnach nicht befugt, unter Berufung auf das aus dem objektiv-rechtlichen Gehalt der Rundfunkfreiheit und dem demokratischen Prinzip hergeleitete Gemeinschaftsgut einer freien Meinungsbildung einen "organisationsrechtlichen Gesamtzugriff" auf das Grundrecht vorzunehmen[224]. So müssen insbesondere auch Maßnahmen zur Sicherung der Meinungsvielfalt den Anforderungen der allgemeinen Gesetze und des Übermaßverbots entsprechen. Der Gestaltungsraum des Gesetzgebers ist durch diese Bindungen eingeschränkt[225].

Auf der Grundlage der subjektiv-rechtlichen Deutung der Rundfunkfreiheit braucht nach dem Gesagten nicht zu der Frage Stellung genommen zu werden, ob und in welchem Umfang organisatorische Maßnahmen zur Verwirklichung des Grundrechts der Rundfunkfreiheit notwendig sind oder - mit den Worten Lerches - ob in dem Grundrecht eine organisatorische Schicht enthalten ist[226], denn die von Lerche angenommene Organisationsmacht des Gesetzgebers steht unter dem Vorbehalt, daß die hier bejahte Frage eines grundrechtlichen Anspruchs Privater auf Zugang zum Rundfunk zu verneinen ist[227]. Das Organisationsrecht ist nach der hier vertretenen Auffassung demnach in seiner Gesamtheit an der Schranke des Art. 5 Abs. 2 GG zu messen, unabhängig davon, ob die Normen dem "In-Gang-Setzen" oder Effektuieren der Kommunikationsfreiheit oder anderen Zwecken dienen. Scholz hat in diesem Zusammenhang überzeugend dargelegt, daß "die Möglichkeit der wenn vielleicht auch nur akzidentiellen oder punktuellen Grundrechtsbegrenzung doch zum allgemeinen Gesetz zurück" führe[228]. Die Schranken des Art. 5 Abs. 2 GG erfaßten auch Begrenzungen durch Organisationsmaßnahmen. Das unzulässige Sondergesetz verberge sich häufig gerade unter dem Deckmantel des Organisationsgesetzes[229]. Deshalb sei jede organisatorische Regelung darauf zu überprüfen, ob sie sich durch Art. 5 Abs. 2 GG legitimieren lasse[230]. Das hat allerdings zur Folge, wie Lerche zutreffend einwendet[231], daß der Begriff des allgemeinen Gesetzes zu modifizieren

---

223 BVerfG Beschluß v. 9.7. 1993, 1 BvR 748/93, AfP 1993, S. 730.

224 Starck, Die Verfassungsauslegung, in Isensee/Kirchhof (Hrsg.) Handbuch des Staatsrechts, Bd VII., § 164, Rdnr 44.

225 Hain, Rundfunkfreiheit und Rundfunkordnung, S. 24 f.

226 Vgl. dazu Eberle, Rundfunkübertragung, 1989, S. 26 ff, 41 f, der annimmt, daß es im Schutzbereich der Rundfunkfreiheit keiner " Ausgestaltungs- " bzw. " Organisationsgesetze " bedarf.

227 Lerche, Presse und privater Rundfunk, S. 15.

228 Koalitionsfreiheit als Verfassungsproblem, 1971, S. 349.

229 Ebd.

230 Scholz, Pressefreiheit und Arbeitsverfassung, S. 113.

231 Hoheitliche Programmanforderungen a.a.O., S. 299 f.

ist[232], denn andernfalls könnte der Gesetzgeber im Einzelfall notwendige rundfunkspezifische Regelungen nicht erlassen, soweit diese auf Grund ihres sonderrechtlichen Charakters vor der Schranke des Art. 5 Abs. 2 GG keinen Bestand haben. Der Begriff des allgemeinen Gesetzes ist deshalb mit Scholz dahin zu erweitern, daß als "allgemein" im Sinne von Art. 5 Abs. 2 GG auch organisatorisches Sonderrecht angesehen werden kann, soweit dieses "kommunikationsfördernd" ist und "keine Besserstellung in inhaltsrechtlicher Hinsicht" bewirkt, mit anderen Worten: soweit allein die "Ausübung" der Kommunikation unabhängig von ihrem Zweck gefördert wird[233]. Maßgeblich ist, daß die Maßnahme nicht die Äußerung bestimmter Meinungen als solcher oder bestimmter Nachrichten als solcher treffen darf[234]. Demnach sind rundfunkrechtliche Organisationsvorschriften zwar in der Regel als "Sondergesetze" anzusehen, sie können jedoch vor Art. 5 Abs. 2 GG Bestand haben, wenn sie "nicht unzulässig diskriminierend oder privilegierend" wirken[235].

4. Zwischenergebnis

Als Ergebnis bleibt festzuhalten, daß die Vorschriften zur Sicherung der Meinungsvielfalt im privaten Rundfunk auf der Grundlage der subjektiv-rechtlichen Deutung des Art. 5 Abs. 1 GG als Eingriff in den Schutzbereich der Rundfunkfreiheit einzustufen sind. Der Gestaltungsspielraum des Gesetzgebers ist demzufolge durch die Schranke der "allgemeinen Gesetze" und das Übermaßverbot begrenzt. Nach der Rechtsprechung des Bundesverfassungsgerichts sind die Vorschriften zur Sicherung der Meinungsvielfalt als Ausgestaltungsgesetze anzusehen. Der Gesetzgeber hat demnach einen weiten Gestaltungsspielraum im Hinblick auf die Vielfaltssicherung im privaten Rundfunk. Seine Organisationsmacht ist allein durch die aus Art. 5 Abs.1 Satz 2 GG folgende Zweckbindung begrenzt. Wo die Grenzen der Gestaltungsbefugnis im einzelnen verlaufen, ist unklar. Auf der Grundlage der von Lerche entwickelten Lehre von den "Organisationsgesetzen" steht dem Rundfunkgesetzgeber ebenfalls im Ausgangspunkt ein weiter Gestaltungsspielraum bei der Ausgestaltung der Rundfunkordnung zu. Allerdings werden die Grenzen des gesetzgeberischen Gestaltungsspielraums anhand des von Lerche aus dem Prinzip der "Funktionsgarantie für den privaten Rundfunk" hergeleiteten Kriteriums der "Systemgerechtigkeit" enger zu ziehen sein als nach der Rechtsprechung.

---

232 H.H. Klein, Rundfunkfreiheit, S. 74, unter Bezugnahme auf den von dem Autor in einer früheren Arbeit eingenommenen Standpunkt zu den "allgemeinen Gesetze"; ders., Öffentliche und private Freiheit, Der Staat 10 (1971) S. 145, 150 ff.

233 Koalitionsfreiheit als Verfassungsproblem, 1971, S. 339 ff, 348 ff.

234 Starck, in v. Mangoldt/Klein, Das Bonner Grundgesetz, Art. 5 Abs. 1, 2, Rdnr. 123.

235 H.H. Klein a.a.O. S. 75. Scholz, Koalitionsfreiheit a.a.O. S. 344.

C. Medienfreiheiten und Wirtschaftsfreiheiten

I. Das Prinzip der "geistigen und wirtschaftlichen Konkurrenz" in der Presse

Das Bundesverfassungsgericht hat das Verhältnis der Medienfreiheiten zur Wettbewerbsfreiheit in dem Spiegel-Urteil gekennzeichnet. Dort heißt es "so wichtig die der Presse zufallende "öffentliche Aufgabe" ist, so wenig kann diese von der organisierten staatlichen Gewalt erfüllt werden. Presseunternehmen müssen sich im gesellschaftlichen Raum frei bilden können. Sie arbeiten nach privatwirtschaftlichen Grundsätzen und in privatrechtlichen Organisationsformen. Sie stehen miteinander in geistiger und wirtschaftlicher Konkurrenz, in die die öffentliche Gewalt grundsätzlich nicht eingreifen darf"[236].

Aus diesen Ausführungen geht hervor, daß der Wettbewerb das zentrale Ordnungsprinzip ist, welches einerseits dazu beiträgt, daß sich die Vielfalt der Themen und Meinungen in den Medien widerspiegelt und andererseits die wirtschaftliche Seite der Pressetätigkeit berücksichtigt[237]. Diesem Konzept liegt die Annahme zugrunde, daß ein funktionierender ökonomischer Wettbewerb den publizistischen Wettbewerb und damit die Meinungsvielfalt in den Medien fördert[238]. Dieser Zusammenhang wird vom Bundesverfassungsgericht indes nur für die Presse, nicht hingegen für den Rundfunk anerkannt[239].

II. Die Negation des "freien Spiels der Kräfte" im Rundfunk

Das Bundesverfassungsgericht differenziert im Hinblick auf den Rundfunk zwischen wirtschaftlichem und publizistischem Wettbewerb[240]. In dem dritten Rundfunkurteil heißt es, im Rundfunk könne anders als in der Presse "nicht mit hinreichender Sicherheit erwartet werden, daß das Programmangebot in seiner Gesamtheit kraft der Eigengesetzlichkeit des Wettbewerbs den Anforderungen der Rundfunkfreiheit entsprechen werde"[241]. Der Rundfunk könne deshalb nicht dem "freien Spiel der Kräfte" überlassen werden[242]. Die dem Ordnungskonzept des Bundesverfassungsgerichts zugrunde liegende Unterscheidung von ökonomischem und publizistischem Wettbewerb findet ihren präg-

---

236 BVerfGE 20, 162, 175.
237 Scholz, Pressefreiheit, S.143; Kaiser, Presseplannung, S. 62 f.
238 Mestmäcker, in Immenga/Mestmäcker, GWB, vor § 23 Rdnr. 54.
239 Mestmäcker a.a.O. Rdnr. 61.
240 BVerfGE 57,295, 323; 73,118, 158; 74,297, 335; 83,238, 295 f.
241 BVerfGE 57, 295, 322.
242 BVerfGE 57, 295, 323.

nantesten Ausdruck in einer Aussage der fünften Rundfunkentscheidung. Dort heißt es: "Marktchancen können eine Frage wirtschaftlicher, nicht aber der Meinungsfreiheit sein"[243]. Die Folgen, die das Gericht aus diesem Befund ableitet, wurden bereits ausführlich erörtert. Im Hinblick auf das Verhältnis der Medienfreiheit zur Wettbewerbsfreiheit ist die dem Rundfunkgesetzgeber zugewiesene Aufgabe, neben den kartellrechtlichen Vorschriften zum Schutz des wirtschaftlichen Wettbewerbs "rundfunkspezifische" Vorkehrungen zur Sicherung des publizistischen Wettbewerbs zu treffen[244], von besonderer Bedeutung. Das Bundesverfassungsgericht sieht in dem für die Presse maßgeblichen Prinzip "geistiger und wirtschaftlicher Konkurrenz" demnach keine hinreichende Gewährleistung einer freien Meinungsbildung im privaten Rundfunk. Ein Ausgleich zwischen der öffentlichen Aufgabe des Rundfunks und der privatwirtschaftlichen Struktur der Veranstalter läßt sich nach Auffassung des Gerichts allein dadurch herbeiführen, daß dem Gesetzgeber die für den publizistischen Wettbewerb wesentlichen Bedingungen zur Ausgestaltung aufgegeben werden[245].

Ein Zusammenhang von wirtschaftlichem und publizistischem Wettbewerb besteht, was vom Bundesverfassungsgericht zu wenig beachtet wird, indessen nicht allein im Bereich der Presse, sondern auch im privaten Rundfunk[246]. Wirtschaftlicher Wettbewerb und Meinungswettbewerb sind wechselseitig miteinander verknüpft in einem sozialen Prozeß, der aus Handlungsfreiheit erwächst[247]. Das Programmangebot eines Veranstalters ist ausschlaggebend für die Einschaltquoten, die wiederum maßgeblich für die Werbeeinnahmen sind. Der publizistische Wettbewerb beeinflußt damit wesentlich die erfolgreiche Teilnahme am wirtschaftlichen Wettbewerb. Der Erfolg im publizistischen Wettbewerb hängt seinerseits wiederum wesentlich von der Tätigkeit des Veranstalters als Nachfrager auf den Programmbeschaffungsmärkten ab. Die Tätigkeit der Programmbeschaffung umfaßt den Ankauf von Fernseh- und Hörfunkproduktionen, den Ankauf von Senderechten sowie die Herstellung von Eigenproduktionen und weist damit eine wirt-

---

243 BVerfGE 74, 297, 335.

244 BVerfGE 73, 118, 174.

245 Mestmäcker, Medienkonzentration, S. 29 ff, ders. , In welcher Weise empfiehlt es sich, die Ordnung des Rundfunks und sein Verhältnis zu anderen Medien - auch unter dem Gesichtspunkt der Harmonisierung zu regeln ?, 56. DJT (1986), Bd. II S.O 23.

246 Mestmäcker, Medienkonzentration S. 29 ff; S. 107 ff; Grundmann, Die öffentlich-rechtlichen Rundfunkanstalten im Wettbewerb, S. 53 ff; Hoppmann, Meinungswettbewerb als Entdeckungsverfahren, in Mestmäcker (Hrsg.), Offene Rundfunkordnung, S. 164, 177 ff; a.A. Hoffmann-Riem, Rundfunkrecht neben Wirtschaftsrecht, S. 21 ff, S. 43 f.

247 Hoppmann, Meinungswettbewerb a.a.O. S. 178. Vor diesem Hintergrund ist die Umschreibung zu sehen, die Hoppmann von dem Konzept des Meinungswettbewerbs und des wirtschaftlichen Wettbewerbs gibt: "Im Meinungswettbewerb werden neue Ideen, Theorien, usw. der wettbewerblichen Auswahl unterzogen, sie werden diskutiert, vermittelt, abgeändert, einander angepaßt usw. Im wirtschaftlichen Wettbewerb werden neue Problemlösungen in Form neuer Güter, neuer Dienstleistungen, neuer Vermarktungs- und Produktionsmethoden, neuer Varianten usw. der wettbewerblichen Auswahl unterzogen, wodurch sich die materielle Umwelt verändert".

schaftliche Dimension auf. In dieser Hinsicht beeinflußt mithin der wirtschaftliche Wettbewerb den publizistischen Wettbewerb[248]. Der Zusammenhang von publizistischem und ökonomischem Wettbewerb ist indessen nicht notwendigerweise in jeder Situation gegeben[249]. So läßt sich aus wirtschaftlicher Konzentration nicht mit Sicherheit auf einen fehlenden publizistischen Wettbewerb schließen, während umgekehrt eine Vielzahl von wirtschaftlichen und redaktionellen Einheiten nicht einen sicheren Schluß auf einen funktionierenden Wettbewerb erlaubt[250].

Aus der Annahme eines Zusammenhangs von ökonomischen und publizistischem Wettbewerb und der auf der Grundlage der individualrechtlichen Auslegung des Art. 5 Abs. 1 GG gegebenen Freiheit des einzelnen, privaten Rundfunk zu veranstalten, folgt ein prinzipieller Vorrang wirtschaftsrechtlicher Instrumente gegenüber medienspezifischen Maßnahmen zur Sicherung der Meinungsvielfalt[251]. Der Staat darf in den durch die privatwirtschaftliche Struktur gewährleisteten Handlungsspielraum der Veranstalter nur soweit eingreifen, wie dies erforderlich ist, um dem Entstehen vorherrschender Meinungsmacht im privaten Rundfunk entgegenzuwirken. Auszugehen ist von der Annahme, daß „die Vielfalt wirtschaftlich selbständiger Anbieter eine gesteigerte Wahrscheinlichkeit für die Meinungsvielfalt begründet"[252]. Der Wettbewerb wird von der Verfassung als das zentrale Ordnungsprinzip zur Vermittlung von Meinungsvielfalt und Pluralität in den Medien vorausgesetzt[253]. Ein offener Meinungs- und Willensbildungsprozeß, der sich in einer Demokratie wesensnotwendig staatsfrei und vor allem "vom Volk zu den Staatsorganen" entfaltet, sollte daher neben der Grundversorgung durch den öffentlich-rechtlichen Rundfunk vornehmlich durch den Wettbewerb privater Veranstalter gewährleistet werden, der den Rezipienten die Entscheidung zuweist, welches Programm mit welcher Reichweite gesendet werden[254].

Der Gesetzgeber sollte daher in erster Linie prüfen, ob durch das allgemeine Wettbewerbsrecht die Vielfalt wirtschaftlich selbständiger Anbieter und damit zugleich publizistische Vielfalt im privaten Rundfunk gewährleistet werden kann. Der wesentliche Vorzug wirtschaftsrechtlicher Normen liegt generell in ihrer Neutralität im Verhältnis zum Inhalt der von den Veranstaltern verbreiteten Meinungen und Nachrichten[255]. Die

---

248 Immenga, Rundfunk und Markt, in AfP 1989, S.621, 622 f.; Grundmann a.a.O. S. 63.
249 Kaiser, Presseplanung, S. 62.
250 Ebd. S. 62 f.
251 Mestmäcker, in Immenga/Mestmäcker, GWB, vor § 23 Rdnr. 54.
252 Mestmäcker, Medienkonzentration S. 30.
253 Scholz, Pressefreiheit S. 143; Kaiser, Presseplanung, S. 62.
254 Vgl. Kaiser, Presseplanung, S. 63. Die von Kaiser für die Presse entwickelten Grundsätze sind prinzipiell auf die Ordnung des privaten Rundfunks übertragbar. Die davon zu trennende, grundsätzliche Frage des Bestands und der Legitimation eines gebührenfinanzierten, öffentlich-rechtlichen Rundfunks bleibt davon unberührt.
255 Mestmäcker, Medienkonzentration S. 30.

wettbewerbliche Fusionskontrolle erfaßt derzeit jedoch nicht Vorgänge internen Wachstums (Lizenzerwerb) und nur eingeschränkt multimediale Verflechtungen zwischen elektronischen und anderen Medien[256]. Solange dies der Fall ist, sind neben der Anwendung der wettbewerblichen Fusionskontrolle im Medienbereich medienspezifische Konzentrationsvorschriften erforderlich, die an inhaltsneutrale Kriterien wie die Programmzahl, die Veranstalterstruktur oder die Marktstellung anknüpfen, und geeignet sind, das Entstehen vorherrschender Meinungsmacht, insbesondere durch internes Wachstum oder durch die Ausweitung der Tätigkeit von Medienunternehmen auf den Fernsehmärkten vor- und nachgelagerte sowie verwandte Medienmärkte, zu begrenzen.

256 Siehe dazu näher unter 2. Abschnitt B.

2. Abschnitt Konzentrationskontrolle im bundesweiten privaten Fernsehen

A. *Rundfunkspezifische Konzentrationskontrolle*

I. Die Vorschriften zur Sicherung der Meinungsvielfalt im Rundfunkstaatsvertrag

Mit Inkrafttreten des Dritten Rundfunkänderungsstaatsvertrages[1] am 1. Januar 1997 sind die Konzentrationsvorschriften für das bundesweite private Fernsehen vollständig neu gefaßt worden[2]. Die materiellen Konzentrationsvorschriften sind nunmehr in den §§ 26 - 34 des geänderten Rundfunkstaatsvertrages (RfStV 1997) in dem „Sicherung der Meinungsvielfalt" überschriebenen zweiten Unterabschnitt des III. Abschnitts geregelt. Der erste Unterabschnitt des III. Abschnitts enthält das neue Verfahrensrecht der Konzentrationskontrolle. Die Organisation der Konzentrationsaufsicht ist im 3. Unterabschnitt (§§ 35-37 RfStV 1997) neu geregelt. Bevor auf das materielle Konzentrationsrecht, das den Schwerpunkt dieser Arbeit bildet, näher eingegangen wird, soll zunächst ein Überblick

1 Art. 1 des Dritten Staatsvertrages zur Änderung rundfunkrechtlicher Staatsverträge vom 26.8./11.9.1996, bekanntgemacht u.a. BayGVBl. S. 480, abgedruckt in: Ring (Hrsg.) Medienrecht, Bd. II, C-O StV, Amtliche Begründung zum Dritten Rundfunkänderungsstaatsvertrag, abgedr. unter C-O.1.

2 Siehe dazu insbesondere Clausen-Muradian, Konzentrationskontrolle im privaten Rundfunk, ZUM 1996, S. 934 ff: dies. Konzentrationstendenzen und Wettbewerb im Bereich des privaten kommerziellen Rundfunks und die Rechtsprobleme staatlicher Rundfunkaufsicht, 1998 S. 164 ff.; Dörr, Maßnahmen zur Vielfaltssicherung gelungen?, in Media Perspektiven 1996, S. 621 ff.; Kohl, Elektronische Massenmedien und staatliche Verantwortung, in Freundesgabe für Kübler, 1997, S. 215 ff.; Kreile, Die Reform des Rundfunkstaatsvertrages, in NJW 1997, S. 1329 ff.; Kreile/Stumpf, Das neue „Medienkartellrecht", in MMR 1998, S. 192 ff.; Hess, Medienkonzentrationsrecht nach dem neuen Rundfunkstaatsvertrag, in AfP 1997, S. 680 ff.; Hesse, Zur aktuellen Entwicklung des Rundfunkrechts, in BayVBl. 1997, S. 165 ff.; ders. Rundfunkrecht, 2. Aufl. 1999, S. 241 ff.; Kuch, Das Zuschaueranteilsmodell, ZUM 1997, S. 1 ff.; Mestmäcker, Über den Einfluß von Ökonomie und Technik auf Recht und Organisation der Telekommunikation und der elektronischen Medien in ders. (Hrsg.) Kommunikation ohne Monopole II, S. 13, 148 ff.; Pelny, Konzentrationskontrolle für den privaten Rundfunk, in AfP 1998, S. 35 ff.; Ricker/Schiwy, Rundfunkverfassungsrecht, E Rdz 46 ff.; Röper, Mehr Spielraum für Konzentration und Cross-Ownership im Mediensektor, in Media Perspektiven 1996, S. 610 ff.; Schellenberg, Rundfunk-Konzentrationsbekämpfung zur Sicherung des Pluralismus im Rechtsvergleich, 1997, S. 38 ff.; Stock, Meinungsvielfalt und Meinungsmacht, in JZ 1997, S. 583 ff.; Stockmann/Zigelski, Novellierung des Rundfunkstaatsvertrages, in ZUM 1995, S. 541 ff. sowie zuletzt Neft, Meinungsdominanz im Fernsehen – Aufgreifkriterien des neuen § 26 Abs. 2 Rundfunkstaatsvertrag (RStV), ZUM 1998, S. 458 und die Kommentierungen zu den §§ 26 ff. RfStV 1997 bei Beucher/Leyendecker/von Rosenberg, Mediengesetze, 1999, S. 260 ff.; Bornemann/Kraus/Lörz, Kommentar zum BayMG, Loseblatt (Stand: Februar 1998), Art. 27 Rdnr. 103 ff. und Hartstein/Ring/Kreile/Dörr/Stettner, Kommentar zum Rundfunkstaatsvertrag, in Ring (Hrsg.), Medienrecht, Bd. 2 unter C. 0.3. (Stand: Nov. 1998).

über die Organisation der Konzentrationsaufsicht und das Verfahren der Konzentrationskontrolle im bundesweiten privaten Fernsehen gegeben werden. Maßgeblich für die Novellierung der Organisation und des Verfahrens der Konzentrationskontrolle in privatem Rundfunk waren die Defizite der Regelung der Konzentrationsaufsicht im Rundfunkstaatsvertrag von 1991[3]. Die Neuregelung wird daher im folgenden vor dem Hintergrund der bis zum 1. Januar 1997 geltenden Rechtslage sowie der Reformdiskussion dargestellt.

1. Zuständigkeits- und Verfahrensregeln

Ziel der Neuregelung der Organisation der Konzentrationsaufsicht[4] ist es, eine einheitliche Aufsicht und Kontrolle der Vorschriften über die Sicherung der Meinungsvielfalt im bundesweiten privaten Fernsehen zu gewährleisten und zugleich die Ermittlungsbefugnisse der Aufsichtsgremien orientiert an den Befugnissen der Kartellbehörden zu verstärken[5]. Der geänderte Rundfunkstaatsvertrag sieht hierzu besondere Zuständigkeits- und Verfahrensregelungen für die Anwendung der Vorschriften zur Sicherung der Meinungsvielfalt vor. Nach § 35 RfStV 1997 überprüfen zukünftig ausschließlich die Kommission zur Ermittlung der Konzentration im Medienbereich (KEK) und die Konferenz der Direktoren der Landesmedienanstalten (KDLM) die Einhaltung der Vorschriften zur Sicherung der Meinungsvielfalt im privaten Fernsehen. Die sonstigen Zulassungsvoraussetzungen werden nach wie vor von der jeweils zuständigen Landesmedienanstalt überprüft (§ 38 RfStV 1997)[6]. Durch die Konzentration der Zuständigkeit und die Vereinheitlichung des Verfahrens soll das bisher auf der Grundlage des Rundfunkstaatsvertrages 1991 bestehende Vollzugsdefizit bei der Konzentrationskontrolle beseitigt werden[7].

---

3 Vgl. Henle, Erfahrungsbericht der Landesmedienanstalten zur Sicherung der Veranstalter und Beteiligungsvielfalt im bundesweit verbreiteten Rundfunk, in Die Landesmedienanstalten (Hrsg.), Die Sicherung der Meinungsvielfalt, 1995, S. 30 ff., 63 ff. sowie Berichte über die Tätigkeit der Kommission zur Ermittlung der Konzentration im Medienbereich (KEK) im Zeitraum 1997/1998, und 1998/1999.

4 Hess Medienkonzentrationsrecht nach dem Neuen Rundfunkstaatsvertrag, in AfP 1997, S. 777 f.

5 Clausen-Muradian, Konzentrationskontrolle im privaten Rundfunk, ZUM 1996, S. 934, 941; Kuch, Das Zuschaueranteilsmodell, ZUM 1997, S. 12, 13.

6 Vgl. § 21 RfStV 1997. Siehe dazu die Kommentierung zu § 21 RfStV 1997 von Hartstein/Ring/Kreile/Dörr/Stettner, abgedruckt in Ring, Medienrecht, Bd. 2 unter C-0.3, (Stand: Juni 1998). Zu den Voraussetzungen für die rundfunkrechtliche Zulassung, vgl. Herrmann, Rundfunkrecht, § 18 Rd.Nr. 24 ff.

7 Amtliche Begründung zu § 35 RfStV 1997. Siehe auch Henle a.a.O. sowie Bericht über die Tätigkeit der Kommission zur Ermittlung der Konzentration im Medienbereich (KEK) im Zeitraum 1997/1998, S 1. Kritisch zu der Neuregelung: Neft, KEK und KDLM – unorthodoxe Organisationskonfigurationen zur Sicherung der Meinungsvielfalt im Fernsehen, in ZUM 1999, S. 97 ff.; siehe dazu auch Dörr, Die KEK – ein taugliches Instrument zur Bekämpfung der Medienkonzentration?, in MP 1998, S. 54 ff.

a) Organisation der Konzentrationsaufsicht

In der amtlichen Begründung zur Novellierung der Vorschriften über die Konzentrationsaufsicht heißt es, daß die nach dem Rundfunkstaatsvertrag 1991 geltende Zuständigkeitsregelung mit dem Risiko verbunden war, daß „die Landesmedienanstalten die Regelungen zur Sicherung der Meinungsvielfalt nach unterschiedlichen Maßstäben anwenden und durchsetzen". Durch die Neuregelung sollen „zweckferne und sachwidrige Einflüsse auf die Entscheidungen der jeweils zuständigen Landesmedienanstalten zur Sicherung der Meinungsvielfalt" zukünftig ausgeschlossen werden[8].

aa) Zuständigkeitsordnung nach § 30 RfStV 1991

Der Rundfunkstaatsvertrag 1991 sah vor, daß die für die Zulassung zuständige Landesmedienstalt auch für die Anwendung der Konzentrationsvorschriften auf bundesweite Veranstalter zuständig war. Dies ergab sich aus dem Regelungszusammenhang der §§ 19, 30, 35 RfStV 1991[9]. Die Entscheidung der zuständigen Landesmedienanstalt hatte grundsätzlich bundesweite Wirkung und war für die anderen Landesmedienanstalten bindend [10].

Die alleinige Entscheidungsbefugnis einer Landesmedienanstalt mit bundesweiter Bindungswirkung im Außenverhältnis wurde im Innenverhältnis dadurch kompensiert, daß den anderen Landesmedienanstalten Mitwirkungsbefugnisse in Gestalt eines Abstimmungs- und Beanstandungsverfahrens eingeräumt wurden. Nach § 30 Abs. 3 RfStV 1991 konnte jede Landesmedienanstalt gegenüber der zuständigen Landesmedienanstalt beanstanden, daß ein bundesweit verbreitetes Programm gegen die Bestimmungen des Staatsvertrages verstößt. Die zuständige Landesmedienanstalt war verpflichtet sich mit der Beanstandung zu befassen und die beanstandende Landesmedienanstalt von der Überprüfung und den eingeleiteten Schritten zu unterrichten. Eine weitergehende Rechtsfolge sah § 30 Abs. 3 RfStV 1991 nicht vor. So war die zuständige Landesmedienanstalt insbesondere bei der im Einzelfall zu treffenden Entscheidung nicht an die Auffassung der beanstandenden Anstalt gebunden[11]. Der beanstandenden Anstalt blieb

8 Amtliche Begründung zu § 35 RfStV 1997, abgedruckt in Ring (Hrsg.), Medienrecht, Bd. II, C-O. 1.

9 Vgl. Schuler-Harms, Die Zusammenarbeit der Landesmedienanstalten am Beispiel der Kontrolle bundesweiter Veranstalterstrukturen, in AfP 1993, S. 629, 630 f.

10 Engel, Vorsorge gegen die Konzentration im privaten Rundfunk mit den Mitteln des Rundfunkrechts, im ZUM Sonderheft 1993, S. 557, 560; Schuler-Harms a.a.O. Siehe dazu auch eingehend: Jarass, Folgen der Zulassung eines Fernsehprogramms für die Verbreitung in anderen Bundesländern, in ZUM 1994,S. 319, 321 ff.

11 Vgl. Engel a.a.O. S. 560.; Jarass a.a.O. S. 328.

nach erfolgloser Durchführung des Beanstandungsverfahren allein die Möglichkeit, die Entscheidung der zuständigen Landesmedienanstalt gerichtlich überprüfen zu lassen[12]. Die Bestimmung des § 30 Abs. 2 RfStV 1991 sah vor, daß sich die Landesmedienanstalten mit dem Ziel einer ländereinheitlichen Verfahrensweise hinsichtlich der Aufsicht über private Veranstalter untereinander abstimmen und zur Vorbereitung von Einzelfallentscheidungen Gemeinsame Stellen bilden sollten. Auf der Grundlage von § 30 Abs. 2 S. 2 RfStV 1991 beschlossen die Gremienvorsitzenden und Direktoren der Landesmedienanstalten auf ihrer Jahrestagung in Weimar am 26./27. November 1993 eine "Gemeinsamen Stelle Vielfaltssicherung der Landesmedienanstalten" zu errichten[13]. Die Gemeinsame Stelle hatte die Aufgabe, die nach § 30 Abs. 2 RfStV 1991 gebotene Abstimmung zwischen den Landesmedienanstalten mit dem Ziel einer ländereinheitlichen Verfahrensweise bei der Anwendung der Konzentrationsvorschriften zu gewährleisten. Die jeweils nach außen zuständigen Landesmedienanstalten sollten ihre Entscheidung dann "unter Berücksichtigung der Beschlußempfehlungen der Gemeinsamen Stelle"[14] treffen. In dem Beschluß zur Errichtung der Gemeinsamen Stelle wurde jedoch ausdrücklich klargestellt, daß die nach Landesrecht zuständigen Landesmedienanstalten die Entscheidungen zur Anwendung der Konzentrationsvorschriften gegenüber den Antragstellern und Veranstaltern allein treffen. Es blieb demnach in der Schwebe, welche Rechtsqualität die Beschlußempfehlungen der Landesmedienanstalten hatten, insbeson-

12 Siehe dazu: Bumke, Klagebefugnis der Landesmedienanstalten im Streit um rundfunkrechtliche Zulassungsentscheidungen, in ZUM 1995, S. 360 und ZUM 1998, S. 121 ff. Siehe auch BVerfG Beschluß v. 9.7. 1993, AfP 1993, 730. Das Bundesverfassungsgericht hat in dem im Rahmen eines Eilverfahrens im Zusammenhang mit dem Zulassungsverfahren des Deutschen Sportfernsehens zum Sendebetrieb erlassenen Beschluß nicht ausgeschlossen, daß sich die Landesmedienanstalten auch im Verhältnis untereinander auf Art. 5 Abs. 1 S. 2 GG berufen können und ihnen dementsprechende Rechtsschutzmöglichkeiten gegen Entscheidungen anderer Landesmedienanstalten zustehen können. Das Bundesverwaltungsgericht hat nunmehr mit Urteil vom 19.3.1997 in dem Zulassungsverfahren des „Deutsches Sport Fernsehen“ (DSF) auf der Grundlage des bis zum 1.1.1997 geltenden Rundfunkstaatsvertrages entschieden, daß eine Landesmedienanstalt gegen die Zulassungsentscheidung einer anderen Landesmedienanstalt ein Klagerecht zustehen kann, wenn sie der Auffassung ist, daß der erteilte Zulassungsbescheid rechtswidrig erfolgt sei, AfP 1997, S. 742. Die Frage der Grundrechtsfähigkeit und der Rechtsschutzmöglichkeiten der Landesmedienanstalten im Verhältnis untereinander ist im Schrifttum umstritten. Eine Grundrechtsträgerschaft der Landesmedienanstalten in Bezug auf Art. 5 Abs. 1 S. 2 GG nehmen an: Bumke, Die öffentliche Aufgabe der Landesmedienanstalten, 1995, S. 225 ff.; Gersdorf, Staatsfreiheit des Rundfunks in der dualen Rundfunkordnung der Bundesrep. Deutschland, S. 158 ff.; Hesse, Rundfunkrecht, S. 167; Herrmann, Rundfunkrecht, S. 412; Vahrenhold, Die Stellung der Privatrundfunkaufsicht im System staatlicher Aufsicht, S. 112; Wolff/Bachhof/Stober, Verwaltungsrecht II. § 98 II Rn. 18; Wagner, Die Landesmedienanstalten, S. 38 f. Ablehnend: W. Schmidt, Die Rundfunkgebühr in der dualen Rundfunkordnung, S. 71.

13 Vgl. Dokumentation in Funk-Korrespondenz v. 3.12.1993, Nr.48, S. 37 ff. Die Direktorenkonferenz der Landesmedienanstalten hat am 16. März 1994 die Zustimmung aller Gremien zur Errichtung einer Gemeinsamen Stelle Vielfaltssicherung bekanntgegeben, vgl. epd/KuR Nr. 21 v. 19.3.1994; S. 13. Siehe dazu Schuler-Harms, Rundfunkaufsicht im Bundesstaat, 1995, S. 69 f.

14 Siehe vorherige N.

dere ob und in welcher Weise die im Außenverhältnis zuständige Anstalt daran gebunden war.

bb) Die Praxis der Zusammenarbeit der Landesmedienanstalten

Die unklare Rechtslage im Hinblick auf die Verteilung der Zuständigkeiten bei der Konzentrationsaufsicht über bundesweit tätige Fernsehveranstalter hat zu Rechtsstreitigkeiten zwischen den Landesmedienanstalten sowie zwischen Veranstaltern und einzelnen Landesmedienanstalten geführt. Dabei hat insbesondere das Zulassungsverfahren um das Deutsche Sport Fernsehen (DSF) die unterschiedlichen Auffassungen der Landesmedienanstalten über die Zuständigkeit für die Anwendung der Vorschriften zur Sicherung der Meinungsvielfalt in exemplarischer Weise deutlich werden lassen[15]. Ausgangspunkt des in der Hauptsache vom Bundesverwaltungsgericht[16] mit Urteil vom 19. März 1997 entschiedenen Verfahrens war die Genehmigung eines Programmanbietervertrages zwischen der Münchener Gesellschaft für Kabelkommunikation und der Kabel Media Programmgesellschaft mbH (KMP) über das Spartenprogramm "Deutsches Sport Fernsehen" (DSF) durch die Bayerische Landeszentrale für Neue Medien (BLM)[17]. Die Genehmigung des Programmanbietervertrages auf der Grundlage des bayerischen Mediengesetzes (Art. 28 BayMG) entspricht in anderen Ländern der Zulassung privater Veranstalter. Die Medienanstalt Berlin-Brandenburg (MABB) und der Landesrundfunkausschuß (LRA) Niedersachsen erhoben gegen die Zulassung des DSF zum Sendebetrieb durch die BLM Widerspruch und klagten vor dem Verwaltungsgericht, nachdem sie zuvor im Rahmen der Direktorenkonferenz der Landesmedienanstalten Bedenken gegen die Zulassungsfähigkeit des DSF geltend gemacht hatten. Die MABB und der

15 Kreile, Die Reform des Rundfunkstaatsvertrages, NJW 1997, S. 1329, 1330; Bumke, Klagebefugnis der Landesmedienanstalten im Streit um rundfunkrechtliche Zulassungsentscheidungen?, ZUM 1995, S. 360 ff.

16 Az. 6 C 8/95, in AfP 1997, S. 742 ff.; der vollständige Text des Urteils ist abgedruckt in epd. Medien Nr. 58 v. 30.7.1997, S. 24 ff.

17 Vgl. hierzu den Beschluß der BLM vom 28.12.1992, abgedr. in epd/KuR Nr. 3 v. 16.1.1993, S. 17 ff. und den Widerspruch und die Beanstandung nach § 30 Abs. 3 RfStV der Medienanstalt Berlin-Brandenburg vom 9.1.1993, abgedr. in Funk-Korrespondenz Nr. 2 v. 15.1.1993, S. 31 ff. sowie die folgenden Entscheidungen, die alle im Verfahren des einstweiligen Rechtsschutzes ergangen sind: VG München, ZUM 1993, S. 294; BayVGH, ZUM 1993, S. 296; BayVerfGH, ZUM 1993, S. 304 (mit Anmerkung von v.Wallenberg, in ZUM 1993, S. 276) sowie den Beschluß des BVerfG v. 9.7. 1993, AfP 1993, S. 730 (Ablehnung des Antrages auf Erlaß einer einstweiligen Anordnung) und Beschluß des BVerfG II v. 18.12.1996, ZUM 1997, S. 202; BayVerfGH Entscheidung v. 10.2.1995, ZUM 1995, S. 417; BayVGH Beschluß v. 19.4. 1995, ZUM 1995, S. 423 (mit Anmerkung Bornemann, in ZUM 1995, S. 391); BayVerfGH Entscheidung v. 4.5. 1995, ZUM 1995, S. 426 . In der Hauptsache sind bisher folgende Entscheidungen ergangen: VG München Urteil v. 19.5.1994, Az. M 3 K 93.198, vollständig abgedruckt in epd/KuR Nr. 75 v. 24.9.1994, S. 26 ff. BayVGH Urteil v.19.6.1995, AfP 1995, S. 609, BVerwG Urteil v. 19.3.1997, AfP 1997, S. 742. Siehe dazu Schuler-Harms, Rundfunkaufsicht im Bundesstaat, 1995, S. 100 f.

LRA sind der Auffassung, daß die Zulassung des DSF mit den Konzentrationsvorschriften des Staatsvertrages unvereinbar ist, da die Kirch-Gruppe, zu der die KMP gehöre, bereits an mehreren privaten Fernsehveranstaltern (SAT 1, ProSieben, Kabelkanal, Premiere) beteiligt sei. Die BLM habe den Sachverhalt nicht hinreichend ermittelt und die anderen Landesmedienanstalten im Rahmen der erforderlichen Koordinierung nicht ausreichend an der Zulassungsentscheidung beteiligt. Diese seinen daher durch die Entscheidung der BLM in ihrer Rechtsstellung aus Art. 5 Abs. 1 S. 2 GG und ihren staatsvertraglich garantierten Mitwirkungsbefugnissen bei der Entscheidung über die Zulassung bundesweit verbreiteter Programme verletzt[18]. Die BLM machte demgegenüber geltend, daß konzentrationsrechtliche Bedenken nicht bestanden hätten, die anderen Landesmedienanstalten in dem im Staatsvertrag vorgesehen Umfang an der Entscheidung beteiligt worden seien und berief sich im übrigen auf ihre alleinige Entscheidungskompetenz im Außenverhältnis[19]. Der Rechtsstreit belegt in eindrucksvoller Weise die Defizite der Zuständigkeitsregelung im Medienkonzentrationsrecht des alten Rundfunkstaatsvertrages von 1991.

In einem weiteren Rechtsstreit ging es um die Weiterverbreitung des von dem Fernsehveranstalter SAT 1 veranstalteten Programms auf terrestrischen Frequenzen in Nordrhein-Westfalen. Die Landesanstalt für Rundfunk Nordrhein-Westfalen (LfR) hatte die Weiterverbreitung nur unter der Auflage der Entflechtung der Gesellschafterstruktur von SAT 1 genehmigt, da diese nach Auffassung des LfR nicht mit den Konzentrationsvorschriften des RfStV 1991 vereinbar sei. Demgegenüber hatte die Landeszentrale für private Rundfunkveranstalter in Rheinland-Pfalz (LPR), die SAT 1 zuvor die Satellitenzulassung erteilt hatte und damit für die Überprüfung der Einhaltung der Bestimmungen des Staatsvertrages durch SAT 1 zuständig war, nach Durchführung eines Prüfungsverfahrens keine Anhaltspunkte für eine Verletzung der Konzentrationsvorschriften gefunden. Der Veranstalter SAT 1 erwirkte vor dem Verwaltungsgericht Düsseldorf die vorläufige Aufhebung der Entflechtungsauflage im Wege der einstweiligen Anordnung. Das Gericht führte in den Gründen aus, daß die LfR, die Weiterverbreitung nach § 35 RfStV 1991 hätte genehmigen müssen, und im Hinblick auf konzentrationsrechtliche Bedenken an das Votum der für die Satellitenzulassung zuständigen Landesmedienanstalt in Rheinland-Pfalz gebunden gewesen sei[20]. Das Oberverwaltungsgericht Münster vertrat demgegenüber die Rechtsauffassung, daß eine Bindung der LfR aufgrund von § 35 RfStV 1991 im Verhältnis zum Veranstalter an die konzentrationsrechtliche Beurteilung des Sachverhalts durch die rheinland-pfälzische Medienanstalt nicht bestanden

18 Siehe vorherige N.
19 Ebd.
20 Beschluß v. 27.8. 1993, Az. 15 L 3688/93, abgedr. in epd/KuR Nr. 71 v. 11.9.1993, S. 18 ff.

habe[21]. Auch dieses Verfahren veranschaulicht die Defizite bei der Zusammenarbeit der Landesmedienanstalten im Rahmen einer föderalen Rundfunkaufsicht[22]. Die Landesmedienstalten haben daher aufgrund der Erfahrungen aus der Prüfungstätigkeit frühzeitig eine Novellierung der Organisation der Konzentrationsaufsicht durch den Gesetzgeber gefordert[23]. Im Mittelpunkt der Reformdiskussion stand die Frage der Effektivität der Konzentrationskontrolle und der Funktionsfähigkeit einer föderalen Rundfunkaufsicht[24]. In diesem Zusammenhang stellt sich die Grundsatzfrage, ob eine wirksame Konzentrationsaussicht im bundesweiten privaten Fernsehen bei einer Verteilung der Kompetenzen auf 15 Landesmedienanstalten überhaupt gewährleistet werden kann. Diese Frage ist im Kontext der ständigen Rechtsprechung des Bundesverfassungsgerichts zu sehen, die von dem Landesgesetzgeber neben dem Erlaß materiell rechtlicher Regelungen, organisatorische und verfahrensrechtliche Vorkehrungen verlangt, die geeignet sind, vorherrschende Meinungsmacht im Rundfunk zu verhindern[25].

cc) Vorschläge zur Novellierung der Zuständigkeitssordnung

Zur Neuordnung der Zuständigkeiten der Konzentrationsaufsicht über bundesweit tätige Veranstalter wurden vier Grundmodelle vorgeschlagen[26]: (1) das sog. "Führerschein-Modell"; (2) die Gründung einer gemeinsamen Anstalt der Länder für die Kontrolle bundesweit tätiger Veranstalter; (3) das sog. "Schlichtungsmodell", (4) das sog. „Trennungsmodell".

Das von der bayerischen Staatskanzlei vorgeschlagene "Führerschein-Modell" sieht vor, daß die Zuständigkeit für die Zulassung und Aufsicht über den bundesweiten Rundfunk allein bei der Landesmedienanstalt konzentriert wird, bei der die Zulassung beantragt bzw. von der die Zulassung erteilt worden ist. Die Entscheidungen der Zulassungsanstalt sollen bundesweit verbindlich sein[27].

---

21 Beschluß v. 1.8.1995, Az. 5 B 2734/93, abgedr. in epd/KuR Nr.64 v. 16.8. 1995, S. 22. Siehe auch OVG Magdeburg Beschluß v. 22.9.1993, abgedr. in epd/KuR Nr. 80 v. 13.10. 1993, S. 22. Siehe dazu auch Schuler-Harms, Rundfunkaufsicht im Bundesstaat, 1995, S. 210; dieselbe, Die Zusammenarbeit der Landesmedienanstalten am Beispiel der Kontrolle bundesweiter Veranstalterstrukturen, in AfP 1993, S. 629.

22 Vgl. Haeckel, Vielfaltssicherung im privaten Rundfunk, in DLM-Jahrbuch 1993/94, S. 75, 76; Kreile, Kompetenz und Kooperativer Föderalismus, S. 290 ff.

23 Henle, Erfahrungsbericht der Landesmedienanstalten zur Sicherung der Veranstalter und Beteiligungsvielfalt im bundesweit verbreiteten Rundfunk (DLM-Konzentrationsbericht, in die Landesmedienstalten (Hrsg.), Die Sicherung der Meinungsvielfalt, 1995, S. 99.

24 Ebd.

25 Vgl. hierzu auch BVerfG Beschluß v. 9.7.1993,AfP 1993, S. 730.

26 Vgl. Mitteilung in Funk-Korrespondenz Nr. 43 v. 28.10.1993, S. 7 u. epd/KuR Nr.89 v. 12.12.1994, S. 13.

27 Siehe vorherige Note.

Nach dem von den SPD regierten Bundesländern (sog. „A-Länder“) im März 1995 vorgelegten Positionspapier soll die Zuständigkeit für die Zulassung und die Aufsicht über den bundesweiten privaten Rundfunk einer Körperschaft der Landesmedienanstalten übertragen werden. Die Körperschaft soll für Veranstalter von Programmen, deren "Zielgebiet" alle Bundesländer umfaßt, unabhängig von der Verbreitungsart des Programms ausschließlich zuständig sein und nach einem noch festzulegenden, einheitlichen Verfahrensrecht entscheiden[28].
Das sog. "Schlichtungsmodell" sieht ausgehend von der bis zum 1.1.1997 geltenden Regelung vor, daß bei Meinungsverschiedenheiten zwischen den Landesmedienanstalten über die Bewertung konzentrationsrelevanter Vorgänge, welche im Rahmen des Abstimmungsverfahrens innerhalb einer bestimmten Frist nicht beigelegt werden, ein gemeinsames Organ angerufen werden kann, das dann mit einem festzulegenden Quorum verbindlich entscheidet[29].
Die Landesmedienanstalten haben das sog. „Trennungsmodell“ vorgeschlagen, das eine Aufteilung der Zuständigkeiten für die Konzentrationsaufsicht einerseits und die Überprüfung der übrigen Zulassungsvoraussetzungen für private Rundfunkveranstalter im übrigen vorsieht. Danach soll die zuständige Landesmedienanstalt im Rahmen eines Zulassungsverfahrens oder im Rahmen der Anmeldung einer Beteiligungsveränderung über alle Zulassungsvoraussetzungen mit Ausnahme der Anwendung der Konzentrationsvorschriften wie bisher in alleiniger Zuständigkeit entscheiden. Über die Anwendung der Konzentrationsvorschriften sollen hingegen alle Landesmedienanstalten gemeinsam mit einfacher Mehrheit oder einem anderen festzulegenden Quorum nach Ermittlung des Sachverhaltes durch eine einzusetzende Prüfgruppe innerhalb festzulegender Fristen entscheiden. Der gemeinsamen Entscheidung der Medienanstalten über die Konzentrationsvorschriften soll nach der Vorstellung der Landesmedienanstalten Bindungswirkung im Innen- und Außenverhältnis zukommen[30].
Die Ministerpräsidenten der Länder haben sich schließlich auf der Klausurtagung in Bad Neuenahr in Anlehnung an das Trennungsmodell darauf verständigt, die Konzentrationsaufsicht einer neu zu bildenden Konzentrationsermittlungskommission zu übertragen. Diese wird indes nicht nur, wie von den Landesmedienanstalten vorgeschlagen, den

---

28 Vgl. epd/KuR Nr. 19 v. 11.3.1995, S. 26, 28 ff. Vgl. auch das von her hessischen Staatskanzlei vorgelegte Memorandum zur Errichtung einer Medienanstalt der Länder für den Vollzug des für den privaten Satellitenrundfunk geltenden Rechts, abgedr. in epd/KuR Nr. 81 v. 10.10.1994, S. 22 ff. Vgl. hierzu Europäisches Medieninstitut, Bericht für die Entwicklung der Meinungsvielfalt und der Konzentration im privaten Rundfunk gemäß § 21 Abs. 6 RfStV, 1991, abgedr. in Die Landesmedienanstalten (Hrsg.), Die Sicherung der Meinungsvielfalt, 1995, S. 127, 208.

29 Vgl. Mitteilung in Funk-Korrespondenz Nr. 43 v. 28.10.1993, S. 7 u. epd/KuR Nr.89 v. 12.12.1994, S. 13.

30 Beschluß der Gesamtkonferenz der Landesmedienanstalten vom 17.9.1994 (sog. „Lübecker Vorschläge“) abgedr. in epd/KuR Nr. 76 v. 28.9.1994, S. 23 ff.

konzentrationsrelevanten Sachverhalt ermitteln, sondern darüber hinaus als Organ der für die Zulassung zuständigen Landesmedienanstalt über die Anwendung der Konzentrationsvorschriften entscheiden[31].

dd) Zuständigkeitsordnung nach §§ 35-37 RfStV 1997

Die Organisation der Medienaufsicht ist in den Bestimmungen der §§ 35 bis 37 RfStV 1997 neu geregelt. Die Regelung sieht vor, daß die Kommission zur Ermittlung der Konzentration im Medienbereich (KEK) und die Konferenz der Direktoren der Landesmedienanstalten (KDLM) für die abschließende Beurteilung von Fragestellungen der Sicherung von Meinungsvielfalt im Zusammenhang mit der bundesweiten Veranstaltung von Fernsehprogrammen zuständig sind (§ 36 Abs. 1 S. 1 RfStV 1997). KEK und KDLM werden als unabhängige und länderübergreifende Organe in die von der jeweils zuständigen Landesmedienanstalt geführten Verfahren und Entscheidungsprozesse eingebunden (§ 35 Abs. 1 und Abs. 2 RfStV 1997)[32]. Dadurch soll eine standortunabhängige Konzentrationskontrolle im bundesweiten privaten Fernsehen gewährleistet werden. Zugleich wurde das aufwendige und ineffiziente bisherige Abstimmungsverfahren aufgehoben[33]. Die zuständige Landesmedienanstalt bleibt danach wie bisher im Außenverhältnis gegenüber dem Veranstalter für die Einhaltung der Konzentrationsvorschriften zuständig (§ 35 Abs. 1 RfStV 1997). § 37 Abs. 4 RfStV 1997 sieht vor, daß bundesweit zugelassene Fernsehveranstalter zur Anfechtung von Entscheidungen der zuständigen Landesmedienanstalten nach den §§ 35 und 36 RfStV 1997 berechtigt sind, sofern sie durch die Entscheidung betroffen sind.

(1) KEK

Die Kommission zur Ermittlung der Konzentration im Medienbereich (KEK), die ihren Sitz in Potsdam hat (§ 35 Abs. 7 S. 6 RfStV 1997), besteht aus sechs Sachverständigen des Rundfunk- und des Wirtschaftsrechts, von denen drei die Befähigung zum Richter-

---

31 Vgl. hierzu bereits Ergebnisprotokoll der Medienklausur der Ministerpräsidenten am 13./14.10.1995 in Bad Neuenahr, abgedr. in epd./KuR Nr. 82 v. 18.10.1995, S. 18, 19; sowie vorläufiges Ergebnisprotokoll der Ministerpräsidenten-Tagung zum Thema „Offene Medienfragen" am 7.3.1996 in Berlin, abgedr. in Beilage zum Medienspiegel Nr. 12 v. 18.3.1996. Siehe auch das Arbeitspapier der Rundfunkreferenten der Länder zu Fragen der Lizenzierung und Konzentrationskontrolle bundesweiter privater Rundfunkveranstalter, abgedr. in epd/KuR Nr. 92 v. 22.11.1995, S. 29.

32 § 35 Abs. 1 RfStV 1997 ist demgemäß im Kern mit der Regelung des § 30 Abs. 1 RfStV 1991 identisch. Die Bestimmungen des § 30 Abs. 2 und 3 RfStV 1991 wurden ersatzlos gestrichen.

33 Kuch, Das Zuschaueranteilsmodell - Grundlage der Sicherung der Meinungsvielfalt im Fernsehen, ZUM 1997, S. 12, 13.

amt haben müssen. Die Mitglieder der KEK und zwei Ersatzmitglieder für den Fall der nicht nur vorübergehenden Verhinderung eines Mitglieds werden von dem Ministerpräsidenten der Länder für die Dauer von 5 Jahren einvernehmlich berufen (§ 35 Abs. 3 S. 1 und 2 RfStV 1997)[34]. Nach § 37 Abs. 5 S. 1 RfStV 1997 sind die Mitglieder der KEK bei der Erfüllung ihrer Aufgaben nach dem Staatsvertrag nicht an Weisungen gebunden. Um dem Gebot der Staatsferne Rechnung zu tragen, sieht § 35 Abs. 3 S. 3 RfStV 1997 ferner eine Inkompatibiliätsregelung vor. Danach kann als Mitglied der KEK nicht berufen werden, wer Mitglied und Bediensteter der Institutionen der Europäischen Union, der Verfassungsorgane des Bundes und der Länder, Gremienmitglied und Bediensteter von Landesrundfunkanstalten der ARD, des ZDF, des Deutschland Radios, des Europäischen Fernsehkulturkanals „ARTE", der Landesmedienanstalten und der privaten Rundfunkveranstalter sowie Bediensteter von ihnen unmittelbar oder mittelbar i.S. v. § 28 RfStV 1997 beteiligten Unternehmen ist.

Im Schrifttum ist im Hinblick auf die zentrale Funktion der KEK im Rahmen der Sicherung der Meinungsvielfalt bezweifelt worden, das die Bestellung der Mitglieder der KEK durch die Ministerpräsidenten mit dem Grundsatz der Staatsfreiheit des Rundfunks vereinbar ist. Die Ministerpräsidenten könnten zumindest mittelbar durch die Auswahl der Mitglieder der KEK Einfluß auf die Entscheidungspraxis des Gremiums nehmen[35]. Die Gefahr der staatlichen Einflußnahme auf die Entscheidungen der KEK erscheint indes in Anbetracht der umfänglichen Vorkehrungen im Staatsvertrag zur Sicherung der Unabhängigkeit der Mitglieder der KEK gering zu sein. Dabei ist zudem zu berücksichtigen, daß es sich bei der staatlichen Einflußnahme im Rahmen der Besetzung der KEK-Mitglieder um die Ausübung von „föderalistisch gebrochener Staatsgewalt" handelt. Die Mitglieder der KEK können von den Ministerpräsidenten nur einvernehmlich berufen werden, so daß ein Konsenszwang besteht[36]. Das Bundesverfassungsgericht hat zudem in seinem Rundfunkgebührenurteil vom 22. Februar 1994 die Berufung der Mitglieder der Kommission zur Ermittlung des Finanzbedarfes der Rundfunk-

34 Als erste Mitglieder der KEK wurden R. Jochimsen, F. Kübler, P. Lerche, H.-D. Lübbert, K.-P. Mailänder und E.-J. Mestmäcker berufen, vgl. Medienspiegel Beilage zu Nr. 21 v. 26.5.1997. Siehe auch Bericht über die Tätigkeit der Kommission zur Ermittlung der Konzentration im Medienbereich (KEK) im Zeitraum 1997/1998, S 3 f.

35 Ricker/Schiwy, Rundfunksverfassungsrecht, D Rdz. 52 ff. E Rdz. 70 a.; Dörr, Maßnahmen zur Vielfaltssicherung gelungen?, in Media Perspektiven 1996, S. 621, 623 ff. und 1998, S. 54 ff., der sich auch eingehend mit der Frage auseinandergesetzt, ob die Ausgestaltung der KEK nach dem sog. „Ratsmodell" - als einem kleinen aus Sachverständigen bestehenden Gremium - statt der Orientierung an dem in der Mehrzahl der Landesmedienanstalten vorherrschenden sog. „Versammlungsmodell" unter verfassungsrechtlichen Gesichtspunkten zulässig ist; vgl. auch Stock, Meinungsvielfalt und Meinungsmacht, in JZ 1997, S. 583, 586.

36 Vgl. amtliche Begründung zu § 35 RfStV 1997. Dazu kritisch Dörr a.a.O. S. 625, der die Auffassung vertritt, daß die Gefahr der staatlichen Einflußnahme durch die Einfügung eines Vorschlagsrechts der Landesmedienanstalten in das Berufungsverfahren deutlich hätte verringert werden können.

anstalten (KEF) durch die Ministerpräsidenten nicht beanstandet[37]. Die KEF ist für die Sicherstellung der funktionsgerechten Finanzierung des öffentlich-rechtlichen-Rundfunks, und damit in einem der Sicherung der Meinungsvielfalt vergleichbaren zentralen Bereich der Garantie der Rundfunkfreiheit tätig[38]. Die KEK hat im einzelnen folgende Aufgaben[39]: (1) Aufklärung des Sachverhalts und abschließende Beurteilung im Rahmen der Anwendung der Vorschriften zur Sicherung der Meinungsvielfalt (§§ 36 Abs. 1, § 37 Abs. 1 S. 4 RfStV 1997); (2) Bestimmung der „geringfügigen Unterschreitung“ des Zuschaueranteils und Beurteilung von medienrelevanten verwandten Märkten nach § 26 Abs. 2 S.2 RfStV 1997; (3) Zurechnung einzelner Programmveranstalter zu sog. „Senderfamilien“ Einbeziehung von Angehörigenverhältnissen i.S.v. § 28 Abs. 4 RfStV 1997; (4) Ermittlung der Zuschaueranteile der bundesweit im Fernsehen verbreiteten Programme (§ 27 Abs. 1 und § 36 Abs. 1 S. 4 RfStV 1997); (5) Mitwirkung bei der Auswahl und Zulassung von Fensterprogrammveranstaltern im Sinne von § 31 RfStV 1997 (§ 36 Abs. 2 S. 2 RfStV 1997); (6) Erstellung eines Berichtes über die Entwicklung der Konzentration und über Maßnahmen zur Sicherung der Meinungsvielfalt im privaten Rundfunk (§ 26 Abs. 6 RfStV 1997); (7) Erstellung einer von den Landesmedienanstalten zu veröffentlichenden Programmliste, in der alle im bundesweit Fernsehen verbreiteten Programme, ihre Veranstalter und deren Beteiligte aufzunehmen sind (§ 26 Abs. 7 RfStV 1997).

Grundlage der Tätigkeit der KEK ist neben dem Rundfunkstaatsvertrag, die gem. § 35 Abs. 7 S. 5 RfStV 1997 zwischen den Landesmedienanstalten abgeschlossene Verwaltungsvereinbarung vom 8.9.1998 sowie die Geschäftsordnung für die KEK[40]. Die KEK faßt ihre Beschlüsse mit der Mehrheit ihrer gesetzlichen Mitglieder. Die Beschlüsse müssen die wesentlichen und tatsächlichen Gründe für den Beschluß enthalten. Die Beschlüsse der KEK sind gegenüber den anderen Organen der zuständigen Landesmedienstalt bindend. Sie sind deren Entscheidungen zugrunde zu legen (§ 37 Abs. 1 S. 2 bis 6 RfStV 1997).

Die Bindungswirkung der Beschlüsse der KEK gilt grundsätzlich für alle Landesmedienanstalten. Eine Ausnahme gilt nur für die das jeweilige Verfahren führende Landesmedienanstalt (§ 37 Abs. 1 S. 7 i.V.m. Abs. 2 RfStV 1997). Diese Landesmedienanstalt ist unter allen Landesmedienanstalten allein berechtigt, eine Überprüfung des Be-

37 Amtliche Sammlung Bd. 90, S. 60, 87 ff.

38 Kuch, Das Zuschaueranteilsmodell - Grundlage der Sicherung der Meinungsvielfalt im Fernsehen, ZUM 1997, S. 12, 13; Knothe, Novellierung des Rundfunkstaatsvertrages, ZUM 1997, S. 6, S. 11; Clausen-Muradian, Konzentrationskontrolle im privaten Rundfunk, ZUM 1996, S. 934, 942.

39 Siehe zu den Schwerpunkten der Tätigkeit der KEK, Berichte über die Tätigkeit der Kommission im Zeitraum 1997/1998 und 1998/1999.

40 Die Verwaltungsvereinbarung und die Geschäftsordnung sind abgedruckt in: Ring (Hrsg.) Medienrecht, Bd. II, unter C-O.3. RfStV Kommentar (Stand: November 1998), § 35 Rn. 15 und 16.

schlusses der KEK herbeizuführen. Zu diesem Zweck kann die zuständige Landesmedienanstalt die KDLM anrufen. Die KDLM kann von dem Beschluß der KEK mit einer Mehrheit von 3/4 ihrer gesetzlichen Mitglieder abweichen. In diesem Fall tritt der Beschluß der KDLM an die Stelle des Beschlusses der KEK. Andernfalls oder in dem Fall, daß die KDLM nicht innerhalb von drei Monaten nach Anrufung beschließt, bleibt der Beschluß der KEK auch für die zuständige Landesmedienanstalt bindend (§ 37 Abs. 2 RfStV 1997). Voraussetzung für die Anrufung der KDLM ist danach, daß die KEK über die Vereinbarkeit eines Zulassungsantrags mit den Vorschriften zur Sicherung der Meinungsvielfalt entschieden hat. Eine Anrufung der KDLM vor einer Entscheidung der KEK, wie im Zulassungsverfahren Discovery Channel durch die Bayerische Landeszentrale für neue Medien (BLM) geschehen, ist nicht statthaft[41].

(2) KDLM

Die Konferenz der Direktoren der Landesmedienanstalten (KDLM) setzt sich aus den jeweiligen gesetzlichen Vertretern der Landesmedienanstalten zusammen (§ 35 Abs. 4 RfStV 1997). Die Mitglieder der KDLM sind, wie auch die Mitglieder der KEK, bei der Erfüllung ihrer Aufgaben nicht an Weisungen gebunden und unterliegen der Verschwiegenheitspflicht auch im Verhältnis zu anderen Organen der Landesmedienanstalten (§ 35 Abs. 5 RfStV 1997). In der Regelung über die Zusammensetzung der KDLM wurde bewußt auf die gesetzlichen Vertreter der Landesmedienanstalten abgestellt, um auch die Verwaltungsspitzen der Landesmedienanstalten zu erfassen, die keinen Direktorenstatus haben[42]. Durch die staatsvertragliche Absicherung der Unabhängigkeit der Mitglieder der KDLM soll sichergestellt werden, daß diese nicht als Interessenvertreter der jeweiligen Landesmedienanstalt, deren gesetzliche Vertreter sie sind, handeln, sondern als unabhängige Organe, orientiert an dem Ziel die Meinungsvielfalt im privaten Fernsehen zu sichern[43]. Die KDLM hat sich eine Geschäftsordnung gegeben, die nähere Bestimmungen zur inneren Ordnung, insbesondere zum Verfahren der Beschlußfassung durch das Gremium trifft[44].

---

41 Beschluß der KDLM vom 7.11.1998, ZUM 1998, S. 1054, dazu Neft, KEK und KDLM – unorthodoxe Organisationskonfigurationen zur Sicherung der Meinungsvielfalt im Fernsehen, in ZUM 1999, S. 97, 103 f.

42 Amtliche Begründung zu § 35 Abs. 4 RfStV 1997.

43 Amtliche Begründung zu § 35 Abs. 5 RfStV 1997.

44 Die Geschäftsordnung der KDLM vom 7.9.1998 ist abgedruckt in: Ring (Hrsg.) Medienrecht, Bd. II, unter C-O.3. RfStV Kommentar (Stand: November 1998), § 35 Rn. 17.

(3) *Stellungnahme*

Die Novellierung der organisatorischen Grundlagen der Konzentrationsaufsicht erscheint unter Berücksichtigung der bisherigen Erfahrungen der Konzentrationskontrolle grundsätzlich geeignet zu sein, den verfassungsrechtlichen Vorgaben entsprechend eine effektive Konzentrationskontrolle im bundesweiten privatem Fernsehen zu gewährleisten. Das Bedürfnis für eine einheitliche Vorgehensweise und eine standortunabhängige Konzentrationskontrolle ergibt sich bereits aus der Kontrollaufgabe selbst. Die Beurteilung von Konzentrationsvorgängen im bundesweiten privaten Fernsehen wirken sich im Hinblick auf die bundesweite Verbreitung der Programme notwendigerweise auf alle Länder aus. Die Kompetenzen der einzelnen Landesmedienanstalten sind demgegenüber grundsätzlich auf das Sendegebiet begrenzt, für das die Landesmedienanstalt zuständig ist. Die weitergehenden länderübergreifenden Befugnisse stehen den Ländern nur gemeinsam zu.

Die Übertragung der Konzentrationsaufsicht auf gemeinsame, unabhängige Organe, die aus Sachverständigen (KEK) und nicht weisungsgebundenen Vertretern der Landesmedienanstalten (KDLM) bestehen, ist eine im Rahmen des kooperativen Föderalismus vertretbare Entscheidung, die eine effektive und standortunabhängige Konzentrationskontrolle gewährleisten kann. Als Alternative wäre auch die Einrichtung einer rechtlich eigenständigen Kontrollinstanz in Betracht gekommen. Der Vorzug der von den Ministerpräsidenten beschlossenen Regelung besteht indes gerade darin, auf eine weitere Anstalt neben den bereits bestehenden 15 Landesmedienanstalten verzichten zu können. Dadurch wird verhindert, daß die ohnehin schon überdimensionierten Aufsichtsgremien um ein weiteres vermehrt werden[45]. Die in § 37 Abs. 1 und 2 RfStV 1997 vorgesehenen Mehrheitsentscheidungen von KEK und KDLM sind im Rahmen der länderübergreifenden Kooperation nach allgemeiner Ansicht zulässig[46]. Dies gilt für die Konzentrationsaufsicht um so mehr, als es sich hierbei um einen nach der Rechtsprechung des Bundesverfassungsgerichts „staatsfern“ zu organisierenden Bereich der Kooperation der Länder handelt[47]. Mit der am 1.1.1997 in Kraft getretenen neuen Organisation der Konzentrationsaufsicht haben die Länder ebenso wie mit der Einführung des Zuschaueranteils-Modells Neuland betreten. Es bleibt daher abzuwarten, ob sich die Zusammenarbeit von

45 Kuch, Das Zuschaueranteilsmodell - Grundlage der Sicherung der Meinungsvielfalt im Fernsehen, ZUM, S. 12, 13; siehe dazu auch die kritische Stellungnahme von Vultejus, in Frankfurter Allgemeine Zeitung vom 19.7.1999, S. 8.

46 Vgl. Pietzcker, in Starck (Hrsg.) Die Zusammenarbeit der Gliedstaaten im Bundesstaat, Landesbericht Bundesrepublik, S. 13 ff.

47 Ricker/Schiwy, Rundfunkverfassungsrecht, E Rdz. 70 a.

KEK und KDLM mit der jeweils zuständigen Landesmedienanstalt in der Praxis bewährt[48].

b) Verfahrensrecht

Neben der Organisation der Medienaufsicht und den materiellen Konzentrationsvorschriften wurde durch den Dritten Rundfunkänderungsstaatsvertrag auch das Verfahrensrecht für die Anwendung der Vorschriften zur Sicherung der Meinungsvielfalt grundlegend neu gestaltet[49]. Die Zulassung und die verfahrensrechtlichen Bestimmungen im Recht der Sicherung der Meinungsvielfalt im privaten Rundfunk sind nunmehr im 1. Unterabschnitt des III. Abschnitts in den §§ 20 bis 24 RfStV 1997 geregelt. Daneben sind für das Verfahren der Konzentrationskontrolle im bundesweiten privaten Fernsehen die Bestimmung des § 39 RfStV 1997, die den Anwendungsbereich der Vorschriften zur Sicherung der Meinungsvielfalt festlegt, und die Vorschrift des § 37 RfStV 1997 maßgeblich, welche das Prüfverfahren der KEK und der KDLM im Rahmen der Zulassung von Fernsehveranstaltern und der Konzentrationsaufsicht regelt. Bevor auf das Verfahrensrecht im einzelnen eingegangen wird, ist zunächst der Anwendungsbereich der Vorschriften zur Sicherung der Meinungsvielfalt abzugrenzen.

aa) Anwendungsbereich der Konzentrationsvorschriften

Im Vorfeld der Novellierung des Rundfunkstaatsvertrages ist eine Überprüfung der geltenden Konzentrationsvorschriften auch im Hinblick auf den technischen Wandel in den elektronischen Medien und in der Telekommunikation für erforderlich erachtet worden[50]. Ausschlaggebend hierfür ist die Vervielfachung der Übertragungswege und das entstehen von neuen Medien- und Telediensten aufgrund digitaler Technologien[51]. In diesem Kontext stellt sich die Frage, ob und unter welchen Kriterien die neuen Medien-

---

48 Siehe zu den ersten Erfahrungen die Berichte über die Tätigkeit der Kommission zur Ermittlung der Konzentration im Medienbereich (KEK) im Zeitraum 1997/1998 und 1998/1999. Kritisch zu der neuen Organisation der Konzentrationsaufsicht insbesondere unter Bezugnahme auf das oben erwähnte Zulassungsverfahren Discovery Channel, Neft, KEK und KDLM – unorthodoxe Organisationskonfigurationen zur Sicherung der Meinungsvielfalt im Fernsehen, in ZUM 1999, S. 97 ff., 104.

49 Kuch, Das Zuschaueranteilsmodell - Grundlage der Sicherung der Meinungsvielfalt im Fernsehen, ZUM 1997, S. 12, 13; Hess, Medienkonzentrationsrecht nach dem Neuen Rundfunkstaatsvertrag, in AfP 1997, S. 778 ff.; Dörr, Maßnahmen zur Vielfaltssicherung gelungen?, in Media Perspektiven 1996, S. 621 ff.

50 Stockmann/Zigelski, Novellierung des Rundfunkstaatsvertrages, in ZUM 1995, S. 537.

51 Vgl. dazu aus der Vielzahl der Publikationen nur Bericht der Prognos AG, Digitales Fernsehen-Marktchancen und ordnungspolitischer Regelungsbedarf, BLM-Schriftenreihe, Bd. 30, 1995; Gersdorf, Der verfassungsrechtliche Rundfunkbegriff im Lichte der Digitalisierung der Telekommunikation, 1995, S. 17 ff. m.w.N.

und Teledienste dem Rundfunk zuzurechnen sind und damit den Vorschriften zur Sicherung der Meinungsvielfalt unterliegen sollen[52]. Der Rundfunkstaatsvertrag sieht hierzu erstmals in § 20 Abs. 2 RfStV 1997 eine Regelung vor. Der Bereich der neuen Medien „Multimedia“ wird durch das Informations- und Kommunikationsdienstegesetz des Bundes („IuKDG“)[53] und den Staatsvertrag über Mediendienste („MDStV“)[54] der Bundesländer, die parallel zum 1.8.1997 in Kraft getreten sind, geregelt[55]. Telekommunikationsdienstleistungen werden durch das Telekommunikationsgesetz geregelt[56]. Weitergehend ist in diesem Kontext zu fragen, welche Einschränkungen des Rundfunkrechts in Lichte des technischen Wandels unter dem Gesichtspunkt einer „Sondersituation“ des Rundfunks noch gerechtfertigt sind[57]. Die Konvergenz von Telekommunikation und elektronischen Medien macht neben einer Neubestimmung der Beziehungen von Rundfunkveranstaltern zu vor- und nachgelagerten Märkten sowie zur Presse eine Klärung

---

52 Vgl. zur umfangreichen Literatur nur die folgenden Beiträge aus jüngster Zeit: Bullinger/Mestmäcker, Multimediadienste, 1996; Hochstein, Teledienste, Mediendienste und Rundfunkbegriff, in NJW 1997, S. 2977 ff.; Engel-Flechsig/Maennel/Tettenborn, Das neue Informations- und Kommunikationsdienste-Gesetz, in NJW 1997, S. 2981 ff.; Gounalakis, Der Mediendienste-Staatsvertrag der Länder, in NJW 1997, 2993 ff.; Ladeur, Zur Abgrenzung von Telekommunikations- und Medienrecht bei der Regelung von Pay-TV, in ArchivPT 1997, S. 193 ff.; ders. Die Regulierung von MULTI-MEDIA als Herausforderung des Rechts, in AfP 1997, S. 598 ff.; Gersdorf, Die dienende Funktion der Telekommunikationsfreiheiten: Zum Verhältnis von Telekommunikations- und Rundfunkordnung, in AfP 1997, S. 424 ff.; Kuch, Der Staatsvertrag über Mediendienste, in ZUM 1997, S. 225 ff.; ; Engel-Flechsig/Maennel/Tettenborn, Das Informations- und Kommunikationsdienstegesetz des Bundes und der Mediendienste-Staatsvertrag der Bundesländer, in ZUM 1997, S. 231 ff.; vgl. ferner aus dem jüngeren Schrifttum weiterhin nur die folgenden Beiträge: Bullinger, Der Rundfunkbegriff in der Differenzierung kommunikativer Dienste, in AfP 1996, S. 1; Eberle, Neue Übertragungstechniken und Verfassungsrecht, im ZUM 1995, S. 249; Gersdorf, Der verfassungsrechtliche Rundfunkbegriff im Lichte der Digitalisierung der Telekommunikation, 1995; ders. Mutli-Media: Der Rundfunkbegriff im Umbruch?, in AfP 1995, S. 565; Glotz/Thomas, Höchste Zeit- Für ein Medienordnungsrecht aus einem Guß, in epd./KuR Nr. 12 v. 17.2.1996, S. 3; Hege, Für Wort, Schrift und Bild gleichermaßen, in epd/KuR Nr. 8 v. 3.2.1996, S. 5; Hoffmann-Riem, Der Rundfunkbegriff in der Differenzierung kommunikativer Dienste, in AfP 1996, S. 9; Holznagel, Probleme der Rundfunkregelierung im Multimedia-Zeitalter, in ZUM 1996, S. 16 ff.; Kresse/Heinze, Rundfunk-Dynamik am Morgen des digitalen Zeitalters, in AfP 1995, S. 574; Pieper, Medienrecht im Spannungsfeld von „Broadcasting und Multimedia“ in ZUM 1995, S. 552; Pieper/Wiechmann, Der Rundfunkbegriff, in ZUM 1995; S. 82 sowie die Beiträge von Hoffmann-Riem/Vesting, Seeger und Engel, in Hoffmann-Riem/Vesting, Perspektiven der Informationsgesellschaft, 1995. Vgl. ferner Diskussionsbericht der 78. Tagung des Studienkreises für Presserecht und Pressefreiheit am 27./28. 10.1995 in Weimar, abgedr. in AfP 1996, S. 41; von Heyl, Teledienste und Mediendienste nach TDG und MDStV, in ZUM 1998, S. 115 ff.

53 BGBl. I, 1997, S. 1870.

54 Staatsvertrag über Mediendienste (Mediendienste-Staatsvertrag), abgdr. in HamGVBl 1997, S. 253.

55 Vgl. hierzu die Beiträge von Hochstein, Engel-Flechsig/Maennel/Tettenborn und Gunalkis in NJW 1997, S. 2977 ff.; 2981 ff. und 2993 ff. sowie die Beiträge in N. 52.

56 Telekommunikationsgesetz („TKG“) vom 25.7.1996, BGBl I, S. 1120; vgl. hierzu Scherer, in NJW 1996, S. 2953 ff.

57 Mestmäcker, Über den Einfluß von Ökonomie und Technik auf Recht und Organisation der Telekommunikation und der elektronischen Medien in ders. (Hrsg.) Kommunikation ohne Monopole II, S. 40.

der Beziehung von Rundfunkveranstaltern und Netzbetreibern notwendig[58]. Im Vordergrund stehen hierbei Fragen des Zugangs zu neuen Übertragungswegen sowie die Neutralität von Netzbetreibern. Es ist zu entscheiden, ob Telekommunikationsunternehmen und Netzbetreiber zur Veranstaltung von Rundfunk zugelassen werden sollen[59].

Der Rundfunkstaatsvertrag erfaßt nunmehr einen Teilaspekt dieses Bereiches. Die neu eingefügte Vorschrift des § 53 RfStV 1997 regelt erstmals auch den der Veranstaltung von Programmen vorgelagerten Bereich der technischen Zugangsdienste, insbesondere der Vermarktung von Dekodern. § 53 Abs. 1 RfStV 1997 sieht hierzu vor, daß die Anbieter solcher Dienste allen Veranstaltern den Zugang zu chancengleichen, angemessenen und nicht diskriminierenden Bedingungen zu gewähren haben. Der Anspruch auf Zugang besteht für alle Veranstalter von verschlüsselten und unverschlüsselten analogen und digitalen Fernsehprogrammen[60]. Nach § 53 Abs. 2 RfStV 1997 sind auch die Anbieter von sog. „Navigationssystemen" verpflichtet, diese Dienste den Anbietern von Fernsehdiensten zu chancengleichen, angemessenen und nicht diskriminierenden Bedingungen zur Verfügung zu stellen[61]. Ein Anbieter von Diensten mit Zugangsberichtigung, der Zugangsdienste zu Fernsehdiensten herstellt oder vermarktet, oder ein Anbieter von Navigationssystemen ist gemäß § 53 Abs. 3 RfStV 1997 verpflichtet die Aufnahme des Dienstes der zuständigen Landesmedienanstalt anzuzeigen. Dadurch soll sichergestellt werden, daß eine Aufsicht über die Einhaltung der Verpflichtungen nach dieser Bestimmung erfolgen kann[62]. Die vorstehend umrissenen Regelungsprobleme werden hier nur insoweit behandelt, als sie den Anwendungsbereich der Vorschriften zur Sicherung der Meinungsvielfalt de lege lata betreffen.

---

58 Mestmäcker a.a.O. S. 33 ff., 39 f. Siehe hierzu auch die Überlegungen auf europäischer Ebene, die in dem von der EG-Kommission am 3.12.1997 veröffentlichten „Grünbuch zur Konvergenz der Branchen Telekommunikation, Medien und Informationstechnologie und ihren ordnungspolitischen Auswirkungen – Ein Schritt in Richtung Informationsgesellschaft" KOM (97) 623 endg. BR-Drs. 1064/97 zusammengefaßt sind; dazu Bartosch in ZUM 1998, S. 209 ff. u. Schmittmann/Stolz, in AfP 1998, S. 43 ff.

59 Mestmäcker a.a.O. S. 40.

60 Siehe dazu den Beschluß der Direktorenkonferenz der Landesmedienanstalten vom 17.6.1997 über „Vorkehrungen zur Sicherung des chancengleichen Zugangs gegenüber technischen und Programmplattformen" abgedr. in epd. medien Nr. 47 v. 21.6.1997, S. 28 ff. Der § 53 RfStV 1997 wird im Rahmen des am 24. Juni 1999 von den Ministerpräsidenten verabschiedeten Vierten Rundfunkänderungsstaatsvertrages angepaßt, epd medien Nr. 49 v. 26.6.1999. Siehe dazu KEK, Tätigkeitsbericht 1998/1999, S. 74 ff.

61 Vgl. amtliche Begründung zu § 53 Abs. 2 RfStV 1997. Die Bestimmung setzt zugleich die Richtlinie 95/47/EG des Europäischen Parlaments und des Rates vom 24.10.1995 über die Anwendung von Normen für die Übertragung von Fernsehsignalen um, ABl. EG Nr. L 281/54 vom 23.11.1995, S. 51.

62 Vgl. amtliche Begründung zu § 53 Abs. 3 RfStV 1997. Siehe auch Hesse, Zur aktuellen Entwicklung des Rundfunkrechts, in BayVBl 1997, S. 165, 168 f.

(1) Veranstaltung und bundesweite Verbreitung von Fernsehen

Die §§ 21 bis 38 RfStV 1997 gelten gem. § 39 Satz 1 RfStV 1997 nur für bundesweit verbreitetes Fernsehen. Eine abweichende Regelung durch Landesrecht ist nicht zulässig. Die Entscheidungen der KEK und der KDLM sind durch die zuständige Landesmedienanstalt auch bei der Entscheidung über die Zuweisung von Übertragungskapazitäten nach Landesrecht zugrunde zu legen (§ 37 Satz 2 und 3 RfStV 1997). Durch diese Bestimmung wird sichergestellt, daß die organisatorischen, verfahrensrechtlichen und materiellen Vorschriften zur Sicherung der Meinungsvielfalt einheitlich im bundesweit verbreiteten privaten Fernsehen gelten. Die Regelung stellt eine entscheidende Weiterentwicklung gegenüber der bisher geltenden Rechtslage dar. Nach § 22 Abs. 1 S. 2 RfStV 1991 war es den Ländern freigestellt, in den Landesmediengesetzen weitergehende Anforderungen an die Sicherung der Meinungsvielfalt im bundesweit verbreiteten privaten Rundfunk zu stellen. Diese Möglichkeit wird nunmehr durch § 39 S. 2 RfStV 1997 ausgeschlossen[63].

(2) Abgrenzung zu Medien-, Tele- und Telekommunikationsdiensten

Im Hinblick auf die Begrenzung des Anwendungsbereichs der Vorschriften zur Sicherung der Meinungsvielfalt auf bundesweit verbreitetes privates Fernsehen stellt sich die Frage der Abgrenzung des Fernsehens von Medien-, Tele- und Telekommunikationsdiensten. Der Begriff „Fernsehen“ ist im Rundfunkstaatsvertrag nicht definiert. Nach allgemein anerkannter Auffassung sind Hörfunk und Fernsehen unter dem Oberbegriff „Rundfunk“ zusammengefaßt[64]. Rundfunk ist nach § 2 Abs. 1 RfStV 1997 definiert als

> „für die Allgemeinheit bestimmte Veranstaltung und Verbreitung von Darbietungen aller Art in Wort, in Ton und in Bild unter Benutzung elektromagnetischer Schwingungen ohne Verbindungsleitung oder längs oder mittels eines Leiters. Der Begriff schließt Darbietungen ein, die verschlüsselt verbreitet werden oder gegen besonderes Entgelt empfangbar sind, sowie Fernsehtext.“

Nach § 20 Abs. 1 S. 1 RfStV 1997 ist für die private Veranstaltung von Rundfunk eine Zulassung nach Landesrecht erforderlich. Für Medien-[65] und Teledienste[66] gilt hingegen der Grundsatz der Zugangsfreiheit. Teledienste und Rundfunk lassen sich dadurch un-

---

63 Vgl. amtliche Begründung zu § 39 RfStV 1997; dazu Kreile, Die Reform des Rundfunkstaatsvertrages, in NJW 1997, S. 1329, 1330.

64 BVerfGE 12, 205, 226; 57, 259 f.; Herrmann, Rundfunkrecht, § 2 Rn. 11.

65 § 4 MDStV.

66 § 4 des Gesetzes über die Nutzung von Telediensten (TDG), Art. 1 des Gesetzes vom 22.7.1997 (IuKDG), BGBl. I. 1997, S. 1870.

terscheiden, daß erstere dem Bereich der Individualkommunikation und letztere dem Bereich der Massenkommunikation zuzuordnen sind[67]. Zu den Telediensten gehören u.a. Telebanking, Datenaustausch, Verkehrs-, Wetter-, Umwelt- und Börsendaten, Information über Waren- und Dienstleistungsangebote, Telespiele sowie Angebote zur Nutzung des Internets oder weiterer Netze[68]. Wesentliches Merkmal der Teledienste ist die individuelle, autonome und interaktive Ausgestaltung von Abrufangeboten durch die „stückweise" Informationen verbreitet werden[69]. Rundfunk ist demgegenüber dadurch gekennzeichnet, daß ein zeitlich planmäßig ablaufendes Gesamtprogramm verbreitet wird, bei dem sich die Auswahlmöglichkeit des Nutzers im wesentlichen auf das Ein- und Ausschalten des Programms beschränkt[70].

Für die Unterscheidung des Rundfunks von Mediendiensten liegen vergleichsweise weniger eindeutige Abgrenzungskriterien vor. Die Mediendienste umfassen gewissermaßen den „zwischen" dem Teledienst und dem Rundfunk liegenden Bereich[71]. Mediendienste sind gem. § 2 Abs. 1 MDStV Informations- und Kommunikationsangebote in Text, Ton oder Bild unter Benutzung elektromagnetischer Schwingungen ohne Verbindungsleitung oder längs oder mittels eines Leiters, die sich an die Allgemeinheit richten. Durch das Merkmal der Allgemeinheit lassen sich die Mediendienste von den Telediensten abgrenzen, die - wie dargelegt - dem Bereich der Individualkommunikation zuzuordnen sind[72]. Vom Rundfunk unterscheiden sich die Mediendienste dadurch, daß ihnen wegen ihrer engen inhaltlichen Begrenzung auf Angebote, die nur im geringen Maße der öffentlichen Meinungsbildung dienen oder denen die „Suggestivkraft der bewegten Bilder" fehlt, eine im Vergleich zum Rundfunk geringe publizistische und meinungsbildende Bedeutung zukommt[73]. Die Mediendienste umfassen insbesondere die Verteildienste, wie z.B. Fernseheinkauf, Fernsehtext und Radiotext sowie nicht unter das Teledienstgesetz fallende Abrufdienste, bei denen der Nutzer Angebote (Text, Ton, Bild) aus einem Datenspeicher individuell abruft und dabei den Zeitpunkt selbst bestimmt[74].

Der Rundfunkstaatsvertrag regelt jetzt erstmals in § 20 Abs. 2 RfStV 1997, unter welchen Voraussetzungen, insbesondere die Vorschriften über die Zulassung von Pro-

---

67 Hochstein, Teledienste, Mediendienste und Rundfunkbegriff, in NJW 1997, S. 2977, 2979.

68 § 2 Abs. 2 Nr. 1 bis 5 TDG.

69 Bullinger/Mestmäcker, Multimediadienste, 1996, S. 64 ff.

70 Bullinger/Mestmäcker a.a.O. S. 52 ff.; Enquéte-Kommission des Deutschen Bundestages „Zukunft der Medien in Wirtschaft und Gesellschaft - Deutschlands Weg in die Informationsgesellschaft", Erster Zwischenbericht zum Thema „Meinungsfreiheit - Meinungsvielfalt - Wettbewerb, Rundfunkbegriff und Regulierungsbedarf bei den neuen Medien", BT - Drs. 13/6000, S. 14 ff.

71 Hochstein a.a.O. S. 2979.

72 Gounalakis, Der Mediendienste-Staatsvertrag der Länder, in NJW 1997, S. 2993, 2994.

73 Vgl. amtliche Begründung zu § 2 Abs. 2 MDStV; kritisch dazu Bullinger/Mestmäcker a.a.O. S. 55, 154.

74 Vgl. amtliche Begründung zu § 2 Abs. 2 MDStV.

grammen und die Sicherung der Meinungsvielfalt, auf Mediendienste Anwendung finden. Die Regelung beruht auf dem Grundsatz, daß alles, was sich materiell und inhaltlich als Rundfunk darstellt, auch den rundfunkrechtlichen Regelungen des Staatsvertrages unterfällt[75]. Dementsprechend sieht § 20 Abs. 1 RfStV 1997 vor, daß Anbieter von Mediendiensten einer Zulassung nach Landesrecht (§ 20 Abs. 1 RfStV 1997) bedürfen, wenn die von ihnen angebotenen Dienste dem Rundfunk zuzuordnen sind. Maßgeblich für die Abgrenzung ist der von dem Bundesverfassungsgericht entwickelte funktionale Rundfunkbegriff[76]. Auf die technische Verbreitungsart der Dienste kommt es in diesem Zusammenhang nicht an[77].

Die Bestimmung des § 20 Abs. 2 RfStV 1997 regelt im weiteren in den Sätzen 2 und 3 das Verfahren, welches in Grenzfällen zur Anwendung kommt. Danach gilt folgendes: Stellt die zuständige Landesmedienanstalt im Einvernehmen mit allen Landesmedienanstalten fest, daß ein Mediendienst dem Rundfunk zuzuordnen ist, muß der Anbieter nach seiner Wahl innerhalb von sechs Monaten nach dem die Feststellung ihm bekanntgegeben worden ist, einen Zulassungsantrag stellen oder den Mediendienst so anbieten, daß er nicht dem Rundfunk zuzuordnen ist. Der Anbieter kann seinerseits zur Klärung der Rechtslage bei der zuständigen Landesmedienanstalt einen Antrag auf „rundfunkrechtliche Unbedenklichkeit“ stellen.

Durch diese Regelung soll sichergestellt werden, daß der angebotene Mediendienst in allen Ländern einheitlich als Rundfunk oder „rundfunkrechtlich unbedenklich“ qualifiziert wird[78]. Es erscheint zweifelhaft zu sein, ob sich diese Regelung in der Praxis bewähren wird. Durch die Regelung wird dem Anbieter das Risiko aufgebürdet, einzuschätzen, ob der von ihm angebotene Dienst in einem rundfunkrechtlich relevanten Maß der öffentlichen Meinungsbildung dient. Dabei ist zu berücksichtigen, daß die vorsätzliche oder fahrlässige Veranstaltung von Rundfunkprogrammen ohne Zulassung entgegen § 20 Abs. 1 S. 1 oder Abs. 2 RfStV 1997 gem. § 49 Abs. 1 Nr. 16 i.V.m. Abs. 2 RfStV 1997 mit einem Bußgeld von bis zu 500.000 Deutsche Mark geahndet werden kann. Die Vorschrift wird für den Fall des § 20 Abs. 2 RfStV 1997 allerdings dahingehend einschränkend auszulegen sein, daß ein Bußgeld erst nach Ablauf der sechs Monatsfrist verhängt werden kann. Dessen ungeachtet bleibt für den Anbieter bis zur Erteilung einer rechtlichen Unbedenklichkeitsbescheinigung nach § 20 Abs. 2 S. 3 RfStV 1997 eine rechtliche Unsicherheit. Diese kann sich hemmend auf das Angebot von Mediendiensten auswirken. Dabei ist insbesondere zu berücksichtigen, daß die Vorschrift des § 20

---

75 Vgl. amtliche Begründung zu § 20 Abs. 2 RfStV 1997.

76 Amtliche Begründung zu § 20 Abs. 2 RfStV 1997 unter Hinweis auf die Entscheidung des Bundesverfassungsgerichtes vom 24.3.1987, Az. 1 BvR 147, 478/86, Amtliche Sammlung Bd. 74, S. 297, 350 ff.

77 Vgl. amtliche Begründung zu § 20 Abs. 2 RfStV 1997.

78 Vgl. amtliche Begründung zu § 20 Abs. 2 S. 2 und 3 RfStV 1997.

Abs. 2 RfStV 1997 keine Fristen vorsieht, innerhalb deren die Landesmedienanstalten über einen Antrag auf rundfunkrechtliche Unbedenklichkeit entscheiden müssen[79].

bb) Verfahren der Konzentrationskontrolle

Die Vorschriften zur Sicherung der Meinungsvielfalt werden von KEK und KDLM im Rahmen des Zulassungsverfahrens geprüft (§ 36 Abs. 1 S. 2 RfStV 1997). Des weiteren wird die Einhaltung der Konzentrationsvorschriften im Rahmen der Konzentrationsaufsicht, insbesondere bei Änderung einer Zulassung, Veränderung von Beteiligungsverhältnissen (§ 29 RfStV 1997) sowie Erreichen der Obergrenze des zulässigen Zuschauermarktanteils untersucht (§ 26 Abs. 4 RfStV 1997).

(1) Verfahren bei Zulassung eines Veranstalters

Nach § 20 Abs. 1 RfStV 1997 bedürfen private Veranstalter zur Veranstaltung von Rundfunk einer Zulassung nach Landesrecht. Das Verfahren richtet sich nach dem Landesmediengesetz des Landes, in dem die Zulassung beantragt wird, subsidiär nach den allgemeinen Verwaltungsvorschriften dieses Landes, soweit nicht die §§ 21 ff RfStV 1997 einheitliche Regelungen für alle Länder vorsehen (§ 39 RfStV 1997). In dem Zulassungsverfahren prüft die zuständige Landesmedienanstalt, ob die persönlichen und sachlichen Voraussetzungen für die Zulassung zur bundesweiten Verbreitung eines Programms vorliegen und keine Ausschlußgründe für die Veranstaltung von Rundfunk gegeben sind (§ 38 RfStV 1997). Diese Zulassungsvoraussetzungen sind nach wie vor in den Landesmediengesetzen geregelt[80].
Die Einhaltung der Vorschriften zur Sicherung der Meinungsvielfalt ist eine der wesentlichen Zulassungsvoraussetzungen[81]. Diese Zulässigkeitsvoraussetzung wird nunmehr abschließend von der KEK und der KDLM beurteilt. Das dafür maßgebliche Verfahren ist in § 37 RfStV 1997 geregelt. Danach ist wie folgt zu verfahren: Nach Eingang eines Antrag auf Zulassung eines privaten Veranstalters bei der zuständigen Landesmedienanstalt hat diese zunächst zu prüfen, ob der Antrag bereits unabhängig von der Einhaltung der Vorschrift zur Sicherung der Meinungsvielfalt aus anderen Gründen abzulehnen ist. Als solche Gründe kommen insbesondere die landesrechtlich geregelten persönlichen und sachlichen Zulassungsvoraussetzungen in Betracht[82]. Eine Frist für diese

79 Vgl. Hochstein a.a.O. S. 2979, der sich ebenfalls kritisch zu der Bestimmung des § 20 Abs. 2 RfStV 1997 äußert.
80 Vgl. Herrmann, Rundfunkrecht, § 18 Rn. 24 ff.; Ricker/Schiwy, Rundfunkverfassungsrecht, D Rdz. 35 ff. E Rdz. 36 ff.
81 Herrmann a.a.O. § 18 Rn. 30.
82 Vgl. amtliche Begründung zu § 37 Abs. 1 RfStV 1997.

von der zuständigen Landesmedienanstalt vorzunehmende Vorprüfung sieht der Rundfunkstaatsvertrag nicht ausdrücklich vor. In § 37 Abs. 1 S. 1 RfStV 1997 heißt es lediglich, daß der gesetzliche Vertreter der zulässigen Landesmedienanstalt den Antrag sowie die vorhandenen Unterlagen unverzüglich nach Eingang des Antrages der KEK zuzuleiten hat, sofern der Antrag nicht schon aus den vorgenannten Gründen abzulehnen ist. In der amtlichen Begründung zu § 37 RfStV 1997 wird hierzu lediglich ausgeführt, daß der Antrag „ohne schuldhaftes Zögern" der KEK vorzulegen ist. Damit bleibt im Ergebnis offen, innerhalb welcher Frist die Vorprüfung durch die zuständige Landesmedienanstalt vorzunehmen ist. Die Verfasser des Rundfunkänderungsstaatsvertrages haben auch für das weitere Prüfverfahren der KEK darauf verzichtet, Fristen festzulegen[83].

In den nachfolgenden Bestimmungen der § 37 Abs. 1 S. 2 bis 6 RfStV 1997 werden die oben bereits dargestellten Einzelheiten der Beschlußfassung der KEK sowie die Wirkungen der Beschlüsse geregelt. Aus dem Regelungszusammenhang des Absatzes 1 und des Absatzes 2 in § 37 RfStV 1997 ergibt sich, daß der von der KEK gefaßte Beschluß, welcher die wesentlichen tatsächlichen und rechtliche Gründe enthalten muß, zunächst der zuständigen Landesmedienanstalt vorzulegen ist. Diese kann dann gem. § 37 Abs. 2 S. 1 RfStV 1997 innerhalb eines Monats nach der Entscheidung der KEK die KDLM anrufen. Der Fristbeginn ist nicht ausdrücklich bestimmt. Man wird hier wohl entsprechend den allgemeinen verfahrensrechtlichen Grundsätzen auf den Zugang der Entscheidung der KEK bei der zuständigen Landesmedienanstalt abstellen[84].

Der KDLM sind alle erforderlichen Unterlagen im Zusammenhang mit dem Zulassungsantrag vorzulegen (§ 37 Abs. 2 S. 3 RfStV 1997). Trifft die KDLM nicht binnen 3 Monaten nach Anrufung einen abweichenden Beschluß, bleibt der Beschluß der KEK bindend, anderenfalls tritt der Beschluß der KDLM an die Stelle des Beschlusses der KEK (§ 37 Abs. 2 S. 4 RfStV 1997).

Die Entscheidung der KEK bzw. der KDLM ist für sämtliche Landesmedienanstalten, bindend und deren Entscheidungen zugrunde zu legen (§ 37 Abs. 1 S. 5 und 6 RfStV 1997). Damit sind Rechtsstreitigkeiten zwischen Landesmedienanstalten über die Zulassung von Veranstaltern, wie in dem Zulassungsverfahren um das Deutsche Sport-

---

83 Siehe hierzu den Beschluß der KDLM vom 7.11.1998, ZUM 1998, S. 1054, mit dem die Anrufung der KDLM durch die Bayerische Landeszentrale für neue Medien in dem Zulassungsverfahren Discovery Channel wegen angeblicher Untätigkeit der KEK als unstatthaft zurückgewiesen wurde. Siehe dazu Neft; KEK und KDLM – unorthodoxe Organisationskonfigurationen zur Sicherung der Meinungsvielfalt im Fernsehen, in ZUM 1999, S. 97 ff. 104.

84 Vgl. § 24 Abs. 4 S. 2 GWB a.F. (§ 42 Abs. 3 GWB n.F.). Die Bestimmung sieht vor, daß die Monatsfrist für die Einreichung eines Antrages auf Erteilung der Ministererlaubnis gem. § 24 Abs. 3 GWB a.F. (§ 42 Abs. 1 GWB n.F.) mit Zustellung der Untersagungsverfügung des Bundeskartellamtes beginnt. Die Regelung des § 24 Abs. 3 GWB a.F. soll als Modell für die Regelung des § 37 Abs. 2 RfStV 1997 gedient haben, vgl. hierzu Kuch, Das Zuschaueranteilsmodell - Grundlage der Sicherung der Meinungsvielfalt im Fernsehen, in ZUM 1997, S. 12, 13.

fernsehen DSF zukünftig ausgeschlossen[85]. Die Anfechtungsmöglichkeiten der Entscheidungen der KEK durch die für die Zulassung des Veranstalters zuständige Landesmedienanstalt sind abschließend in § 37 Abs. 2 RfStV 1997 geregelt.
In § 37 Abs. 4 RfStV 1997 wird nunmehr klargestellt, daß Entscheidungen der zuständigen Landesmedienanstalt von den durch die Entscheidung betroffenen bundesweit zugelassenen Fernsehveranstaltern angefochten werden können. Danach sind auch Konkurrentenklagen möglich, soweit ein Veranstalter durch die Entscheidung rechtlich betroffen ist[86]. Für Klagen gegen die Entscheidungen der zuständigen Landesmedienanstalt ist der Verwaltungsrechtsweg eröffnet. Die Verfasser des Rundfunkstaatsvertrages haben nun erstmals von der in Art. 99 Grundgesetz enthaltenen Möglichkeit Gebrauch gemacht, die Revision zum Bundesverwaltungsgericht auch in den Fällen zu eröffnen, in denen die Entscheidung allein auf landesrechtlichen Vorschriften beruht. Die Bestimmung des § 48 RfStV 1997 sieht dementsprechend vor, daß die Revision zum Bundesverwaltungsgericht auch darauf gestützt werden kann, daß das angefochtene Urteil auf der Verletzung der Bestimmungen des Rundfunkstaatsvertrages beruht. Dadurch soll sichergestellt werden, daß die Bestimmungen des Rundfunkstaatsvertrages zukünftig einheitlich ausgelegt werden. Dies war aufgrund der bisher nicht zulässigen Revision zum Bundesverwaltungsgericht nicht möglich und hat zu divergierenden Entscheidungen der Oberverwaltungsgerichte geführt. Dieser Bestimmung dürfte, insbesondere im Hinblick auf die Auslegung der unbestimmten Rechtsbegriffe im Recht der Sicherung der Meinungsvielfalt zukünftig Bedeutung zukommen[87].

(2) Verfahren bei Änderung der Beteiligungsverhältnisse

Nach § 29 RfStV 1997 sind geplante Veränderungen von Beteiligungsverhältnissen oder sonstigen Einflüssen i.S. von § 28 RfStV 1997 vor ihrem Vollzug bei der zuständigen Landesmedienanstalt anzumelden[88]. Anmeldepflichtig sind der Veranstalter und die an dem Veranstalter unmittelbar oder mittelbar i.S. von § 28 RfStV 1997 Beteiligten. Die Veränderungen dürfen nur dann von der zuständigen Landesmedienanstalt als unbedenklich bestätigt werden, wenn unter den veränderten Voraussetzungen eine Zulassung erteilt werden könnte. Wird eine geplante Veränderung vollzogen, die nicht nach

85 Vgl. dazu Kreile, Die Reform des Rundfunkstaatsvertrages, in NJW 1997, S. 1329, S. 1330.
86 Vgl. dazu eingehend Fehling, Die Konkurrentenklage bei der Zulassung privater Rundfunkveranstalter, 1994 sowie Hess, Medienkonzentrationsrecht nach dem Neuen Rundfunkstaatsvertrag, in AfP 1997, S. 777, 783 f. unter Hinweis auf die jüngste Rechtsprechung.
87 Vgl. amtliche Begründung zu § 48 RfStV 1997, siehe hierzu auch Kuch a.a.O. S. 12, 17; Kreile a.a.O. S. 1329 f.
88 Vgl. zu den Auswirkungen gesellschaftsrechtlicher Veränderungen bei zugelassenen Rundfunkveranstaltern, Müller, in ZUM 1996, S. 508 ff.

Satz 3 als unbedenklich bestätigt werden kann, ist die Zulassung zu widerrufen. Die Regelung entspricht der bisher geltenden Rechtslage (§ 21 Abs. 4 RfStV 1991). Die oben dargestellten Verfahrensgrundsätze für das Zulassungsverfahren gelten entsprechend (§ 37 Abs. 3 RfStV 1997). In Satz 5 von § 29 RfStV 1997 wurde eine Bestimmung neu eingefügt, nach der die KEK ermächtigt ist, durch Richtlinien Ausnahmen von der Anmeldepflicht bei geringfügigen Beteiligungsveränderungen an Aktiengesellschaften vorzusehen. Eine solche Freistellung von der Anmeldepflicht ist aus praktischen Gründen, insbesondere für börsennotierte Aktiengesellschaften erforderlich[89]. Die KEK hat auf ihrer Sitzung am 14. Juli 1997 eine Richtlinie nach § 29 S. 5 RfStV 1997 erlassen[90]. Die Richtlinie sieht vor, daß eine Veränderung von Beteiligungsverhältnissen geringfügig und damit von der Anmeldepflicht nach § 29 RfStV 1997 befreit ist, wenn diese weniger als 5 v.H. des Kapitals oder der Stimmrechte einer im In- oder Ausland börsennotierten Aktiengesellschaft betreffen, die privaten Rundfunk veranstaltet oder an einem privaten Veranstalter von Rundfunk unmittelbar oder mittelbar im Sinne von § 28 RfStV 1997 beteiligt ist. Die Befreiung von der Anmeldepflicht gilt nicht, wenn durch die Beteiligung die Schwellen von 25, 50 oder 75 v.H. des Kapitals oder der Stimmrechte über- oder unterschritten wird. Ferner gilt die Befreiung nicht, sofern bei zwei- oder mehrfacher Aufeinanderfolge während eines ununterbrochenen Zeitraumes von 12 Monaten eine Erhöhung der Beteiligung um mindestens 5 v.H. bewirkt wird. Alle von der Anmeldepflicht befreiten Veränderungen von Beteiligungsverhältnissen können ohne Einholung einer Unbedenklichkeitsbestätigung nach § 29 S. 3 RfStV 1997 vollzogen werden. Die Richtlinie gilt für alle ab dem 1. Juli 1997 vorgenommenen Veränderungen von Beteiligungsverhältnissen. Die KEK hat sich im Hinblick auf die Festlegung eines Grenzwertes für „geringfügige" Beteiligungen an Aktiengesellschaften im Sinne von § 29 S. 5 RfStV 1997 offenbar an den Vorschriften des Wertpapierhandelsrechts orientiert[91]. Die Befreiung von der Anmeldepflicht gilt nur für börsennotierte Aktiengesellschaften. Beteiligungsveränderungen unterhalb der Schwelle von 5 v.H. des Kapitals oder der Stimmrechte sind bei allen in einer anderen Rechtsform bestehenden Unternehmen, die privaten Rundfunk veranstalten oder an einem privaten Veranstalter unmittelbar und mittelbar im Sinne von § 28 RfStV 1997 beteiligt sind, nach wie vor gem. § 29 RfStV 1997 anzumelden.

---

89 Der bislang einzige börsennotierte Fernsehveranstalter im bundesweiten privaten Fernsehen ist die ProSieben Media AG, Unterföhring, siehe hierzu Frankfurter Allgemeine Zeitung vom 24.6.1997, S. 17.

90 Vgl. epd. medien Nr. 55 v. 19.7.1997, S. 27.

91 §§ 21 ff. WpHG vgl. dazu , Hess, Medienkonzentrationsrecht nach dem Neuen Rundfunkstaatsvertrag, in AfP 1997, S. 680, 685.

(3) Verfahren bei Erreichen der Zuschaueranteilsobergrenze

Die verfahrensrechtlichen Bestimmungen bei Veränderungen des Zuschaueranteils stehen in engem rechtlichen und systematischen Zusammenhang zu den materiell-rechtlichen Vorschriften. Das neue materiell-rechtliche Konzentrationsrecht wird in den nachfolgenden Abschnitten eingehend analysiert. An dieser Stelle soll hierauf nur insoweit vorgegriffen werden, als dies zum Verständnis der hier behandelten verfahrensrechtlichen Bestimmungen notwendig ist.

Nach § 26 Abs. 2 Satz 1 RfStV 1997 wird vermutet, daß ein Unternehmen vorherrschende Meinungsmacht im bundesweiten privaten Fernsehen hat, sofern die diesem Unternehmen zurechnenbaren Programme im Durchschnitt eines Jahres einen Zuschaueranteil von 30 v.H. erreichen. Das gleiche gilt nach Satz 2 von § 26 Abs. 2 RfStV 1997 bei einer geringfügigen Unterschreitung des vorgenannten Zuschaueranteils, sofern das Unternehmen auf einem medienrelevanten Markt eine marktbeherrschende Stellung hat oder eine Gesamtbeurteilung seiner Aktivitäten im Fernsehen und auf den medienrelevanten Märkten ergibt, daß der dadurch erzielte Meinungseinfluß dem eines Unternehmens mit einem Zuschaueranteil von 30 v.H. im Fernsehen entspricht.

In § 26 Abs. 3 und 4 RfStV 1997 sind die materiellen Rechtsfolgen sowie das weitere Verfahren für den Fall geregelt, daß ein Unternehmen mit den ihm zurechenbaren Programmen vorherrschende Meinungsmacht erlangt. Nach Abs. 3 darf diesem Unternehmen keine weitere Zulassung erteilt werden. Der Erwerb weiterer zurechenbarer Beteiligungen an Veranstaltern darf nicht als unbedenklich bestätigt werden. § 26 Abs. 3 erfaßt damit das sog. „externe Wachstum“ von Fernsehunternehmen, wie etwa den Erwerb weiterer Beteiligungen an Fernsehsendern. Demgegenüber regelt § 26 Abs. 4 den hier relevanten Fall sog. „internen Wachstums“, das insbesondere durch eine Erhöhung des Zuschaueranteils der einem Unternehmen zurechenbaren Sender aus eigener Kraft erreicht wird[92]. Für diesen Fall sieht § 26 Abs. 4 ein Verfahren vor, wonach die zuständige Landesmedienanstalt, vertreten durch die KEK, dem Unternehmen folgende Maßnahmen zur Behebung der vorherrschenden Meinungsmacht vorschlägt: (1) Aufgabe von Beteiligungen an Veranstaltern, bis der zurechenbare Zuschaueranteil unter die Grenze von 30 v.H. fällt; (2) Verminderung der Marktstellung auf medienrelevanten Märkten oder Aufgabe von Beteiligungen an Veranstaltern in einem Umfang, die vorherrschende Meinungsmacht nach § 26 Abs. 2 S. 2 RfStV 1997 ausschließt; (3) Einführung vielfaltssichernder Maßnahmen bei einem dem Unternehmen zurechenbaren Veranstalter, insbe-

92 Hartstein/Ring/Kreile/Dörr/Stettner, Kommentar zum Rundfunkstaatsvertrag, in Ring (Hrsg.), Medienrecht, Bd. 2 unter C.0.3. (Stand: November 1998), § 26 RfStV 1997, Rn. 23.

sondere die Einräumung von Sendezeiten für unabhängige Dritte (§ 31 RfStV 1997) sowie die Einrichtung des Programmbeirates (§ 32 RfStV 1997).
Die KEK erörtert mit den Unternehmen die in Betracht kommenden Maßnahmen mit dem Ziel, eine einvernehmliche Regelung herbeizuführen (§ 26 Abs. 4 S. 2 RfStV 1997). Kommt keine Einigung zustande oder werden die einvernehmlich zwischen den Unternehmen und der KEK vereinbarten Maßnahmen nicht in angemessener Frist durchgeführt, so sind von der zuständigen Landesmedienanstalt nach Feststellung durch die KEK die Zulassungen von so vielen dem Unternehmen zurechenbaren Programmen zu widerrufen, bis keine vorherrschende Meinungsmacht durch das Unternehmen mehr gegeben ist. Die Auswahl der zu widerrufenden Zulassungen trifft die KEK unter Berücksichtigung der Besonderheiten des Einzelfalles. Eine Entschädigung für Vermögensnachteile durch den Widerruf der Zulassung wird nicht gewährt (§ 26 Abs. 4 S. 3 bis 5 RfStV 1997). Die Verfahrensvorschriften beim Überschreiten der zulässigen Zuschaueranteilsschwelle sind damit nur rudimentär im Rundfunkstaatsvertrag ausgestaltet. Die Durchführung des Verfahrens wird daher im wesentlichen von der Praxis der KEK abhängen[93].

c) *Auskunfts- und Mitwirkungspflichten der Unternehmen*

Die Anwendung der Vorschriften zur Sicherung der Meinungsvielfalt setzt die Aufklärung des zugrunde liegenden Sachverhalts voraus. Der Rundfunkstaatsvertrag sah bis 1996 keine Verfahrensregelung für die Sachverhaltsaufklärung vor. Maßgeblich war daher das jeweilige Landesrecht in Verbindung mit dem allgemeinen Verwaltungsverfahrensrecht[94]. Die Landesgesetzgeber haben in Umfang und Rechtsfolgen teilweise erheblich von einander abweichende Verfahrensregelungen in den Landesmediengesetzen erlassen[95]. Die Landesmediengesetze sehen überwiegend Auskunfts- und andere Mitwirkungspflichten der Veranstalter zur Aufklärung des Sachverhalts vor. Von der Festlegung von Ermittlungsbefugnissen der Landesmedienanstalten wurde weitgehend abgesehen[96]. Unabhängig von den einzelnen Regelungen in den Landesmediengesetzen gilt in jedem Land nach § 24 LVwVfG der Untersuchungsgrundsatz in Zulassungs- und Anmeldeverfahren[97]. Die Landesmedienanstalten haben den Sachverhalt danach grund-

93 Vgl. Kuch a.a.O. S. 16.
94 Vgl. Stockmann, Stellungnahme zu den verfahrensrechtlichen Anforderungen an eine medienrechtlich effektive Konzentrationskontrolle in Die Landesmedienanstalten (Hrsg.), Die Sicherung der Meinungsvielfalt, 1995, S. 438, 443 ff.
95 Dörr, Das für die Medienkonzentration maßgebliche Verfahrensrecht, in Die Landesmedienanstalten (Hrsg.), Die Sicherung der Meinungsvielfalt, 1995, S. 336, 376 ff.
96 Ebd. S. 403 ff.
97 Dörr a.a.O. S. 349 ff.

sätzlich von Amts wegen zu ermitteln. Die Aufgabe wurde dadurch erleichtert, daß die Antragsteller und Veranstalter aufgrund der einzelnen Landesmediengesetze verpflichtet waren, an der Sachverhaltsaufklärung mitzuwirken. Aufgrund der vor Inkrafttreten des Rundfunkstaatsvertrages 1997 geltenden Rechtslage war umstritten, wie zu verfahren ist, wenn der Sachverhalt nicht vollständig aufgeklärt werden kann[98]. Der Bayerische Verwaltungsgerichtshof hat hierzu auf der Grundlage der bis zum 31.12.1996 geltenden Rechtslage in dem Beschluß vom 24. März 1993 festgestellt, daß die eine Rundfunkerlaubnis beantragenden Unternehmen bzw. die Veranstalter die materielle Beweislast für die Einhaltung der tatbestandlichen Vorgaben zur Sicherung der Medienvielfalt tragen und alle diesbezüglichen Bedenken zur vollen Überzeugung der zuständigen Landesmedienanstalt auszuräumen haben[99]. Das Gericht führte zur Begründung aus, daß die Landesmedienanstalten nicht in der Lage sind, den Nachweis einer mit den Konzentrationsvorschriften unvereinbaren Beteiligungs- und Einflußstruktur des Veranstalters zu führen, "da es sich bei der Frage der gesellschaftlichen Verflechtung weitgehend um firmen- und gesellschaftsrechtliche Interna handelt"[100]. Zu dem gleichen Ergebnis gelangt Dörr aufgrund einer von den Landesmedienanstalten in Auftrag gegebenen Untersuchung des für die Medienkonzentation maßgeblichen Verfahrensrechts[101]. Daß der Antragsteller im Zulassungsverfahren und der Veranstalter im Anmeldeverfahren nach § 21 Abs. 4 RfStV 1991 die Beweislast im Falle eines non-liquet tragen müsse, folgt nach der Auffassung von Dörr, ungeachtet des Fehlens einer ausdrücklichen Beweislastregel im Staatsvertrag aus der verfassungskonformen Auslegung aus § 21 RfStV 1991 und allgemeinen verfahrensrechtlichen Grundsätzen. Dabei komme neben dem Umstand, daß der aufzuklärende Konzentrationssachverhalt in die "Sphäre" des Antragstellers falle, einer Abwägung der von der Entscheidung betroffenen verfassungsrechtlichen Güter besondere Bedeutung zu. In einer Situation, in der nicht feststeht, ob die Zulassung eines Veranstalters Konzentrationstendenzen im bundesweiten Rundfunk verstärkt, überwiege das von den Landesmedienanstalten wahrgenommene öffentliche Interesse an einer freien Meinungsbildung gegenüber der Veranstalterfreiheit mit der Folge, daß der Antragsteller das Risiko der Sachverhaltsaufklärung tragen müsse[102]. Aus diesem Grund haben die Landesmedienanstalten, vorgeschlagen, die Frage der materiellen Beweislastverteilung im Rahmen der Novellierung des Staatsvertrages ausdrücklich zu

98 Vgl. Dörr a.a.O. S. 364 ff. (mit Bezugnahme auf den Rundfunkstaatsvertrag 1991) und S. 384 ff. (im Hinblick auf die Landesmediengesetze).
99 ZUM 1993, 296, 302.
100 Ebd.
101 Die Landesmedienanstalten (Hrsg.), Die Sicherung der Meinungsvielfalt, 1995, S. 336 ff.
102 Ebd. S. 364 ff.

regeln[103]. Dementsprechend hat der schleswig-holsteinische Landesgesetzgeber im Rahmen der Neufassung des Landesrundfunkgesetzes in § 11 Abs. 6 vorgesehen, daß das Vorliegen der konzentrationsrechtlichen Zulassungsvoraussetzungen vom Veranstalter nachzuweisen ist. Für den Fall, daß der Antragsteller bzw. Veranstalter den Nachweis nicht führen kann, gelten die Zulassungsvoraussetzungen als nicht erfüllt[104]. Verfassungsrechtlich unbedenklich ist eine solche Regelung, die dem Antragsteller bzw. Veranstalter die Beweislast für sämtliche konzentrationsrechtlichen Zulassungsvoraussetzungen auferlegt, nur insoweit, als diesem die Sachaufklärung unter dem Gesichtspunkt des Verhältnismäßigkeitsgrundsatzes zumutbar ist[105]. In dieser Hinsicht ist eine Regelung bedenklich, die dem Antragsteller bzw. Veranstalter die Beweislast für Tatbestandsmerkmale auferlegt, deren Nachweis schwierige rechtliche Auslegungsfragen impliziert und rechtliche Wertungen voraussetzt[106]. Vor diesem Hintergrund wurden die Auskunfts- und Mitwirkungspflichten der Veranstalter im Rahmen der Novellierung des Rundfunkstaatsvertrages wie folgt neu geregelt: Nach § 21 Abs. 1 RfStV 1997 haben die Antragsteller im Zulassungsverfahren alle Angaben zu machen und Auskünfte zu erteilen sowie Unterlagen vorzulegen, die zur Prüfung des Zulassungsantrages erforderlich sind. Durch diese Beibringungsverpflichtung soll dem Umstand Rechnung getragen werden, daß nur der Antragsteller über die zur Beurteilung seines Antrages erforderlichen Kenntnisse und Unterlagen verfügt. Aus diesem Grund sei es gerechtfertigt, ihm die Beibringungslast für die entscheidungserheblichen Tatsachen aufzuerlegen[107].
Die Beibringungsverpflichtung wird in § 21 Abs. 2 RfStV 1997 konkretisiert. Nach Nr. 5 von Abs. 2 hat der Antragsteller eine Vollständigkeitserklärung über die vorgelegten Unterlagen und gemachten Angaben abzugeben. Für Vorgänge außerhalb des Geltungsbereiches des Staatsvertrages gelten erhöhte Mitwirkungspflichten des Antragstellers. Die ebenfalls neu eingefügte Bestimmung des § 21 Abs. 3 RfStV 1997 sieht in Anlehnung an § 90 Abs. 2 AO vor, daß sich der Antragsteller in dieser Hinsicht nicht darauf berufen darf, daß der Sachverhalt nicht aufzuklären oder die erforderlichen Beweismittel nicht zu beschaffen seien, wenn er sich nach Lage des Falles bei der Gestaltung seiner Verhältnisse die Möglichkeit dazu hätte beschaffen oder einräumen lassen können.

---

103 Vgl. „Lübecker Vorschläge“ zur Novellierung des Staatsvertrages, abgedr. in epd/KuR Nr. 76 v. 28.9.1994, S. 24.

104 Rundfunkgesetz für das Land Schleswig-Holstein v. 7.12.1995, GS.-Schl.H. S. 422.

105 Vgl. Stockmann, Stellungnahme zu den verfahrensrechtlichen Anforderungen an eine medienrechtlich effektive Konzentrationskontrolle, in Die Landesmedienanstalten (Hrsg.), Die Sicherung der Meinungsvielfalt, 1995, S. 438, 454 ff.

106 Ebd.

107 Amtliche Begründung zu § 21 Abs. 1 RfStV 1997.

Die Folgen einer Verletzung der Auskunfts- und Mitwirkungspflichten der Veranstalter sind in § 21 Abs. 5 RfStV 1997 geregelt. Danach kann die zuständige Landesmedienanstalt den Zulassungsantrag ablehnen, wenn der Antragsteller, Veranstalter oder ein sonst zur Auskunft bzw. Mitwirkungsverpflichteter seinen Verpflichtungen innerhalb einer von der zuständigen Landesmedienanstalt bestimmten Frist nicht nachkommt. Eine erneute Antragstellung soll in diesem Fall zulässig sein[108]. Die Verpflichtungen nach § 21 Abs. 1 bis 3 RfStV 1997 gelten auch für natürliche und juristische Personen oder Personengesellschaften, die an dem Antragsteller unmittelbar oder mittelbar im Sinne von § 28 RfStV 1997 beteiligt sind oder zu dem Antragsteller im Verhältnis eines verbundenen Unternehmens stehen oder sonstige Einflüsse im Sinne der §§ 26 und 28 auf diesen ausüben können (§ 21 Abs. 4 RfStV 1997). Der Rundfunkstaatsvertrag enthält somit nunmehr eine detaillierte Regelung der Auskunfts- und Mitwirkungspflichten der Antragsteller im Zulassungsverfahren. Diese trifft danach eine weitgehende Beibringungslast. Damit sind die im Rahmen der bisherigen Prüfverfahren der Landesmedienanstalten aufgetretenen Probleme bei der Aufklärung des Sachverhalts weitgehend behoben. Der Untersuchungsgrundsatz gem. § 24 LVwVfG wird dadurch praktisch weitgehend zurückgenommen.
Die neu geschaffenen Auskunfts- und Mitwirkungspflichten werden durch die Bestimmungen der § 21 Abs. 6 und 7 RfStV 1997 abgerundet. Danach müssen die nach § 21 zur Auskunft Verpflichteten, jede Änderung der maßgeblichen Umstände nach Antragstellung oder nach Erteilung der Zulassung unverzüglich der zuständigen Landesmedienanstalt mitteilen. Die Verpflichtung zur Anmeldung nach § 29 RfStV 1997 bleibt davon unberührt. Des weiteren sind die Veranstalter und die an diesem unmittelbar oder mittelbar Beteiligten verpflichtet, jährlich gegenüber der zuständigen Landesmedienanstalt eine Erklärung darüber abzugeben, ob und inwieweit innerhalb des jeweils abgelaufenen Kalenderjahres Veränderungen der maßgeblichen Beteiligungs- und Zurechnungsverhältnisse eingetreten sind.

d) Auskunfts- und Ermittlungsbefugnisse der Landesmedienanstalten

Auf der Grundlage des Rundfunkstaatsvertrages 1991 und der Landesmediengesetze stand den Landesmedienanstalten nur ein sehr begrenztes Instrumentarium zur Ermittlung der entscheidungserheblichen Beteiligungs- und Einflußstrukturen zur Verfügung[109]. Unter den Rundfunkreferenten der Länder und den Landesmedienanstalten sowie im Schrifttum bestand frühzeitig Einvernehmen darüber, daß die Landesmedienan-

---

108 Vgl. amtliche Begründung zur § 21 Abs. 5 RfStV 1997.
109 Stockmann a.a.O. S. 443 ff.

stalten zur Erfüllung ihrer Aufgaben angemessene, durch Verwaltungszwang durchsetzbare und sanktionsbewehrte Ermittlungsbefugnisse benötigen[110]. Der Rundfunkstaatsvertrag sieht nunmehr in § 22 RfStV 1997 umfassende Auskunfts- und Ermittlungsbefugnisse der Landesmedienanstalten vor. Die Regelung orientiert sich an dem Verwaltungsverfahrensgesetz (§ 22 Abs. 1 und Abs. 2 RfStV 1997 entsprechen § 26 Abs. 1 und Abs. 3 VwVfG), dem Gesetz gegen Wettbewerbsbeschränkungen (GWB) und der Abgabenordnung (AO). Die zuständige Landesmedienanstalt ist danach insbesondere berechtigt, Auskünfte einzuholen, Beteiligte anzuhören, Zeugen und Sachverständige zu vernehmen, Urkunden und Akten beizuziehen und Augenschein zu nehmen (Abs. 1). Für Zeugen und Sachverständige besteht eine Pflicht zur Aussage oder zur Erstattung von Gutachten (Abs. 2). Nach § 22 Abs. 3 RfStV 1997 kann die zuständige Landesmedienanstalt die Vorlage von eidesstattlichen Versicherungen von den nach § 21 RfStV 1997 Auskunftspflichtigen verlangen. § 22 Abs. 4 RfStV 1997 ermächtigt die zuständige Landesmedienanstalt entsprechend den Befugnissen der Kartellbehörden gem. § 59 Abs. 2 und 3 GWB während der üblichen Geschäftszeiten die Geschäftsräume der Auskunftspflichtigen zu betreten. Die Duldungspflicht nach § 22 Abs. 4 RfStV 1997 wird durch die Verpflichtung in Abs. 5 ergänzt, auf Verlangen Geschäftsunterlagen vorzulegen, die für die Anwendung der Vorschriften über die Sicherung der Meinungsvielfalt erheblich sein können. Die Vorschrift knüpft an § 200 AO an, der die weitgehenden Mitwirkungspflichten eines Steuerpflichtigen im Rahmen einer steuerlichen Außenprüfung regelt. Abs. 6 regelt ein Auskunftsverweigerungsrecht der nach § 21 der zur Auskunft Verpflichteten. Abs. 7 und Abs. 8 enthalten schließlich Regelungen über die Durchsuchung von Geschäftsräumen[111].

e) *Sanktionen bei Verletzung der Konzentrationsvorschriften*

Der Rundfunkstaatsvertrag 1991 regelte Sanktionen nur für den Fall der Verletzung der Anmeldepflicht nach § 21 Abs. 4 RfStV 1991 bei nachträglicher Veränderung der gesellschaftsrechtlichen oder sonstigen Einflußverhältnisse. Nach § 32 Abs. 1 Nr. 9 RfStV 1991 erfüllte das Unterlassen der Anmeldung den Tatbestand einer Ordnungswidrigkeit[112]. Des weiteren sah die Bestimmung des § 21 Abs. 4 S. 4 RfStV 1991 vor, daß sich

---

110 Vgl. Bericht der Arbeitsgruppe der Rundfunkkommission vom Juni 1994, abgedr. in epd/KuR Nr. 52 v. 6.7. 1994, S. 16, 21; Beschluß der Gesamtkonferenz der Arbeitsgemeinschaft der Landesmedienanstalten vom 17.9. 1994 (Lübecker Beschlüsse), abgedr. in epd/KuR Nr. 76 v. 28.9. 1994, S. 23, 24. Vgl. aus dem Schrifttum: Wagner, Konzentrationskontrolle im privaten Rundfunk, in RuF 1990, S. 165, 182; v.Wallenberg, Die Regelungen im Rundfunkstaatsvertrag zur Sicherung der Meinungsvielfalt im privaten Rundfunk, in ZUM 1992, S. 387, 392.

111 Kritisch dazu Ricker/Schiwy, Rundfunkverfassungsrecht, D Rdz. 46 ff.

112 Vgl. dazu Engel, Vorsorge gegen die Konzentration im privaten Rundfunk mit den Mitteln des Rundfunkrechts, in ZUM Sonderheft 1993, S. 557, 580 f.

der Widerruf der Zulassung nach Landesrecht richtet, wenn eine geplante Änderung vollzogen wird, die nicht nach Satz 3 als unbedenklich bestätigt werden konnte. Aus dem Wortlaut der Vorschrift ergab sich, daß die einschneidende Sanktion des Widerrufs nicht allein durch die Verletzung der (formellen) Anmeldepflicht ausgelöst wurde, sondern nur in Betracht kam, wenn eine materielle Prüfung ergab, daß die Beteiligungs- bzw. Einflußstrukturen des Veranstalters mit den Konzentrationsvorschriften unvereinbar war und ein milderes Mittel, wie etwa eine Auflage, nicht zur Verfügung stand[113]. Die Landesmediengesetze enthielten auf der Grundlage von § 22 Abs. 1 S. 2 RfStV 1991 teilweise weitergehende Bestimmungen[114]. Im Rahmen einer im Auftrag der Landesmedienanstalten erstellten Stellungnahme des Bundeskartellamts zu den "verfahrensrechtlichen Anforderungen an eine medienrechtlich effektive Konzentrationskontrolle" hat Stockmann angeregt, die Sanktionsmöglichkeiten in dem Verfahren der Konzentrationskontrolle zu erweitern[115]. Nach Auffassung von Stockmann sollte die Durchsetzung von Auskunfts-, Einsichts- und Prüfungsrechten mit den Mitteln des Verwaltungszwangs ermöglicht werden. Darüber hinaus sollte die Wirksamkeit eines Antrags auf Zulassung eines bundesweiten Programms von der Vorlage der entscheidungserheblichen Unterlagen abhängig gemacht werden, und das In-Lauf-Setzen von Prüfungsfristen an die Wirksamkeit des Antrags geknüpft werden. Des weiteren bestände die Möglichkeit, in Anlehnung an die Vorschriften der präventiven Fusionskontrolle nach dem GWB ein Vollzugsverbot vor Abschluß einer Konzentrationsprüfung einzuführen. Diese Sanktionen setzen indessen voraus, daß im Rundfunkstaatsvertrag Fristen für die Durchführung einer Konzentrationsprüfung normiert werden, was auch im Hinblick auf die Interessen der an dem Verfahren beteiligten Unternehmen unter dem Gesichtspunkt des Verhältnismäßigkeitsgrundsatzes und der Begrenzung der Verfahrensdauer geboten erscheint[116]. Weiterhin wurde von Stockmann vorgeschlagen, die zivilrechtliche Unwirksamkeit von Rechtsgeschäften anzuordnen, die einen im einzelnen zu bestimmenden anmeldepflichtigen Vorgang beinhalten und vor Abschluß des Prüfungsverfahrens vollzogen werden. Diese Sanktionsmöglichkeit hat sich im Rahmen der wettbewerblichen Fusionskontrolle, als besonders wirksam erwiesen, um die Durchsetzung der materiellen Fusionskontrollvorschriften des GWB zu gewährleisten[117]. Die Vorschläge von Stockmann wurden im Rahmen der Novellierung des Rundfunkstaatsvertrages nicht berücksichtigt. Abgesehen von den bereits vorstehend im Zusammenhang mit dem Verfahren bei Zulassung oder Änderung der Beteiligungsverhältnisse

---

113 Ebd.
114 Dörr, Das für die Medienkonzentration maßgebliche Verfahrensrecht in Die Landesmedienanstalten (Hrsg.), Die Sicherung der Meinungsvielfalt, 1995, S. 336, 381 ff.
115 Die Landesmedienanstalten (Hrsg.), Die Sicherung der Meinungsvielfalt, 1995, S. 438 ff.
116 Ebd.
117 Siehe N. 115.

oder Zuschaueranteile sowie den Auskunfts- und Mitwirkungspflichten der Veranstalter geregelten Sanktionen, wurden keine weiteren Sanktionen im Rundfunkstaatsvertrag vorgesehen. Ein Vollzugsverbot vor Abschluß der Konzentrationsprüfung in Anlehnung an die Vorschriften der präventiven Fusionskontrolle des GWB wurde nicht eingeführt. Auf die Einführung der zivilrechtlichen Unwirksamkeit einzelner Rechtsgeschäfte über anmeldepflichtige Vorgänge wurde verzichtet. Der Katalog der Ordnungswidrigkeitentatbestände in § 32 RfStV 1991 wurde weitgehend unverändert in § 49 RfStV 1997 übernommen und im Hinblick auf die neu eingefügten verfahrens- und materiellrechtlichen Vorschriften zur Sicherung der Meinungsvielfalt ergänzt[118].

f) Publizitäts- und sonstige Offenlegungspflichten

Die neu eingefügte Bestimmung des § 23 RfStV 1997 legt den Fernsehveranstaltern erhöhte Transparenzpflichten auf. Die Veranstalter von bundesweitem Fernsehen und unmittelbar oder mittelbar Beteiligte an Veranstaltern, denen die Programme des Senders nach § 28 RfStV zuzurechnen sind, sind nach § 23 RfStV 1997 verpflichtet, unabhängig von ihrer Rechtsform die Rechnungslegungsvorschriften für große Kapitalgesellschaften (§§ 264 ff HGB) zu beachten. Sie müssen demnach zukünftig unabhängig von der Erfüllung der Kriterien für große Kapitalgesellschaften (§ 267 Abs. 3 HGB) ihren Jahresabschluß samt Lagebericht, Bericht des Aufsichtsrates sowie Gewinnverwendungsvorschlag beim zuständigen Handelsregister einreichen und im Bundesanzeiger bekannt machen (§ 325 Abs. 2 HGB). Ferner haben sie zusammen mit dem Jahresabschluß eine Aufstellung der Programmbezugsquellen für das Geschäftsjahr der zuständigen Landesmedienanstalt vorzulegen (§ 23 Abs. 2 RfStV 1997).
Die Publizitätspflicht gilt unabhängig von der Rechtsform der Fernsehveranstalter, und damit insbesondere auch für Personengesellschaften. Die Ministerpräsidenten der Länder haben in einer Protokollerklärung zu § 23 RfStV 1997 bestimmt, daß die Vorschrift bis zum 31.12.1998 vor dem Hintergrund der bis dahin gewonnenen Erfahrungen, insbesondere im Hinblick auf ihre Praktikabilität und Notwendigkeit überprüft werden soll. Die Vorschrift ist im Schrifttum unter dem Gesichtspunkt des Verhältnismäßigkeitsgrundsatzes kritisiert worden. Die Kritik richtet sich insbesondere gegen die Einbeziehung von Anteilseignern an Fernsehveranstaltern gem. § 23 Abs. 1 S. 3 RfStV 1997. Diese Erweiterung des Kreises der Publizitätspflichtigen sei nicht mehr von dem Zweck der Vorschrift, öffentliche Transparenz in bezug auf Rundfunkveranstalter herzustellen[119], gedeckt[120]. Ferner werde die Publizitätspflicht auf natürliche Personen und auf

118 Vgl. Hess, Medienkonzentrationsrecht nach dem Neuen Rundfunkstaatsvertrag, in AfP 1997, S. 777, 779.

119 Vgl. amtliche Begründung zu § 23 RfStV 1997.

Unternehmen, die nach Handelsrecht nicht publizitätspflichtig sind ausgedehnt. Die Vorschrift sei auch insoweit rechtlich bedenklich[121].

Der grundsätzlichen Kritik an der Reichweite der Publizitätspflicht ist zuzustimmen. Die Publizitätspflichten erscheinen auch unter Berücksichtigung der weitreichenden Mitwirkungs- und Auskunftspflichten der Veranstalter und Beteiligten im neuen Verfahrensrecht nach dem Rundfunkstaatsvertrag 1997 als zu weitgehend und mit allgemeinen handelsrechtlichen Grundsätzen nicht vereinbar. Die vertrauliche Behandlung der von den Antragstellern und Veranstaltern im Rahmen der Verfahren nach dem Rundfunkstaatsvertrag offen zu legenden Betriebs- oder Geschäftsgeheimnisse soll durch § 24 RfStV 1997 gewährleistet werden. Danach dürfen als Betriebs- oder Geschäftsgeheimnisse eingestufte Angaben der Verfahrensbeteiligten nicht unbefugt offenbart werden. Im übrigen gelten § 46 Abs. 9 GWB a.F. sowie die Datenschutzbestimmungen der Länder entsprechend.

g) Berichts- und Veröffentlichungspflichten der Landesmedienanstalten

Nach § 26 Abs. 6 RfStV sind die Landesmedienanstalten verpflichtet, alle drei Jahre, einen Bericht der KEK über die Entwicklung der Konzentration und über Maßnahmen zur Sicherung der Meinungsvielfalt im privaten Rundfunk zu veröffentlichen. Der Bericht soll unter Berücksichtigung der Verflechtungen zwischen Fernsehen und medienrelevanten verwandten Märkten sowie horizontalen Verflechtungen zwischen Veranstaltern in verschiedenen Verbreitungsgebieten und internationalen Verflechtungen im Medienbereich zur Anwendung der §§ 26-32 RfStV und zu erforderlichen Änderungen Stellung nehmen Nach § 26 Abs. 7 RfStV 1997 haben die Landesmedienanstalten jährlich eine von der KEK zu erstellende Programmliste zu veröffentlichen[122].

---

120 So Hess a.a.O. S. 780; siehe dazu auch Röper, Mehr Spielraum für Konzentration und Cross Ownership im Mediensektor, in Media Perspektiven 1996, S. 610 f sowie die Kommentierung zu § 23 RfStV 1997 von Hartstein/Ring/Kreile/Dörr/Stettner, abgedruckt in Ring, Medienrecht, Bd. 2 unter C-0.3, (Stand: Januar 1998).

121 Siehe vorherige N.

122 Siehe hierzu die Bestimmung des § 21 Abs. 6 RfStV 1991, die eine entsprechende Berichtspflicht vorsah. Im August 1994 legte das Europäische Medieninstitut in Düsseldorf den ersten Bericht nach § 21 Abs. 6 RfStV 1991 vor. Der Bericht ist von den Landesmedienanstalten veröffentlicht worden, in Die Landesmedienanstalten (Hrsg.), Die Sicherung der Meinungsvielfalt, 1995, S. 127 ff. Die KEK hat im Juli 1999 gem. § 26 Abs.7 RfStV 1997 eine Programmliste 1999 erstellt.

2. *Materielles Recht zur Sicherung der Meinungsvielfalt im RfStV 1991*

Ausgangspunkt für die Novellierung der materiellen Vorschriften zur Sicherung der Meinungsvielfalt im privaten Fernsehen war die Kritik an der bis 1996 geltenden Regelung des § 21 RfStV 1991[123]. Im folgenden soll daher zunächst auf die Regelung des § 21 RfStV 1991 sowie auf die Kritik an dieser Vorschrift eingegangen werden, bevor dann, vor dem Hintergrund der einzelnen Vorschläge zur Novellierung der Konzentrationsvorschriften, die seit dem 1.1.1997 geltende Neuregelung der § 26 bis 34 RfStV 1997 im einzelnen analysiert wird.

a) *Regelung des § 21 RfStV 1991 - Das sog. Beteiligungsmodell*

Der Vorschrift des § 21 RfStV 1991[124] lag das sog. „Beteiligungsmodell" zugrunde[125]. Ansatzpunkt der Regelung war die Tätigkeit und die Gesellschafterstruktur eines Rundfunkveranstalters[126]. Der Einfluß eines Veranstalters sowie seiner Gesellschafter auf die öffentliche Meinung sollte durch eine Beschränkung der Anzahl der von dem Veranstalter verbreiteten Programme begrenzt werden. Veranstalter von Fernsehvoll- oder Informationsprogrammen unterlagen zudem einer Kontrolle ihrer Gesellschafterstruktur.

---

123 Henle, Erfahrungsbericht der Landesmedienanstalten zur Sicherung der Veranstalter- und Beteiligungsvielfalt im bundesweit verbreiteten Rundfunk (DLM-Konzentrationsbericht), in Die Landesmedienanstalten (Hrsg.), Die Sicherung der Meinungsvielfalt, S. 57 f; Stockmann/Zigelski, Novellierung des Rundfunkstaatsvertrages, in ZUM 1995, S. 578.; Mestmäcker, Über den Einfluß von Ökonomie und Technik auf Recht und Organisation der Telekommunikation und der elektronischen Medien, in ders. (Hrsg.), Kommunikation ohne Monopole II, S. 13 ff. 39 f. So im Ergebnis auch Europäisches Medieninstitut, Bericht über die Entwicklung der Meinungsvielfalt und Konzentration im privaten Rundfunk gem. § 21 Abs. 6, Staatsvertrag über den Rundfunk im vereinten Deutschland, in Die Landesmedienanstalten (Hrsg.), Die Sicherung der Meinungsvielfalt, S. 211.

124 Vgl. aus dem umfangreichen Schrifttum zu § 21 RfStV 1991 insbesondere: Möschel, Zur Sicherung der Meinungsvielfalt nach § 21 RfStV, Festschrift Hoppmann, S. 329; Engel, Vorsorge gegen die Konzentration im privaten Rundfunk mit den Mitteln des Rundfunkrechts- eine Analyse von § 21 RfStV 1991, in ZUM Sonderheft 1993, S. 557; Henle, Erfahrungsbericht der Landesmedienanstalten zur Sicherung der Veranstalter- und Beteiligungsvielfalt im bundesweit verbreiteten Rundfunk (DLM-Konzentrationsbericht), in Die Landesmedienanstalten (Hrsg.), Die Sicherung der Meinungsvielfalt, 1995, S. 17 ff.; Holznagel, Die Konzentrationsbekämpfung im privaten Rundfunk, in ZUM 1991, S. 263, 268; Mestmäcker, Über den Einfluß von Ökonomie und Technik auf Recht und Organisation der Telekommunikation und der elektronischen Medien, in ders. (Hrsg.), Kommunikation ohne Monopole II. S. 155 ff.; Stock, Rundfunkrechtliche Konzentrationskontrolle - Altes und Neues, in ZUM 1994, S. 206; Wagner, Konzentrationskontrolle im privaten Rundfunk, in RuF 1990, S. 165, 173. v. Wallenberg, Die Regelung im Rundfunkstaatsvertrag zur Sicherung der Meinungsvielfalt im privaten Rundfunk, in ZUM 1992, S. 387; vgl. aus jüngster Zeit: Rotermundt, Die Verhinderung von Unternehmenskonzentrationen auf dem Privatfernsehmarkt durch § 21 des Rundfunkstaatsvertrages 1991 und Clausen-Muradian, Konzentrationstendenzen und Wettbewerb im Bereich des privaten kommerziellen Rundfunks und die Rechtsprobleme staatlicher Rundfunkaufsicht, S. 112 ff.

125 Clausen-Muradian, Konzentrationskontrolle im privaten Rundfunk, in ZUM 1996, S. 934, 935.

126 Möschel, Zur Sicherung der Meinungsvielfalt nach § 21 RfStV, in Festschrift Hoppmann, S. 329.

Die Vorschrift des § 21 RfStV 1991 sah in den Absätzen 1 bis 3 im einzelnen folgende Regelung vor: § 21 Abs. 1 S. 1 RfStV 1991 begrenzte die zulässige Höchstzahl der von einem Veranstalter im bundesweiten Rundfunk verbreiteten Programme (Verbot der mehrfachen Programmträgerschaft)[127]. Ein privater Veranstalter konnte demnach höchstens für zwei bundesweit verbreitete Hörfunk- und zwei Fernsehprogramme zugelassen werden, darunter jeweils nur ein Vollprogramm[128] oder ein Spartenprogramm[129] mit Schwerpunkt Information (Informationsprogramm). Nach § 21 Abs. 1 Satz 2 waren bei der Bestimmung der zulässigen Programmzahl die deutschsprachigen Programme anzurechnen, die von einem Veranstalter im Ausland veranstaltet und verbreitet würden, in Deutschland jedoch bundesweit empfangbar sind[130]. Das Verbot der mehrfachen Programmträgerschaft galt unabhängig von der verwendeten Übertragungstechnik[131] und der Finanzierung des Programms durch Werbeeinnahmen oder Entgelt der Teilnehmer (sog. Pay-TV)[132]. § 21 Abs. 1 S. 3 und 4 enthielten Zurechnungstatbestände, welche die Umgehung des Verbots der mehrfachen Programmträgerschaft verhindern sollten[133]. Einem Veranstalter wurden zu diesem Zweck unter bestimmten Voraussetzungen die Programme anderer Veranstalter zugerechnet. Das gleiche galt für Privatpersonen oder Unternehmen, die, ohne Inhaber einer Sendelizenz zu sein, maßgeblichen Einfluß auf die Programmgestaltung eines zugelassenen Rundfunkveranstalters nehmen konnten. Die Bestimmungen des § 21 Abs. 2 und 3 legten in abgestufter Form Grenzen fest, bis zu denen sich natürliche Personen oder Unternehmen an einem bzw. weiteren Veranstaltern von Fernsehvoll- oder Informationsprogrammen beteiligen durften. Eine Mehrheitsbeteiligung an Veranstaltern der vorbezeichneten Programmkategorie war nach § 21 Abs. 2 unzulässig (Grundsatz der Binnenvielfalt). Nach § 21 Abs. 3 durfte ein Gesellschafter an Veranstaltern von Fernsehvoll- oder Informationsprogrammen nur eine Minderheitsbeteiligung von mehr als 25 v.H. der Kapital- und Stimmrechtsanteile sowie zwei Beteiligungen unter 25 vH. der Kapital- und Stimmrechtsanteile halten. Beteili-

127 Amtliche Begründung zum Staatsvertrag über den Rundfunk im vereinten Deutschland in der bis zum 1.1.1997 geltenden Fassung, abgedr. Hartstein/Ring/Kreile/Dörr/Stettner, Rundfunkstaatsvertrag, 2. Aufl. 1995, S. 121 ff.

128 Vollprogramm i.S.d. Rundfunkstaatsvertrages ist gem. § 2 Abs. 2 Nr.1 definiert als "ein Rundfunkprogramm mit vielfältigen Inhalten, in welchen Information, Bildung, Beratung und Unterhaltung einen wesentlichen Teil des Gesamtprogramms bilden". Siehe dazu eingehend Bullinger, Rechtliche Eigenart der Vollprogramme im Rundfunk, in ZUM 1994, S. 596.

129 Spartenprogramm i.S.d. Rundfunkstaatsvertrages ist gem. § 2 Abs. 2 Nr.2 "ein Rundfunkprogramm mit im wesentlichen gleichartigen Inhalten"; d.h. im Rahmen des § 21 Abs. 1 S 1 RfStV ein Programm, welches schwerpunktmäßig Informationssendungen verbreitet.

130 Vgl. dazu Grünbuch der Kommission der Europäischen Gemeinschaft über "Pluralismus und Medienkonzentration im Binnenmarkt", KOM (92) 480 endg. S. 65; siehe auch Geppert, Europäischer Rundfunkraum und nationale Rundfunkaufsicht, S. 124 ff. (129).

131 Amtliche Begründung zum Staatsvertrag über den Rundfunk im vereinten Deutschland a.a.O.

132 Vgl. § 25 RfStV 1991.

133 Vgl. Amtliche Begründung zu § 21 RfStV.

gungen an nicht informationsbezogenen Spartenprogrammen unterlagen keinen Beschränkungen[134]. Die sog. Konzernklausel des § 21 Abs. 5 sicherte die in den Abs. 2 und 3 festgelegten Beteiligungsgrenzen gegenüber Umgehungen ab[135]. Der Regelung des § 21 RfStV 1991 lag damit eine Konzeption zugrunde, die außenpurale und binnenpurale Elemente miteinander verband. Die Verfasser des Staatsvertrages von 1991 gingen zum einen davon aus, daß eine Vielzahl miteinander konkurrierender Programmanbieter dazu beitragen könne, die Meinungsvielfalt im bundesweiten privaten Fernsehen zu sichern. Durch wirtschaftlichen Wettbewerb zwischen verschiedenen, voneinander unabhängigen Veranstaltern sollte publizistischer Wettbewerb gefördert werden. Des weiteren beruhte die Regelung in Anlehnung an das Modell des öffentlich-rechtlichen Rundfunks auf der Prämisse, Meinungsvielfalt durch veranstalterinterne Organisationsstrukturen zu sichern. Die Kombination von binnen- und außerpuralen Elementen zur Sicherung der Meinungsvielfalt im bundesweiten privaten Rundfunk war zunächst einer der Hauptkritikpunkte an dem Regelungskonzept des § 21 RfStV 1991[136]. Im Verlaufe der weiteren Reformdiskussion wurde dann der Regelungsansatz des § 21 RfStV 1991 grundsätzlich in Frage gestellt.

b) Kritik an der Regelung des § 21 RfStV 1991

Die Bestimmung des § 21 Abs.2 RfStV 1991 wurde nach ganz überwiegender Auffassung als im Regelungsansatz verfehlt angesehen[137]. Der Vorschrift lag die Prämisse

---

134 Haeckel, Konzentrationskontrolle im privaten Rundfunkmarkt, in DLM-Jahrbuch 1992, S. 15, 18.

135 Vgl. Amtliche Begründung zu § 21 RfStV 1991.

136 Die Medienanstalt Berlin - Brandenburg (MABB) hatte aus diesem Grund bereits 1993 vorgeschlagen, die Bestimmung des § 21 Abs. 2 RfStV 1991 aufzuheben (vgl. Entwurf der MABB vom 29.4.1993 für einen Vorschlag der Landesmedienanstalten zur Änderung des § 21 Abs. 2 RfStV, abgedr. in Funk-Korrespondenz Nr. 22 vom 4.6.1993, S. 43.

137 Vgl. Europäisches Medieninstitut, Bericht über die Entwicklung der Meinungsvielfalt und der Konzentration im privaten Rundfunk gem. § 21 Abs. 6 Staatsvertrag über den Rundfunk im vereinten Deutschland in die Landesmedienanstalten (Hrsg.) Die Sicherung der Meinungsvielfalt, S. 211; Engel, Medienrechtliche Konzentrationsvorsorge, in die Landesmedienanstalten (Hrsg.), Die Sicherung der Meinungsvielfalt, S. 221, 240 ff.; Kübler, Konzentrationskontrolle des bundesweiten privaten Rundfunks, in Die Landesmedienanstalten (Hrsg.), Die Sicherung der Meinungsvielfalt, S. 289, 306 ff.; ders. Argumente für ein Werbemarktanteilsmodell, in Media Perspektiven 1995, S. 48 ff.; ders. Organisationsrechtliche Vielfaltssicherung im privaten Rundfunk, Gutachten erstattet im Auftrag der Landesanstalt für Rundfunk Nordrhein-Westfalen, abgedr. in epd/KuR Nr. 39 v. 20.5.1995, S. 1, 21 ff.; Henle, DLM-Konzentrationsbericht a.a.O. S. 57 f.; Bericht zur Lage des Fernsehens für den Präsidenten der Bundesrepublik Deutschland, Richard v. Weizsäcker, S. 120; Mestmäcker a.a.O. S. 158 f.; Stockmann/Zigelski a.a.O. S. 537; Holzer a.a.O. S. 582 f.; Kresse, Marktöffnung und Pluralitätssicherung, in ders. (Hrsg.), Pluralismus, Markt und Medienkonzentration: Positionen, S. 22 ff.; Hege, Konzentrationskontrolle des privaten Fernsehens, in AfP 1995, S. 537, 539 mit weiteren Nachweisen; a.A. Degenhart, Zur Novellierung des § 21 RfStV, in ZUM 1995, S. 548 f., der das Regelungsdefizit des § 21 RfStV als noch nicht hinreichend erwiesen ansieht und für eine „Kontinuität im Recht“ eintritt; vgl. auch Lehr, Verfassungs- und verwaltungsrechtlicher Fragen der Novellierung der rundfunkrechtlichen Konzentrationskontrolle

zugrunde, daß eine „vielfältige", aus einer Mehrzahl von Gesellschaftern zusammengesetzte, Veranstalterstruktur dazu beitragen kann, die publizistische Vielfalt im Programm zu fördern und vorherrschende Meinungsmacht einzelner Gesellschafter auszuschließen[138]. Die tatsächliche Entwicklung der Marktstruktur im bundesweiten privaten Fernsehen hat gezeigt, daß die Prämisse unzutreffend ist[139]. Der Zwang, Anbietergemeinschaften zu bilden, hat zu unübersichtlichen Verflechtungen zwischen den wenigen Unternehmen geführt, welche die notwendigen finanziellen und programmlichen Ressourcen sowie das Know-how für eine Beteiligung an Veranstaltern bundesweiter Fernsehprogramme haben[140]. Durch die Vorschrift wurde zudem verhindert, daß die einzelnen Sender ein publizistisches Profil ausbilden konnten, was die Übernahme der unternehmerischen Führung und publizistischen Verantwortung durch ein Unternehmen voraussetzt[141]. In kartellrechtlicher Hinsicht hat die Norm die Gründung kooperativer Gemeinschaftsunternehmen begünstigt und damit das Entstehen von sog. Senderfamilien gefördert, mit denen ein wettbewerbsbeschränkender Gruppeneffekt innerhalb der oligopolistischen Marktstruktur im bundesweiten Fernsehen[142] sowie auf angrenzenden Märkten verbunden ist[143].

Es bleibt damit festzuhalten, daß die Vorschrift des § 21 Abs. 2 RfStV 1991 den Normzweck, die Meinungsvielfalt zu sichern, verfehlt hat und sich darüber hinaus negativ auf die Situation im bundesweiten privaten Fernsehen ausgewirkt hat, indem sie zur Konzentration unter den wenigen in diesem Bereich tätigen Unternehmen beigetragen hat. Gegen das in § 21 Abs.1 RfStV 1991 enthaltene Verbot mehrfacher Programmträger-

---

unter besonderer Berücksichtigung des Zuschaueranteilsmodells, in ZUM 1995, S. 667; Dörr Konzentrationstendenzen im Bereich des Rundfunks und ihre Rechtsprobleme, in ZUM 1993, S. 10, 13; ders. Maßnahmen zur Vielfaltssicherung gelungen?, in Media Perspektiven 1996, S. 621 ff.; vgl. zur Kritik an der Regelung des § 21 RfStV 1991 aus dem jüngsten Schrifttum insbesondere : Ricker/Schiwy, Rundfunkverfassungsrecht, 1997, E Rdz. 51 ff.; Knothe, Novellierung des Rundfunkstaatsvertrages, in ZUM 1997, S. 6; Clausen-Muradian, Konzentrationskontrolle im privaten Rundfunk, in ZUM 1996, S. 934, 935 m.w.N; eingehend Rotermundt, Die Verhinderung von Unternehmenskonzentrationen auf dem Privatfernsehmarkt durch § 21 des Rundfunkstaatsvertrages, 1996, S. 53 ff., 165 ff. sowie Clausen-Muradian, Konzentrationstendenzen und Wettbewerb im Bereich des privaten kommerziellen Rundfunks und die Rechtsprobleme staatlicher Rundfunkaufsicht, 1998, S. 112 ff.

138 Vgl. Europäisches Medieninstitut, Bericht über die Entwicklung der Meinungsvielfalt und der Konzentration im privaten Rundfunk gem. § 21 Abs. 6 Staatsvertrag über den Rundfunk im vereinten Deutschland, in Die Landesmedienanstalten (Hrsg.), Die Sicherung der Meinungsvielfalt, 1995, S. 211.

139 Ebd.

140 Ebd.

141 Kresse, Marktöffnung und Pluralitätssicherung, in ders. (Hrsg.), Pluralismus, Markt und Medienkonzentration: Positionen, 1995, S. 23 f., 68.

142 Tätigkeitsberichte des Bundeskartellamtes 1991/92, S. 129 ff. u. 1993/1994, S. 122 f.

143 Mestmäcker, Über den Einfluß von Ökonomie und Technik auf Recht und Organisation der Telekommunikation und der elektronischen Medien, in ders. (Hrsg.), Kommunikation ohne Monopole II. S. 158 f.

schaft[144] ist der prinzipielle Einwand erhoben worden, die Vorschrift berücksichtige die Reichweite und die Wirkungen eines Programms auf die Rezipienten nicht. Die Vorschrift sei deshalb an sich ungeeignet, den Einfluß eines Veranstalters oder Unternehmens auf die Meinungsbildung zu erfassen und dadurch Meinungsvielfalt zu sichern[145]. Die Begrenzung auf zwei Programme, unabhängig von Inhalt und publizistischer Wirkung, sei insbesondere im Hinblick auf die zu erwartende Vervielfachung der Übertragungswege nicht mehr angemessen[146]. Ferner biete die Bestimmung keine ausreichende Grundlage, um intermediären und vertikalen Verflechtungen entgegenzuwirken[147]. Neben dieser Grundsatzkritik an dem Regelungskonzept der Norm, die Auslöser für die Entwicklung des Zuschaueranteilsmodells war, wurden die für die Praxis der Landesmedienanstalten bedeutsamen Zurechnungstatbestände des § 21 Abs.1 S.3 u. 4 als zu kompliziert, unübersichtlich und unklar kritisiert, was sich auf die Praktikabilität der Vorschrift negativ ausgewirkt und die Rechts- und Planungssicherheit der Unternehmen beeinträchtigt habe[148].
Der grundsätzlichen Kritik an dem Regelungskonzept des § 21 Abs.1 RfStV 1991 ist zuzustimmen. Es hat sich gezeigt, daß eine Regelung, welche allein an die Zahl der von einem Veranstalter verbreiteten Programme anknüpft, kein hinreichendes Instrument ist, die Wirkungen der komplexen Konzentrationsvorgänge in den elektronischen Medien auf die öffentliche Meinungsbildung unter Berücksichtigung von benachbarten, sowie vor- und nachgelagerten Märkten zu erfassen. Die Vorschrift ist jedoch, worauf zu Recht hingewiesen worden ist, nicht vollständig ohne Wirkung geblieben[149]. Die Kritik an der Vorschrift des § 21 Abs. 1 RfStV 1991 ist daher zurückhaltend zu formulieren[150]. Zusammenfassend läßt sich feststellen, daß sich die Regelung des § 21 RfStV 1991 insgesamt als nicht geeignet erwiesen hat, Konzentrationstendenzen im bundesweiten privaten Rundfunk wirksam zu begegnen.

3. Die Vorschläge zur Novellierung der Konzentrationsvorschriften

Im Rahmen der Diskussion einer Novellierung der Konzentrationsvorschriften für das bundesweite private Fernsehen wurden vier verschiedene Regelungsansätze diskutiert. Im Mittelpunkt der Diskussion standen die verschiedenen Varianten des sog. „Markt-

---

144 Siehe 2. Abschnitt A. I.3.
145 Holzer, Das Marktanteilsmodell auf den Prüfstand, in ZUM 1995, S. 578 u. 583.
146 Hege a.a.O. S. 539.
147 Kresse a.a.O. S. 24 f.
148 Siehe Engel a.a.O. S. 241 f.
149 Vgl. Engel a.a.O. Holzer a.a.O. S. 582 und Lehr a.a.O.
150 So auch Möschel, Zur Sicherung der Meinungsvielfalt nach § 21 Rundfunkstaatsvertrag, in Festschrift Hoppmann, S. 343.

anteilsmodells“[151]. Die Regelungsvorschläge sollen im folgenden in ihrer Grundkonzeption dargestellt werden, da sie für das Verständnis der am 1.1.1997 in Kraft getretenen Neuregelung grundlegend sind.

a) „One-Man/One-Show“-Prinzip

Als erster Vorschlag zur Änderung der Konzentrationsvorschriften wurde das sog. „One-Man/One-Show“-Prinzip zur Diskussion gestellt[152]. Dieser Regelungsansatz sieht im Kern vor, daß sich jedes Unternehmen im bundesweiten privaten Fernsehen nur an einem Veranstalter eines Voll- oder Informationsprogramms beteiligen darf, abweichend von § 21 RfStV 1991 jedoch mit bis zu 100 v.H. der Kapital- und Stimmrechtsanteile[153].

b) Binnenpurale Vorkehrungen zur Sicherung der Meinungsvielfalt

Ferner wurden „binnenplurale“ Maßnahmen zur Sicherung der Meinungsvielfalt vorgeschlagen, die teilweise ergänzend zu den Marktanteilsmodellen teilweise alternativ zur Anwendung kommen sollten[154]. So wurde vorgeschlagen, die Eigenverantwortung der Redaktion und der journalitisch tätigen Programmitarbeiter durch Redakteurstatute zu gewährleisten (sog. „innere Rundfunkfreiheit“). Als weitere Maßnahmen der internen Vielfaltssicherung wurde vorgeschlagen, die privaten Rundfunkveranstalter zu verpflichten, unabhängige Programmbeiräte mit Einfluß auf die Programmgestaltung ein-

---

151 Einen Überblick über die verschiedenen Marktanteilsmodelle gibt Kresse, Marktöffnung und Pluralitätssicherung in ders. (Hrsg.), Pluralismus, Markt und Medienkonzentration: Positionen, S. 32 ff. Siehe auch Engel, Medienrechtliche Konzentrationsvorsorge, in Die Landesmedienanstalten (Hrsg.), Die Sicherung der Meinungsvielfalt, S. 244 ff.; Kübler, Konzentrationskontrolle des bundesweiten privaten Rundfunks, in Die Landesmedienanstalten (Hrsg.), Die Sicherung der Meinungsvielfalt, S. 309 ff. Siehe auch den Bericht der Arbeitsgruppe Rechtsaufsicht - Medienkonzentration - der Rundfunkkommission der Länder, abgedr. in Funk-Korrespondenz Nr. 45 v. 11.11.1994, S. 29 ff.

152 Vgl. Entwurf der Medienanstalt Berlin-Brandenburg (MABB) vom 29.4.1993 für einen Vorschlag der Landesmedienanstalten zur Änderung des § 21 Abs. 2 Rundfunkstaatsvertrag (Konzentrationsvorschriften), abgedr. in Funk-Korrespondenz Nr. 22 v. 4.6.1993, Beilage S. 43; vgl. hierzu aus jüngster Zeit Wulff , Abschied vom „One-Man/One Show“-Prinzip in der Diskussion um die Medienkonzentrationskontrolle ?, in ZUM 1997, S. 543 ff.

153 Vgl. MABB-Entwurf vom 29.4.1993 a.a.O.; Wulf a.a.O.; Kübler, Konzentrationskontrolle des bundesweiten Rundfunks, in Die Landesmedienanstalten (Hrsg.), Die Sicherung der Meinungsvielfalt, 1995, S. 303 u. 308 f.

154 Zwischenbericht der Arbeitsgruppe Rechtsaufsicht-Medienkonzentration der Rundfunkkommission der Länder (Stand: Juni 1994), epd KuR Nr. 52/1994, S. 19; Bericht zur Lage des Fernsehens, herausgegeben von Groebel u.a. 1994, S. 122 f; vgl. aus dem Schrifttum aus jüngster Zeit Clausen-Muradian, Konzentrationskontrolle im privaten Rundfunk, in ZUM 1996, S. 934, 937 f.

zurichten sowie unabhängigen Dritten Sendezeiten einzuräumen[155]. Die beiden zuletzt genannten Maßnahmen sind im Rahmen des Zuschaueranteilsmodells verwirklicht worden.

c) *Marktanteilsmodelle*

Die Marktanteilsmodelle sehen eine grundlegende Veränderung des bislang geltenden Regelungsansatzes vor. Sie setzen anstelle des angebotsorientierten Regelungskonzeptes des § 21 RfStV 1991, ein nachfrageorientiertes Regelungsmodell[156]. Statt der Anzahl der von einem Veranstalter verbreiteten Programme sowie der Beteiligungsverhältnisse an einem Veranstalter (Angebotsseite), soll nach den Marktanteilsmodellen die tatsächliche Reichweite eines Programms maßgebliches Kriterium zur Beurteilung von Konzentrationsvorgängen im privaten Fernsehen sein (Nachfrageseite)[157]. Die Marktanteilsmodelle sehen übereinstimmend vor, daß die bislang geltenden numerischen Begrenzungen der von einem Veranstalter verbreiteten Programme sowie der Beteiligungen an Veranstaltern aufgehoben werden. Jedes Unternehmen soll sich an einer unbegrenzten Zahl von Veranstaltern beteiligen dürfen, solange die Unternehmen oder Veranstalter aufgrund der ihnen zurechenbaren Programme keine vorherrschende Meinungsmacht erlangen. Maßgeblich für die Konzentrationskontrolle aufgrund der Marktanteilsmodelle ist demnach die Marktstellung der Veranstalter und Unternehmen aufgrund der ihnen zurechenbaren Programme.

Als Grundlage für die Marktanteilsberechnung wurden verschiedene Modelle vorgeschlagen. Die Ministerpräsidenten der Länder haben sich für das sog. „Zuschaueranteilsmodell" entschieden, wonach die anhand von Einschaltquoten ermittelten Zuschauermarktanteile maßgeblich sind[158]. Kübler hatte demgegenüber vorgeschlagen, die von den Fernsehveranstaltern erzielten Werbeerlöse zum Maßstab für die Beurteilung von Konzentrationsvorgängen heranzuziehen (sog. Werbemarktanteilsmodell)[159]. Des weiteren wurde vorgeschlagen, für die Messung der Marktanteile auf die technischen Reichweiten der Programme abzustellen[160].

---

155 Clausen-Muradian a.a.O.

156 Vgl. dazu Scholz, Zukunft von Rundfunk und Fernsehen.: Freiheit der Nachfrage oder reglementiertes Angebot, in AfP 1995, S. 357, 360 f.

157 Scholz a.a.O.

158 Vgl. das vorläufige Ergebnisprotokoll der Ministerpräsidententagung vom 7.3.1996 in Berlin, abgedr. in Beilage zum Medienspiegel Nr. 12 v. 18.3.1996.

159 Vgl. dazu Kübler a.a.O. S 309 ff. 329; ders. Argumente für ein Werbemarktanteilsmodell, in Media Perspektiven 1995, S. 48 ff. ders. Organisationsrechtliche Vielfaltssicherung im privaten Rundfunk, Gutachten erstattet im Auftrag der Landesmedienanstalt für Rundfunk Nordrhein-Westfalen, abgedr. in epd/KuR Nr. 39 v. 20.5.1995, S. 1, 21 ff.

160 Vgl. Vorschlag der schleswig-holsteinischen Landesregierung, abgedr. epd/KuR Nr. 27/1995, S. 12 f; Nr. 41/1995, S. 13; Nr. 81/1995, S. 8 f.

Auf der Grundlage der vorgeschlagenen Marktanteilsmodelle ist der räumlich und sachlich relevante Markt zur Bestimmung der Marktanteile abzugrenzen. Dabei ist zu entscheiden, ob die öffentlich-rechtlichen Programme sowie entgeltfinanzierte Programme einzubeziehen sind. Das von den Ministerpräsidenten der Länder angenommenen Zuschaueranteilsmodell beinhaltet eine weite Marktabgrenzung, die sowohl öffentlich-rechtliche als auch entgeltfinanzierte Programme einbezieht. Das Werbemarktanteilsmodell sieht demgegenüber eine Marktabgrenzung vor, die ausschließlich werbefinanziertes Fernsehen umfaßt[161].

d) „Cross-Ownership" - Regelungen

Eine der umstrittensten Fragen im Rahmen der Diskussion über die Novellierung der Vorschriften zur Sicherung der Meinungsvielfalt war die Frage, ob im Rahmen der Feststellung vorherrschender Meinungsmacht auch fernsehnahe sowie vor- und nachgelagerte Märkte einbezogen werden sollten[162]. Die unterschiedlichen Regelungsvorschläge reichten von einem ausdrücklichen Verbot von sog. „Cross-Ownership" im bundesweiten Fernsehen[163], über die Berücksichtigung medienrelevanter Märkte im Rahmen der verschiedenen Varianten der Marktanteilsmodelle[164] bis hin zu der generellen Ablehnung von „Cross-Ownership"-Regelungen auf nationaler Ebene[165].
Von den Befürwortern eines Marktanteilsmodells wurden unterschiedliche Lösungsansätze für die Einbeziehung von benachbarten sowie vor- und nachgelagerten Märkten in die Beurteilung von Konzentrationsvorgängen im Rundfunk vorgeschlagen.
Nach dem sog. „Mediennutzungsmodell" sollten „Cross-Ownership" durch eine Absenkung des zulässigen Marktanteils von Unternehmen, die „im Bereich der Zeitungen und meinungsbildenden Zeitschriften einen bestimmenden Marktanteil erreichen" (sog.

---

161 Kübler a.a.O. Für eine weitergehende Marktabgrenzung im Rahmen des Werbemarktanteilsmodells, Kiefer, in Media Perspektiven 1995, S. 63.

162 Clausen-Muradian, Konzentrationskontrolle im privaten Rundfunk, in ZUM S. 934, 936 mit Hinweis auf die unterschiedlichen Auffassung zu diesem Problemkreis im Rahmen der Reformdiskussion; Röper, Mehr Spielraum für Konzentration und Cross Ownership im Mediensekrtor, in Media Perspektiven 1996, S. 610 ff.; vgl. hierzu auch Kübler, Konzentrationskontrolle des bundesweiten Rundfunks, in Die Landesmedienanstalten (Hrsg.), Die Sicherung der Meinungsvielfalt, S. 316 ff.; siehe ferner grundlegend zu diesem Themenkreis: Mestmäcker; Medienkonzentration und Meinungsvielfalt, S. 187 ff.; Kübler, Medienverflechtung, S. 27 ff.

163 Vgl. „Lübecker Beschlüsse" der Landesmedienanstalten, abgedr. in Die Landesmedienanstalten (Hrsg.), Die Sicherung der Meinungsvielfalt, S. 485 ff.

164 Vgl. hierzu Kresse, Marktöffnung und Pluralitätssicherung, in ders. (Hrsg.), Pluralismus, Markt- und Medienkonzentration: Positionen, S. 43 ff.

165 Vgl. hierzu u.a. die Positionspapiere der Medienunternehmen, insbesondere Verband privater Rundfunk und Telekommunikation e.V. (VPRT), Kirch-Gruppe sowie Bertelsmann AG, sämtlich abgedr. in Kresse a.a.O. S. 111 ff.

„Malusregelung“) erfaßt werden[166]. Auf der Grundlage des sog. Werbemarktanteilsmodells wurde vorgeschlagen, intermediäre Konzentration zu erfassen, indem die von den Unternehmen in den Printmedien und im privaten Hörfunk erzielten Werbeerlöse bei der Ermittlung des zulässigen Anteils am Werbemarkt im bundesweiten Fernsehen berücksichtigt werden sollten[167].

Die Ministerpräsidenten haben sich schließlich dafür entschieden, die Marktstellung von Unternehmen auf medienrelevanten Märkten in der Weise zu berücksichtigen, daß bei einer „geringfügigen“ Unterschreitung eines Marktanteils von 30 v.H. vorherrschende Meinungsmacht vermutet wird, sofern das Unternehmen auf einen medienrelevanten verwandten Markt eine marktbeherrschende Stellung hat. Das gleiche gilt, wenn eine Gesamtbeurteilung seiner Aktivitäten im Fernsehen und auf medienrelevanten verwandten Märkten ergibt, daß der dadurch erzielte Meinungseinfluß dem eines Unternehmens mit einem Marktanteil von 30 v.H. im Fernsehen entspricht. In die Beurteilung sind dabei als Indikatoren Werbung, Hörfunk, Presse, Rechte, Produktion und andere medienrelevante verwandte Märkte einzubeziehen[168].

e) Modell einer „qualitativen“ Rundfunkkonzentrationskontrolle

Die Marktanteilsmodelle - in den vorstehend in Grundzügen dargelegten Ausprägungen - wurden im Rahmen der Novellierungsdiskussion von Teilen des Schrifttums als ungeeignet zur Erfassung der komplexen Konzentrationssachverhalte in den elektronischen Medien kritisiert[169]. Die Konzentration im bundesweiten Fernsehen sowie auf den vor-, nachgelagerten und benachbarten Märkten (Lizenzhandel, Distribution, Presse) lasse sich nicht durch die Festlegung starrer, quantitativer Obergrenzen zulässiger Einschaltquoten erfassen. Eine Gesamtbeurteilung der intra- und der intermediären Verflechtungen in den Medien setze vielmehr ein qualitatives Kriterium anstelle der rein „quantitativen“ Vermutungsregelungen der vorgeschlagenen Marktanteilsmodelle voraus. Zwischen den Vermutungsregeln und der materiellen Prüfung vorherrschender Meinungsmacht müsse wie in der wettbewerblichen Fusionskontrolle nach dem GWB unterschieden werden. Die Vorschriften zur Sicherung der Meinungsvielfalt müßten daher um einen „qualitativen“ Eingriffstatbestand ergänzt werden, der die Aufsichtsgremien zur materiellen Prüfung der Konzentrationssachverhalte unter Berücksichtigung sämtlicher Auswirkungen auf vor- und nachgelagerten sowie benachbarten Märkten ermächtigt[170].

---

166 Vgl. Lübecker - Beschlüsse der Landesmedienanstalten a.a.O.

167 Kübler a.a.O. S. 318 ff.

168 Vgl. Amtliche Begründung zu § 26 RfStV 1997.

169 Paschke/Plog, Fortschritte bei der Konzentrationskontrolle im Rundfunk?, in Festschrift für Engelschall, 1996, S. 99, 104 ff.

170 Stockmann/Zigelski, Novellierung des Rundfunkstaatsvertrages, in ZUM 1995, S. 537, 548 f.;

Auf diesen Ansatz wird im Rahmen der kritischen Würdigung des Zuschaueranteilsmodells zurückzukommen sein.

f) Stellungnahme der Monopolkommission

Die Monopolkommission hat sich in ihrem letzten Hauptgutachten kritisch mit den vorgeschlagenen Marktanteilsmodellen auseinandergesetzt. Ausgehend von der Prämisse, daß die von dem Bundesverfassungsgericht in ständiger Rechtsprechung angenommene Sondersituation im Rundfunk mittlerweile weggefallen ist, tritt die Monopolkommission für eine Deregulierung der rundfunkspezifischen Konzentrationsvorschriften ein. In Anbetracht der technischen Entwicklung seien die von dem Bundesverfassungsgericht angeführten Gründe für eine Sonderbehandlung des Rundfunks im Vergleich zu den anderen Medien nicht mehr gerechtfertigt. Die Sicherung der Meinungsvielfalt sei daher im Rundfunk nicht anders als in den übrigen Medien zu gewährleisten. Die „positive Steuerung" des Rundfunks aufgrund der geltenden rundfunkrechtlichen Regelungen sollte daher durch einen „ergebnisoffenen" rechtlichen Ansatz ersetzt werden[171]. Die kartellrechtlichen Vorschriften über Unternehmenszusammenschlüsse sollten nach Auffassung der Monopolkommission im Hinblick auf die rundfunkspezifischen Besonderheiten ergänzt werden[172]. Auf die Vorschläge der Monopolkommission zur Ergänzung des kartellrechtlichen Instrumentariums wird nachstehend im Zusammenhang der wettbewerblichen Fusionskontrolle näher eingegangen[173].

4. Materielles Recht zur Sicherung der Meinungsvielfalt im RfStV 1997

a) Regelungskonzept der §§ 26-34 RfStV 1997 – Das sog. Zuschaueranteilsmodell

Das Regelungskonzept der neuen Vorschriften zur Sicherung der Meinungsvielfalt im Rundfunkstaatsvertrag ist im Kern in § 26 RfStV 1997 enthalten. Diese Vorschrift ist die zentrale Bestimmung des mit dem Dritten Rundfunkänderungsstaatsvertrages eingeführten sog. „Zuschaueranteilsmodell" [174]. Das Zuschaueranteilsmodell beruht, wie oben

---

Paschke/Plog, Fortschritte bei der Konzentrationskontrolle im Rundfunk? in Festschrift für Engelschall, 1996, S. 99, 114.

171 Monopolkommission, Hauptgutachten 1994/1995, Tz. 817 ff. 834, 887.

172 Vgl. Monopolkommission, Hauptgutachten 1994/1995, Tz. 839; siehe hierzu auch Mestmäcker, Über den Einfluß von Ökonomie und Technik auf Recht und Organisation der Telekommunikation und elektronischen Medien, in ders. (Hrsg.), Kommunikation ohne Monopole II, S. 13 ff. 161 f.

173 Siehe 2. Abschnitt B. I.

174 Amtliche Begründung zu § 26 RfStV 1997, abgedr. in Ring (Hrsg.) Medienrecht, Bd. II, C-O 1. Siehe dazu die ersten Jahresberichte der KEK, Berichte über die Tätigkeit der Kommission im

bereits dargelegt[175] auf der Annahme, daß der anhand von Einschaltquoten ermittelte Anteil eines Programms am Zuschauermarkt besser geeignet ist, den tatsächlichen Einfluß eines Veranstalters oder Unternehmens auf die öffentliche Meinungsbildung zu erfassen, als die bisher geltenden Programmzahl- und Beteiligungsbeschränkungen[176]. Der § 26 Abs. 1 RfStV 1997 sieht dementsprechend vor, daß die bislang geltende Regelung des in § 21 Abs. 1 bis 3 RfStV 1991 verwirklichten sog. „Beteiligungsmodells" aufgehoben wird. Jedes Unternehmen kann demnach zukünftig eine unbegrenzte Zahl von Programmen im bundesweiten privaten Fernsehen veranstalten, sofern dadurch nicht vorherrschende Meinungsmacht entsteht (§ 26 Abs. 1 RfStV 1997).

Vorherrschende Meinungsmacht wird gem. § 26 Abs. 2 S. 1 RfStV 1997 vermutet, wenn ein Unternehmen mit sämtlichen ihm zurechenbaren Programmen im Jahresdurchschnitt einen Zuschauermarktanteil von 30 v.H. erreicht. Bei einer geringfügigen Unterschreitung des Marktanteils von 30 v.H. wird vorherrschende Meinungsmacht vermutet, wenn das Unternehmen auf einem medienrelevanten verwandten Markt eine marktbeherrschende Stellung hat. Die Vermutung ist widerleglich. Ein Unternehmen kann demnach bei Überschreiten der Marktanteilsobergrenze nachweisen, daß vorherrschende Meinungsmacht nicht gegeben ist. Das gleiche gilt bei Unterschreiten der Obergrenze. In diesem Fall hat die KEK nachzuweisen, daß unterhalb eines Marktanteils von 30 v.H. vorherrschende Meinungsmacht gegeben ist[177]. Bei der Ermittlung des Zuschauermarktanteils sind alle bundesweit empfangbaren deutschsprachigen Fernsehprogramme privater und öffentlich-rechtlicher Veranstalter einzubeziehen. Es wird mithin nicht mehr - wie nach der bislang geltenden Regelung des § 21 RfStV 1991 - zwischen Voll-, Informations- und Spartenprogrammen unterschieden[178]. Nach § 28 RfStV 1997 werden einem Unternehmen die Programme zugerechnet, die von ihm selbst oder einem Unternehmen veranstaltet werden, an dem es mit mindestens 25 v.H. der Kapital- oder Stimmrechtsanteile beteiligt ist oder einen vergleichbaren Einfluß ausüben kann. Die Zurechnungsvorschrift entspricht in ihrem materiellen Gehalt der bereits bislang nach § 21 Abs. 1 S. 3 und 4 RfStV 1991 geltenden Regelung. Neu ist, daß bei der

---

Zeitraum 1997/1998 und 1998/1999. Vgl. zum Schrifttum zu §§ 26-34 RfStV 1997 die Hinweise in N.2 auf S. 41 sowie aus jüngster Zeit insbesondere Neft, Meinungsdominanz im Fernsehen - Aufgreifkriterien des neuen § 26 Abs. 2 Rundfunkstaatsvertrag (RStV), in ZUM 1998, S. 458 ff.; Kreile/Stumpf, Das neue „Medienkartellrecht", in MMR 1998, S. 192 ff. Im Schrifttum wird teilweise auch die Bezeichnung „Marktanteilsmodell" verwandt, siehe etwa Ricker/Schiwy, Rundfunkverfassungsrecht, Rdz. E 54.

175 Siehe 2. Abschnitt A I. 3 c).

176 Vgl. Amtliche Begründung zu § 25 RfStV 1997.

177 Vgl. Amtliche Begründung zu RfStV 1997; siehe auch Hess, Medienkonzentrationsrecht nach dem neuen Rundfunkstaatsvertrag, in AfP 1997, S. 680, 682 sowie Neft a.a.O. S. 460.

178 Vgl. Amtliche Begründung zu § 26 RfStV 1997.

Bestimmung des vergleichbaren Einflusses auf einen Veranstalter künftig auch Angehörigenverhältnisse zu berücksichtigen sind (§ 28 Abs. 4 RfStV 1997). Die Rechtsfolgen im Fall der Feststellung vorherrschender Meinungsmacht sind in § 26 Abs. 3 und 4 RfStV 1997 geregelt. Danach darf einem Unternehmen, daß durch sog. „externes" Wachstum vorherrschende Meinungsmacht erlangen würde, keine weitere Lizenz für ein Fernsehprogramm erteilt werden. Der Erwerb weiterer nach § 28 RfStV 1997 zurechenbarer Beteiligungen an Veranstaltern ist zu untersagen (§ 26 Abs. 3 RfStV 1997). Hat ein Unternehmen durch sog. „internes" Wachstum vorherrschende Meinungsmacht erlangt, so hat die KEK die Möglichkeit, entweder vielfaltssichernde Maßnahmen wie die Einräumung von Sendezeit für unabhängige Dritte oder die Einrichtung eines Programmbeirats vorzuschlagen oder Entflechtungsmaßnahmen wie die Aufgabe von Beteiligungen an Veranstaltern oder die Verminderung der Marktstellung auf medienrelevanten verwandten Märkten anzuordnen (§ 26 Abs. 4 RfStV 1997). Das Zuschaueranteilsmodell sieht ferner vor, daß - unabhängig von der Vermutung vorherrschender Meinungsmacht bei Erreichen eines Marktanteils von 30 v.H. - bereits bei einem jahresdurchschnittlichen Zuschauermarktanteil von mindestens 10 v.H. Sendezeit für unabhängige Dritte einzuräumen ist (§ 26 Abs. 5 RfStV 1997).

Die neuen Vorschriften zur Sicherung der Meinungsvielfalt gelten nur für bundesweit verbreitetes Fernsehen (§ 39 S. 1 RfStV 1997). Die Sicherung der Meinungsvielfalt im Hörfunk wird künftig ausschließlich durch die Landesmediengesetze gewährleistet[179].

Die materiellen Konzentrationsvorschriften im Rundfunkstaatsvertrag sind ebenso wie die verfahrens- und organisationsrechtlichen Regelungen abschließend. Die Länder sind damit weder befugt geringere, noch abweichend von der bisher nach § 22 Abs. 1 S. 2 RfStV 1991 geltenden Regelung, weitergehende Anforderungen an die Sicherung der Meinungsvielfalt aufzustellen. Damit ist erstmals gewährleistet, daß die Vorschriften zur Sicherung der Meinungsvielfalt einheitlich im bundesweiten privaten Fernsehen gelten. In § 48 RfStV 1997 wurde zudem erstmals die Revision zum Bundesverwaltungsgericht bei Verletzung der landesrechtlichen Vorschriften des Staatsvertrages zugelassen. Dadurch soll eine einheitliche Auslegung, insbesondere der Vorschriften zur Sicherung der Meinungsvielfalt, ermöglicht werden[180].

---

179 Vgl. Amtliche Begründung zu § 25 RfStV 1997. Die Bestimmung des § 21 RfStV 1991 erfaßte auch den bundesweit verbreiteten Hörfunk. Die Vorschrift ist insoweit jedoch ohne nennenswerten Anwendungsfall geblieben, da Hörfunk in Deutschland ganz überwiegend landesweit, regional oder lokal veranstaltet wird. Siehe zu den Konzentrationsvorschriften in den Landesmedienanstalten im einzelnen unter 2. Abschnitt A II.

180 Vgl. Amtliche Begründung zu § 48 RfStV 1997.

b) Vermutung vorherrschender Meinungsmacht

Nach § 26 Abs. 2 S. 1 RfStV 1997 wird vorherrschende Meinungsmacht vermutet, wenn ein Unternehmen mit allen ihm zurechenbaren Programmen im Durchschnitt eines Jahres einen Zuschaueranteil von 30 v.H. erreicht. Die Vermutungsregelung des § 26 Abs. 2 S. 1 RfStV 1997 ist die zentrale Bestimmung des Zuschaueranteilsmodells[181]. Die Funktion der Vermutungsregelung im Rahmen des Rechts zur Sicherung der Meinungsvielfalt soll im folgenden näher bestimmt werden. Dabei wird sich erweisen, daß sich die Funktion der Vermutungsregelung grundlegend von der Funktion der Marktbeherrschungsvermutungen im Rahmen der wettbewerblichen Fusionskontrolle unterscheidet. Für die Praxis von besonderer Bedeutung wird künftig die Frage sein, unter welchen Voraussetzungen die Vermutung vorherrschender Meinungsmacht widerlegt werden kann bzw. welche Anforderungen die KEK an den Nachweis vorherrschender Meinungsmacht unterhalb der Vermutungsgrenze stellen wird.

aa) Die Vermutungsregelung im Kontext des Schutzzweckes der Vorschriften zur Sicherung der Meinungsvielfalt

Die Vermutungsregelung in § 26 Abs. 2 S. 1 RfStV 1997 ist auf den Zweck der Vorschriften zur Sicherung der Meinungsvielfalt bezogen. Die Bestimmungen der §§ 26 bis 32 RfStV 1997 haben wie zuvor die Regelung des § 21 RfStV 1991 den Zweck, vorherrschende Meinungsmacht im bundesweiten privaten Fernsehen zu verhindern[182]. Die Länder erfüllen mit dem neu konzepierten Recht zur Sicherung der Meinungsvielfalt zugleich den von dem Bundesverfassungsgericht in ständiger Rechtsprechung aus Art. 5 Abs. 1 S. 2 GG abgeleiteten Auftrag an den Landesgesetzgeber, durch rundfunkspezifische Regelungen Meinungsvielfalt im privaten Rundfunk zu sichern und Konzentrationstendenzen wirksam und rechtzeitig vorzubeugen[183]. Der Landesgesetzgeber kann nach der Rechtsprechung des Bundesverfassungsgerichts an die Sicherung der Vielfalt im privaten Rundfunk geringere Anforderungen als an die Vielfaltssicherung im öffentlich-rechtlichen Rundfunk stellen[184]. Die Länder müssen indes sicherstellen, daß im privaten Rundfunk insgesamt ein „Grundstandard gleichgewichtiger Vielfalt“ erfüllt wird. Der Grundstandard muß die „wesentlichen Voraussetzungen von Meinungsvielfalt“

181 Kuch, Das Zuschaueranteilsmodell - Grundlage der Sicherung der Meinungsvielfalt im Fernsehen, in ZUM 1997, S. 13, 14. Siehe dazu aus jüngster Zeit auch Neft a.a.O.

182 Amtliche Begründung zu § 25 RfStV 1997. Siehe dazu Ricker/Schiwy, Rundfunkverfassungsrecht, Rdz. E 54.

183 BVerfGE 57, 295, 321; 73, 118, 160 ff., 172; 83, 238, 323; 95, 163, 172 sowie zuletzt Urteil vom 17.2.1998 , Az. 1 BvF 1/91 „Kurzberichterstattung im Fernsehen“, ZUM 1998, S. 240, 248 ff.

184 BVerfGE 73, 118, 156 ff.

umfassen. Diese sieht das Bundesverfassungsgericht in der Möglichkeit für alle Meinungsrichtungen im privaten Rundfunk zum Ausdruck zu gelangen sowie dem Ausschluß einseitigen, in hohem Maße ungleichgewichtigen Einflusses einzelner Veranstalter oder Programme auf die Bildung der öffentlichen Meinung. Zur Verhinderung vorherrschender Meinungsmacht sind neben Vorkehrungen gegen eine Konzentration auf Veranstalterebene[185] nach den jüngsten Entscheidungen des Bundesverfassungsgerichts zum Deutschen Sport Fernsehen (DSF)[186] und der „Kurzberichterstattung im Fernsehen“[187] auch ausreichende Maßnahmen gegen Informationsmonopole notwendig. Das Gericht geht davon aus, daß es sich bei dem Grundstandard gleichgewichtiger Vielfalt nicht um eine meßbare, exakt zu bestimmende Größe handelt, sondern um einen „Zielwert“, der sich nur annäherungsweise erreichen läßt[188]. Die Aussage des Gerichts beruht auf der Annahme, daß sich die freie, individuelle und öffentliche Meinungsbildung in einem Prozeß der Kommunikation vollziehe[189]. Mit diesem Verständnis eines dynamischen Meinungsbildungsprozesses wäre es unvereinbar, Meinungsvielfalt inhaltlich zu definieren und damit gleichermaßen als Ergebnis des Meinungsbildungsprozesses vorzugeben[190]. Aus denselben Gründen entzieht sich das Merkmal „vorherrschender Meinungsmacht“ als Kriterium zur Kontrolle von Konzentrationstendenzen im Fernsehen einer tatbestandlichen Konkretisierung[191].

Fraglich ist, ob das Merkmal „vorherrschender Meinungsmacht“ als qualitatives Eingriffskriterium zu verstehen ist. In der amtlichen Begründung zu § 26 RfStV 1997 ist kein ausdrücklicher Hinweis zu dieser Frage zu finden. Ein Verzicht des Landesgesetzgebers auf ein materielles Eingreifkriterium könnte durch den Umstand motiviert sein, daß durch ein materielles Kriterium für die Beurteilung von Konzentrationsvorgängen

---

185 BVerfGE 73, 118, 160.

186 BVerfGE 95, 163, 172.

187 Urteil vom 17.2.1998 , Az. 1 BvF 1/91, ZUM 1998, S. 240, 249.

188 BVerfGE 73, 118, 156 u. 159.

189 BVerfGE 73, 118, 152.

190 So auch Schuster, Meinungsvielfalt in der dualen Rundfunkordnung, S. 135. Siehe aus dem umfangreichen Schrifttum zum Begriff der Meinungsvielfalt bzw. zu dem teilweise synonym verwandten Begriff des Pluralismus nur die folgenden Beiträge jeweils mit weiteren Nachweisen: Ricker/Schiwy, Rundfunkverfassungsrecht, Rdz. E 1 ff.; Hoffmann-Riem, Rundfunkrecht neben Wirtschaftsrecht, 1991, S. 17ff.; Kresse, Grundversorgung und Integrative Pluralismussicherung, in ZUM 1995, S. 178, 181 f; Kübler, Konzentrationskontrolle des bundesweiten Rundfunks, in Die Landesmedienanstalten (Hrsg.), Die Sicherung der Meinungsvielfalt, 1995, S. 291 ff.; Piette, Meinungsvielfalt im privaten Rundfunk, S. 9 ff.; Schuster, Meinungsvielfalt in der dualen Rundfunkordnung, 1988, S. 74 ff. Siehe ferner Hartstein/Ring/Kreile/Dörr/Stettner, Rundfunkstaatsvertrag, 2. Aufl. 1995, § 20 Rdnr. 4 mit zahlreichen weiteren Hinweisen. Siehe auch Grünbuch der Kommission der Europäischen Gemeinschaft über „Pluralismus und Medienkonzentration im Binnenmarkt“, KOM (92) 480 endg. S. 14 ff., dazu ausführlich oben 3. Abschnitt B. I. In rechtsvergleichender Sicht: Schellenberg, Pluralismus: Zu einem medienrechtlichen Leitmotiv in Deutschland, Frankreich und Italien, in AöR 119 (1994) S. 427 ff.

191 Vgl. Monopolkommission, XI Hauptgutachten, Tz. 826.

im Fernsehen den zuständigen Gremien - KEK und KDLM - ein Beurteilungsspielraum eröffnet und damit das Risiko einer politischen Einflußnahme auf deren Entscheidungen erhöht würde[192]. Dagegen spricht indes, daß KEK und KDLM bei der Beurteilung, ob vorherrschende Meinungsmacht bei einer „geringfügigen" Unterschreitung des zulässigen Zuschaueranteils unter den Voraussetzungen des § 26 Abs. 2 S. 2 RfStV 1997 gegeben ist, unzweifelhaft ein, wenn auch begrenzter, Beurteilungsspielraum, eingeräumt worden ist. Darauf wird sogleich noch näher einzugehen sein[193]. Zudem ergibt sich aus der amtlichen Begründung, daß die KEK auch aufgrund von § 26 Abs. 2 S. 1 RfStV 1997 vorherrschende Meinungsmacht unterhalb der Zuschaueranteilsgrenze von 30 v.H. feststellen kann[194]. In diesem Fall wird die KEK jedoch besondere Umstände darzulegen und nachzuweisen haben, die eine solche Feststellung tragen und die sich daran anschließenden Rechtsfolgen rechtfertigen[195]. Die vorstehend aufgeführten Gründe dürften in jedem Fall maßgeblich dafür gewesen sein, daß die Zuschaueranteilsobergrenze nicht als absoluter Grenzwert festgelegt worden ist, sondern als Vermutungsregelung[196]. Die Festlegung des Grenzwerts als solcher auf einen Zuschauermarktanteil von 30 v.H. beruht auf medienpolitischen Wertungen, die hier nicht zu beurteilen sind[197].

bb) Exkurs: Marktbeherrschungsvermutungen im Rahmen der wettbewerblichen Fusionskontrolle

Das materielle Prüfungskriterium der wettbewerblichen Fusionskontrolle des Gesetzes

192 Stockmann/Zigelski a.a.O. S. 548 f. Siehe dazu auch Dörr, Maßnahmen zur Vielfaltssicherung gelungen?, in Media Perspektiven 1996, S. 621, 625.

193 Siehe 2. Abschnitt A I. 4. c).

194 Amtliche Begründung zu § 26 RfStV 1997. Siehe dazu auch unten unter 2. Abschnitt A I. 4 b cc).

195 Siehe vorherige N.

196 Vgl. Dörr, in Media Perspektiven 1996, S. 621, 626; Hess, in AfP 1997, S. 680, 682.

197 Vgl. dazu insbesondere die folgenden unterschiedlichen Auffassungen: Stockmann/Zigelski, Novellierung des Rundfunkstaatsvertrages, in ZUM 1995, S. 541, 546. Kritisch Lehr, Verfassungs- und verwaltungsrechtliche Fragen der Novellierung der rundfunkrechtlichen Konzentrationskontrolle unter Berücksichtigung des Zuschaueranteilsmodells, in ZUM 1995, S. 667, 668 f., der die Einführung eines Zuschaueranteilsmodells verbunden mit der Festlegung eines Grenzwertes von 30 v.H. unter verfassungsrechtlichen Gesichtspunkten im Hinblick auf die dadurch bewirkte „Legalisierung" der gegenwärtigen Marktstruktur für bedenklich erachtet. Siehe hierzu auch Holzer, Das Marktanteilsmodell auf dem Prüfstand, in ZUM 1995, S. 577, 587; Stock, Meinungsvielfalt und Meinungsmacht, in JZ 1997, S. 583, 592, der in der Festlegung der Zuschaueranteilsobergrenze von 30 v.H. eine „konzernfreundliche" und „konzentrationsfördernde Tendenz" sieht. Siehe ferner auch Hess, Medienkonzentrationsrecht nach dem neuen Rundfunkstaatsvertrag, in AfP 1997, S. 680, 682, der darauf hinweist, daß der Grenzwert bisher von keinem Unternehmen in Deutschland erreicht wird; siehe ferner Hesse, zur aktuellen Entwicklung des Rundfunkrechts, in BayVBl. 1997, S. 165, 167, der die Auffassung vertritt, daß die 30 % - Grenze so hoch angesetzt ist, daß sie kein „ernsthaftes Expansionshindernis" darstellt; siehe ferner Röper, Mehr Spielraum für Konzentration und Cross-Ownership im Mediensektor, in MP 1996, S. 610, 618; Dörr, Maßnahmen zur Vielfaltssicherung gelungen?, in MP 1996, S. 621, 622 f, 626; Kohl, Elektronische Massenmedien und staatliche Verantwortung, in FS für Kübler, 1997, S. 215, 228 ff. 233.

gegen Wettbewerbsbeschränkungen (GWB) ist die „Entstehung oder Verstärkung einer marktbeherrschenden Stellung“[198]. Der Begriff der „Marktbeherrschung“ ist im GWB definiert[199]. Das Gesetz enthält zudem Marktbeherrschungsvermutungen[200]. Die Vermutung vorherrschender Meinungsmacht gem. § 26 Abs. 2 S. 1 RfStV 1997 unterscheidet sich in mehrfacher Hinsicht von den Marktbeherrschungsvermutungen des GWB[201]. Der wichtigste Unterschied besteht darin, daß der Vermutung im Rahmen des Zuschaueranteilsmodells der Bezug zu einem materiellen Beurteilungskriterium fehlt. Im Rahmen der wettbewerblichen Fusionskontrolle sind Rechtsfolgen demgegenüber an das materielle Eingriffskriterium „des Entstehens oder der Verstärkung einer marktbeherrschenden Stellung“ geknüpft. Die in den §§ 26 Abs. 3 und 4 RfStV 1997 vorgesehenen Rechtsfolgen treten bereits ein, sofern ein Unternehmen mit den ihm zurechenbaren Programmen im Durchschnitt eines Jahres einen Zuschauermarktanteil von 30 v.H. erreicht und die dadurch begründete Vermutung „vorherrschender Meinungsmacht“ nicht widerlegt wird. Die KEK hat damit im Rahmen des Zuschaueranteilsmodells nur in begrenztem Umfang die Möglichkeit, Konzentrationsvorgänge unter Berücksichtigung der Umstände des Einzelfalls wertend zu beurteilen[202]. Des weiteren ist im Schrifttum zutreffend darauf hingewiesen worden, daß der Marktanteil im Rahmen der wettbewerblichen Fusionskontrolle nur ein Kriterium von mehreren zur Feststellung einer marktbeherrschenden Stellung ist, während der Zuschauermarktanteil im Rahmen der rundfunkrechtlichen Konzentrationskontrolle das allein maßgebliche Kriterium ist[203].

Das GWB sieht vor, daß ein Unternehmen marktbeherrschend ist, soweit es als Anbieter oder Nachfrager einer bestimmten Art von Waren oder gewerblichen Leistungen eine im Verhältnis zu seinen Wettbewerbern überragende Marktstellung hat. Dabei sind neben dem Marktanteil des betreffenden Unternehmens, seine Finanzkraft, sein Zugang zu Beschaffungs- oder Absatzmärkten, Verflechtungen mit anderen Unternehmen, rechtliche oder tatsächliche Schranken für den Marktzutritt anderer Unternehmen, die Fähigkeit das Angebot oder Nachfrage auf andere Waren oder gewerbliche Leistungen umzustellen, sowie die Möglichkeit der Marktgegenseite, auf andere Unternehmen auszuwei-

198 Siehe hierzu im einzelnen unter 2. Abschnitt B.

199 § 19 Abs. 2 GWB in der Fassung des am 1.1.1999 in Kraft getretenen Sechsten Gesetz zur Änderung des Geseztes gegen Wettbewerbsbeschränkungen (GWB), BGBl. 1998 I. S. 2546 (§ 22 Abs. 1 GWB i.d.F. der Bekanntmachung vom 20.2.1990).

200 § 19 Abs. 3 GWB.

201 Stockmann/Zigelski a.a.O. S. 546.

202 Ebd. S. 548 f. a.A. auch Dörr Maßnahmen zur Vielfaltssicherung gelungen?, in Media Perspektiven 1996, S. 621, 625, der die Auffassung vertritt, daß die Anwendung der Vorschriften zur Sicherung der Meinungsvielfalt „stets“ wertende Entscheidungen voraussetzt.

203 Stockmann/Zigelski a.a.O. S. 548; Lehr a.a.O. S. 670; Paschke/Plog, Fortschritte bei der Konzentrationskontrolle im Rundfunk?, in Prinz/Peters (Hrsg.), Medienrecht im Wandel, Festschrift für Engelschall, 1996, S. 99, 107.

chen, zu berücksichtigen[204]. So hat das Bundeskartellamt etwa in dem Fall „Kaufzeitungen" seine Untersagungsverfügung nicht mit dem Marktanteil der betroffenen Unternehmen begründet, sondern maßgeblich auf die überragende Finanzkraft des durch den Zusammenschluß entstehenden Unternehmens abgestellt[205]. Die Marktbeherrschungsvermutungen haben in der Praxis der wettbewerblichen Fusionskontrolle bisher nur eine geringe Bedeutung erlangt[206].

cc) Widerlegung der Vermutung

Die Vermutung vorherrschender Meinungsmacht gem. § 26 Abs. 2 S. 1 RfStV 1997 ist widerlegbar. Dies ergibt sich ausdrücklich aus der Begründung zu § 26 RfStV 1997. Die Unternehmen können demnach auch bei Erreichen der Zuschaueranteilsgrenze von 30 v.H. nachweisen, daß vorherrschende Meinungsmacht nicht gegeben ist. Dabei soll die Tatsache, daß ein zusätzliches Programm ausgestrahlt wird, für sich allein regelmäßig nicht ausreichen, um die Vermutung vorherrschender Meinungsmacht zu widerlegen. Das Unternehmen müsse vielmehr nachweisen, „in welcher Weise mit Blick auf die Gesamtheit der Programmangebote trotz Erreichens der 30 v.H.-Grenze (...) ein Mehr an qualitativer Meinungsvielfalt vorliegt"[207]. Es bleibt abzuwarten, welche Anforderungen die KEK in der Praxis an diesen Nachweis stellen wird. Bisher hat diese Frage keine praktische Bedeutung erlangt, da gegenwärtig kein Unternehmen mit den ihm zurechenbaren Programmen die 30 v.H. Grenze erreicht[208].
Die Ausgestaltung der Zuschaueranteilsgrenze als Vermutungsregelung läßt nicht nur die Widerlegung der Vermutung durch die betroffenen Unternehmen zu, sondern ermöglicht auch der KEK die Feststellung vorherrschender Meinungsmacht unterhalb des Grenzwertes. Dies wird, wie oben in anderem Zusammenhang bereits dargelegt, ausdrücklich in der Begründung zu § 26 RfStV 1997 klargestellt. Der Nachweis vorherrschender Meinungsmacht sei in diesem Fall allerdings von der KEK zu führen. An den Nachweis sind nach der amtlichen Begründung besondere Anforderungen zu stellen[209]. Dabei wird auch zu berücksichtigen sein, daß eine marktbeherrschende Stellung der betroffenen Unternehmen auf medienrelevanten verwandten Märkten nach § 26 Abs. 2 S. 2 RfStV 1997 nur bei einer „geringfügigen" Unterschreitung des Zuschauermarktan-

---

204 § 19 Abs. 2 GWB.
205 BKartA WuW E 1733, 1735 ff.
206 Stockmann/Zigelski a.a.O. S. 547; siehe auch Langen/Ruppelt, KartR (8. Aufl.), § 23a Rn. 1.
207 Begründung zu § 26 RfStV 1997. Siehe auch Hess, Medienkonzentrationsrecht nach dem neuen Rundfunkstaatsvertrag, in AfP 1997, S. 680, 682.
208 Siehe dazu Röper, Mehr Spielraum für Konzentrations- und Cross Ownership im Mediensektor, in Media Perspektiven 1996, S. 610 ff.; Hess a.a.O. S. 682.
209 Vgl. Begründung zu § 26 RfStV 1997.

teils von 30 v.H. die Vermutung vorherrschender Meinungsmacht begründet. Für die Feststellung vorherrschender Meinungsmacht auf der Grundlage von § 26 Abs. 2 S. 1 RfStV 1997 unterhalb der 30 vH Schwelle folgt aus § 26 Abs. 2 S. 2 RfStV 1997, daß hierfür jedenfalls bei einer erheblichen Unterschreitung des Zuschauermarktanteils praktisch kein Raum bleibt. Es wird daher allenfalls bei einer geringfügigen Unterschreitung der 30 v.H Schwelle, die Feststellung vorherrschender Meinungsmacht auf der Grundlage von § 26 Abs. 2 S. 1 RfStV 1997 in Betracht kommen[210]. Im folgenden soll untersucht werden, unter welchen Voraussetzungen eine „geringfügige" Unterschreitung des Zuschaueranteils von 30 v.H. anzunehmen ist.

c) Einbeziehung medienrelevanter verwandter Märkte

Nach § 26 Abs. 2 S. 2 RfStV 1997 wird vorherrschende Meinungsmacht bei einer „geringfügigen" Unterschreitung des Zuschauermarktanteils vermutet, sofern das Unternehmen auf einem medienrelevanten verwandten Markt eine marktbeherrschende Stellung hat oder eine Gesamtbeurteilung seiner Aktivitäten im Fernsehen und auf medienrelevanten verwandten Märkten ergibt, daß der dadurch erzielte Meinungseinfluß dem eines Unternehmens mit einem Marktanteil von 30 v.H. im Fernsehen entspricht. Nach der Begründung zu § 26 RfStV 1997 sind der Beurteilung, ob vorherrschende Meinungsmacht nach dieser Vorschrift vermutet wird, Werbung, Hörfunk, Presse, Rechte, Produktion und andere medienrelevante verwandte Märkte zugrunde zu legen[211].
Die Vorschriften zur Sicherung der Meinungsvielfalt im Rundfunkstaatsvertrag erfassten vor Inkrafttreten des Dritten Rundfunkänderungsstaatsvertrages allein die Wettbewerbsbeziehungen innerhalb des Rundfunks (sog. intramediärer Wettbewerb). Verflechtungen zwischen Rundfunk und anderen Medien (sog. intermediärer Wettbewerb)[212] waren nach dem alten Medienkonzentrationsrecht nur Gegenstand einer Berichtspflicht der Landesmedienanstalten über die Entwicklung der Meinungsvielfalt und der Konzentration im privaten Rundfunk (§ 21 Abs. 6 RfStV 1991). Die Landesmediengesetze sahen demgegenüber schon vor Inkrafttreten des neuen Rundfunkstaatsvertrages Vorschriften zur Begrenzung von Verflechtungen zwischen Presse und Rundfunk auf regionaler und lokaler Ebene vor[213].

210 Vgl. hierzu kritisch Stock, Meinungsvielfalt und Meinungsmacht, in JZ 1997, S. 583, 591 ff.

211 Vgl. Amtliche Begründung zu § 26 RfStV 1997. Das Problem der Verflechtung von Rundfunk und anderen Medien wird im Schrifttum häufig auch unter dem Stichwort „Cross-Ownership" behandelt. Diese Terminologie stammt aus dem US-amerikanischen Medienrecht. In den USA wurden 1975 sog. „Cross-Ownership" - Regeln eingeführt, siehe dazu Mestmäcker, Medienkonzentration und Meinungsvielfalt, S. 193; Owen, Economics and freedom Of Expression, S. 139 f.

212 Vgl. grundlegend hierzu Mestmäcker, Die Anwendbarkeit des Gesetzes gegen Wettbewerbsbeschränkungen auf Zusammenschlüsse zu Rundfunkunternehmen, in GRURInt. 1983, S. 553 ff.

213 Siehe hierzu im einzelnen unten 2. Abschnitt A II. 4. b. Grundlegend zu dem Problem der Me-

Die vor Inkrafttreten des Dritten Rundfunkänderungsstaatsvertrages bestehende Gesetzeslage spiegelte den Stand der Rechtsprechung des Bundesverfassungsgerichts hinsichtlich der Verflechtung von Presse und Rundfunk wieder. Das Bundesverfassungsgericht hatte 1986 in dem sog. „Niedersachsen-Urteil" entschieden, daß Presseunternehmen nicht grundsätzlich der Zugang zum Rundfunk verwehrt sei. Das Prinzip der sog. „publizistischen Gewaltenteilung" habe keinen Verfassungsrang. Der Landesgesetzgeber sei jedoch verpflichtet, Vorkehrungen dagegen zu treffen, „daß vorherrschende Meinungsmacht sich aus einer Kombination der Einflüsse in Rundfunk und Presse ergibt"[214]. Die Gefahr der Entstehung sog. „multimedialer" Meinungsmacht sah das Gericht vor dem Hintergrund der Mitte der achtziger Jahre bestehenden Wettbewerbssituation in Rundfunk und Presse vor allem im regionalen und lokalen Bereich[215]. Dementsprechend hat das Gericht nur für diesen Bereich besondere Vorschriften zur Begrenzung intermediärer Konzentration verlangt[216].

Die Entscheidung der Länder auf der Grundlage der Rechtsprechung des Bundesverfassungsgerichts, Presseunternehmen uneingeschränkt zum bundesweiten privaten Fernsehen zuzulassen, hat dazu beigetragen, daß heute die tatsächliche Situation im bundesweiten Fernsehen dadurch gekennzeichnet ist, daß Presseunternehmen eine herausragende Stellung einnehmen[217]. Der technische und wirtschaftliche Wandel hat die medienübergreifende Kooperation und Konzentration weiter verstärkt[218]. Ferner kommt den der Programmveranstaltung vor- und nachgelagerten Märkten eine zunehmende Bedeutung zu[219]. Dabei geht es insbesondere um die Wirkungen vertikaler Integrationen von Programmproduktion, Rechtehandel, Veranstaltung und Vertrieb von Fernsehprogrammen sowie den Zugang zu Programmressourcen[220]. Hege sieht hierin das „Kernproblem" des bundesweiten Fernsehmarktes[221].

Die Regelung des § 26 Abs. 2 S. 2 RfStV 1997, die nunmehr erstmals die Einbeziehung

---

dienverflechtung unter rechtsvergleichender Berücksichtigung der Rechtslage in den USA: Kübler, Medienverflechtung, 1984; Lerche, Presse und privater Rundfunk, 1984, Mestmäcker, Medienkonzentration und Meinungsfreiheit 1978.

214 BVerfGE 73, S. 118, 172, 175 f. Dazu Ricker/Schiwy, Rundfunkverfassungsrecht Rdz. E 57a.

215 BVerfGE a.a.O. S. 176 f.

216 Ebd.

217 Siehe dazu BKartA, Tätigkeitsbericht 1991/92, S. 129; Röper/Pätzhold; Medienkonzentration in Deutschland, S. 179, 185 ff. Europäisches Medieninstitut, Bericht über die Entwicklung der Meinungsvielfalt und der Konzentration im privaten Rundfunk gem. § 21 Abs. 6 Staatsvertrag über den Rundfunk im vereinten Deutschland, in Wie Landesmedienanstalten (Hrsg.), Die Sicherung der Meinungsvielfalt, S. 213; Röper, Mehr Spielraum für Konzentration und Cross Ownership im Mediensektor, in Media Perspektiven 1996, S. 610 ff.

218 Europäisches Medieninstitut a.a.O.

219 Hege, Die Aufgaben der Medienpolitik, S. 6; Kresse, Marktöffnung und Pluralitätssicherung, in ders. (Hrsg.), Pluralismus, Markt und Medienkonzentration: Positionen, S. 59 ff.

220 Engel, Medienrechtliche Konzentrationsvorsorge, in Die Landesmedienanstalten (Hrsg.), Die Sicherung der Meinungsvielfalt, S. 278 ff.; Hege a.a.O.

221 Siehe N. 219.

medienrelevanter verwandter Märkte in die Konzentrationskontrolle nach dem Rundfunkstaatsvertrag vorsieht, wirft im einzelnen schwierige Auslegungsfragen auf. Es ist zunächst fraglich, unter welchen Voraussetzungen eine Unterschreitung der 30 v.H.-Grenze als „geringfügig" anzusehen ist. Des weiteren ist zu klären, welche Märkte als „medienrelevante verwandte" Märkte zu betrachten sind und wie diese Märkte im einzelnen Märkte abzugrenzen sind. Schließlich gilt es die Kriterien zu bestimmen, die der „Gesamtbeurteilung" der Aktivitäten eines Unternehmens im Fernsehen und auf medienrelevanten verwandten Märkten zugrunde zu legen sind.

aa) „Geringfügigkeit" der Unterschreitung des zulässigen Zuschaueranteils

Die Feststellung, ob eine Unterschreitung der 30 v.H. Grenze als „geringfügig" anzusehen ist, obliegt der Kommission zur Ermittlung der Konzentration im Medienbereich (KEK). Die Entscheidungen der KEK unterliegen uneingeschränkt der gerichtlichen Kontrolle durch die Verwaltungsgerichte[222]. Die für die Zulassung eines Senders zuständige Landesmedienanstalt kann zudem die Konferenz der Direktoren der Landesmedienanstalten (KDLM) anrufen, wenn sie von einer Entscheidung der KEK abweichen will. Es wird danach wesentlich von der Entscheidungspraxis der KEK (und der KDLM, soweit die Landesmedienanstalten von der Möglichkeit, dieses Gremium anzurufen, Gebrauch machen) sowie der Rechtsprechung der Verwaltungsgerichte abhängen, das Merkmal der „geringfügigen Unterschreitung des Zuschaueranteils" zu konkretisieren.
Erste Anhaltspunkte lassen sich insoweit aus der Entscheidungspraxis der KEK entnehmen. In dem Beschluß vom 16.2.1998 in der Sache CLT/UFA hatte die KEK erstmals zu entscheiden, ob eine „geringfügige Unterschreitung des Zuschaueranteils" von 30 v.H. vorlag[223]. Dem Beschluß lag ein Antrag auf Bestätigung der Unbedenklichkeit der mittelbaren Beteiligungsveränderungen bei den Sendern RTL, RTL 2, Super RTL, Premiere und VOX durch den Zusammenschluß der Compagnie Luxembourgeoise de Telediffusion (CLT) und der zur Bertelsmann-Gruppe gehörenden UFA Film- und Fernseh GmbH & Co. KG (UFA) zugrunde. Die KEK bestätigte die Veränderungen als für die Sicherung der Meinungsvielfalt unbedenklich. Bei dieser Feststellung ist die KEK davon ausgegangen, daß der Zusammenschluß zwischen CLT und UFA zu einer einheitlichen Zurechnung der Programme RTL, RTL 2, Super RTL, Premiere und VOX zu dem fusionierten Unternehmen CLT-UFA führt. In dem maßgeblichen Zeitraum hat die KEK danach einen Zuschaueranteil von 27 und 27,2 v.H. für das Gemeinschaftsun-

222 So Hess a.a.O. S. 684; Lehr, Die juristischen Implikationen des Marktanteilsmodells in EMR-Dialog, Medienvielfalt ohne Kontrolle?, 1996, S. 56, 63.
223 Az. KEK 008-012, Tätigkeitsbericht 1997/98, S. 22 ff. Siehe zur kartellrechtlichen Beurteilung des Zusammenschlusses CLT/UFA durch die EG-Kommission unten 2. Abschnitt B II. 3 a).

ternehmen CLT-UFA ermittelt[224]. Aufgrund dieses Sachverhalts war zu entscheiden, ob die Abweichung als geringfügige Unterschreitung der 30 v.H. Grenze nach § 26 Abs. 2 RfStV 1997 anzusehen ist. Die KEK kam zu dem Ergebnis, daß die ermittelten Zuschaueranteile als nicht nur geringfügige Abweichung von der Vermutungsschwelle des § 26 Abs. 2 RfStV 1997 zu bewerten sind[225]. Die Feststellung der KEK beruht auf folgenden Erwägungen zur Auslegung des Merkmals „geringfügig“ im Sinne von § 26 Abs. 2 S. 2 RfStV 1997: Dem Rundfunkstaatsvertrag und seiner Begründung ließen sich keine Anhaltspunkte entnehmen, nach welchen Kriterien die „Geringfügigkeit“ einer Unterschreitung des Zuschaueranteils zu beurteilen ist[226]. Aus der Entstehungsgeschichte des neuen Medienkonzentrationsrechts ergebe sich allerdings, daß der Grenzwert eines Zuschaueranteils von 30 v.H. als „feste Orientierungsgröße“ von den Ländern festgelegt wurde. Dem würde eine tendenziell großzügige Auslegung des Merkmals „geringfügig“, die das festgelegte Limit abschwächen würde, zuwiderlaufen[227]. Neben der Entstehungsgeschichte kommt nach Auffassung der KEK dem Sinn und Zweck der Medienkonzentrationsvorschriften[228] ausschlaggebende Bedeutung für die Auslegung von § 26 Abs. 2 S. 2 RfStV 1997 zu. Mit der nach der Rechtsprechung des Bundesverfassungsgerichts unmittelbar aus Art. 5 Abs. 1 GG folgenden Zielsetzung des Rechts zur Sicherung der Meinungsvielfalt, die Meinungsvielfalt im bundesweiten privaten Fernsehen zu sichern, sei eine Interpretation des Merkmals „geringfügig“, die allein an quantitativen Kriterien ausgerichtet, einen „festen Toleranzbereich“ vorsieht, nicht zu vereinbaren. In die Beurteilung müßten vielmehr neben quantitativen Gesichtspunkten auch qualitative „strukturelle Merkmale“ des Veranstalters einbezogen werden, die sich auf seine Stellung im Fernsehbereich und auf medienrelevanten verwandten Märkten beziehen. So sei ein Unterschreiten des Zuschaueranteils von 30 v.H. leichter als „geringfügig“ zu beurteilen, wenn der Zuschaueranteil des Unternehmens im Vergleich mit den anderen Veranstaltern überragend ist; umgekehrt könnten kleinere Unterschreitungen als noch geringfügig angesehen werden, wenn der dem Zuschaueranteil beigemessene Einfluß auf die Meinungsvielfalt durch die Programme anderer vergleichbar einflußreicher Veranstalter auf den Fernsehmärkten oder fernsehnahen Märkten aufgewogen werden kann[229]. Die KEK bestätigte diese Auslegung in dem Beschluß vom 26.1.1999 in dem Verfahren zur Zulassung von digitalen Pay-TV Programmen von Premiere[230]. Dabei setzte sich die

224 Ebd. S. 24.
225 Ebd. S. 25.
226 KEK Tätigkeitsbericht 1997/98, S. 24.
227 Ebd. S. 24 f.
228 Siehe dazu oben 2. Abschnitt A I. 4 b) aa).
229 KEK, Tätigkeitsbericht 1997/1998, S. 25.
230 Az. KEK 026, ZUM Rechtsprechungsdienst Heft 5/1999, S. 241 ff. Siehe auch KEK, Tätigkeitsbericht 1998/1999, S. 11 ff. u. S. 66 ff.

KEK mit den Kommentierungen zu § 26 RfStV 1997 sowie den Ausführungen der KDLM zur Auslegung des § 26 RfStV 1997 auseinander. Die KDLM hatte einen Antrag der Bayerischen Landeszentrale für neue Medien (BLM) nach § 37 Abs. 2 RfStV 1997 in dem Zulassungsverfahren „Discovery Channel“ wegen angeblicher Untätigkeit der KEK als unstatthaft zurückgewiesen, in dem Beschluß jedoch zugleich, ohne daß dies von der Sache her geboten war, Grundsätze zur Auslegung von § 26 RfStV 1997 aufgestellt[231]. Danach dürfte vorherrschende Meinungsmacht allein aufgrund der ermittelten Zuschaueranteile festgestellt werden, nicht jedoch aus „anderen Umständen“ abgeleitet werden[232]. Das Merkmal einer „geringfügigen“ Unterschreitung des Zuschaueranteils von 30 v.H. sei grundsätzlich „quantitativ“ zu verstehen. Dabei sei ein Zuschaueranteil von unter 28 v.H. in jedem Fall nicht mehr als „geringfügig“ anzusehen[233]. Die KEK hat in dem Beschluß vom 26.1.1999 in Sachen „Premiere“ hierzu festgestellt, daß die Auslegung des § 26 Abs. 2 RfStV 1997 durch die KDLM nicht berücksichtige, daß die Vorschrift als Vermutungstatbestand ausgestaltet sei[234]. Für die Vermutungsregelung sei kennzeichnend, daß sie einer Partei die Darlegungs- und Beweislast auferlege, nicht jedoch die materiellrechtliche Beurteilung abschließend festlege[235]. Dementsprechend sei in der Begründung zum Rundfunkstaatsvertrag ausgeführt, daß die Ausgestaltung der 30 v.H. Grenze als Vermutungstatbestand nicht ausschließe, daß die KEK vorherrschende Meinungsmacht auch unterhalb dieser Grenze feststellen kann. Es seien in diesem Fall allerdings besondere Anforderungen an den Nachweis „vorherrschender Meinungsmacht“ durch die KEK zu stellen[236]. Damit werde klargestellt, daß zwischen der Verwirklichung des Vermutungstatbestandes und der Beurteilung von vorherrschender Meinungsmacht durch die KEK zu unterscheiden sei. Zugleich folge daraus, daß die KEK bei der Feststellung vorherrschender Meinungsmacht nicht allein an die als Vermutung ausgestaltete Zuschaueranteilsgrenze gebunden ist. Dafür spreche auch, daß durch das Kriterium des Zuschaueranteils in erster Linie die horizontalen Wettbewerbsbeziehungen zwischen Fernsehveranstaltern erfaßt werden. Die Meinungsvielfalt könne indes auch durch vertikale Verflechtungen von Fernsehveranstaltern mit Unternehmen, die auf fernsehnahen vor- und nachgelagerten Märkten tätig sind, beeinträchtigt werden. Das sei insbesondere der Fall, wenn ein Veranstalter durch solche Unternehmensverflechtungen die Kontrolle über den Zugang zu den Fernsehmärkten erlangt. Diese Umstände müßten bei der Beurteilung, ob ein Unternehmen durch die Zulassung von Pro-

231 Beschluß v. 7.11.1998, ZUM 1998, S. 1054 ff.
232 KDLM Beschluß v. 7.11.1998, ZUM 1998, S 1057.
233 Ebd. S. 1057 f.
234 Az. KEK 026 Begründung, S. 19 ff. ZUM Rechtsprechungsdienst Heft 5/1999, S. 24 ff. Siehe auch KEK, Tätigkeitsbericht 1998/1999, S. 67 ff.
235 Ebd. S. 20.
236 Amtliche Begründung zu § 26 RfStV 1997, abgedr. in Ring (Hrsg.) Medienrecht, Bd. II. C-O 1.

grammen oder Beteiligungsveränderungen vorherrschende Meinungsmacht erlangt, Berücksichtigung finden[237].

Der Auffassung der KEK ist im Ergebnis zuzustimmen. Es ist bereits fraglich, ob die Länder unter verfassungsrechtlichen Gesichtspunkten überhaupt befugt wären im Rundfunkstaatsvertrag abschließend zu regeln, unter welchen Umständen vorherrschende Meinungsmacht im bundesweiten privaten Fernsehen anzunehmen ist. Die Vermutungsregelung des § 26 Abs. 2 RfStV 1997 kann daher verfassungskonform nur dahin ausgelegt werden, daß vorherrschende Meinungsmacht auch unterhalb der 30 v.H. Grenze unter Berücksichtigung „anderer Umstände" als des ermittelten Zuschaueranteils festgestellt werden kann. Dabei sind der KEK jedoch durch die besondere Vermutungsregelung des § 26 Abs. 2 S. 2 RfStV 1997 für Fälle multimedialer Konzentration sehr enge Grenzen gezogen. So wird der Nachweis vorherrschender Meinungsmacht unterhalb einer Grenze von 27 v.H. praktisch wohl nicht in einer Weise zu führen sein, die einer gerichtlichen Nachprüfung standhält. Der Versuch in den Kommentierungen zu § 26 RfStV 1997[238] sowie in den von Premiere in dem Verfahren auf Zulassung zur bundesweiten Veranstaltung von digitalen Pay-TV Programmangeboten vorgelegten Gutachten von Bork[239] und Martinek[240], einen festen Grenzwert für das Merkmal der „geringfügigen" Unterschreitung des Zuschaueranteils von 30 v.H. zu bestimmen, findet weder im Wortlaut noch in der Entstehungsgeschichte der Norm einen Anhalt und ist auch mit Sinn und Zweck der Vorschrift nicht in Einklang zu bringen.

---

237 KEK Beschluß v. 26.1.1999, Az. KEK 026 Begründung, S. 21, 22 f. unter Hinweis auf BVerfGE 95, 163, 173.

238 Vgl. Neft Meinungsdominanz im Fernsehen, ZUM 1998, S. 458, 462 f. m.w.N., der eine Marge von 3 v.H. als richtigen Ansatz für die Geringfügigkeitsschwelle ansieht, was im Ergebnis den Anwendungsbereich der Norm erst ab einem Zuschaueranteil von 29, 1 v.H. eröffnet, ebenso Beucher/Leyendecker/von Rosenberg, Mediengesetze, § 26 RStV Rn. 10 und Hartstein/Ring/ Kreile/Dörr/Stettner, Kommentar zum Rundfunkstaatsvertrag, in Ring (Hrsg.), Medienrecht, Bd. 2 und C.-0.3. (Stand: Nov. 1998), § 26 RStV Rn. 13. Vgl. hierzu auch Kreile/Stumpf, Das neue „Medienkartellrecht", in MMR 1998, S. 192, 193, welche die Regelung des §26 Abs. 2 S. 2 RfStV 1997 insgesamt für mißlungen halten.

239 „Geringfügige Unterschreitung des Zuschaueranteils" – Betrachtungen zu § 26 Abs. 2 S. 2 RfStV, veröffentlicht in Kommunikation&Recht, 1998, S. 183 ff. Bork kommt übereinstimmend mit den in der vorherigen Note genannten Autoren zu dem Ergebnis, daß die Geringfügigkeitsgrenze bei 3 v.H. bezogen auf einen Marktanteil von 30 v.H., d.h. bei einem Marktanteil von 0,9 v.H. anzusetzen sei und somit vorherrschende Meinungsmacht bei einem Marktanteil von 29 v.H. nicht mehr vermutet, sondern nur noch konkret nachgewiesen werden kann.

240 Die Zurechnung von Zuschaueranteilen nach §§ 25 RfStV 1996 anläßlich der Lizenzanträge der Premiere Medien GmbH & Co. KG auf Zulassung zur bundesweiten Veranstaltung von digitalen Pay-TV-Programmangeboten, Rechtsgutachten, veröffentlicht in Schriftenreihe des Instituts für Europäisches Medienrecht, Bd. 19,München, Berlin 1998. Martinek hält eine Unterschreitung von äußerstenfalls 1 v.H. für gerade noch geringfügig, so daß ab einem Marktanteil von 28.99 v.H. oder weniger keine nur „geringfügige" Unterschreitung des Zuschaueranteils mehr angenommen werden könne.

bb) Bestimmung der „medienrelevanten verwandten" Märkte

Die Vorschriften zur Sicherung der Meinungsvielfalt bestimmen nicht näher, welche Märkte als „medienrelevant" und „verwandt" i.S.v. § 26 Abs. 2 S. 2 RfStV 1997 anzusehen sind[241]. Die Begründung zu § 26 Abs. 2 S. 2 RfStV 1997 enthält hierzu lediglich den Hinweis, daß in die Beurteilung vorherrschender Meinungsmacht nach dieser Vorschrift „Werbung, Hörfunk, Presse, Rechte, Produktion und andere medienrelevante verwandte Märkte einzubeziehen" sind[242]. Damit ist über die im Rahmen der Vorschrift vorzunehmenden schwierigen Marktabgrenzungen keine Aussage getroffen worden. So ist etwa im Hinblick auf die Pressemärkte offen, ob die in der Praxis von den Kartellbehörden und Gerichten abgegrenzten Märkte, die unter anderem zwischen Abonennten- und Kaufzeitungen sowie Tages-, Wochen- und Zeitschriftenmärkten unterscheiden, zugrunde zu legen sind[243].

Die Vorschrift des § 26 Abs. 2 S. 2 RfStV 1997 knüpft mit dem Begriff der „marktbeherrschenden Stellung" an die Vorschriften der wettbewerblichen Fusionskontrolle (§ 36 Abs. 1 GWB) an. Das spricht dafür, bei der als Vorfrage zur Bestimmung einer marktbeherrschenden Stellung zu klärenden Marktabgrenzung von den im Kartellrecht entwickelten Marktabgrenzungen auszugehen. Es sind zudem keine Kriterien ersichtlich, die für eine von der kartellrechtlichen Rechts- und Verwaltungspraxis abweichende, an den Zwecken der Vorschriften zur Sicherung der Meinungsvielfalt orientierte Marktabgrenzung geeignet erscheinen. Dementsprechend geht die KEK davon aus, daß Entscheidungen der deutschen und europäischen Kartellbehörden Tatbestandswirkung für die nach dem Rundfunkstaatsvertrag zu treffenden Entscheidungen zukommen kann, wenn es um die Feststellung einer marktbeherrschenden Stellung auf einem medienrelevanten verwandten Markt geht, den die Kartellbehörden untersucht haben[244]. Die deutschen und europäischen Kartellbehörden und Gerichte haben in ständiger Rechts- und Verwaltungspraxis die Abgrenzung von Märkten auf der Grundlage des sog. Bedarfs-

241 Ricker/Schiwy a.a.O. Rdz. E 57b, die Vorschrift des § 26 Abs. 2 S. 2 RfStV aus diesem Grunde als unter dem Gesichtspunkt des Bestimmtheitsgrundsatzes sowie des Wesentlichkeitsgrundsatzes für verfassungsrechtlich bedenklich halten.

242 Vgl. Amtliche Begründung zu § 26 RfStV 1997.

243 Engel, Medienrechtliche Konzentrationsvorsorge, in Die Landesmedienanstalten (Hrsg.), Die Sicherung der Meinungsvielfalt, S. 271 ff.; Kuch, Das Zuschaueranteilsmodell, in ZUM 1997, S. 12, 15; der für eine weite Marktabgrenzung mit der Begründung eintritt, daß es für die Beurteilung, ob der Einfluß eines Unternehmens auf die Meinungsbildung durch das Medium Fernsehen dadurch verstärkt wird, daß dieses Unternehmen die Meinungsbildung im Printbereich beeinflussen kann, nicht auf die Unterscheidung zwischen Abonnenten- und Kaufzeitungen ankommen könne. Siehe dazu unter Berücksichtigung insbesondere der Marktverhältnisse auf den Zeitungs- und Zeitschriftenmärkten in Deutschland und Europa, Röper a.a.O. S. 610 ff.

244 Jahresbericht der KEK, Bericht über die Tätigkeit der Kommission im Zeitraum vom 15.5.1997 bis 30.6.1998, S. 6.

marktkonzepts nach der funktionellen Austauschbarkeit aus der Sicht des Abnehmers (Angebotsmärkte) bzw. des Anbieters (bei der Bestimmung von Nachfragemacht) vorgenommen[245].

Die Zwecke der Vorschriften zur Sicherung der Meinungsvielfalt sind indes maßgeblich für die Bestimmung, ob ein nach den vorstehend dargelegten Kriterien abgegrenzter Markt als „medienrelevant" und „verwandt" anzusehen ist. In diesem Zusammenhang kommt den Programmbeschaffungsmärkten, insbesondere vor dem Hintergrund der sich abzeichnenden Vervielfachung der Übertragungsmöglichkeiten, eine zentrale Bedeutung zu[246]. Des weiteren werden hier auch die Märkte für Online- und digitale Dienste einzubeziehen sein[247]. Ferner werden die Auswirkungen von Kooperationen im technischen Bereich der Entwicklung und Vermarktung digitaler Infrastrukturen auf die Veranstaltung von analogem und digitalem Pay-TV sowie werbefinanziertem Fernsehen in diesem Zusammenhang zu berücksichtigen sein.

cc) „Gesamtbeurteilung" der Aktivitäten eines Unternehmens im Fernsehen und auf medienrelevanten verwandten Märkten

Der Feststellung einer marktbeherrschenden Stellung auf einem medienrelevanten verwandten Markt sind nach dem Wortlaut der Vorschrift des § 26 Abs. 2 S. 2 RfStV 1997 die „Aktivitäten" des Unternehmens im Fernsehen und auf medienrelevanten verwandten Märkten gleichgestellt, sofern eine „Gesamtbeurteilung" ergibt, daß der dadurch erzielte Meinungseinfluß dem eines Unternehmens mit einem Zuschauermarktanteil von 30 v.H. im Fernsehen entspricht. Der Rundfunkstaatsvertrag gibt keinerlei Kriterien für die von der KEK vorzunehmende „Gesamtbeurteilung" der Aktivitäten eines Unternehmens im Fernsehen und auf medienrelevanten verwandten Märkten vor. Die Vorschrift ist aus diesem Grunde im Schrifttum unter rechtsstaatlichen Gesichtspunkten als bedenklich eingestuft worden[248]. So sieht etwa das GWB für die Beurteilung einer marktbeherrschenden Stellung eines Unternehmens durch die Kartellbehörden im Rahmen der wettbewerblichen Fusionskontrolle vor, daß bei der Prüfung insbesondere der Marktanteil des Unternehmens, seine Finanzkraft, sein Zugang zu den Beschaffungs- oder Absatzmärkten, Verflechtungen mit anderen Unternehmen, rechtliche oder tatsächliche Schranken für den Marktzutritt anderer Unternehmen, die Fähigkeit, sein An-

245 Langen - Ruppelt, KartR (8. Aufl.), § 22 Rn.10 ff.; Möschel in Immenga/Mestmäcker EG-Wettbewerbsrecht, Bd. 1 S. 695 ff. jeweils mit umfangreichen Hinweisen zur Rechts- und Verwaltungspraxis. Siehe dazu im einzelnen unter 2. Abschnitt B.

246 Vgl. Stockmann/Zigelski, Novellierung des Rundfunkstaatsvertrages, in ZUM 1995, 537, 548, Hege, Die Aufgabe der Medienpolitik, 1994, S. 6.

247 Siehe dazu Kreile, Die Reform des Rundfunkstaatsvertrages, in NJW 1997, S. 1329, 1332 f.

248 Ricker/Schiwy a.a.O. E. 57b; Hess a.a.O. S. 683.

gebot oder seine Nachfrage auf andere Waren oder gewerbliche Leistungen umzustellen sowie die Möglichkeit der Marktgegenseite, auf andere Unternehmen auszuweichen, zu berücksichtigen sind. Die Länder haben darauf verzichtet, entsprechende Kriterien für die nach § 26 Abs. 2 S. 2 RfStV 1997 vorzunehmende Gesamtbeurteilung der Aktivitäten eines Unternehmens im Fernsehen und auf medienrelevanten Märkten aufzustellen und dadurch den Tatbestand zu konkretisieren. Es bleibt nunmehr der KEK sowie den Verwaltungsgerichten überlassen, diese Konkretisierung vorzunehmen. Dabei wird sich in der Rechts- und Verwaltungspraxis zeigen, ob die auf diese Vorschrift gestützten Maßnahmen von KEK und KDLM einer gerichtlichen Nachprüfung standhalten werden.

dd) Stellungnahme

Die Länder haben die Schwelle, von der an intermediale Verflechtungen in die Konzentrationsprüfung im Fernsehen einzubeziehen sind, hoch angesetzt. Die Regelung greift erst bei einer geringfügigen Unterschreitung eines Marktanteils von 30 v.H. ein. Es ist zweifelhaft, ob die derzeit im Fernsehen tätigen Unternehmen in absehbarer Zeit Marktanteile im Anwendungsbereich der Vorschrift erreichen[249]. Des weiteren kommt die Vorschrift nur dann zur Anwendung, wenn auch auf dem „medienrelevanten verwandten" Markt eine marktbeherrschende Stellung des Unternehmens gegeben ist. Voraussetzung dafür ist in der Regel ein Marktanteil von über 30 v.H. auf dem betroffenen Markt. Die von der Bundesregierung 1967 zur Untersuchung der Gefährdung der wirtschaftlichen Existenz von Presseunternehmen und der Folgen der Konzentration für die Meinungsfreiheit in der Bundesrepublik Deutschland eingesetzte sog. „Günther-Kommission" war demgegenüber in ihrem Schlußbericht zu dem Ergebnis gekommen, daß eine Gefährdung der Pressefreiheit durch multimediale Verflechtungen bereits bei deutlich niedrigeren Marktanteilen der Unternehmen auf den relevanten Märkten anzunehmen ist. So sah die Kommission eine Gefährdung der Pressefreiheit bereits bei einem Marktanteil von 20 v.H. Bei intermedialen Verflechtungen nahm die Kommission eine Gefährdung der Pressefreiheit an, wenn in dem einem Marktsegment Anteile von über 20 v.H. und in einem weiteren Marktsegment Anteile von 10 v.H. erreicht werden[250]. Eine Orientierung an den von der Günther-Kommission vorgeschlagenen Schwellenwerten hätte in Anbetracht der bereits eingetretenen intermedialen Verflech-

249 Siehe dazu Röper a.a.O. S. 610, 618 f.

250 BT-Drs. V/3122, Schlußbericht der Kommission zur Untersuchung der Gefährdung der wirtschaftlichen Existenz von Presseunternehmen und der Folgen der Konzentration für die Meinungsfreiheit in der Bundesrepublik Deutschland. Siehe dazu Röper a.a.O.

tungen, insbesondere zwischen Fernsehen und Presse, allerdings Entflechtungsmaßnahmen notwendig gemacht. Es ist fraglich, ob sich diese hätten durchsetzen lassen[251].

d) *Ermittlung der Zuschauermarktanteile*

Ein weiterer Kernbestandteil des neuen Rechts zur Sicherung der Meinungsvielfalt sind die Regelungen über die Bestimmung der Zuschauermarktanteile. Diese sind in den §§ 27 und 34 RfStV 1997 enthalten. Die Regelung des § 27 RfStV 1997 sieht vor, daß die Landesmedienanstalten den Zuschauermarktanteil der einem Unternehmen zurechenbaren Programme durch die KEK ermitteln (§ 27 Abs. 1 RfStV 1997). Dabei sind alle deutschsprachigen Programme des öffentlich-rechtlichen sowie die bundesweit empfangbaren privaten Programme einzubeziehen. Mit der Ermittlung der Zuschauermarktanteile soll aufgrund einer Ausschreibung ein Unternehmen beauftragt werden, das die relevanten Daten nach allgemein anerkannten wissenschaftlichen Methoden erhebt und aufgrund vertraglicher Vereinbarungen Dritten, insbesondere den Veranstaltern, zur Verfügung stellt (§ 27 Abs. 2 RfStV 1997). Letztere sind gem. § 27 Abs. 3 RfStV 1997 verpflichtet, bei der Ermittlung der Zuschauermarktanteile mitzuwirken. Für eine Übergangszeit von mindestens 18 Monaten sind gem. § 34 RfStV 1997 die im Auftrage der Veranstalter erhobenen Daten zur Bestimmung der Werbereichweiten zugrunde zu legen[252]. Die Veranstalter sind nach § 34 RfStV 1997 verpflichtet, die insoweit bei ihnen vorhandenen Daten der KEK auf Anforderung zur Verfügung zu stellen. Diese Grundkonzeption der Ermittlung der Zuschauermarktanteile, die Grundlage jeder Entscheidung der KEK über die Anwendung der Vorschriften zur Sicherung der Meinungsvielfalt sind, ist bereits im Vorfeld des Inkrafttretens der Neuregelung in methodischer und rechtlicher Hinsicht kritisiert worden[253]. Auf diese Kritik, die teilweise

---

251 Dörr, Maßnahmen zur Vielfaltssicherung gelungen? in Mediaperspektiven 1996, S. 621, 627, der zu dem Ergebnis kommt, daß angesichts der bereits eingetretenen Medienkonzentration eine Festsetzung der Zuschaueranteilsobergrenze unterhalb von 30 v.H. nicht zu erwarten und auch nicht möglich war. Siehe hierzu auch Röper, Mehr Spielraum für Konzentration und Cross Ownership im Mediensektor, in Mediaperspektiven 1996, S. 610, 618, der ebenfalls bezweifelt, ob sich Entflechtungsmaßnahmen hätten durchsetzen lassen.

252 Vgl. Amtliche Begründung zu § 34 RfStV 1997, mit dem Hinweis darauf, daß die Durchführung des Ausschreibungsverfahrens und die sich daran anschließende Beauftragung eines Unternehmens mindestens 6 Monate in Anspruch nehmen wird, so daß frühestens nach 18 Monaten Daten für den ersten Zwölfmonatszeitraum vorliegen werden.

253 Siehe dazu eingehend Engel, Die Messung der Fernsehnutzung als Voraussetzung eines Marktanteilsmodells zur Kontrolle der Medienkonzentration, in ZUM 1995, S. 653 ff.; dazu Knothe, in ZUM 1996, S. 132. Siehe ferner die Beiträge von Kresse, Marktöffnung und Pluralitätssicherung, in ders. (Hrsg.), Pluralismus, Markt- und Medienkonzentration: Positionen, S. 46 ff.; Lehr, Verfassungs- und verwaltungsrechtliche Fragen der Novellierung der rundfunkrechtlichen Konzentrationskontrolle unter besonderer Berücksichtigung des Zuschaueranteilsmodells, in ZUM 1995, S. 667, 671 f.; Holzer, Das Marktanteilsmodell auf dem Prüfstand - Ein Problemaufriß, in ZUM 1995, S. 577, 584 f.; Stockmann/Zigelski, Novellierung des Rundfunkstaatsvertrages, in ZUM

als genereller Einwand gegen die Eignung des Zuschaueranteilsmodells zur Sicherung der Meinungsvielfalt im bundesweiten privaten Fernsehen formuliert worden ist, wird im Zusammenhang mit der Würdigung der Neuregelung näher einzugehen sein. Im folgenden sollen zunächst auf die wichtigsten Einzelfragen im Zusammenhang mit der Bestimmung des Zuschauermarktanteils - die Definition des „Zuschauermarktanteils", die Marktabgrenzung, die Methodik der Erhebung der relevanten Marktdaten sowie die Mitwirkungspflichten der Veranstalter - näher betrachtet werden.

aa) Begriff des Zuschauermarktanteils

Der in dem neuen Recht zur Sicherung der Meinungsvielfalt zentrale Begriff des „Zuschaueranteils", genauer „Zuschauermarktanteils", ist weder im Rundfunkstaatsvertrag noch in der amtlichen Begründung definiert. Aus den §§ 27 Abs. 2 S. 2 und 3, 34 RfStV 1997 sowie aus der im Vorfeld der Änderung des Rundfunkstaatsvertrages geführten Novellierungsdiskussion[254] ergibt sich, daß die Ministerpräsidenten der Länder im Hinblick auf die Ermittlung des Zuschauermarktanteils von den derzeit von der Gesellschaft für Konsum-, Markt- und Absatzforschung (GfK) im Auftrag der Arbeitsgemeinschaft Fernsehforschung (AGF) ermittelten Einschaltquoten zur Bestimmung der Werbereichweiten ausgegangen sind[255]. Die von der GfK ermittelten Einschaltquoten stellen keine exakte Messung des Zuschauermarktanteils dar. Die von der GfK ermittelte Sehbeteiligung (sog. „Rating") beruht ausgehend von den Methoden der empirischen Fernsehzuschauerforschung auf einer in der Branche zwischen Fernsehveranstaltern und Werbewirtschaft herausgebildeten Konvention. Die GfK wertet derzeit das Sehverhalten von zur Zeit ca. 4.400 repräsentativ ausgewählten Fernsehhaushalten (sog. „Panel") aus. Die GfK ermittelt aufgrund der so erhobenen Marktdaten den Anteil der Personen an der Grundgesamtheit, die durchschnittlich in einem bestimmten Intervall durch ein Programm erreicht werden. Bei der Ermittlung der Sehbeteiligung wird die jeweilige Sehdauer eines Haushalts berücksichtigt. Bei der Ermittlung der Marktanteilsquoten nach der GfK-Methode werden somit von den ausgewählten Haushalten auch diejenigen erfaßt, die in dem jeweiligen Zeitraum ihr Fernsehgerät nicht eingeschaltet hatten. Die auf

---

1995, S. 541, 550, Kreile, Die Reform des Rundfunkstaatsvertrages, in NJW 1997, S. 1329, 1332; Hesse, Zur aktuellen Entwicklung des Rundfunkrechts, in BayVBl. 1997, S. 165, 167; Clausen-Muradian, Konzentrationskontrolle im privaten Rundfunk, in ZUM 1996, S. 934, 943 ff.; Hess, Medienkonzentrationsrecht nach dem neuen Rundfunkstaatsvertrag, in AfP 1997, S. 680, 682 sowie die Beiträge von Dörr, Giani, Kreile, Lehr und Schandt anläßlich des EMR-Expertengesprächs zu dem Thema Einschaltquoten: Medienwissenschaftliche und rechtliche Aspekte der Ermittlung von Zuschaueranteilen, abgedr. in Schriftenreihe des Instituts für Europäisches Medienrecht, 1997, Bd. 17, S. 51 ff.

254 Siehe dazu Kresse a.a.O. S. 45 ff.

255 Kreile a.a.O. S. 1332; Clausen-Muradian a.a.O. S. 943; Hess a.a.O. S. 682.

diese Weise ermittelten Ratings sind die Grundlage für die Festlegung der Werbepreise nach Maßgabe der sog. „Tausender-Kontakt-Preise“[256].

Die Ratings sind von den sog. „Marktanteilen“ zu unterscheiden. Als Marktanteil wird im Rahmen der empirischen Zuschauerforschung der durchschnittliche Anteil der Gesamtsehdauer aller Fernsehzuschauer in einem bestimmten Zeitraum bezeichnet, der auf ein Programm entfällt. Der Marktanteil bezieht damit anders als das Rating nur die Haushalte mit ein, die in einem bestimmten Zeitraum ferngesehen haben, nicht hingegen die Haushalte, die ihr Gerät nicht eingeschaltet hatten[257].

In § 34 S. 1 RfStV 1997 ist bestimmt, daß für eine Übergangszeit bis zur ersten Bestimmung der „Zuschaueranteile“ nach § 27 RfStV 1997 die vorhandenen Daten über Zuschauermarktanteile, d.h. die GfK-Daten, zugrunde zu legen sind[258]. Nach § 27 Abs. 2 S. 3 RfStV 1997 sollen die Landesmedienanstalten mit den Unternehmen vereinbaren, daß die anläßlich der Ermittlung der Marktanteile erhobenen Daten vertraglich auch von Dritten genutzt werden können. Dadurch sollen die für die Ermittlung der Marktanteile entstehenden Kosten vermindert werden (§ 27 Abs. 2 S. 4 RfStV 1997). In der amtlichen Begründung zu § 27 Abs. 2 RfStV 1997 wird in diesem Zusammenhang darauf hingewiesen, daß die nach § 27 RfStV 1997 ermittelten Marktanteile etwa für die Ermittlung der Werbepreise genutzt werden könnten[259]. Es spricht demnach einiges dafür, daß der künftig für die Beurteilung von Konzentrationsvorgängen im Fernsehen maßgebliche „Zuschauermarktanteil“ mit dem derzeit von der GfK ermittelten Einschaltquoten (Ratings) übereinstimmen wird[260]. Die Länder haben wohl aus verfassungs- und wettbewerbsrechtlichen Gründen davon abgesehen, ein bestimmtes System zur Ermittlung der Marktanteile in dem Rundfunkstaatsvertrag festzuschreiben bzw. die Beauftragung eines bestimmten Unternehmens vorzusehen[261]. Die Vorschrift des § 27 Abs. 2 S. 1 RfStV 1997 sieht demgemäß vor, daß die Landesmedienanstalten nach Maßgabe einer Entscheidung der KEK ein Unternehmen nach Durchführung einer „öffentlichen Ausschreibung“ mit der Ermittlung der Marktanteile beauftragen werden[262].

---

256 Engel, Die Messung der Fernsehnutzung als Voraussetzung eines Marktanteilsmodells, in ZUM 1995 S. 653, 655 ff.; Hess a.a.O. S. 682.

257 Engel a.a.O. S. 655.

258 Vgl. Amtliche Begründung zu § 34 RfStV 1997.

259 Amtliche Begründung zu § 27 RfStV 1997.

260 So auch Hess a.a.O. S. 682.

261 Kreile a.a.O. S. 1332.

262 Amtliche Begründung zu § 27 RfStV 1997. Siehe dazu Hess a.a.O.

bb) Marktabgrenzung

Für die Ermittlung der Zuschauermarktanteile ist maßgebend, wie der relevante Markt abzugrenzen ist[263]. Im Vorfeld der Novellierung des Rechts zur Sicherung der Meinungsvielfalt war umstritten, ob neben werbefinanzierten auch gebühren- und entgeltfinanzierte Programme in den für die Ermittlung des Marktanteils relevanten Markt einzubeziehen sind. Die Länder haben sich dafür entschieden, sowohl alle öffentlich-rechtlichen Programme als auch alle bundesweit empfangbaren privaten Programme unabhängig von ihrer Verbreitungsart einzubeziehen (§ 27 Abs. 1 RfStV 1997). In der amtlichen Begründung wird klargestellt, daß alle Dritten Fernsehprogramme der öffentlich-rechtlichen Rundfunkanstalten sowie alle bundesweit empfangbaren privaten Fernsehprogramme, auch wenn die im Ausland veranstaltet werden, zugrunde zu legen sind. Maßgeblich sei allein, daß die Programme in deutscher Sprache ausgestrahlt werden. Dabei sind auch die Programme, wie etwa arte, die im Mehrkanaltechnik ausgestrahlt werden, zu berücksichtigen.

Der ausschließlichen Einbeziehung deutschsprachiger Programme liegt die Annahme zugrunde, daß fremdsprachige Programme einen wesentlich geringeren Einfluß auf die öffentliche Meinungsbildung in Deutschland haben[264]. Die amtliche Begründung gibt keinen Hinweis dafür, aus welchen Gründen die Länder darauf verzichtet haben im Hinblick auf die Ermittlung des Marktanteils zwischen der Programmart, Vollprogramm-, Informationsprogramm etc. sowie der Verbreitungsart zu differenzieren.

Der für die rundfunkrechtliche Konzentrationskontrolle relevante Markt weicht damit von den Märkten ab, die von den Kartellgerichten und -behörden im Rahmen der wettbewerblichen Fusionskontrolle bei der Beurteilung von Zusammenschlüssen im Fernsehbereich zugrunde gelegt worden sind[265]. Die Einbeziehung des öffentlich-rechtlichen Rundfunks in die Ermittlung der maßgeblichen Marktanteile ist im Hinblick auf den besonderen Schutzzweck des Rechts zur Sicherung der Meinungsvielfalt gerechtfertigt. Der tatsächliche Einfluß eines privaten Veranstalters auf die öffentliche Meinungsbildung läßt sich nicht unabhängig von dem Einfluß öffentlich-rechtlich veranstalteter

263 Clausen-Muradian, Konzentrationskontrolle im privaten Rundfunk, in ZUM 1996 S. 934, 944 ff.; Engel, Medienrechtliche Konzentrationsvorsorge, in Der Meinungsvielfalt, Landesmedienanstalten (Hrsg.), S. 221, S. 252 ff.; Hess, Medienkonzentrationsrecht nach dem neuen Rundfunkstaatsvertrag, in AfP 1997, S. 680, 683; Kiefer, Konzentrationskontrolle: Bemessungskriterien auf dem Prüfstand, In Media Perspektiven 1995, S. 58, 61 ff.; Kübler, Konzentrationskontrolle des bundesweiten Rundfunks, in: Die Sicherung der Meinungsvielfalt, die Landesmedienanstalten (Hrsg.), S. 387, 309 ff.; Kuch, Das Zuschaueranteilsmodell - Grundlage der Sicherung der Meinungsvielfalt im Fernsehen, in ZUM 1997, S. 12, 14; Ricker/Schiwy, Rundfunkverfassungsrecht, E RdZ. 56; Stockmann/Ziegelski, Novellierung des Rundfunkstaatsvertrages in ZUM 1995 S. 537, 549.

264 Vgl. Amtliche Begründung zu § 27 Abs. 1 RfStV 1997.

265 Siehe dazu eingehend unter 2. Abschnitt B. Siehe dazu auch: Schmidt, Gibt es einen Fernsehzuschauermarkt i.S.d. Gesetzes gegen Wettbewerbsbeschränkungen?, in ZUM 1997, S. 472 ff.

Rundfunkprogramme auf die Meinungsbildung „messen". Würde der Marktanteil allein auf der Grundlage der privat veranstalteten Fernsehprogramme ermittelt werden, würde dies zu einer Überbewertung der Einflußmöglichkeiten des privaten Fernsehens führen[266].

cc) *Methode der Ermittlung der Zuschauermarktanteile*

Der Rundfunkstaatsvertrag legt in § 27 Abs. 2 RfStV 1997 lediglich Grundzüge des Verfahrens zur Erhebung der Marktdaten sowie zur Methodik der Ermittlung des Zuschauermarktanteils fest. Dadurch soll gewährleistet werden, daß die Durchführung der Erhebung und die Methodik jeweils an den Stand der Wissenschaft angepaßt und verbessert werden kann[267]. Die Erhebung der Marktdaten soll durch ein externes Unternehmen erfolgen. Die Vergabe des Auftrags soll nach den Grundsätzen von Wirtschaftlichkeit und Sparsamkeit aufgrund einer Ausschreibung durch die Landesmedienanstalten nach Maßgabe einer Entscheidung der KEK erfolgen (§ 27 Abs. 2 S. 1 RfStV 1997). Die Einzelheiten der Ausschreibung werden von der KEK festgelegt[268]. Unter gleich geeigneten Interessenten soll grundsätzlich das preisgünstigste Unternehmen ausgewählt werden. Dabei soll aus Gründen der Kostenersparnis berücksichtigt werden, ob das Unternehmen zu einer Vereinbarung bereit ist, die anläßlich der Ermittlung der Marktanteile erhobenen Daten auch von Dritten, insbesondere der Werbewirtschaft, nutzen zu lassen[269]. Aus § 27 Abs. 2 RfStV 1997 und der amtlichen Begründung zu der Bestimmung läßt sich indes nicht eindeutig entnehmen, von wem die Auswahl unter den interessierten Unternehmen letztlich vorgenommen wird[270]. Die Auftragsvergabe im Außenverhältnis zu dem durch die Ausschreibung bestimmten Unternehmen erfolgt durch sämtliche Landesmedienanstalten, vertreten durch die im Zeitpunkt der Auftragsvergabe geschäftsführende Anstalt. Die KEK wird hingegen, wie oben bereits ausgeführt wurde, allein im Innenverhältnis als Organ der jeweils zuständigen Landesmedienanstalt tätig (§ 35 Abs. 2 S. 2 RfStV 1997). Dessen ungeachtet wird man davon ausgehen müssen, daß im Verhältnis der KEK zu den Landesmedienanstalten die Auswahlentscheidung von der KEK getroffen wird. Dies ergibt sich zum einen aus § 27 Abs. 2 S. 1 RfStV 1997, der vorsieht, daß die Landesmedienanstalten ein Unternehmen „nach Maßgabe einer Entscheidung der KEK" beauftragen. Ferner spricht dafür, daß die KEK gem. § 36 RfStV 1997 ausschließlich für die abschließende Beurteilung von Fragestellungen

266 So zutreffend Stockmann/Zigelski a.a.O. S. 549, a.A. Kiefer a.a.O. S. 66.
267 Amtliche Begründung zu § 27 Abs. 2 RfStV 1997.
268 Ebd.
269 Siehe Amtliche Begründung a.a.O. sowie oben unter 2. Abschnitt A I. 4. d) aa).
270 Hess, Medienkonzentrationsrecht nach den neuem Rundfunkstaatsvertrag in AfP 1997, S. 680, 683.

der Sicherung der Meinungsvielfalt im bundesweiten privaten Fernsehen zuständig ist. Zu dieser Aufgabe wird man auch die Auswahl des mit der Ermittlung der Marktanteile zu beauftragenden Unternehmens zu rechnen haben.
Zu der Methodik der Ermittlung der Zuschauermarktanteile sieht § 27 Abs. 2 S. 2 RfStV 1997 lediglich vor, daß diese aufgrund repräsentativer Erhebungen bei Zuschauern ab Vollendung des dritten Lebensjahres nach allgemein anerkannten wissenschaftlichen Methoden durchgeführt werden sollen. Dies entspricht der bisherigen Übung[271]. Die weiteren Einzelheiten sind durch die KEK in der Ausschreibung festzulegen[272]. Falls bei der Erhebung der Marktdaten die bisher von der Gesellschaft für Konsum-, Markt- und Absatzforschung (GfK) angewandte Methode der Messung von Zuschauermarktanteilen zugrunde gelegt würde, stellt sich das bereits im Vorfeld der Novellierung des Staatsvertrages erörterte Problem, ob die Ergebnisse einer verwaltungsgerichtlichen Kontrolle standhalten werden[273]. Fraglich ist, ob aufgrund der Meßmethode hinreichend genaue Ergebnisse zu erzielen sind, die etwa eine Enflechtungsentscheidung der KEK in gerichtsfester Weise tragen können. Dies könnte deshalb zweifelhaft sein, da die zur Zeit von der GfK ermittelten Zuschauermarktanteile auf der Auswertung des Sehverhaltens von einigen tausend Haushalten beruhen und damit Fehler bei der Berechnung des Zuschauermarktanteils nicht ausgeschlossen werden können[274].

dd) Mitwirkungspflichten der Veranstalter

Die Ermittlung der Zuschauermarktanteile in der vorstehend dargelegten Weise hängt wesentlich von der Mitwirkung der Veranstalter ab. Der Rundfunkstaatsvertrag sieht deshalb in § 27 Abs. 3 RfStV 1997 vor, daß die Veranstalter bei der Ermittlung der Marktanteile zur Mitwirkung verpflichtet sind. Falls ein Veranstalter dieser Pflicht nicht nachkommt, kann die Zulassung widerrufen werden (§ 27 Abs. 3 S. 2 RfStV 1997). Die Mitwirkungspflicht der Veranstalter umfaßt insbesondere geeignete Maßnahmen, etwa durch die Hinzuführung von Steuersignalen, die Ermittlung der Marktanteile durch das beauftragte Unternehmen zu unterstützen[275]. Ferner sind die Veranstalter verpflichtet

271 Amtliche Begründung zu § 27 Abs. 2 RfStV 1997.
272 Ebd.
273 Siehe hierzu insbesondere Lehr, Verfassungs- und verwaltungsrechtliche Fragen der Novellierung der rundfunkrechtlichen Konzentrationskontrolle unter besonderer Berücksichtigung des Zuschaueranteilsmodells, in ZUM 1995 S. 667, 671 ff. m.w.N.
274 Siehe dazu Kresse a.a.O. S. 47 f, der auf die Berechnungsfehler der Reichweiten und hinweist, die der GFK bei der Ermittlung der Zuschaueranteilsquoten im November 1994 und Januar 1995 unterlaufen sind und zu einer zeitweisen Einstellung des Berichtssystems geführt haben. Vgl. dazu auch Engel a.a.O. S. 658. Siehe ferner bereits oben unter 2. Abschnitt I. 4 d) aa). Kritisch zu der Frage, ob die von der GfK ermittelten Daten einer gerichtlichen Kontrolle standhalten, insbesondere Hesse, zur Entwicklung des Rundfunkrechts, in BayVBl. 1997 S. 165, 167 m.w.N.
275 Vgl. Amtliche Begründung zu § 27 Abs. 3 RfStV 1997.

Informationen über die Änderung von Kanalbelegungen auf Satelliten oder in Kabelanlagen bzw. über die terrestrische Verbreitung an das beauftragte Unternehmen weiterzugeben. Diese Informationen sind für den Grad der Genauigkeit der von dem Unternehmen erhobenen Marktdaten von entscheidender Bedeutung. In der amtlichen Begründung heißt es hierzu, daß „die gesamte gesetzliche Konzeption der Sicherung der Meinungsvielfalt über ein Zuschaueranteilsmodell" durch eine fehlerhafte Ermittlung der Zuschauermarktanteile infrage gestellt wäre[276]. Auf die aufgrund dieses Umstandes formulierten grundsätzlichen Einwände gegen die Eignung des Zuschaueranteilsmodells wurde bereits hingewiesen[277]. Auf diese grundsätzliche Kritik wird im Rahmen der Bewertung des Zuschaueranteilsmodells zurückzukommen sein.

e) Programmzurechnung

Den Zurechnungstatbeständen des § 28 RfStV 1997 kommt in Anbetracht der bereits bestehenden zahlreichen Verflechtungen von Medienunternehmen eine zentrale Bedeutung im Hinblick auf die Anwendung des neuen Rechts zur Sicherung der Meinungsvielfalt zu[278].

aa) Die Zurechnungsnormen im Überblick

Für die Ermittlung des Zuschauermarktanteils eines Unternehmens ist entscheidend, welche Programme diesem Unternehmen zuzurechnen sind. Die hierfür maßgeblichen Grundsätze sind in § 28 RfStV 1997 geregelt. Der Wortlaut der einzelnen Zurechnungstatbestände entspricht im Wortlaut der bislang im Rahmen des Beteiligungsmodells geltenden Zurechnungsnormen (§ 21 Abs. 1 S. 3 und 4 i.V.m. Abs. 5 RfStV 1991)[279]. Die Grundsätze der Zurechnung sind in ihrem materiellen Gehalt unverändert geblieben. Die Zurechnungstatbestände wurden lediglich in § 28 Abs. 4 RfStV 1997 durch eine besondere Bestimmung für die Zurechnung bei bestehenden Angehörigenverhältnissen (sog. „Angehörigenklausel") ergänzt[280]. Ziel der Zurechnungsvorschriften

---

276 Amtliche Begründung zu § 27 RfStV 1997.

277 Siehe oben 2. Abschnitt A I 4 d) aa). Vgl. auch Hess a.a.O. S. 683.

278 Siehe hierzu Röper, Mehr Spielraum für Konzentration und Cross-Ownership - Mediensektor, in Mediaperspektiven 1996, S. 610 ff. mit ausführlichen Nachweisen zu den aufgrund der derzeitigen Marktverhältnisse bestehenden Verflechtungen im Fernsehen und auf medienrelevanten verwandten Märkten sowie Martinek, Die Zurechnung von Zuschaueranteilen nach §§ 25 ff. des Rundfunkstaatsvertrages 1996, in EMR-Schriftenreihe Bd.19, S. 13 ff.

279 Vgl. Clausen-Muradian, Konzentrationskontrolle im privaten Rundfunk, in ZUM 1996, S. 934, 939.

280 Siehe dazu eingehend, Schweitzer, Die rechtliche Bedeutung von Angehörigenverhältnissen im Rahmen der Konzentrationskontrolle nach dem Rundfunkstaatsvertrag (RStV), in ZUM 1998, S. 597 ff.

ist es, dem Umstand Rechnung zu tragen, daß derzeit nahezu alle bundesweit tätigen Fernsehveranstalter mit anderen Unternehmen verflochten sind[281].

Als Folge des mit dem neuen Recht zur Sicherung der Meinungsvielfalt eingeführten Zuschaueranteilsmodells knüpfen die Zurechnungstatbestände des § 28 RfStV 1997 abweichend vom bislang geltenden Recht nicht mehr an die „Veranstalter", sondern die im Medienbereich tätigen Unternehmen an. Dies entspricht der Grundkonzeption des Zuschaueranteilsmodells, wonach vorherrschende Meinungsmacht vermutet wird, wenn ein „Unternehmen" mit den ihm zurechenbaren Programmen einen Zuschauermarktanteil von 30 v.H. erreicht (§ 26 Abs. 2 S. 1 RfStV 1997). Die Zurechnungstatbestände sind teils dem Aktienkonzernrecht entlehnt, teils enthalten sie medienspezifische Zurechnungskriterien.

Die Grundsätze der Zurechnung sind in § 28 Abs. 1 RfStV 1997 enthalten. Einem Unternehmen sind danach zunächst sämtliche Programme zuzurechnen, die von ihm selbst veranstaltet werden. Des weiteren sind einem Unternehmen sämtliche von einem anderen Unternehmen veranstalteten Programme zuzurechnen, sofern das Unternehmen an dem anderen Unternehmen unmittelbar mit mindestens 25 v.H. der Kapital- oder Stimmrechte beteiligt ist. Bei mittelbaren Beteiligungen gilt folgendes: Eine Programmzurechnung erfolgt, wenn ein Unternehmen mit einem anderen Unternehmen im Sinne von § 15 AktG verbunden ist, daß seinerseits wiederum mit mindestens 25 v.H. der Kapital- oder Stimmrechte an einem programmveranstaltenden Unternehmen beteiligt ist; d.h. einem Unternehmen A werden sämtliche von dem Unternehmen C veranstalteten Programme zugerechnet, wenn A mit dem Unternehmen B im Konzernverbund steht (§ 15 AktG) und B mit mindestens 25 v.H. an C beteiligt ist. In beiden Fällen erfolgt eine volle Zurechnung der Zuschauermarktanteile sämtlicher von dem anderen Unternehmen veranstalteten Programme. Werden die vorgenannten Grenzen bei einer unmittelbaren oder mittelbaren Beteiligung nicht erreicht, unterbleibt eine Programmzurechnung.

Die Länder haben sich damit für das „Alles-oder-Nichts"-Prinzip entschieden und eine im Rahmen der Novellierungsdiskussion vorgeschlagene „quotale" Zurechnung verworfen[282]. Es bestand zwischen den Ministerpräsidenten der Länder während der mehrjährigen Verhandlungen über die Novellierung des Rundfunkstaatsvertrages zunächst Einigkeit darüber, daß einem Unternehmen die vollen Zuschauermarktanteile sämtliche Programme eines Veranstalters zugerechnet werden, sofern das Unternehmen an dem Veranstalter unmittelbar oder mittelbar über eine Konzernunternehmen mit mindestens 10

---

281 Amtl. Begründung zu § 28 RfStV 1997.

282 Siehe hierzu Positionspapier des Verbandes Privater Rundfunk und Telekommunikation e.V. (VPRT) vom Dezember 1994 zur Sicherung der Meinungsvielfalt im bundesweiten privaten Fernsehen, abgedr. Kresse (Hrsg.), Pluralismus, Markt- und Medienkonzentration: Position, S. 199 f.

v.H. der Kapital- oder Stimmrechte beteiligt ist[283]. Erst im letzten Stadium der Beratungen des im August/September 1996 unterzeichneten Dritten Rundfunkänderungsstaatsvertrages einigten sich die Ministerpräsidenten darauf, die Zurechnungsschwelle von 10 v.H. auf 25 v.H. der Kapital- und Stimmrechte heraufzusetzen[284]. In der amtlichen Begründung zu § 28 Abs. 1 RfStV 1997 heißt es hierzu, daß die Zurechnungstatbestände in Anlehnung an das Gesellschafts- und Kartellrecht erfolgt sei. Danach hätte ein Unternehmen erst ab einer Beteiligung von 25 v.H. der Kapital- oder Stimmrechte eine Sperrminorität[285]. Unterhalb dieser Schwelle könne ein Unternehmen die Geschäftspolitik eines anderen (programmveranstaltenden) Unternehmens rechtlich nicht maßgeblich beeinflussen[286]. Bei mittelbaren Beteiligungen komme es wie im bisher geltenden Recht darauf an, ob ein Unternehmen mit dem an dem Veranstalter beteiligten Unternehmen im Konzernverbund steht (§ 15 AktG)[287]. Insofern enthält die Bestimmung keine Abweichungen zu den bisher geltenden Zurechnungstatbeständen.

Nach § 28 Abs. 2 RfStV 1997 sind einem Unternehmen unabhängig von der formalen Beteiligungshöhe auch dann die von einem anderen Unternehmen veranstalteten Programme zuzurechnen, sofern das Unternehmen allein oder gemeinsam mit anderen einen vergleichbaren Einfluß auf den Veranstalter ausüben kann. Dabei sind neben sämtlichen satzungsmäßigen und vertraglichen, insbesondere auch faktische Einflußmöglichkeiten zu berücksichtigen[288]. Die Bestimmung entspricht auch insoweit bisher geltendem Recht (§ 21 Abs. 1 S. 3 2. Alternative RfStV 1991).

Auch die in § 28 Abs. 2 S. 2 RfStV 1997 enthaltenen medienspezifischen Zurechnungstatbestände wurden wortgleich aus § 21 RfStV 1991 übernommen. Danach gilt als vergleichbarer Einfluß auch, wenn ein Unternehmen: (1) regelmäßig einen wesentlichen Teil der Sendezeit eines Veranstalters mit von ihm zugelieferten Programmteilen gestaltet oder (2) aufgrund vertraglicher Vereinbarungen, satzungsrechtlicher Bestimmungen oder in sonstiger Weise eine Stellung innehat, die wesentliche Entscheidungen eines Veranstalters über die Programmgestaltung, den Programmeinkauf oder die Programmproduktion von seiner Zustimmung abhängig macht.

In § 28 Abs. 3 RfStV 1997 wird nunmehr klargestellt, daß bei der Zurechnung von Programmen auch Unternehmen einzubeziehen sind, die ihren Sitz im Ausland haben. Dies ergibt sich bereits aus § 27 Abs. 1 RfStV 1997. Danach sind unabhängig von dem Sitz

283 Vgl. hierzu vorläufiges Ergebnisprotokoll der Ministerpräsidenten-Tagung zum Thema „Offene Medienfragen“ vom 7.3.1996, abgedr. in Beilage zum MEDIENSPIEGEL Nr. 12 v. 18. März 1996.

284 Siehe dazu kritisch Röper, Mehr Spielraum für Konzentration und Cross-Ownership im Mediensektor, in Mediaperspektiven 1996, S. 610, 611 f.

285 Amtliche Begründung zu § 28 Abs. 1 RfStV 1997.

286 Ebd.

287 Ebd.

288 Vgl. Amtliche Begründung zu § 28 Abs. 2 RfStV 1997.

des Veranstalters sämtliche deutschsprachigen Programme in die Ermittlung der Marktanteile einzubeziehen, die bundesweit empfangbar sind. Aus § 28 Abs. 3 RfStV 1997 folgt, daß gleiches für die Zurechnung von Programmen gilt[289].

In § 28 Abs. 4 RfStV 1997 ist erstmals im Rundfunkstaatsvertrag eine Bestimmung aufgenommen worden, die ausdrücklich die Einbeziehung von Angehörigenverhältnissen in die Bewertung vergleichbarer Einflüsse auf einen Veranstalter vorsieht[290]. Dabei sind die Grundsätze des Wirtschafts- und Steuerrechts heranzuziehen. Eine entsprechende „Angehörigenklausel" war bisher schon in einzelnen Landesmediengesetzen enthalten[291]. Es wird im folgenden zu zeigen sein, daß auch nach der bisher geltenden Rechtslage Angehörigenverhältnisse im Rahmen der Programmzurechnung entsprechend den Grundsätzen des Wirtschafts- und Steuerrechts zu berücksichtigen waren. Dabei reicht das Angehörigenverhältnis allein regelmäßig nicht für eine Zurechnung aus. Nach der Rechtsprechung der Zivilgerichte zum Konzern- und Kartellrecht gibt es keinen Erfahrungssatz, daß Familienangehörige stets gleichgerichtete Interessen verfolgen. Die KEK wird daher ebenso wie die Kartellbehörden in jedem Einzelfall zu prüfen und nachzuweisen haben, daß über das Angehörigenverhältnis hinaus weitere Umstände bestehen, die einem Unternehmer oder einem Unternehmen einen vergleichbaren Einfluß auf einen Veranstalter im Sinne von § 28 Abs. 2 RfStV 1997 ermöglichen.

bb) Verbundene Unternehmen im Sinne von § 15 AktG

Nach § 28 Abs. 1 RfStV 1997 sind einem mittelbar an einem Veranstalter beteiligten Unternehmen, sämtliche Programme des Veranstalters zuzurechnen, sofern die Unternehmen im Verhältnis von verbundenen Unternehmen im Sinne von § 15 AktG stehen und daß unmittelbar an dem Veranstalter beteiligte Unternehmen mindestens 25 v.H. der Kapital- und Stimmrechte an dem Veranstalter hält. Im folgenden soll der Begriff des "verbundenen Unternehmens" in seinem rundfunkspezifischen Kontext näher bestimmt werden Ausgangspunkt ist die Verweisung in § 28 Abs. 1 RfStV 1997. Zunächst ist der Umfang der Verweisung zu ermitteln. Im Anschluß daran ist zu klären, welche Auswirkungen die Verweisung auf die Auslegung des Begriffs des verbundenen Unternehmens im Rundfunkrecht hat. Es wird in diesem Zusammenhang der Frage nachzugehen sein, ob die aktienrechtliche Begriffsbestimmung auch für das Rundfunkrecht maßgeblich ist oder die Auslegung an der besonderen rundfunkrechtlichen Zielsetzung zu orientieren ist. Dabei wird die Rechtsprechung und das Schrifttum zu § 23 Abs. 1

---

289 Amtl. Begründung zu § 28 Abs. 3 RfStV 1997.

290 Siehe dazu eingehend, Schweitzer a.a.O.

291 Vgl. § 11 Abs. 7 LRG Schleswig-Holstein.

S. 2 GWB a.F. (§ 36 Abs. 2 GWB[292]) heranzuziehen sein. Im Hinblick auf die dort normierte Verweisung auf § 17 AktG stellt sich die "parallele" Auslegungsfrage, ob der aktienrechtliche oder ein an dem Schutzzweck der wettbewerblichen Fusionskontrolle ausgerichteter Abhängigkeitsbegriff maßgeblich ist.

(1) Verweisung auf das aktienrechtliche Konzernrecht

(a) Umfang der Verweisung

Die Verweisungsnorm (§ 28 Abs. 1 S. 2 RfStV 1997) bezieht sich nach ihrem Wortlaut auf sämtliche in § 15 AktG definierten Formen verbundener Unternehmen[293]. Demgegenüber bezog sich § 21 Abs. 5 RfStV 1991 nur auf zwei der fünf in § 15 AktG genannten Unternehmensverbindungen: die Beherrschung (§ 17 AktG) und die Konzernierung (§ 18 AktG).

(b) Die Vermutung des § 17 Abs. 2 AktG

In § 17 Abs. 2 AktG ist bestimmt, daß von einem in Mehrheitsbesitz stehenden Unternehmen vermutet wird, daß es von dem an ihm mit Mehrheit beteiligten Unternehmen abhängig ist. Es stellt sich die Frage, ob die Vermutung des § 17 Abs. 2 AktG von der Verweisung in § 28 Abs. 1 RfStV 1997 umfaßt wird. Der Wortlaut des § 28 Abs. 1 gibt keine eindeutige Antwort auf diese Frage, da dort nicht die Vorschrift des § 17 AktG zitiert wird, sondern auf verbundene Unternehmen im Sinne von § 15 AktG verwiesen wird. Der Sinn und Zweck der Vorschrift, die Zurechnung von Programmen umfassend gegen Umgehungen abzusichern, spricht indes für die Einbeziehung der Abhängigkeitsvermutung des § 17 Abs. 2 AktG[294]. Das entspricht der Rechtslage im Kartellrecht. Die Verweisung in § 36 Abs. 2 GWB (§ 23 Abs. 1 S. 2 GWB a.F.) auf § 17 AktG erfaßt nach allgemeiner Ansicht auch die Vermutung des § 17 Abs. 2 AktG[295].

---

292 Mit der am 1.1.1999 in Kraft getretenen 6. GWB-Novelle wurden die Bestimmungen über die Fusionskontrolle §§ 23 – 24 c GWB a.F. in dem neuen siebten Abschnitt (§§ 35-43 GWB) neu geregelt. Siehe dazu unter 2. Abschnitt B I.

293 Vgl. Art. 8 Abs. 5 S. 3 RfStV 1987, der auch eine umfassende Verweisung auf § 15 AktG vorsah; siehe dazu Hartstein Ring/Kreile, Der Rundfunkstaatsvertrag, 1989, Art. 8, RdNr. 50.

294 So auch Möschel, S. 333 f. in Festschrift für Hoppmann zu § 21 RfStV 1991.

295 Mestmäcker in Immenga/Mestmäcker, GWB, § 23 Rdnr. 37 m.w.N. ; Kleinmann/Bechthold, Fusionskontrolle, § 23 Rdnr. 351; K. Schmidt, in ZGR 1980 , S. 277, 285.

(c) Rechtsformneutrale Geltung

Die Verweisung in § 28 Abs. 1 S. 2 RfStV 1997 auf § 15 AktG gilt für alle Rundfunkveranstalter unabhängig von ihrer Rechtsform [296]. Nach überwiegender Auffassung gelten die Definitionen der § 15 AktG grundsätzlich für alle Unternehmensformen, also neben der Aktiengesellschaft insbesondere für die GmbH und für Personengesellschaften[297]. Die rechtsformneutrale Geltung der Verweisung in § 28 Abs. 1 S. 2 RfStV 1997 ist von erheblicher praktischer Bedeutung, da die Mehrzahl der derzeit zur Verbreitung privaten bundesweiten Rundfunks zugelassenen Veranstalter und die Mehrzahl der an ihnen Beteiligten entweder in der Rechtsform der GmbH oder der GmbH & Co.KG organisiert sind[298]. Das hat eine weitere für die Praxis wichtige Konsequenz. Bei der Anwendung der aktienrechtlichen Konzerntatbestände im Rundfunkrecht sind die Besonderheiten, die sich aus den im Vergleich zum Aktienrecht weitergehenden Gestaltungsmöglichkeiten im Recht der GmbH und der Personengesellschaften ergeben können, von besonderer Bedeutung[299].

(d) Gemeinsame Beherrschung

Die Vorschrift des § 28 Abs. 1 S. 4 RfStV 1997 sieht vor, daß von mehreren Unternehmen jedes von ihnen als herrschendes Unternehmen gilt, wenn sie aufgrund einer Vereinbarung oder in sonstiger Weise derart zusammenwirken, daß sie gemeinsam einen beherrschenden Einfluß auf ein beteiligtes Unternehmen ausüben können[300].
Möschel[301] hat zu dem wortidentischen § 21 Abs. 5 S. 2 RfStV 1991 die Ansicht vertreten, daß der Vorschrift nur eine klarstellende Funktion zukomme. Der dort geregelte Fall einer gemeinsamen Beherrschung werde nach dem derzeitigen Entwicklungsstand des Konzernrechts[302] bereits von § 17 AktG erfaßt. Kübler[303] hat dem widersprochen und

296 Möschel a.a.O. S. 333.
297 Emmerich/ Habersack, Aktienkonzernrecht, § 15 Rn. 5.
298 Die Veranstalter SAT 1, DSF, Kabelkanal sind als GmbH, die Veranstalter RTL, RTL 2, MTV, VOX sowie Premiere sind als GmbH & Co. KG organisiert. In der Rechtsform der AG ist bisher nur der Veranstalter ProSieben Media AG organisiert. Die Gesellschaft ist zugleich als erster Fernsehveranstalter in Deutschland an die Börse gegangen, siehe hierzu Frankfurter Allgemeine Zeitung vom 24. Juni 1997, S. 17.
299 Vgl. dazu Mestmäcker in Immenga/ Mestmäcker, GWB, § 23 Rdnr.35a f ; Koppensteiner in Kölner Kommentar zum AktG, § 17 Rdnr. 67f.
300 Vgl. hierzu die wortidentische Vorschrift in § 21 Abs. 5 S. 2 RfStV 1991.
301 Vgl. Möschel a.a.O. S. 332.
302 Vgl. dazu BGHZ 62, 193, 196 ff.; 74, 359, 360; Deringer, Fragen zur "Gemeinsamen Beherrschung" , in Festschrift für v. Gamm, S. 559,560; Emmerich/Sonnenschein, Konzernrecht, S. 61, S. 71; Koppensteiner, Kölner Kommentar zum Aktiengesetz, § 17 Rdnr.70.; Mestmäcker in Gemeinschaftsunternehmen im Konzern- und Kartellrecht, S. 9, 22. jeweils m.w.N.
303 Kübler, Rechtsgutachten v. 23.4.1993, erstattet für die LfR, abgedruckt in FUNK-Korrespondenz

die eigenständige Bedeutung der Regelung hervorgehoben. Der weitergehende Regelungsgehalt ergebe sich aus dem Merkmal "in sonstiger Weise". Die Bestimmung des § 17 AktG sei nach der "BuM"- Entscheidung des Bundesgerichtshofs[304] nur anwendbar, wenn mehrere Unternehmen aufgrund gesellschaftsrechtlicher Bindungen gemeinsam beherrschenden Einfluß ausübten. Der Satz 2 erfasse wie der wortidentische zweite Halbsatz von § 36 Abs. 2 S. 2 GWB (§ 23 Abs. 1 S. 2 GWB a.F.) darüber hinaus auch Fälle gemeinsamer Beherrschung aufgrund sonstiger rechtlicher und tatsächlicher Umstände, sofern diese "eine ausreichend sichere Grundlage für die Herrschaft bildeten "[305]. Deringer[306] ist der Auffassung, der aktienrechtliche Begriff der gemeinsamen Beherrschung spiele für die Zurechnung von Programmen dann keine Rolle, wenn im Rundfunkrecht eine speziellere Regelung enthalten sei.

Der Auffassung, die dem § 28 Abs. 1 S. 4 RfStV 1997 keine selbständige Bedeutung für die Zurechnung von Programmen gemäß § 28 Abs. 1 S. 2 beimißt, ist zuzustimmen. Die Regelung des § 28 Abs. 1 S. 4 bezieht sich auf Satz 2. Sie enthält eine Aussage zu dem aktienrechtlichen Tatbestand der Beherrschung, auf den Satz 2 verweist. Danach soll über den Wortlaut des § 17 AktG hinaus, der die Beherrschung durch ein anderes Unternehmen regelt, die Beherrschung durch mehrere Unternehmen erfaßt werden. Eine genauere Betrachtung der Systematik der Zurechnungsnorm des § 28 ergibt, daß dieser Regelungsgehalt für die Zurechnung von Programmen keine eigenständige Bedeutung hat. Die Regelung des § 28 RfStV 1997 unterscheidet zwischen Einwirkungsmöglichkeiten aufgrund gesellschaftsrechtlicher Beteiligungen (Abs. 1) und sonstigen Einflußnahmemöglichkeiten auf die Programmgestaltung eines Veranstalters (Abs. 2). Bei der Zurechnung von Programmen auf der Grundlage gesellschaftsrechtlicher Beteiligungen kommt § 28 Abs. 1 S. 4 nach allen vertretenen Ansichten keine eigenständige Funktion zu. Der dort geregelte Fall einer Beherrschung eines Unternehmens durch mehrere Unternehmen wird insoweit bereits von § 17 AktG erfaßt. Die vom Bundesgerichtshof geforderte gesellschaftsrechtliche Absicherung der Beherrschung ist im Falle der aufgrund gesellschaftsrechtlicher Beteiligungen vermittelten Einwirkungsmöglichkeiten stets gegeben. Eines Rückgriffs auf § 28 Abs. 1 S. 4 RfStV bedarf es insofern nicht. Wird die Programmzurechnung unter dem Gesichtspunkt der sonstigen Einflußnahmemöglichkeiten geprüft, ist die Regelung des § 28 Abs. 2 RfStV 1997 anwendbar. Die Vorschrift erfaßt auch den Fall der sonstigen Einflußnahme durch mehrere Unternehmen. Eines Rückgriffs auf § 28 Abs. 1 S. 4 RfStV 1997 bedarf es auch insoweit nicht. Es bleibt als

---

Nr.19, v. 14.5.1993, S. 39 f.; mit Bezugnahme auf die bisher geltende Regelung in § 21 Abs. 5 S. 2 RfStV 1991.

304 BGHZ 90, 381, 396.

305 Kübler a.a.O. S. 40.

306 Festschrift für v. Gamm , S. 564, unter Bezugnahme auf Artikel 8 Abs. 5 S. 3 RfStV 1987. Die Vorschrift entspricht der Bestimmung des § 28 Abs. 2 RfStV 1997.

Ergebnis festzuhalten, daß dem § 28 Abs. 1 S. 4 RfStV 1997 keine eigenständige Bedeutung im Rahmen des § 28 Abs. 1 RfStV 1997 zukommt.

(2) Auslegung der §§ 15-19 AktG im Rundfunkrecht

(a) Die Verweisung als methodisches Problem

Die Verweisung in § 28 Abs. 1 RfStV 1997 auf das Aktienrecht wirft die grundsätzliche Frage nach dem methodischen Ansatz der Auslegung von Verweisungsnormen auf[307]. Es stellt sich die Frage, welche Auswirkungen die Verweisung auf die Auslegung der in Bezug genommenen Tatbestände hat[308]. Bezogen auf die in § 28 Abs. 1 RfStV 1997 angeordnete Verweisung auf die konzernrechtlichen Tatbestände des Aktiengesetzes läßt sich die Fragestellung dahingehend präzisieren, ob aus der Verweisung auf das Aktienrecht folgt, daß die konzernrechtlichen Tatbestände in genau demselben Sinne wie im Aktienrecht zu verstehen sind oder eine an der besonderen Zielsetzung des Rundfunkrechts orientierte, von dem aktienrechtlichen Verständnis abweichende Auslegung vorzunehmen ist. Dieses Problem stellt sich in allen den Fällen, in denen außeraktienrechtliche Rechtsfolgen mit den Tatbeständen der §§ 15 ff AktG verknüpft werden[309]. Verweisungen auf die Vorschriften der §§ 15-19 AktG finden sich in zahlreichen Rechtsgebieten, von denen hier beispielhaft nur das Kartellrecht[310], das Mitbestimmungsrecht[311], das Arbeitsrecht[312], das Bankrecht[313] und das Recht der Rechnungslegung[314] genannt seien[315]. Die in den verschiedenen Rechtsmaterien entwickelten methodischen Ansätze zur Lösung der aufgezeigten Auslegungsfrage können im Rahmen

---

307 Koppensteiner in Kölner Kommentar zum AktG, Vorb. zu § 15 Rdnr.31; Korfmacher, Konzernrecht u. Fusionskontrolle, S. 1 ff. Vgl. Mestmäcker in Immenga/ Mestmäcker, GWB, § 23 RdNr. 3 zu den Auslegungsfragen, die sich aufgrund der Verweisung in § 23 GWB auf das Aktienrecht stellen; vgl. hierzu auch kritisch Rittner in Festschrift v Caemmerer, S. 623, 637; ders. Festschrift Luther, S. 147 ff.; zur Gesetzgebungstechnik der Verweisung vgl. Karren, Die Verweisung als Mittel der Gesetzgebungstechnik, S. 1 ff. m.w.N.

308 Korfmacher a.a.O. S. 3 ff. S: 29 ff. m.w.N.

309 Koppensteiner a.a.O.

310 § 36 Abs. 2 GWB; vgl. Mestmäcker in Immenga/ Mestmäcker, GWB, § 23 RdNr. 36 ff. m.w.N.

311 § 5 Abs. 1 MitbestG 1976; vgl. Ulmer in Hanau/ Ulmer, MitbestG, § 5 RdNr. 6 m.w.N.

312 § 54 Abs. 1 BetrVG 1972; vgl. Zöllner, Arbeitsrecht, S. 426 m.w.N; G. Hueck, Festschrift Westermann, S. 241 ff.

313 §§ 10, 12a, 13a, 19 KWG.

314 §§ 271 Abs. 2, 29O ff. HGB; vgl. Adler/Düring/Schmaltz, Rechnungslegung und Prüfung der Aktiengesellschaft, Bd 3 , Vorbem. zu §§ 15-18 AktG, RdNr 1 ff. m.w.N; Kropff in DB 1986, 364; Ulmer in Festschrift Goerdeler, S. 623.

315 Einen Überblick über die einzelnen Vorschriften, die auf die §§ 15 ff. AktG verweisen, geben Koppensteiner a.a.O. RdNr.6 ff.; Emmerich/Sonnenschein, Konzernrecht, S. 42 f.; Krieger in Münchener Handbuch des Gesellschaftsrechts, Bd. 4, § 68 RdNr 2; Adler/Düring/Schmaltz, a.a.O. RdNr 41 ff.

dieser Untersuchung nicht im einzelnen dargestellt und diskutiert werden. Im Hinblick auf die für das Rundfunkrecht zu entwickelnden methodischen Prämissen der Auslegung soll allein die für das Kartellrecht gefundene Auslegungsmethode herangezogen werden. Das ist deshalb sinnvoll, weil beide Rechtsmaterien ein im Ansatz vergleichbares Regelungsanliegen, die Verhinderung des Enstehens wirtschaftlicher Machtstellungen auf der einen Seite, und des Entstehens von Meinungsmacht auf der anderen Seite, aufweisen[316]. Von diesen Überlegungen zu trennen ist die Frage, ob und gegebenenfalls in welchem Umfang die Auslegungsergebnisse von Rechtsprechung und Schrifttum zu § 23 GWB a.F. (§ 36 Abs. 2 GWB n.F.) bei der Auslegung des § 28 RfStV 1997 zu berücksichtigen sind. Ein methodisches Problem besteht insofern nicht, da der Rundfunkstaatsvertrag weder ausdrücklich noch implizit auf das Kartellrecht verweist.

(b) Auslegung der §§ 15-19 AktG im Kontext des Rundfunkstaatsvertrages

Bevor die besonderen methodischen Probleme der Auslegung aktienrechtlicher Normen im Rundfunkrecht untersucht werden, ist zunächst zu prüfen, ob bei der Auslegung rundfunkrechtlicher Normen generell medienspezifische Kriterien zu berücksichtigen sind.

(aa) Auslegung rundfunkrechtlicher Normen

Der Rundfunkstaatsvertrag enthält keine Anhaltspunkte für eine besondere medienrechtliche Auslegungsmethode[317]. Die Berücksichtigung medienspezifischer Auslegungskriterien begegnete im Hinblick auf die in Art. 20 Abs. 3 GG niedergelegte Bindung der vollziehenden Gewalt und der Rechtsprechung an Gesetz und Recht Bedenken[318]. Der strikten Beachtung des Grundsatzes der Gesetzesbindung kommt im Hinblick auf die Auslegung der §§ 26 - 34 RfStV 1997 aus zwei Gründen besondere Bedeutung zu. Der Rundfunkstaatsvertrag ist als Kompromiß aus einer langen politischen Kontroverse hervorgegangen[319]. In Anbetracht des hochpolitischen Charakters des

316 Vgl. Mestmäcker in Immenga/Mestmäcker, GWB, vor § 23 RdNr. 72.

317 Vgl. zum Staatsvertrag 1991 Immenga/Mestmäcker, GWB, Einl. RdNr. 23; Paschke, Zusammenschlußbegriff, S. 24 und Pfeiffer, Schwerpunkte 1978/1979, S. 1, 8, die eine besondere Auslegungsmethode für das Kartellrecht ablehnen; im österreichischen Kartellgesetz ist demgegenüber eine ausdrückliche Bezugnahme auf eine "wirtschaftliche Betrachtungsweise" enthalten , vgl. dazu Koppensteiner, Wettbewerbsrecht, S. 65 ff.; Säcker, ZHR 148 (1984), S. 153, 181, verneint eine spezifische Auslegungsmethode im Hinblick auf das Mitbestimmungsgesetz ; vgl. dazu auch Canaris, DB- Beilage Nr.14/81, S. 1 ff.

318 Vgl. Paschke a.a.O.; Säcker a.a.O.

319 Vgl. zur Entstehungsgeschichte des Staatsvertrages: Kuch/Gardemann in Ring/Hartstein/Kreile, Staatsvertrag-Kommentar, Ring (Hrsg.) Medienrecht, Bd 2, C-O.3, 1.Teil D Rdnr. 100 ff.

Staatsvertrages hat der Rechtsanwender in besonderem Maße darauf zu achten, daß er bei seiner Entscheidung die erkennbaren Wertungen des Gesetzgebers zur Geltung bringt und sich eigener Wertungen soweit wie möglich enthält. Dieser Aufgabe wird er nur gerecht, wenn er sich auf die Mittel der juristischen Argumentation beschränkt und die allgemeinen Grundsätze der Gesetzesauslegung anwendet[320]. Eine medienspezifische Auslegungsmethodik brächte indes die Gefahr mit sich, daß der Rechtsanwender eigene Wertungen an die Stelle der Wertungen des Gesetzgebers setzt.

(bb) Methodische Prämissen der Auslegung von §§ 15-19 AktG im Rundfunkrecht

Bei der Auslegung aktienrechtlicher Normen im Rundfunkrecht ist, wie soeben dargelegt wurde, von den allgemeinen Methoden der Gesetzesauslegung[321] auszugehen. Das Rundfunkrecht unterliegt mithin keinen interpretationsmethodischen Eigengesetzlichkeiten. Der Wortsinn der aktienrechtlichen Begriffe, auf die das Rundfunkrecht Bezug nimmt, ist Ausgangspunkt und zugleich Grenze der Auslegung[322]. Die Auslegung wird daneben von dem systematischen Zusammenhang, der Entstehungsgeschichte und dem Gesetzeszweck der verweisenden rundfunkrechtlichen Norm bestimmt[323]. Die einzelnen Auslegungsmethoden sind grundsätzlich nebeneinander anzuwenden[324]. Im Hinblick auf die Auslegung von Verweisungsnormen ist die Frage, welcher Stellenwert der Entstehungsgeschichte im Verhältnis zum Gesetzeszweck zukommt, von besonderer Bedeutung. Die entscheidende Frage ist, ob der Gesetzgeber durch die Verweisung den genauen aktienrechtlichen Konzernbegriff zur Geltung bringen wollte oder ob der Gesetzeszweck ein abweichendes Begriffsverständnis zuläßt[325]. Die Antwort auf diese Frage fällt vom Standpunkt der verschiedenen Auslegungstheorien[326] unterschiedlich aus. Nach der sog. subjektiven Theorie[327], die das Ziel der Gesetzesauslegung vornehmlich in der Erforschung des historischen Willens des Gesetzgebers sieht, ist die Verweisung dahingehend zu deuten, daß der Gesetzgeber von der Ähnlichkeit der Regelungsmaterien ausging und den Konzernbegriff damit im aktienrechtlichen Sinne verstanden wissen wollte[328]. Nach der sog. objektiven Theorie[329] ist der in dem Gesetzeswortlaut "objektivierte"

---

320 Vgl. Säcker, in Münch/Komm. Einl. RdNr. 105 ff., der von einem „Regelkanon" methodengerechter Gesetzesauslegung spricht; Larenz, Methodenlehre, S. 294 ff.; Canaris, Systemdenken und Systembegriff in der Jurisprudenz, S. 91 N. 23; Heinrichs, in Palandt, Einl. RdNr. 35 ff.

321 Korfmacher a.a.O. S. 29.

322 Korfmacher a.a.O. S. 29 f; zur Bedeutung des Wortsinns für die Auslegung im allgemeinen vgl. Säcker a.a.O. RdNr. 119 m.w.N.; Larenz a.a.O. S. 305 ff. m.w.N.

323 Säcker a.a.O. RdNr. 123 ff.; Larenz a.a.O. S. 310 ff.; Heinrichs a.a.O.

324 Säcker a.a.O. RdNr. 118 ff.

325 Liebs, in Gedächtnisschrift Rödig, S. 286, 295.

326 Säcker a.a.O. RdNr. 105 ff. m.w.N.; Larenz a.a.O. S. 302.

327 Hassold, in Festschrift Larenz 1983, S. 211 ff. m.w.N.

328 Rödig a.a.O. S. 295 f ; Korfmacher a.a.O. S. 31 f.

Wille des Gesetzgebers zu ermitteln. Danach folgt aus der Verweisung keine Vorgabe für die Auslegung des Konzernbegriffs. Eine an dem Sinn und Zweck des Rundfunkrechts orientierte, abweichende Auslegung des Konzernbegriffs ist demnach möglich[330]. Die grundsätzliche, bis heute umstrittene Frage, welcher der beiden Auslegungstheorien der Vorzug zu geben ist, kann im Rahmen dieser Arbeit nicht entschieden werden[331]. Die herrschende Lehre geht von einer vermittelnden Auslegungstheorie[332] aus. Danach sind in die Gesetzesauslegung "subjektive" und "objektive" Gesichtspunkte einzubeziehen[333].

Im folgenden soll ausgehend von der vermittelnden Auslegungstheorie im Hinblick auf die in § 28 Abs. 1 RfStV 1997 angeordnete Verweisung auf das Konzernrecht ein Lösungsansatz für das Problem der Auslegung aktienrechtlicher Normen im Rundfunkrecht entwickelt werden. Ausgehend von den Gesetzesmaterialien ist zunächst nach dem historischen Willen des Gesetzgebers zu fragen. Die amtliche Begründung zu § 28 RfStV 1997 gibt indes keinen Aufschluß darüber, in welcher Weise die Verfasser des Staatsvertrages die in Bezug genommenen aktienrechtlichen Konzerntatbestände verstanden wissen wollten[334]. Die Verweisung als solche spricht jedoch für die Annahme, daß die Verfasser des Staatsvertrages von der Ähnlichkeit der im Konzernrecht in § 28 RfStV 1997 geregelten Sachverhalte ausgingen. Der Auslegung der Begriffe "abhängiges und herrschendes Unternehmen" und "Konzernunternehmen" in § 28 Abs. 1 RfStV 1997 ist demnach im Ausgangspunkt das von Rechtsprechung und Schrifttum zu den §§ 15 ff AktG entwickelte "aktienrechtliche Verständnis" der Begriffe zugrunde zu legen. In einem zweiten Schritt ist das so gefundene Auslegungsergebnis anhand der Regelungszwecke des Rundfunkrechts zu überprüfen. Dabei sind die Normzwecke des Rundfunkrechts und des Konzernrechts zu ermitteln und gegenüberzustellen. Ergibt der Vergleich, daß die Normzwecke des Rundfunkrechts und des Konzernrechts in erheblicher Weise divergieren, so kann der aktienrechtliche Konzernbegriff im Hinblick auf die rundfunkrechtliche Zielsetzung abweichend interpretiert werden[335]. Das aktienrechtliche

---

329 Hassold a.a.O.

330 Rödig a.a.O. S. 295 f ; Korfmacher a.a.O. S. 33.

331 Vgl. hierzu aus letzter Zeit Säcker in Münch.Komm. Einl. RdNr.105ff. m.w.N.

332 Larenz, a.a.O. S. 3O2 ff.; Esser, Vorverständnis und Methodenwahl in der Rechtsfindung, S. 253; Bydlinski, Juristische Methodenlehre und Rechtsbegriffe, S. 449 ff.

333 Vgl. zum Kartellrecht Maasch, in ZHR 150 (1986), S. 354 ff., 362; Korfmacher a.a.O. S. 30.

334 Amtliche Begründung zum Staatsvertrag über den Rundfunk im vereinten Deutschland, abgedr. bei Ring (Hrsg.) Medienrecht, Bd 2, C-O.1 StV, zu § 28 RfStV 1997.

335 So auch Koppensteiner a.a.O., der für ein abweichendes Begriffsverständnis eine "evidente" teleologische Grundlage fordert. vgl. auch Emmerich/ Sonnenschein, Konzernrecht, S. 43; Ulmer in Festschrift Goerdeler, S. 623, 642 ; Kraft, in Festschrift Mühl, S. 389, 406; Korfmacher a.a.O. S. 36; a.A. Liebs a.a.O. S. 296 , der für einen einheitlichen Konzernbegriff in den verschiedenen Rechtsgebieten eintritt; wiederum anders Säcker, Wahlordnungen RdNr.141, der den Kern des Konzernbegriff für unveränderlich hält und eine abweichende Interpretation allein in den Randzonen für zulässig erachtet; so auch Ulmer, Hanau/Ulmer, MitbestG, § 5 RdNr. 11; Wessing/Hölters,

Begriffsverständnis ist demgegenüber maßgebend, wenn die Gegenüberstellung der Normzwecke keine erheblichen Abweichungen erkennen läßt. Dieser Lösungsansatz entspricht der von der Rechtsprechung[336] und der überwiegenden Lehre[337] zu § 23 GWB a.F. (§ 36 Abs. 2 GWB n.F.) entwickelten Auslegungsmethode. Er stimmt auch mit dem allgemein anerkannten Grundsatz überein, wonach der teleologischen Auslegung unter den verschiedenen Auslegungsmethoden die ausschlaggebende Bedeutung für die Auslegung zukommt[338].

(cc) Regelungszwecke des Konzern- und des Rundfunkrechts

(i) Schutzzweck des Konzernrechts

Die aktienrechtlichen Konzernvorschriften[339] sollen die abhängige Gesellschaft, ihre Minderheitsgesellschafter und Gläubiger vor Gefahren schützen, die aus der Verlagerung der Leitungsmacht auf die herrschende Gesellschaft entstehen[340]. Die Gefahren erwachsen aus der Möglichkeit der herrschenden Gesellschaft, die Leitungsmacht zu nutzen, um eigene Interessen zum Schaden der abhängigen Gesellschaft zu verfolgen und durchzusetzen[341]. Die Vorschriften des Aktienkonzernrechts sind bestimmt, diesen Gefahren entgegenzuwirken und den Einklang von Leitungsmacht und Verantwortlichkeit wiederherzustellen[342].

---

in DB 1977, S. 864, 866; Martens, in ZHR 148 (1984), S. 183, 190 f ist hingegen der Auffassung, es bestände eine Vermutung für ein eigenständiges an den Regelungszielen der verweisenden Norm orientiertes Begriffsverständnis.

336 BGH Beschluß v. 8.5. 1974, WuW/E 1608, 1610 = BGHZ 74, 359, 364;("WAZ"); KG WuW/E OLG 4835, 4845 f ("Iserlohner Kreisanzeiger"); KG WuW/E OLG 1993, 1995 ("Organische Pigmente").

337 Mestmäcker, in Immenga/ Mestmäcker, GWB, § 23 RdNr. 36.; Langen, Kartellgesetz, § 23 RdNr. 88; Kleinmann/ Bechthold, Fusionskontrolle, RdNr.348; Möschel, Das Recht der Wettbewerbsbeschränkungen, RdNr. 808; Steindorff, in NJW 1980, 1921,1923; a.A. Paschke in Frankfurter Kommentar zum GWB, § 23 RdNr. 136f; Bechthold, GWB, § 23 RdNr. 58.

338 Canaris, Systemdenken und Systembegriff in der Jurisprudenz, S. 91 N. 23; Säcker a.a.O. RdNr. 128 m.w.N.

339 Das Konzernrecht ist im Aktiengesetz in den Vorschriften der §§ 15-22 / 291-338 kodifiziert. Diese Vorschriften in ihrer Gesamtheit sind im folgenden gemeint, wenn von dem Regelungszweck des aktienrechtlichen Konzernrechts die Rede ist; vgl. zum Begriff des Konzernrechts, Emmerich/Sonnenschein, Konzernrecht, S. 3; Hüffer, AktG, § 15 RdNr. 2.

340 Amtliche Begründung zum Regierungsentwurf des AktG 1965, abgedruckt bei Kropff, Aktiengesetz, S. 373 ff.

341 Begründung zum Regierungsentwurf a.a.O.; BGHZ 62, 193, 196; KG WuW/E OLG 4835, 4845 f ("Iserlohner Kreisanzeiger"); Koppensteiner in Kölner Kommentar zum AktG, Vorb. zu §§ 291 ff. Rdnr.5; Kübler, Gesellschaftsrecht, § 28 I, S. 360; Mestmäcker in Festschrift Kronstein, S. 129, 131; Würdinger, Aktienrecht, § 62 II. 2, S. 280.

342 KG WuW/E OLG 4835,4846 ; Krieger in Münch. Handbuch des Gesellschaftsrecht, Bd 4,§ 68 RdNr. 1.

(ii) Schutzzweck der §§ 26 ff RfStV 1997

Die Vorschriften zur Sicherung der Meinungsvielfalt sollen dem Entstehen vorherrschender Meinungsmacht und der Gefahr der Konzentration im Fernsehen entgegenwirken[343]. Der komplexe Schutzgehalt der Meinungsvielfalt wurde bereits in seinen Bezügen zur Meinungs- und Informationsfreiheit und zum Demokratieprinzip anhand der vom Bundesverfassungsgericht aus der Rundfunkfreiheit des Art 5 Abs. 1 S. 2 GG abgeleiteten Grundsätze dargelegt. Auf diese Ausführungen kann daher an dieser Stelle verwiesen werden[344].

(iii) Vergleich der Regelungszwecke

Aus der Gegenüberstellung der Normzwecke wird deutlich, daß die aktienrechtlichen Konzernvorschriften und die rundfunkrechtlichen Konzentrationsregeln in erheblicher Weise voneinander abweichende Regelungszwecke aufweisen. Im Mittelpunkt des Konzernrechts steht der Schutz der Gesellschafter und der Gläubiger der abhängigen Gesellschaft. Dabei stehen die Vermögensinteressen der an der Gesellschaft Beteiligten oder in Rechtsbeziehung zu ihr stehenden Personen im Vordergrund. Die Vorschriften zur Sicherung der Meinungsvielfalt sollen demgegenüber den Prozeß öffentlicher Meinungsbildung vor vorherrschender Einflußnahme schützen. Der Einzelne wird in seiner Teilnahme an dem Meinungsbildungsprozeß geschützt. Es geht im Kern um das "ideelle" Interesse an einer freien, individuellen und öffentlichen Meinungsbildung in ihrer für die Demokratie herausragenden Bedeutung. Die wirtschaftlichen Interessen der Rundfunkunternehmen, ihrer Gesellschafter und Gläubiger werden demgegenüber nicht von den Konzentrationsvorschriften geschützt. Die Rundfunkveranstalter sind vom Schutzzweck nur insoweit umfaßt, als sie sich an dem "publizistischen Wettbewerb" beteiligen.

Die Unterschiedlichkeit der Regelungszwecke von Konzernrecht und Rundfunkrecht läßt demnach ein vom Aktienrecht abweichendes Verständnis der einzelnen konzernrechtlichen Tatbestände im Rundfunkrecht zu[345]. Als Ergebnis ist festzuhalten, daß die

343 Amtliche Begründung zum Staatsvertrag über den Rundfunk im vereinten Deutschland, abgedr. bei Ring (Hrsg.) Medienrecht, Bd 2, C-O.1 StV, zu § 28 RfStV 1997.

344 Siehe oben 1. Abschnitt A I. 4 b) aa).

345 So auch Kübler, Rechtsgutachten v. 23.4.1993, erstattet für die LfR, abgedruckt in FUNK-Korrespondenz Nr.19, v.14.5.1993, S. 36; a.A Möschel, Zur Sicherung der Meinungsvielfalt nach § 21 RfStV, Festschrift Hoppmann, S. 329, 332 f, der die Auffassung vertritt, daß sich auch in Anbetracht der unterschiedlichen Gesetzeszwecke kein "systematisch" anderes Verständnis des Begriffs der verbundenen Unternehmen in Konzernrecht und Rundfunkrecht herleiten ließe. Es gehe sowohl im Konzernrecht als auch im Rundfunkrecht darum, die Gefahren zu erfassen, die durch gesellschaftsrechtliche Beteiligungen vermittelte Einflußnahme auf die Unternehmens- und

Normzwecke von Konzernrecht und Rundfunkrecht in erheblicher Weise voneinander abweichen. Die einzelnen aktienrechtlichen Konzerntatbestände können demnach abweichend vom Aktienrecht im Hinblick auf die rundfunkrechtliche Zielsetzung ausgelegt werden.

(3) Abhängige und herrschende Unternehmen

Der Begriff des abhängigen Unternehmens ist in § 17 Abs. 1 AktG definiert als ein rechtlich selbständiges Unternehmen, auf das ein herrschendes Unternehmen unmittelbar oder mittelbar einen beherrschenden Einfluß ausüben kann. Diesen Begriff gilt es im Hinblick auf seine besondere Funktion in dem Regelungszusammenhang der § 28 Abs. 1 RfStV zu konkretisieren. Ausgehend von der im vorangegangenen Abschnitt entwickelten Methode der Auslegung aktienrechtlicher Normen im Rundfunkrecht ist der Begriffsbestimmung dabei zunächst das "aktienrechtliche" Verständnis zugrunde zu legen. Das Auslegungsergebnis ist sodann in einem zweiten Schritt anhand des Regelungszwecks des § 28 RfStV zu überprüfen.

(a) Der Abhängigkeitsbegriff im Aktienrecht

Der Begriff der Abhängigkeit iSv. § 17 AktG wird durch das Merkmal des "beherrschenden Einflusses" bestimmt. Dabei ist zunächst zu untersuchen, unter welchen Voraussetzungen ein beherrschender Einfluß gegeben ist. Sodann gilt es festzustellen, welche Beherrschungsmittel einen solchen Einfluß ermöglichen können. Schließlich wird auf die Rechtsfigur der gemeinsamen Beherrschung sowie die Vermutungsregelung des § 17 Abs. 2 AktG einzugehen sein.

(aa) Die Möglichkeit beherrschenden Einfluß auszuüben

Ein Abhängigkeitsverhältnis ist nach allgemeiner Ansicht anzunehmen, wenn ein Unternehmen die Möglichkeit hat, beherrschenden Einfluß auf ein anderes Unternehmen auszuüben[346]. Die Beurteilung dieser Frage ist jeweils aus der Sicht des abhängigen Unternehmens vorzunehmen[347]. Die tatsächliche Ausübung des Einflusses ist nicht erforderlich[348]. Die Möglichkeit, beherrschenden Einfluß auszuüben, muß jedoch dauer-

---

die Geschäftspolitik einerseits und die Programmgestaltung andererseits entstehen können. In beiden Fällen seien die Beteiligungsverhältnisse gleichermaßen zu berücksichtigen.

346 BGHZ 62,193, 201 ("Seitz").

347 BGHZ 62,193,197.

348 BGHZ 62,193,201; Begründung zum Regierungsentwurf zu § 17 AktG, abgedr. bei Kropff, Aktiengesetz, S. 31.

haft gesichert sein und darf nicht von zufälligen Umständen oder der ungewissen Mitwirkung Dritter abhängen[349]. Der Einfluß des herrschenden Unternehmens muß sich auf die zentralen Unternehmensbereiche des abhängigen Unternehmens beziehen[350]. Dabei wird die Möglichkeit vorausgesetzt, das abhängige Unternehmen zu positivem Handeln in diesen Bereichen zu veranlassen[351]. Eine sog. negative Beherrschung aufgrund einer Sperrminorität ist nach ganz überwiegender Ansicht regelmäßig nicht ausreichend, um ein Abhängigkeitsverhältnis anzunehmen[352]. Die Einflußnahme kann mittelbar durch die Zwischenschaltung eines Unternehmens oder über Stimmbindungsverträge ermöglicht werden, sofern sichere Beherrschungsmittel zur Verfügung stehen[353]. Mehrere Unternehmen können gemeinsam beherrschenden Einfluß ausüben[354]. Maßgeblich ist auch hier, daß die gemeinsame Herrschaft auf einer ausreichend sicheren Grundlage beruht[355]. Der Rechtsfigur der gemeinsamen Beherrschung kommt, wie zu zeigen sein wird, im Rundfunkrecht eine besondere Bedeutung zu.

(bb) Intensität der Einflußmöglichkeiten

Welche Intensität der Einfluß auf ein Unternehmen erreichen muß, um als "beherrschend" zu gelten, ist umstritten[356]. Zum Teil wird im Schrifttum[357] im Anschluß an eine vom Reichsgericht[358] geprägte Formel verlangt, ein Unternehmen müsse über Mittel verfügen, ein anderes Unternehmen dem eigenen Willen zu unterwerfen und in der Lage sein, seinen Willen bei diesem durchzusetzen. Nach der Gegenansicht sind geringere Anforderungen an die Einflußmöglichkeiten zu stellen[359]. Diese Auffassung wird damit

---

349 RGZ 167,40,49f ("Thega"); BGHZ 62,193,201; Begründung Regierungsentwurf zu § 17 AktG, abgedr. bei Kropff, Aktiengesetz, S. 31.

350 Emmerich/Sonnenschein, Konzernrecht, S. 63; Geßler in Geßler/Hefermehl/Eckhardt/Kropff, AktG, §17 Rdnr. 13 ff. Koppensteiner in Kölner Kommentar zum AktG, § 17 Rdnr. 24 f. m.w.N. auch zur Gegenmeinung.

351 Krieger in Münch.Hdb. des GesR. Bd 4, § 68 Rdnr. 38, S. 716.

352 Emmerich/Sonnenschein, Konzernrecht, S. 64; Koppensteiner in Kölner Kommentar zum AktG, § 17 Rdnr. 22 m.w.N.; Dierdorf, Herrschaft und Abhängigkeit einer Aktiengesellschaft auf schuldvertraglicher und tatsächlicher Grundlage, S. 50, 93 ff.; Marchand, Abhängigkeit und Konzernzugehörigkeit von Gemeinschaftsunternehmen, S. 102; Rasch, in AG 1979, 49 ff.; Rittner, in DB 1976, 1465, 1468; a. A. Werner, Der aktienrechtliche Abhängigkeitstatbestand, S. 130 ff.; Peters/Werner, AG 1978, 297, 299 ff.; Prühs, AG 1972, 308, 311.

353 BGHZ 80, 69, 73 ("Süssen"); Hüffer a.a.O.; Ulmer in ZGR 1978, 457, 461.

354 BGHZ 62, 193, 199; 74, 359, 366 ("WAZ").

355 BGHZ 62, 193, 199; 74, 359, 366; 80, 69, 73.

356 Koppensteiner in Kölner Kommentar zum AktG, § 17 Rdnr. 19 m.w.N.

357 Baumbach/Hueck, AktG, § 17 Rdnr. 2; Godin/Wilhelmi, AktG, § 17 Anm. 2; K. Schmidt, Gesellschaftsrecht, § 31 II 3 a) S. 789; Würdinger, in Großkomm. zum AktG, § 17 Anm. 4.

358 RGZ 167, 40, 49.

359 Emmerich/ Sonnenschein, Konzernrecht, S. 62 f; Hüffer, AktG, § 17 Rdnr. 5; Geßler in Geßler/Hefermehl/Eckhardt/Kropff, AktG, § 17 Rdnr. 18 ff.; Koppensteiner in Kölner Kommentar zum AktG, § 17 Rdnr. 19; Krieger in Münch. Hdb.des GesR, Bd 4, § 68 Rdnr. 37 f, S. 715 f; Rai-

begründet, daß der Gesetzgeber durch die Einführung der Vermutungsregelung des § 17 Abs. 2 AktG im Zuge der Reform des Aktiengesetzes von 1965 die Mehrheitsbeteiligung als Leitbild für die Bestimmung des beherrschenden Einflusses vorgegeben habe[360]. Eine Mehrheitsbeteiligung vermittle im Aktienrecht indes nicht die von dem Reichsgericht verlangten weitgehenden Einflußmöglichkeiten, insbesondere keinen direkten Einfluß auf die Geschäftsführung (§§ 76, 111, 119 Abs. 2 AktG)[361]. Der zuletzt genannten Auffassung ist zuzustimmen. Die Formel des Reichsgerichts ist zu eng. Sie erfaßt nicht die praktisch bedeutsame Möglichkeit eines Mehrheitsaktionärs, über den Aufsichtsrat die personelle Zusammensetzung des Vorstands und damit indirekt die Geschäftsführung zu beeinflussen. Mit Geßler ist ein beherrschender Einfluß daher bereits dann anzunehmen, wenn ein Unternehmen die Möglichkeit hat, die gesetzlichen oder satzungsmäßigen Organe eines anderen Unternehmens zu bestellen und auf diese Weise die Unternehmens- und Geschäftspolitik dieses Unternehmens zu bestimmen[362].

(cc) Beherrschungsmittel

Die Mittel, ein Unternehmen zu beherrschen, weisen im Hinblick auf die Rechtsform des abhängigen Unternehmens erhebliche Unterschiede auf[363]. Da die Vorschrift des § 17 AktG für Unternehmen jeder Rechtsform gilt, ist hinsichtlich der Beherrschungsmittel somit danach zu differenzieren, ob das abhängige Unternehmen eine Aktiengesellschaft, eine GmbH oder eine Personengesellschaft ist[364]. Dabei sind für das Rundfunkrecht die beiden zuletzt genannten Gesellschaftsformen von besonderem Interesse, da die Mehrzahl der derzeit zur Verbreitung bundesweiter privater Fernsehprogramme zugelassenen Veranstalter und die Mehrzahl der an ihnen Beteiligten in der Rechtsform einer GmbH oder GmbH & Co.KG organisiert ist[365].

---

ser, KapitalGes. § 51 Rdnr. 13f, S. 545 f; Ulmer in ZGR 1978, 457, 461.

360 Geßler, in Geßler/Hefermehl/Eckhardt/Kropff, AktG, § 17 Rdnr. 25; Ulmer, ZGR 1978, 457, 461.

361 Geßler a.a.O. § 17 Rdnr. 20; vgl. auch Rdnr. 34 zur Unterscheidung von direktem und indirektem Einfluß auf die Geschäftsführung.

362 Geßler/Hefermehl/Eckhardt/Kropff, AktG, § 17 Rdnr. 27.

363 Koppensteiner in Kölner Kommentar zum AktG, § 17 Rdnr. 66; Emmerich/Sonnenschein a.a.O. S. 68.

364 Auf die Erörterung abhängiger Unternehmen, die eine andere Rechtsform aufweisen als die genannten, kann im Rahmen dieser Arbeit verzichtet werden, da diese für das Rundfunkrecht ohne Bedeutung sind.

365 Vgl. Jahrbuch der Landesmedienanstalten 1993/1994, S. 461 ff.

(i) *Aktiengesellschaft*

Der Gesetzgeber hat bewußt darauf verzichtet, mögliche Beherrschungsmittel in § 17 Abs. 1 AktG aufzuführen, da sich eine abschließende Aufzählung als unmöglich erwiesen hat[366]. Das praktisch wichtigste Herrschaftsinstrument ist die Mehrheitsbeteiligung[367]. Diese verleiht dem Inhaber im Regelfall neben der Kapital- die Stimmrechtsmehrheit, die es ihm ermöglicht, über den Aufsichtsrat indirekt den Vorstand zu beeinflussen (§§ 84, 101 AktG)[368]. Als Grundlage der Beherrschung kann aber auch eine Minderheitsbeteiligung in Betracht kommen, sofern verläßliche Umstände rechtlicher oder tatsächliche Art hinzutreten[369]. Eine Beteiligung von 25 vH der Kapital- und Stimmrechte, die lediglich eine Sperrminorität vermittelt, reicht für sich genommen nach allgemeiner Ansicht hingegen nicht aus, um beherrschenden Einfluß ausüben zu können[370]. Seit der Reform des Aktiengesetzes von 1965[371] ist umstritten, ob neben einer Beteiligung auch tatsächliche Beherrschungsmittel ein Abhängigkeitsverhältnis begründen können[372]. Eine Herrschaft auf tatsächlicher Grundlage wird zum einen für die Fallgruppe der sog. wirtschaftlichen Abhängigkeit, die auf schuldvertraglichen Kredit- oder Lieferbeziehungen aufbaut, zum anderen für die Fälle personeller Verflechtungen zwischen Organen rechtlich selbständiger Unternehmen diskutiert[373]. Die Frage ist hinsicht-

---

366 Vgl. Begründung zum Regierungsentwurf zu § 17 AktG, abgedruckt bei Kropff, Aktiengesetz S. 31. Der § 15 Abs. 2 AktG 1937 hatte zu den Beherrschungsmittel die Formulierung "aufgrund von Beteiligung oder sonst" enthalten; dazu Dierdorf a.a.O. S. 17 N. 38; Geßler in Geßler/Hefermehl/Eckhardt/Kropff, AktG, § 17 Rdnr. 6; Würdinger in GroßKomm. AktG, § 17 AktG, Einl. vor Anm. 1, dort ist auch der Inhalt der Vorschrift des § 15 Abs. 2 AktG 1937 wiedergegeben.

367 Koppensteiner in Kölner Kommentar zum AktG, § 17 Rdnr. 30; Geßler in Geßler/Hefermehl/Eckhardt/Kropff, AktG, § 17 Rdnr.43; ausführlich dazu Dierdorf a.a.O. S. 43 ff.; Werner a.a.O. S. 152 ff.

368 Koppensteiner in Kölner Kommentar zum AktG, § 17 Rdnr. 31.

369 BGHZ 69, 334, 347 ("Veba/Gelsenberg"); Koppensteiner a.a.O. § 17 Rdnr. 35 ff.

370 Vgl. Albath, Unternehmensbeteiligungen unter 25 % Kapitalanteil, S. 22 ff. zu der Stellung, die ein Aktionär aufgrund einer Sperrminorität innehat.

371 Das Reichsgericht hatte in dem Urteil vom 21. April 1941 zu § 15 Abs. 2 AktG 1937 erkannt, daß neben rechtlichen Gestaltungen auch tatsächliche Gegebenheiten als Beherrschungsmittel in Betracht kommen, RGHZ, 167,40, 49; diese Auffassung wurde dem Regierungsentwurf zu § 17 AktG zugrunde gelegt, wozu es in der Begründung indes einschränkend heißt: "Rein tatsächliche Verhältnisse werden (..) allerdings nur selten ausreichen, weil sie es in aller Regel nicht gestatten, sich das abhängige Unternehmen ohne Rücksicht auf zufällige Entwicklungen und auf die nicht sichere Mitwirkung anderer zu unterwerfen, Begründung zum Regierungsentwurf zu § 17 AktG, abgedr. bei Kropff, Aktiengesetz, S. 31.

372 Einen Überblick über den Meinungsstand gibt Koppensteiner in Kölner Kommentar zum AktG, § 17 Rdnr.50.; bejahend Dierdorf, a.a.O. S. 152 ff., 258 ff. (mit Bezug zu den §§ 311 ff. AktG); Prühs, in DB 1972, 2001, 2005; Werner a.a.O. S. 140 ff.; ablehnend Martens, Die existenzielle Wirtschaftsabhängigkeit, S. 54 ff., 68; Köhler, in NJW 1978, 2473 ff., 2478; Ulmer, in ZGR 1978, S. 457, 462 ff., 471 f; H.P. Westermann, in ZIP 1982, 379, 382 ff.; Würdinger, in Großkomm. AktG, § 17 Anm. 3.

373 Koppensteiner in Kölner Kommentar zum AktG, § 17 Rdnr. 49. Adler/Düring/Schmaltz, Rech-

lich der zuerst genannten Fallgruppe nach der Entscheidung des Bundesgerichtshofs vom 26. März 1984 ("BuM/WestLB")[374] zumindest für die Aktiengesellschaft praktisch entschieden. Der Bundesgerichtshof verneinte die Möglichkeit einer rein wirtschaftlich begründeten Abhängigkeit und entschied, daß ein beherrschender Einfluß im Sinne von § 17 AktG gesellschaftsrechtlich bedingt oder zumindest vermittelt sein muß[375]. Der Zweck der aktienrechtlichen Vorschriften über verbundene Unternehmen bestehe nicht darin, ein Unternehmen vor den allgemeinen marktbedingten Gefahren der Ausübung wirtschaftlicher Macht zu schützen. Die Vorschriften sollen hingegen den spezifisch gesellschaftsrechtlichen Möglichkeiten nachteiliger Einflußnahme auf die Geschäftsführung begegnen[376]. Dem ist mit dem ganz überwiegenden Schrifttum zuzustimmen[377]. Eine Personalunion in den Organen verschiedener Unternehmen ist gleichfalls aus den Gründen der "BuM" Entscheidung des Bundesgerichtshofs nicht geeignet, beherrschenden Einfluß im Sinne von § 17 AktG zu ermöglichen[378]. Es handelt sich auch insoweit um außergesellschaftliche Einflußmöglichkeiten. Der Schutzzweck der Vorschrift erfaßt indes allein gesellschaftsinterne Einflüsse[379]. Es ließe sich zudem in der Praxis nur schwer feststellen, welches Unternehmen herrschend und welches abhängig wäre[380]. Nach allgemeiner Ansicht können allerdings sowohl wirtschaftliche Abhängigkeiten als auch personelle Verflechtungen einen bereits bestehenden gesellschaftsinternen Einfluß zu einem beherrschenden Einfluß verstärken (sog. kombinierte Beherrschung)[381].

(ii) GmbH

Die Mehrheitsbeteiligung ermöglicht dem Gesellschafter einer GmbH bereits auf der Grundlage des gesetzlichen Normalstatuts eine intensivere Einflußnahme auf die Unternehmensführung als dem Mehrheitsaktionär[382], denn die Gesellschafterversammlung einer GmbH ist gegenüber den Geschäftsführern weisungsbefugt (§§ 37, 45, 46 Nr. 5 GmbHG)[383]. Der Mehrheitsgesellschafter kann daher die Geschäftsführung direkt beeinflussen, während bei einer Aktiengesellschaft nur eine indirekte Einflußnahme

---

nungslegung und Prüfung der Aktiengesellschaft, Bd 3, § 17 Rdnr. 63-66.

374 BGHZ 90, 381, 395 f.

375 BGH a.a.O.

376 BGH a.a.O. S. 396 f.

377 Koppensteiner, in Festschrift Stimpel, S. 811; Adler/Düring/Schmaltz a.a.O. § 17 Rdnr. 22 ff., 66; Kübler, Gesellschaftsrecht, § 28 II 3 a) S. 364 f; Krieger a.a.O. Rdnr.40, S. 716; K. Schmidt, Gesellschaftsrecht, S. 789.

378 Dierdorf a.a.O. S. 196 ff., 207.

379 Krieger a.a.O. Rdnr. 47, S. 718.

380 Koppensteiner in Kölner Kommentar zum AktG, § 17 Rdnr. 52.; Dierdorf a.a.O. S. 204.

381 BGH a.a.O. S. 397.

382 Emmerich/Sonnenschein, Konzernrecht, S. 69.

383 Koppensteiner in Rowedder, GmbHG, § 37 Rdnr. 3.

möglich ist[384]. Die Gesellschafter können daneben aufgrund der weitgehenden Satzungsautonomie einzelnen Gesellschaftern oder außenstehenden Dritten Sonderrechte, etwa auf die Geschäftsführung oder die Bestellung und Abberufung der Geschäftsführer, einräumen. Diese satzungsmäßigen Sonderrechte können eine sichere Grundlage für die Beherrschung der Gesellschaft bilden. Sie können auch eine Beteiligung von unter 25 vH der Kapital- und Stimmrechte zu einem beherrschenden Einfluß verstärken. Bei der Feststellung, ob eine GmbH ein abhängiges Unternehmen ist, ist daher im Einzelfall anhand des Gesellschaftsvertrages jeweils zu prüfen, ob ein Gesellschafter aufgrund der Satzung oder einer Vereinbarung zwischen den Gesellschaftern einen maßgeblichen Einfluß auf die Geschäftsführung ausüben kann[385].

(iii) Personengesellschaften

Grundlage der Beherrschung einer Personengesellschaft kann nur der Gesellschaftsvertrag sein[386]. Falls die Gesellschafter keine von dem Gesetz abweichende Regelung vereinbaren, gilt gemäß § 119 Abs. 1 HGB das Einstimmigkeitsprinzip mit der Folge, daß eine Beherrschung der Gesellschaft ausgeschlossen ist[387]. Die Möglichkeiten der Beherrschung aufgrund des Gesellschaftsvertrages, neben den gegebenenfalls zusätzliche Vereinbarungen treten können, sind so vielfältig, daß sich insoweit keine allgemeinen Grundsätze aufstellen lassen[388]. Es ist daher wie im Falle der GmbH im Einzelfall zu prüfen, ob der Gesellschaftsvertrag einem Gesellschafter maßgeblichen Einfluß auf die Geschäftsführung zuweist[389]. Bei der GmbH & Co. KG ist im Regelfall zu ermitteln, ob die Komplementär-GmbH einem beherrschenden Einfluß eines anderen Unternehmens unterliegt[390]. Das Gesagte gilt gleichermaßen für die stille Gesellschaft[391]. Dort ist festzustellen, ob der Gesellschaftsvertrag dem stillen Gesellschafter Einfluß auf die Geschäftsführung einräumt (sog. atypische stille Gesellschaft)[392].

---

384 Geßler, in Geßler/Hefermehl/Eckhardt/Kropff, AktG, § 17 Rdnr. 20; vgl. auch Rdnr. 34 zur Unterscheidung von direktem und indirektem Einfluß auf die Geschäftsführung.

385 Emmerich/Sonnenschein a.a.O.

386 Koppensteiner in Kölner Kommentar zum AktG, § 17 Rdnr. 68.

387 Ebd.

388 Emmerich/Sonnenschein a.a.O. S. 69 f.

389 Koppensteiner a.a.O.

390 Ebd.

391 Ebd. Rdnr. 69.

392 Koppensteiner a.a.O.; vgl. zum Begriff der atypisch stillen Gesellschaft, Kübler, Gesellschaftsrecht, § 9 II 2 c) S. 111.

(dd) Gemeinsame Beherrschung

Bei der Feststellung gemeinsamer Beherrschung sind die Elemente der "Beherrschung" und der "Gemeinsamkeit" streng voneinander zu trennen und gesondert festzustellen[393]. Die Kriterien, die zur Bestimmung beherrschenden Einflusses heranzuziehen sind, stimmen bei einfacher Beherrschung und bei der Herrschaft durch mehrere Unternehmen grundsätzlich überein[394]. Die entscheidende Frage bei der gemeinsamen Beherrschung ist, unter welchen Voraussetzungen eine Koordinierung der Einflußpotentiale zweier oder mehrerer Unternehmen, die für sich genommen keinen beherrschenden Einfluß ausüben können, eine gemeinsame Beherrschung begründet[395]. Maßgeblich ist zunächst, daß mehrere Unternehmen tatsächlich zusammenwirken müssen[396]. Der Nachweis von Umständen, die eine Koordinierung der Einflußmöglichkeiten lediglich ermöglichen, reicht nicht aus[397]. Entscheidend ist, daß mehrere Unternehmen bewußt und gewollt mit einer gewissen Planmäßigkeit zusammenwirken[398].
Die gemeinsame Vorgehensweise mehrerer Unternehmen ist zu unterscheiden von der typischerweise übereinstimmenden Interessenlage der Gesellschafter im Hinblick auf das Erreichen des Gesellschaftzwecks[399]. Es müssen daher besondere Umstände vorliegen, die über das normale Maß gemeinsamer Interessen der Gesellschafter hinaus eine einheitliche Einflußnahme mehrerer oder aller Gesellschafter auf der Grundlage einer auf Dauer gesicherten Interessengleichheit erwarten lassen[400]. Eine solche gesicherte Herrschaftsmöglichkeit ist in jedem Fall anzunehmen, wenn sich die Gesellschafter untereinander in einem Gleichordnungskonzern (§ 18 Abs. 2 AktG) verbunden haben[401]. Die einheitliche Einflußnahme auf einen Veranstalter kann daneben auch auf weniger intensiven Formen der Vergemeinschaftung ihrer Interessen beruhen. Es kommen insofern auch vertragliche Vereinbarungen oder sonstige tatsächliche Umstände in Be-

---

393 Deringer, Fragen zur "Gemeinsamen Beherrschung", in Festschrift v. Gamm, S. 559, 560; Mestmäcker in Immenga/Mestmäcker, GWB, § 23 , Rdnr. 52; Herrmann, Die gemeinsame Beherrschung im Kartellrecht in Festschrift Deringer, S. 263, 264.

394 Deringer a.a.O. S. 565.

395 Deringer a.a.O. S. 569.

396 Ebd.

397 Ebd.

398 Siehe Bericht des Wirtschaftsausschusses des Bundestages zu dem mit § 21 Abs. 5 S. 2 RfStV 1991 wortidentischen § 23 Abs. 1 S. 2 HS 2 GWB a.F., BT- Drs. 7/ 765, S. 7, in Auszügen abgedr. bei Kleinmann/Bechthold, Fusionskontrolle, Anh. I, S. 813.

399 BGH WuW/E 1810, 1811 "Transportbeton Sauerland"; KG WuW/E OLG 4075,4076 "Springer/Kieler Zeitung"; Deringer a.a.O. S. 569.; Mestmäcker in Immenga/Mestmäcker, GWB, § 23 Rdnr. 52 m.w.N.

400 BGH WuW/E 1810, 1811; BGHZ 62,193, 199 ; 74,359, 366; 80, 69, 73; KG a.a.O. ; Mestmäcker a.a.O.; Deringer a.a.O.

401 Koppensteiner in Kölner Kommentar zum AktG, § 17 Rdnr. 74; Mestmäcker in Mestmäcker/Blaise/Donaldson, Gemeinschaftsunternehmen im Konzern- und Kartellrecht, S. 9, 23.

tracht[402]. Anhaltspunkte für eine abgestimmte Vorgehensweise der Gesellschafter können struktureller oder faktischer Art sein oder auf rechtlichen Instrumenten wie der Gestaltung der Gesellschafterrechte beruhen[403]. Strukturelle Elemente wie etwa das „Aufeinander - angewiesen - Sein" der Gesellschafter bei einem Gemeinschaftsunternehmen mit paritätischer Beteiligung genügen im Regelfall für sich allein nicht, um eine gemeinsame Herrschaft zu begründen[404]. Es müssen weitere Indizien wie etwa die gemeinsame Verfolgung von Interessen außerhalb der abhängigen Gesellschaft[405] hinzutreten. Ein Indiz für gleichgerichtete Interessen der Gesellschafter kann auch der Umstand sein, daß der Einigungszwang freiwillig herbeigeführt wurde[406]. Im Hinblick auf die rechtlichen Instrumentarien des Gesellschaftsrechts ist zu berücksichtigen, daß diese grundsätzlich wertneutral sind[407]. Es ist insofern in jedem Einzelfall zu prüfen, ob sie Ausdruck der normalen Ausgestaltung der inneren Ordnung der Gesellschaft oder Indiz für den Willen zur gemeinsamen Beherrschung sind. Letzteres kann etwa im Falle einer gemeinsam von den Gesellschaftern festgelegten, weitgehenden Bindung der Geschäftsführung an die Zustimmung der Gesellschafterversammlung anzunehmen sein[408]. Aufschlußreich kann in diesem Zusammenhang sein, wie es zu der Ausgestaltung der Gesellschaftsverhältnisse gekommen ist[409]. So kann eine gefestigte, über einen längeren Zeitraum praktizierte Abstimmung der Unternehmenspolitik mehrerer Gesellschafter auf ein Zusammenwirken hindeuten[410].

(ee) Die Vermutung des § 17 Abs. 2 AktG

Nach § 17 Abs. 2 AktG wird von einem im Mehrheitsbesitz stehenden Unternehmen vermutet, daß es von dem an ihm mit Mehrheit beteiligten Unternehmen abhängig ist. Die Vermutung ist grundsätzlich nicht auf Personengesellschaften anwendbar[411]. Einer Kapital- und Stimmenmehrheit kommt dort wegen des nach dispositivem Recht gelten-

---

402 BGHZ 62, 193, 199 ; 74, 359, 367; WuW/E 1810, 1811.

403 Vgl. hierzu ausführlich Deringer a.a.O. S. 569, 570 ff.; 576 ff.

404 BGHZ 74, 359, 366 "WAZ"; KG WuW/E OLG 3767, 3769, "Niederrheinische Anzeigenblätter"; WuW/E OLG 4095, 4098, "W+I Verlag/Weiss-Druck"; Deringer a.a.O. S. 572.

405 Deringer a.a.O. S. 571; BKartA WuW/E 2396/ 2400, "WDR/Radio NRW", wo die übereinstimmenden, über den Gesellschaftszweck hinausgehenden, wirtschaftlichen Interessen von Zeitungsverlegern hinsichtlich der Beteiligung an einem Hörfunkveranstalter zu beurteilen waren.

406 KG WuW/E OLG 3767, 3769; 4095, 4099; vgl. auch Mestmäcker, in Immenga/ Mestmäcker, GWB, § 23 , Rdnr. 57, der dem Einigungszwang aufgrund paritätischer Beteiligung ausschlaggebende Bedeutung beimißt.

407 Deringer a.a.O. S. 576 f.

408 KG WuW/E OLG 4075, 4076 "Springer/Kieler Zeitung"; Deringer a.a.O. S. 577 mit Hinweis auf weitere Fälle aus der Rechtsprechung.

409 Deringer a.a.O. S. 579.

410 Ebd.

411 Ulmer, in Großkomm. HGB Anh. § 105, Rdnr. 28, 34.

den Einstimmigkeitsprinzips nicht die in § 17 Abs. 2 AktG vorausgesetzte Herrschaftsmacht zu[412]. Die Vermutung kann widerlegt werden[413]. Dazu ist nachzuweisen, daß die Möglichkeit, beherrschenden Einfluß auszuüben, aus rechtlichen Gründen nicht besteht[414]. Der Nachweis, daß tatsächlich kein Einfluß ausgeübt wird, genügt nicht[415]. Als Mittel, die Vermutung zu widerlegen, kommen der Abschluß eines Entherrschungsvertrages[416] und gesellschaftsvertragliche Regelungen in Betracht[417]. Die zuletzt genannte Möglichkeit ist bei einer Mehrheitsbeteiligung an einer GmbH aufgrund der weitreichenden Befugnisse der Gesellschafterversammlung praktisch das einzig geeignete Mittel, den Nachweis zu führen[418].

(b) Der Abhängigkeitsbegriff im Rundfunkrecht

Der in Grundzügen dargelegte, aktienrechtliche Inhalt des Abhängigkeitsbegriffs ist nunmehr im Hinblick auf Abweichungen zu untersuchen, die sich aufgrund des Schutzzwecks des Rechts zur Sicherung der Meinungsvielfalt ergeben können. Die am Normzweck orientierte Auslegung führt immer dann zu gleichen Ergebnissen im Aktienrecht und Rundfunkrecht, wenn ein aktienrechtlich beherrschender Einfluß auf einen Veranstalter einem Unternehmen zugleich auch die Programmherrschaft sichert. Das wird in der Praxis regelmäßig der Fall sein. Ermöglicht ein nach dem Aktienrecht als beherrschend geltender Einfluß auf einen Veranstalter indessen keine erheblichen Einwirkungsmöglichkeiten auf das von ihm veranstaltete Programm, so ist die Zurechnung dieses Programms gemäß § 28 Abs. 1 RfStV nicht gerechtfertigt. Der Normzweck des § 28 RfStV ist nicht betroffen. Die wirtschaftliche Machtstellung brächte in diesem Fall keine Gefahr für die Meinungsvielfalt mit sich. In dem für die Praxis wichtigeren, umgekehrten Fall eines nach aktienrechtlichen Kriterien nicht als beherrschend geltenden Einflusses, der aber gleichwohl erhebliche Einwirkungsmöglichkeiten auf die Programmgestaltung begründet, ist die Zurechnung nach dem Normzweck hingegen geboten. Die Meinungsvielfalt wäre als bedroht anzusehen. Ein Auseinanderfallen von aktienrechtlich beherrschendem Einfluß und Programmherrschaft kann sich insbesondere aufgrund der weitreichenden gesellschaftsvertraglichen Gestaltungsmöglichkeiten der

---

412 Ebd.

413 Krieger in Münch. Hdb. des GesR, Bd 4, § 68 Rdnr. 55, S. 720.

414 Geßler in Geßler/Hefermehl/Eckhardt/Kropff, AktG, § 17 Rdnr. 102 ; Koppensteiner in Kölner Kommentar zum AktG, § 17 Rdnr. 100.

415 Geßler a.a.O. ; Koppensteiner a.a.O.

416 Vgl. Hüttemann, Der Entherrschungsvertrag im Aktienrecht, in ZHR 156 (1992), S. 314; Möhring, Vertraglicher Ausschluß von Abhängigkeit und Konzernvermutung, in Festschrift H. Westermann, S. 427 jeweils m.w.N.

417 Krieger in Münch. Hdb. des GesR, Bd 4, § 68 Rdnr. 60, S. 721.

418 Emmerich/Sonnenschein, Konzernrecht, S. 76 f.

Gesellschafter eines Rundfunkanbieters ergeben. Das trifft vor allem auf Rundfunkanbieter zu, die in der Rechtsform einer GmbH oder einer Personengesellschaft organisiert sind. Von der Vielzahl der denkbaren Gestaltungsmöglichkeiten sei hier nur beispielhaft die Möglichkeit der Gesellschafter genannt, im Gesellschaftsvertrag einzelnen Gesellschaftern oder einem Programmbeirat Sonderrechte auf die Bestellung und Abberufung des Chefredakteurs einzuräumen[419] oder einem Gesellschafter, einem Programmbeirat oder dem Chefredakteur besondere Verantwortung hinsichtlich der Programmgestaltung zu übertragen[420].

Die teleologische Auslegung führt mithin zu dem Ergebnis, daß der Abhängigkeitsbegriff im Rundfunkrecht in einzelnen Fällen enger zu fassen ist als im Aktienrecht, in anderen Fällen hingegen weiter auszulegen ist. Ein Abhängigkeitsverhältnis im rundfunkrechtlichen Sinne ist somit immer, aber auch nur dann anzunehmen, wenn ein beherrschender Einfluß eines Unternehmens auf einen Veranstalter dem Unternehmen zugleich die Programmherrschaft ermöglicht[421]. Abweichungen bei der Auslegung des Abhängigkeitsbegriffs im Rundfunkrecht und im Aktienrecht können sich demnach in erster Linie hinsichtlich des sachlichen Umfangs, auf den sich der beherrschende Einfluß bezieht, ergeben. Während der Einfluß des herrschenden Unternehmens sich nach Aktienrecht auf die zentralen Unternehmensbereiche des abhängigen Unternehmens beziehen muß[422], ist es im Rundfunkrecht ausreichend, aber auch erforderlich, daß der Einfluß die Programmgestaltung umfaßt.

Der hier vorgeschlagenen, am Normzweck des § 28 Abs. 1 RfStV orientierten Auslegung des Abhängigkeitsbegriffs könnte entgegengehalten werden, daß dadurch das Merkmal "beherrschender Einfluß" im Sinne von § 17 AktG durch das Merkmal "beherrschender Einfluß auf die Programmgestaltung" ersetzt wird, der Gesetzgeber durch die Bezugnahme auf das aktienrechtliche Konzernrecht aber gerade die Einwirkungsmöglichkeiten, die zwischen herrschendem und abhängigen Unternehmen bestehen, als Maßstab für die Erheblichkeit des Einflusses auf die Programmgestaltung vorgeben

---

419 Vgl. Engel, Vorsorge gegen die Konzentration im privaten Rundfunk mit den Mitteln des Rundfunkrechts, in ZUM Sonderheft 1993, 557, 572.

420 Engel a.a.O.

421 So auch in der Sache, wenn auch unter Verwendung einer unterschiedlichen Terminologie : Engel, a.a.O. S. 571 ("maßgeblicher publizistischer Einfluß"); Wagner a.a.O. S. 175 f ("materielle Programmherrschaft"); Hoffmann-Riem, in Hoffmann-Riem/Kuch (Hrsg.) Hamburgisches Staats- und Verwaltungsrecht, S. 470, 489 ("faktische Programmabhängigkeit"); Bullinger/Gödel, in Landesmediengesetz Baden-Württemberg, Rdnr. 5 ("entscheidende Programmherrschaft"); Möschel, in Festschrift Hoppmann, S. 329, 335 ("Programmgestaltungskompetenz"), der allerdings im Grundsatz an einem aktienrechtlichen Verständnis des Abhängigkeitsbegriffs festhält und nur in Einzelfragen wie des gemeinsamen Einflusses auf die Programmgestaltung und der mittelbaren Beteiligung auf den Normzweck des § 21 RfStV abstellt.

422 Emmerich/Sonnenschein, Konzernrecht, S. 63; Geßler in Geßler/Hefermehl/Eckhardt/Kropff, AktG, § 17 Rdnr. 13 ff. Koppensteiner in Kölner Kommentar zum AktG, § 17 Rdnr. 24 f. m.w.N. zum Meinungsstand.

wollte[423]. Es wurde bereits dargelegt, daß die amtliche Begründung zu § 28 RfStV keinen Hinweis darauf enthält, daß die Verfasser des Staatsvertrages durch die Verweisung auf § 17 AktG den genauen aktienrechtlichen Begriff des beherrschenden Einflusses zur Geltung bringen wollten[424]. Demgegenüber wurde gezeigt, daß die unterschiedlichen Normzwecke von Rundfunkrecht und Aktienkonzernrecht eine vom Aktienrecht abweichende teleologische Auslegung des § 17 AktG zulassen[425]. Eine am Normzweck orientierte, an die Programmgestaltung anknüpfende Auslegung führt indessen allein zu sinnvollen Ergebnissen, da ein beherrschender Einfluß im Sinne des Aktienrechts nicht notwendigerweise mit einem entsprechenden Programmeinfluß verbunden sein muß und umgekehrt Programmherrschaft gegeben sein kann, ohne daß die Voraussetzungen des aktienrechtlichen Abhängigkeitsbegriffs erfüllt sind[426].
Zusammenfassend läßt sich festhalten, daß die gemeinsame Einflußnahme mehrerer Unternehmen auf die Programmgestaltung eines Veranstalters nach den Kriterien zu beurteilen ist, die von der Rechtsprechung zum Begriff der gemeinsamen Beherrschung im Aktien- und im Kartellrecht entwickelt worden sind. In einem zweiten Schritt ist das Ergebnis anhand der rundfunkspezifischen Zielsetzung der Norm zu überprüfen.

c) Fazit

Ein Abhängigkeitsverhältnis ist im Hinblick auf die Zurechnung von Programmen gemäß § 28 Abs. 1 S. 2 RfStV immer, aber auch nur dann anzunehmen, wenn ein beherrschender Einfluß eines Unternehmens auf einen Veranstalter dem Unternehmen zugleich die Programmherrschaft ermöglicht. Ein beherrschender Einfluß ist gegeben, wenn ein Unternehmen die Möglichkeit hat, die gesetzlichen oder satzungsmäßigen Organe eines anderen Unternehmens zu besetzen und auf diese Weise die Unternehmens- und Geschäftspolitik dieses Unternehmens bestimmen kann. Der Einfluß des herrschenden Unternehmens muß sich nach Aktienrecht auf die zentralen Unternehmensbereiche des abhängigen Unternehmens beziehen, im Rundfunkrecht ist es hingegen ausreichend, aber auch erforderlich, daß der Einfluß die Programmgestaltung umfaßt.

---

423 Vgl. dazu Möschel, in Festschrift Hoppmann, S. 329, 331.
424 Siehe 2. Abschnitt A.I.4 e bb) (3)(a).
425 Siehe 2. Abschnitt A.I.4 e bb) (3)(a).
426 BVerfGE 57, 295, 332 f; vgl. dazu Engel a.a.O. S. 571; vgl. auch v. Wallenberg, in ZUM 1992, S. 387, 390.

(4) Konzernunternehmen

Einem Unternehmen sind im Hinblick auf die vorherrschende Meinungsmacht nach § 28 Abs. 1 RfStV neben abhängigen und herrschenden Unternehmen auch Konzernunternehmen zuzurechnen. Der Begriff des Konzernunternehmens ist in § 18 AktG bestimmt. Die Vorschrift sieht vor, daß mehrere rechtlich selbständige Unternehmen einen Konzern bilden, wenn sie unter einheitlicher Leitung zusammengefaßt sind. Das Gesetz bezeichnet die einzelnen Unternehmen dann als Konzernunternehmen. Die Bestimmung des § 18 AktG unterscheidet Unterordnungskonzern (Abs. 1) und Gleichordnungskonzern (Abs. 2). Nach der überwiegenden, am Wortlaut orientierten Ansicht im Schrifttum[427] liegt der Unterschied der beiden Konzerntatbestände in dem Verhältnis der Konzernunternehmen zueinander. Im Unterordnungskonzern sind herrschende und abhängige Unternehmen zusammengefaßt, während im Gleichordnungskonzern keines der einzelnen Konzernunternehmen abhängig ist[428]. Das hat zur Folge, daß den beiden Konzernformen eine unterschiedliche Bedeutung im Rahmen der Zurechnungsnorm des § 28 Abs. 1 S. 2 RfStV zukommt, wie im einzelnen sogleich näher darzulegen sein wird. Im Mittelpunkt der Erörterung wird dabei das für beide Konzernformen gleichermaßen prägende Merkmal der einheitlichen Leitung stehen. Bei der Auslegung dieses Begriffs werden die rundfunkspezifischen Besonderheiten zu berücksichtigen sein[429].

(a) Unterordnungskonzern

Ein Unterordnungskonzern liegt vor, wenn ein herrschendes und ein oder mehrere abhängige Unternehmen unter einheitlicher Leitung zusammengefaßt sind (§ 18 Abs. 2 AktG). Der Abhängigkeitsbegriff wurde bereits ausführlich dargelegt, so daß an dieser Stelle auf die Ausführungen hierzu verwiesen werden kann[430]. Der Konzern setzt als zusätzliches Merkmal die einheitliche Leitung voraus. Im Unterordnungskonzern beruht die einheitliche Leitung auf den Beherrschungsmitteln[431], die auch die Abhängigkeit begründen[432]. Von einem abhängigen Unternehmen wird daher vermutet, daß es mit einem herrschenden Unternehmen einen Konzern bildet (§ 18 Abs. 1 S. 3 AktG). Der

---

427 Emmerich/Sonnenschein, Konzernrecht, S. 88; Geßler in Geßler/Hefermehl/Eckhardt/Kropff, AktG, § 18 Rdnr. 1, 67f; Gromann, Die Gleichordnungskonzerne im Konzern- und Wettbewerbsrecht, S. 3,48 ff.; Hüffer, in AktG, § 18 Rdnr. 2; Koppensteiner in Kölner Kommentar zum AktG, § 18 Rdnr. 5; Krieger in Münch.Hdb.des GesR. Bd 4, § 68 Rdnr. 64 S. 723; a.A. K. Schmidt, in ZHR 155 (1991), S. 417, 422 ff.

428 Vgl. statt aller Geßler in Geßler/Hefermehl/Eckhardt/Kropff, AktG, § 18 Rdnr. 67.

429 Siehe 2. Abschnitt A.I.4 e) bb)(3)(b).

430 Siehe 2. Abschnitt A.I.4 e) bb) (3).

431 Ebd.

432 Koppensteiner in Kölner Kommentar zum AktG, § 18 Rdnr. 26.

Unterordnungskonzern unterscheidet sich von dem Abhängigkeitstatbestand allein dadurch, daß die einheitliche Leitung die tatsächliche Ausübung beherrschenden Einflusses voraussetzt, während Abhängigkeit bereits durch die Möglichkeit, beherrschenden Einfluß auszuüben, begründet wird[433]. Da zur Feststellung einer Unternehmensverbindung im Regelungszusammenhang des § 28 Abs. 1 S. 2 RfStV bereits der Nachweis eines Abhängigkeitsverhältnisses genügt[434], kommt es auf den weitergehenden Tatbestand des Unterordnungskonzerns somit regelmäßig nicht an[435]. Das entspricht der ganz überwiegenden Meinung im kartellrechtlichen Schrifttum, derzufolge die Verweisung auf den Unterordnungskonzern in § 36 Abs. 2 GWB (§ 23 Abs. 1 S. 2 GWB a.F.) neben der Verweisung auf den Abhängigkeitstatbestand praktisch bedeutungslos ist[436]. Es bleibt als Ergebnis festzuhalten, daß die Verweisung in § 28 Abs. 1 S. 2 RfStV auf den Tatbestand des Unterordnungskonzerns gemäß § 18 Abs. 1 AktG in der Praxis keine eigenständige Bedeutung hat.

(b) Gleichordnungskonzern

Das wesentliche Kennzeichen eines Gleichordnungskonzerns ist die Zusammenfassung rechtlich selbständiger Unternehmen unter einheitlicher Leitung, ohne daß ein Unternehmen von dem anderen abhängig ist[437]. Die einheitliche Leitung ist demnach unabhängig von dem Merkmal der Abhängigkeit zu beurteilen[438]. Dem Gleichordnungskonzern könnte daher neben § 17 AktG eine eigenständige Bedeutung im Rahmen der Zurechnungsnorm des § 28 Abs. 1 S. 2 RfStV zukommen. Um diese Frage zu beantworten, ist zunächst der Begriff der einheitlichen Leitung zu konkretisieren. Anschließend wird das Verhältnis der unter einheitlicher Leitung zusammengefaßten Unternehmen zueinander in Abgrenzung zum Abhängigkeitsverhältnis näher zu bestimmen sein. Der Gesetzgeber hat in Anbetracht der vielfältigen in der Wirtschaft vorkommenden Formen der Konzerngestaltung[439] bewußt darauf verzichtet, das Merkmal der einheitlichen Lei-

433 Begründung zum Regierungsentwurf zu § 18 AktG, abgedr. bei Kropff, Aktiengesetz S. 33; Koppensteiner a.a.O.

434 Siehe 2. Abschnitt A.I.4 e) bb) (3) (a).

435 So auch Möschel, Zur Sicherung der Meinungsvielfalt nach § 21 Rundfunkstaatsvertrag, in Festschrift Hoppmann, S. 329, 334.

436 Kleinmann/Bechthold, Fusionskontrolle, § 23 Rdnr. 355; Langen, GWB, § 23 Rdnr. 86; Mestmäcker in Immenga/Mestmäcker, GWB, § 23 Rdnr. 60; Möschel, Das Recht der Wettbewerbsbeschränkungen, Rdnr. 809; Westrick/Löwenheim, GWB, § 23 Rdnr. 115-117.

437 So die ganz herrschende Auffassung, siehe oben N. 427.

438 Krieger in Münch.Hdb. des GesR. Bd 4, § 68 Rdnr. 79, S. 727.

439 Vgl. hierzu die Beiträge von Bleicher, Zünd und Druey in Druey (Hrsg.), Das St. Galler Konzernrechtsgespräch, S. 55 ff., 77 ff., 89 ff.; vgl. auch Gromann, Die Gleichordnungskonzerne im Konzern- und Wettbewerbsrecht, S. 10 ff.

tung zu definieren[440]. Die Begründung des Regierungsentwurfs zum Aktiengesetz 1965 enthält lediglich den Hinweis, daß eine einheitliche Leitung anzunehmen sei, wenn "die Konzernleitung die Geschäftspolitik der Konzerngesellschaften und sonstige grundsätzliche Fragen ihrer Geschäftsführung aufeinander abstimmt"[441]. Die Abstimmung könne in Form von Weisungen, aber auch durch weniger intensive Mittel wie gemeinsame Beratungen oder personelle Verflechtungen erfolgen[442]. Es besteht weitgehende Übereinstimmung darin, daß eine einheitliche Leitung die Vereinheitlichung der Unternehmensplanung voraussetzt[443]. Die Frage, welche Entscheidungsbereiche der Geschäftspolitik von der einheitlichen Leitung umfaßt sein müssen, wird im Schrifttum indessen unterschiedlich beantwortet[444]. Nach einer engeren Auffassung liegt ein Konzern nur dann vor, wenn die einheitliche Leitung sich zumindest auch auf den zentralen Bereich des Finanzwesens erstreckt[445]. Die Gegenansicht faßt den Konzernbegriff demgegenüber weiter auf und hält es für ausreichend, wenn sich die einheitliche Leitung auf einen der anderen zentralen Unternehmensbereiche - Investition, Produktion, Personalwesen, Absatz - bezieht, sofern eine selbständige Unternehmensplanung der einzelnen Unternehmen dadurch unmöglich wird[446]. Der Meinungsstreit geht auf ein unterschiedliches Vorverständnis des Konzernbegriffs zurück[447]. Die Vertreter des sog. engen Konzernbegriffs sind der Ansicht, dem Gesetz liege das von den Wirtschaftswissenschaften entwickelte Verständnis des Konzerns als wirtschaftliche Einheit zugrunde[448]. Nach der Gegenansicht ergibt sich aus der Begründung des Regierungsentwurfs zu § 18 AktG, daß der Konzernbegriff auch weniger intensive Formen der Integration von Unternehmen erfaßt[449]. Eine Auseinandersetzung mit den verschiedenen Grundauffassungen des Konzerns kann im Rahmen dieser Arbeit, die ihren Schwerpunkt im Rundfunkrecht hat, nicht geleistet werden. In der Rechtsprechung zeichnet sich bisher noch keine klare Linie ab[450] Das Landgericht Mainz hat in einer Entscheidung zu § 290 HGB[451] den Begriff

440 Begründung zum Regierungsentwurf zu § 18 AktG, abgedr. bei Kropff, Aktiengesetz, S. 33; vgl. auch Flume, in DB 1968, 1011, 1013, der bezweifelt, ob sich der Begriff der einheitlichen Leitung überhaupt bestimmen läßt.

441 Abgedr. bei Kropff, Aktiengesetz, S. 33.

442 Siehe vorherige N.

443 Koppensteiner a.a.O. Rdnr.18 m.w.N.; K. Schmidt, in ZHR 155 (1991), S. 417, 422.

444 Koppensteiner a.a.O. Rdnr. 17.

445 Gromann a.a.O. S. 5; Koppensteiner a.a.O. Rdnr. 20 f. m.w.N.; Marchand, Abhängigkeit und Konzernzugehörigkeit von Gemeinschaftsunternehmen, S. 91 ff.

446 Emmerich/ Sonnenschein, Konzernrecht, S. 84 f; Geßler in Geßler/Hefermehl/Eckhardt/Kropff, AktG, § 18 Rdnr. 29 ff.; Krieger in Münch.Hdb. des GesR. Bd 4, § 68 Rdnr. 67 ff. S. 723 f; Slongo, Der Begriff der einheitlichen Leitung, S. 187 f; Würdinger, Aktienrecht, S. 296.

447 Emmerich/ Sonnenschein a.a.O. S. 84; vgl. zum ganzen unter Berücksichtigung Entstehungsgeschichte: Rehbinder, Konzernaußenrecht und allgemeines Privatrecht, S. 33 ff.

448 Vgl. statt aller, Koppensteiner in Kölner Kommentar zum AktG, § 18 Rdnr. 13 ff. m.w.N.

449 Vgl. statt aller, Geßler in Geßler/Hefermehl/Eckhardt/Kropff, AktG, § 18 Rdnr. 7 ff. m.w.N.

450 Siehe dazu Emmerich/Sonnenschein, Konzernrecht, S. 84.

451 Vgl. zum Begriff der einheitlichen Leitung in § 18 AktG und in § 290 HGB, Ulmer, in Festschrift

der einheitlichen Leitung als planmäßige Koordinierung wesentlicher, den Schwerpunkt der unternehmerischen Tätigkeit betreffender Unternehmensinteressen bestimmt[452]. Es läßt sich somit lediglich festhalten, daß eine zentrale Finanzplanung in jedem Fall die Voraussetzungen der einheitlichen Leitung erfüllt[453].

Bei der Auslegung des Begriffs der einheitlichen Leitung im Regelungszusammenhang des § 28 RfStV 1997 ist, wie oben dargelegt wurde, die rundfunkspezifische Zielsetzung zu berücksichtigen[454]. Abweichungen zwischen dem Aktienkonzernrecht und dem Rundfunkrecht können sich, wie bei dem Merkmal des beherrschenden Einflusses, im Hinblick auf den gegenständlichen Bereich ergeben, der von der einheitlichen Leitung umfaßt sein muß[455]. Während es im Konzernrecht, wie soeben dargelegt wurde, umstritten ist, auf welche Unternehmensbereiche sich die einheitliche Leitung erstrecken muß, läßt sich für das Rundfunkrecht feststellen, daß es nach dem Normzweck ausreichend, aber auch erforderlich ist, um einen Konzernverbund anzunehmen, wenn sich die einheitliche Leitung auf die Programmgestaltung eines Veranstalters bezieht[456].

Das Gesetz umschreibt das Verhältnis der im Gleichordnungskonzern zusammengefaßten Unternehmen negativ, indem es bestimmt, daß die Unternehmen im Gleichordnungskonzern nicht voneinander abhängig sein dürfen[457]. Dieser Ausgangspunkt der herrschenden Auslegung[458] von § 18 Abs. 2 AktG wurde von Karsten Schmidt in Frage gestellt[459]. Seine Kritik richtet sich gegen die herrschende Auffassung, die Abhängigkeit als den Höchstumfang einheitlicher Leitung betrachtet[460]. Die These von Karsten Schmidt lautet, daß Abhängigkeit auch im Gleichordnungskonzern und Gleichordnung auch im Unterordnungskonzern möglich ist[461]. Dieser Ansatz hat für die hier maßgebliche Feststellung eines Gleichordnungskonzerns im Rahmen der Zurechnungsnorm des § 28 Abs. 1 S. 2 RfStV 1997 indes keine praktischen Auswirkungen. Denn der Nachweis eines Abhängigkeitsverhältnisses führt bereits zur Programmzurechnung, so daß es dann nicht mehr auf die Feststellung eines Gleichordnungskonzerns ankommt[462]. Demgegenüber ist die umgekehrte Frage nach dem Mindestumfang einheitlicher Leitung von

---

Goerdeler, S. 623 ff.

452 AG 1991, S. 30, 31.; vgl. auch LG Oldenburg, ZIP 1992, 1632, 1636; vgl. zur Auslegung des Begriffs der einheitlichen Leitung im Kartellrecht, KG, in WuWE/OLG 4835, 4845 = AG 1992, S. 159 ff. ("Iserlohner Kreisanzeiger") und BGH WuWE 2882. 2887 f in derselben Sache.

453 Emmerich/Sonnenschein, Konzernrecht, S. 84; so auch LG Mainz a.a.O. S. 31.

454 Siehe 2. Abschnitt A.I.4. e) bb) (3) (b).

455 Siehe 2. Abschnitt A.I.4. e) bb) (4) .

456 Ebd.

457 Geßler in Geßler/Hefermehl/Eckhardt/Kropff ,AktG, § 18 Rdnr 67.

458 Siehe oben N. 411.

459 ZHR 155 (1991), S. 417, 422 ff., 445 f.

460 K. Schmidt a.a.O. S. 423.; ders. in Festschrift Rittner, S. 561, 574 ff.

461 Ebd. S. 445.

462 Möschel, Zur Sicherung der Meinungsvielfalt nach § 21 Rundfunkstaatsvertrag, in Festschrift Hoppmann, S. 329, 334.

Bedeutung. Es stellt sich die Frage, ob ein Gleichordnungskonzern vorliegen kann, wenn ein Abhängigkeitsverhältnis im Einzelfall nicht nachweisbar ist[463]. Grundlage der einheitlichen Leitung im Gleichordnungskonzern ist im Regelfall ein Vertrag (sog. Vertragskonzern)[464]. Die Unternehmen unterstellen sich durch den Vertrag einer gemeinsamen einheitlichen Leitung[465]. In dem Vertrag ist typischerweise die Organisation, der Umfang und die Durchsetzung der einheitlichen Unternehmenspolitik geregelt[466]. Die Leitung wird in der Regel einem gemeinsamen Leitungsorgan oder einer gemeinschaftlich gegründeten Gesellschaft übertragen[467]. Die einzelnen Unternehmen können in ihrem Verhältnis untereinander jedoch auch ohne vertragliche Absprachen eine Abstimmung ihrer Unternehmenspolitik herbeiführen (sog. faktischer Konzern)[468]. Als wichtigstes Beispiel hierfür werden in der Literatur personelle Verflechtungen zwischen den Leitungsorganen der einzelnen Unternehmen angeführt[469]. In Anbetracht der vielfältigen Gestaltungsmöglichkeiten ist von Fall zu Fall zu prüfen, ob die Integration der einzelnen Unternehmen das für die Annahme einheitlicher Leitung erforderliche Ausmaß erreicht. Die Prüfung wird in der Praxis regelmäßig schwierig durchzuführen sein, da der Begriff der einheitlichen Leitung in seinen Konturen unscharf geblieben ist und eine operationale Definition bisher noch nicht gelungen ist[470]. Aus den bisherigen Ausführungen lassen sich indes zwei Anhaltspunkte für die Feststellung eines Gleichordnungskonzerns ableiten. Die Prüfung ist zum einen unabhängig von der Beurteilung der Abhängigkeit vorzunehmen[471]. Ein Gleichordnungskonzern kann daher grundsätzlich auch in Fällen vorliegen, in denen ein Abhängigkeitsverhältnis nicht nachgewiesen werden konnte. Als Grundlage der einheitlichen Leitung kommen dabei nicht nur gesellschaftsrechtlich vermittelte Sachverhalte in Betracht, sondern auch sonstige rechtliche oder tatsächliche Koordinierungsmittel. Der Konzernbegriff ist somit im Hinblick auf die möglichen Formen einheitlicher Leitung weiter gefaßt als der Tatbestand der Abhängigkeit, der vom Bundesgerichtshof insoweit restriktiv ausgelegt wird[472]. Des weiteren ist zu berücksichtigen, daß die tatsächliche Ausübung der Leitungsmacht nachgewiesen werden muß[473]. An die Feststellung eines Gleichordnungskonzerns werden insoweit höhere Anforderungen als an den Nachweis eines Abhängigkeitsverhältnisses gestellt. Denn zum

---

463 Ebd.
464 Geßler in Geßler/Hefermehl/Eckhardt/Kropff, AktG, § 18 Rdnr 69
465 Ebd.
466 Koppensteiner in Kölner Kommentar zum AktG, § 18 Rdnr. 28. vgl. dazu ausführlich, Gromann, Die Gleichordnungskonzerne im Konzern- und Wettbewerbsrecht, S. 25 ff.
467 Krieger in Münch.Hdb.des GesR. Bd 4, § 68 Rdnr. 80, S. 727.
468 Krieger a.a.O. Rdnr.82;vgl. hierzu auch BGH WuWE 2882, 2887 f.
469 Koppensteiner a.a.O. Rdnr. 29.
470 Emmerich/Sonnenschein, Konzernrecht, S. 83; Geßler a.a.O. Rdnr. 29; K. Schmidt a.a.O. S. 422.
471 Krieger a.a.O. Rdnr. 79, S. 727.
472 BGHZ 90, 381, 395.
473 Koppensteiner in Kölner Kommentar zum AktG, § 18 Rdnr. 26.

Nachweis der Abhängigkeit ist es ausreichend, daß die Möglichkeit beherrschenden Einflusses dargetan wird. Dieser Umstand hat insbesondere in den Fällen einer Koordinierung der Unternehmenspolitik auf tatsächlicher Grundlage praktische Auswirkungen. Es ist demnach zur Feststellung eines faktischen Gleichordnungskonzerns nicht ausreichend, etwa bestehende personelle Verflechtungen zwischen den Leitungsorganen zweier Rundfunkveranstalter darzutun; erforderlich ist hingegen der Nachweis, daß die Rundfunkveranstalter ihre Unternehmenspolitik in einem zentralen Unternehmensbereich, wobei im Rundfunkrecht insbesondere die Programmpolitik maßgeblich ist, tatsächlich auch abgestimmt haben[474]. Diese Frage war Gegenstand der von den Landesmedienanstalten aufgrund des alten Staatsvertrages durchgeführten Konzentrationsprüfung der Veranstalterstruktur des Fernsehsenders ProSieben[475]. In dem Verfahren wurde zugleich die Bedeutung der Rechtsfigur des faktischen Gleichordnungskonzerns für die Beurteilung von Konzentrationssachverhalten in den elektronischen Medien deutlich. Ausgangspunkt der Prüfung war die Frage, ob die Beteiligungsverhältnisse an dem Veranstalter ProSieben mit der in § 21 Abs. 3 RfStV 1991 festgelegten Beschränkung mehrfacher Minderheitsbeteiligungen an Veranstaltern von bundesweit verbreiteten Fernsehvollprogrammen vereinbar war. Nach dieser Vorschrift durfte ein Unternehmen oder eine Privatperson nur an einem solchen Veranstalter mit einem Anteil von mehr als 25 v.H. der Kapital- und Stimmrechte beteiligt sein. Dieses Limit wäre überschritten worden, wenn die Beteiligung von Thomas Kirch an ProSieben in Höhe von 47,5 v.H. der Kapital- und Stimmrechtsanteile und die Beteiligung der Kirch-Gruppe an dem Sender SAT 1 in Höhe von 43,5 v.H. der Kapital- und Stimmrechtsanteile zusammenzufassen wären. Eine Zusammenfassung der Beteiligungen von Thomas Kirch und der Kirch-Gruppe wäre gem. § 21 Abs. 5 RfStV 1991 vorzunehmen, wenn zwischen Thomas Kirch und der Kirch-Gruppe ein Abhängigkeits- oder ein Konzernverhältnis iSv. §§ 17, 18 AktG bestände . Der Schwerpunkt der Prüfung lag dabei auf der Frage, ob Anhaltspunkte dafür vorliegen, daß Thomas Kirch und die Kirch-Gruppe ihre programmbezogene Unternehmenspolitik im Hinblick auf ProSieben durch einen Gleichordnungskonzern koordinieren[476].

474 Vgl. LG Mainz AG 1991, S. 31.

475 Siehe zu dem Prüfungsablauf, Henle, Erfahrungsbericht der Landesmedienanstalten zur Sicherung der Veranstalter- und Beteiligungsvielfalt im bundesweit verbreiteten Rundfunk (DLM-Konzentrationsbericht), in Die Landesmedienanstalten (Hrsg.), Die Sicherung der Meinungsvielfalt, 1995, S. 33 ff. Die Programmträgergesellschaft ist inzwischen in eine Aktiengesellschaft umgewandelt worden, die in 1997 an die Börse gegangen ist, siehe dazu Frankfurter Allgemeine Zeitung vom 13.3. u. 24.6.1997.

476 Ebd.

Der Bundesgerichtshof[477] hat für die wettbewerbliche Fusionskontrolle in dem Fall "Iserlohner Kreisanzeiger" einen Gleichordnungskonzern zwischen der GfB, einem Unternehmen ohne eigene Markttätigkeit, dessen Anteile paritätisch von Familienangehörigen der Stämme Brost und Funke gehalten werden, und der WAZ-Unternehmensgruppe angenommen, die ebenfalls gemeinsam paritätisch von den Gesellschafterstämmen Brost und Funke beherrscht wird. Die GfB hatte von der WAZ-Gruppe eine Minderheitsbeteiligung von 24,8 vH an dem Zeitungsverlag Iserlohner Kreisanzeiger erworben. Der GfB wurde dabei eine Sperrminorität eingeräumt. Gleichzeitig wurden verschiedene Kooperationsverträge zwischen dem Zeitungsverlag und der WAZ-Gruppe abgeschlossen. Vor diesem Hintergrund reiche es im Rahmen der Fusionskontrolle, so der Bundesgerichtshof, zur Annahme einheitlicher Leitung aus, daß die GfB ihr wettbewerbsbezogenes Abstimmungsverhalten in der Gesellschafterversammlung des Zeitungsverlags dem Willen der WAZ-Unternehmensgruppe unterstellt habe[478].
In Anlehnung an die Rechtsprechung zum Kartellrecht stellten die Landesmedienanstalten im Rahmen der konzentrationsrechtlichen Überprüfung von ProSieben eine Reihe von Indizien fest, die den Schluß zuließen, daß Thomas Kirch sein Abstimmungsverhalten in der Gesellschafterversammlung von ProSieben in wesentlichen Programmfragen mit der Kirch-Gruppe koordiniert[479]. Als Indiz für eine Koordinierung der Unternehmensinteressen von Thomas Kirch und der Kirch-Gruppe wurde gewertet, daß der Informationskanal Eureka-Television GmbH gleichzeitig mit dem Eintritt von Thomas Kirch als Gesellschafter in den Spielfilm- und Serienkanal ProSieben umgewandelt und umbenannt wurde. Dadurch wurden der Kirch-Gruppe umfangreiche Verwertungsmöglichkeiten für ihre Filmbestände eröffnet. Zwischen ProSieben und der Kirch-Gruppe bestehen zudem nach Erkenntnissen der Landesmedienanstalten umfangreiche Filmlieferungsbeziehungen. Als weiteres Indiz für die Abstimmung der Unternehmenspolitik zwischen Thomas Kirch und der Kirch-Gruppe wurde die Beseitigung des vormaligen Hauptkonkurrenten von ProSieben - Tele 5 - durch die Umstellung des Programms von Tele 5 zu einem Sport-Spartenprogramm (DSF) mit Eintritt der Kirch-Gruppe in die Programmträgergesellschaft gewertet. Des weiteren ergab die Konzentrationsprüfung, daß umfassende personelle Verflechtungen zwischen dem Veranstalter ProSieben und der Kirch-Gruppe bestehen, die in der Person des Geschäftsführers von ProSieben und Gesellschafters des Kabelkanals, Dr. Kofler, der vormals Mitarbeiter der Kirch-Gruppe war, sowie in der Person von Thomas Kirch selbst manifestiert werden.
Auf der Grundlage dieser Feststellungen kam die Mehrheit der Landesmedienanstalten

---

477 Beschluß v. 19.1. 1993, WuW/E BGH 2882, 2887 ff.; vgl. auch die Vorinstanz KG WuW/E OLG 4835, 4845 = AG 1992, S. 159 ff. und den Beschluß des BKartA WuW/E 2471.

478 Siehe N. 477.

479 DLM-Konzentrationsbericht a.a.O.

im Rahmen der Direktorenkonferenz zu dem Ergebnis, daß Thomas Kirch sein programmbezogenes Abstimmungsverhalten in der Gesellschafterversammlung von ProSieben planmäßig und dauerhaft mit der Kirch-Gruppe koordiniert und somit ein faktischer Gleichordnungskonzern vorliegt. Nach Ansicht der Mehrheit der Landesmedienanstalten waren demzufolge die Beteiligungen von Thomas Kirch und der Kirch-Gruppe im Hinblick auf die rundfunkrechtliche Überprüfung der Konzentrationsgrenzen zusammenzufassen. Da Thomas Kirch und die Kirch-Gruppe zusammen an zwei Veranstaltern bundesweit verbreiteter Fernsehvollprogramme mit mehr als 25 vH der Kapital- und Stimmrechtsanteile beteiligt waren, sollte die Beteiligung von Thomas Kirch an ProSieben nach dem Mehrheitsvotum der Landesmedienanstalten als mit § 21 Abs. 3 RfStV 1991 unvereinbar auf unter 25 vH der Kapital- und Stimmrechtsanteile reduziert werden[480]. Die Unabhängige Landesanstalt für das Rundfunkwesen (ULR) in Schleswig-Holstein, welche die Zulassung erteilt hatte und damit im Außenverhältnis allein für die Entscheidung in dem Prüfungsverfahren zuständig war, sah indes auf der Grundlage des ermittelten Sachverhalts keine hinreichenden Anzeichen für ein Zusammenwirken von Thomas Kirch und der Kirch-Gruppe und erteilte eine Unbedenklichkeitsbescheinigung nach § 21 Abs. 4 RfStV 1991[481].

Die Kommission zur Ermittlung der Konzentration im Medienbereich (KEK) hatte unter Anwendung des neuen Rechts zur Sicherung der Meinungsvielfalt (§§ 26-24 RfStV 1997) ebenfalls die Zurechnung der Zuschaueranteile von ProSieben und Kabel 1 zur Kirch-Gruppe zu prüfen[482]. Sie kam dabei zu dem Ergebnis, daß eine Zurechnung unter gesellschaftsrechtlichen Aspekten gem. § 28 Abs. 1 RfStV 1997 nicht in Betracht komme, da die Kirch-Gruppe nicht an der (inzwischen in eine Aktiengesellschaft) umgewandelten ProSieben Media AG beteiligt sei und keine gemeinsame Beherrschung beider Unternehmen festzustellen sei[483]. Auf der Grundlage der von den Landesmedienanstalten für die Annahme eines faktischen Gleichordnungskonzerns herangezogen Indizien sowie weiterer Anhaltspunkte für eine planmäßige Koordinierung der Interessen von Leo Kirch und Thomas Kirch stellte die KEK jedoch im Ergebnis mit den Landesmedienanstalten übereinstimmend fest, daß sich die Kirch-Gruppe und die ProSieben-Gruppe die Zuschaueranteile ihrer Sender wechselseitig zurechnen lassen müssen, da den gesellschaftsrechtlichen vergleichbare Einflußmöglichkeiten gem. § 28 Abs. 2 S. 1 RfStV 1997 gegeben seien[484]. Dabei bezog die KEK die familiären Bindungen zwischen

480 Siehe vorherige N

481 Vgl. Süddeutsche Zeitung v. 12.7.1994.

482 Beschluß der KEK vom 26.1.1999 in der Sache „ProSieben Media AG", Az. KEK 007 u. 029, ZUM Rechtsprechungsdienst Heft 5/1999, S. 251 ff.; siehe auch KEK, Tätigkeitsbericht 1998/99, S. 39 ff.

483 Beschluß der KEK vom 26.1.1999 Az. KEK 007 u. 029, Begründung S. 12.

484 Beschluß der KEK vom 26.1.1999 Az. KEK 007 u. 029, Begründung S. 14 ff. S. 19.

den die Kirch-Gruppe und die ProSieben-Gruppe beherrschenden Gesellschaftern Dr. Leo Kirch und Thomas Kirch gem. § 28 Abs. 4 RfStV 1997 in die Prüfung und Bewertung des Sachverhalts mit ein[485].

cc) Beteiligungsgleicher Einfluß auf einen Veranstalter

Nach § 28 Abs. 2 S. 1 RfStV 1997 ist eine Programmzurechnung auch dann vorzunehmen, wenn ein Unternehmen allein oder gemeinsam mit anderen auf einen Veranstalter einen einer Beteiligung nach Abs. 1 „vergleichbaren" Einfluß ausüben kann. Es kommt für die Programmzurechnung demnach nicht allein auf die formale Beteiligungshöhe an, sondern es sind sämtliche satzungsmäßigen, vertraglichen oder sonstigen Einflußmöglichkeiten eines Unternehmens auf einen Veranstalter einzubeziehen[486]. Die amtliche Begründung gibt keinen Hinweis zu dem Vergleichsmaßstab, der für die Annahme eines „vergleichbaren" Einflusses auf einen Veranstalter heranzuziehen ist. Durch die pauschale Bezugnahme in § 28 Abs. 2 RfStV 1997 auf „Beteiligungen nach Absatz 1" wird zudem nicht zwischen den dort geregelten Fällen der unmittelbaren und der mittelbaren Zurechnung differenziert. Im ersten Fall erfolgt eine Zurechnung bei einer direkten Beteiligung an einem Veranstalter mit mindestens 25 v.H. Bei einer indirekten Beteiligung ist ein Konzernverbund, d.h. in der Regel eine Mehrheitsbeteiligung an einem unmittelbar (mit mindestens 25 v.H.) an einem Veranstalter beteiligten Unternehmen Voraussetzung für die Zurechnung. Im Hinblick auf die Beurteilung, wann ein „vergleichbarer Einfluß" im Sinne von § 28 Abs. 2 S. 1 RfStV 1997 gegeben ist, wird man dementsprechend ebenfalls zwischen direkten und indirekten Einflußnahmemöglichkeiten zu unterscheiden haben.

(1) Direkte Einflußnahmemöglichkeiten

Für die Fälle direkter Einflußnahmemöglichkeiten ist von einer Beteiligung von 25 v.H. der Kapital- oder Stimmrechtsanteile als Vergleichsmaßstab auszugehen [487]. In der Begründung zu dem mit § 28 RfStV 1997 insoweit identischen § 21 RfStV 1991 heißt es hierzu, eine Minderheitsbeteiligung von 25 vH der Anteile verleihe einem Gesellschafter regelmäßig einen entscheidenden Einfluß auf die Unternehmenspolitik, da alle

485 Siehe zu § 28 Abs. 4 RfStV 1997 unter 2. Abschnitt A. I. 4 e) ee). Siehe auch den Bericht in der Frankfurter Allgemeine Zeitung vom 9.10.1999, S. 19, demzufolge die Kirch-Gruppe beabsichtigt, die Mehrheit der stimmberechtigten Aktien an der ProSieben Media AG von Thomas Kirch durch Aktientausch zu übernehmen.

486 Vgl. Amtliche Begründung zu § 28 Abs. 2 RfStV 1997.

487 Engel a.a.O. S. 571.

Grundsatzfragen von seiner Zustimmung abhingen[488]. Damit ist die Stellung eines Minderheitsgesellschafters gekennzeichnet, der über eine Sperrminorität verfügt. Demnach ist festzustellen, ob ein Unternehmen auf der Grundlage sonstiger Einflußmöglichkeiten, die nicht oder nicht ausschließlich gesellschaftsrechtlich vermittelt sind, eine Stellung innehat, die der eines Minderheitsgesellschafters mit Sperrminorität vergleichbar ist. Die Landesmedienanstalten hatten in ihrer bisherigen Praxis noch keine Gelegenheit zu dieser Frage Stellung zu nehmen. Es könnten sich indes aus der Kartellrechtspraxis Anhaltspunkte für die Lösung der hier untersuchten Fragestellung ergeben. Dem soll im folgenden näher nachgegangen werden. Als Anknüpfungspunkt kommt der Auffangbestand der wettbewerblichen Fusionskontrolle - § 37 Abs. 1 Nr. 4 GWB (§ 23 Abs. 2 Nr. 6 GWB a.F.) - in Betracht, der in gleicher Weise wie § 28 Abs. 2 RfStV 1997 an die Schwelle einer Minderheitsbeteiligung von 25 vH anknüpft. Ferner könnte die kartellrechtliche Rechtsprechung und Verwaltungspraxis sowie Literatur zu der sog. Umgehungsklausel des § 23 Abs. 2 Nr. 2 Satz 4 GWB a.F. herangezogen werden[489].

(a) Der Tatbestand des § 23 Abs. 2 Nr. 2 S. 4 GWB a.F.

Die Regelung des § 23 Abs. 2 Nr. 2 Satz 4 GWB a.F. sah vor, daß ein Erwerb von weniger als 25 vH der Anteile ausnahmsweise[490] als Zusammenschluß galt, soweit dem Erwerber eine Rechtsstellung verschafft wird, die bei der Aktiengesellschaft ein Aktionär mit mehr als 25 vH des stimmberechtigten Kapitals inne hat. Die Vorschrift sollte sicherstellen, daß auch solche Formen des Anteilserwerbs erfaßt werden, die zwar die Beteiligungsschwelle von 25 vH nicht erreichen, dem Erwerber aber auf andere Weise entsprechende Einflußmöglichkeiten sichern[491]. Die Bestimmung galt unabhängig von der Rechtsform der Gesellschaft, an der sich ein Unternehmen beteiligt[492]. Die Funktion, die die Umgehungsklausel des § 23 Abs. 2 Nr. 2 Satz 4 GWB a.F. im System der Fusionskontrolle hatte, ist demnach mit der Funktion der Zurechnungsnorm des § 28 Abs. 2 RfStV 1997 im Rahmen der rundfunkrechtlichen Konzentrationskontrolle vergleichbar. Die von der Rechtsprechung entwickelten Grundsätze zur Feststellung, ob ein Erwerber

488 Ring (Hrsg.) Medienrecht, Bd 2, C-O.1 StV, zu § 28.

489 Die Bestimmung wurde im Rahmen der Neufassung der Fusionskontrollvorschriften durch die am 1.1.1999 in Kraft getretene 6. GWB-Novelle aufgehoben. Siehe dazu die Begründung zum Reg. Entwurf der 6. GWB-Novelle. BR-Drs. 852/97, S. 58 sowie Bechtold Kommentar zum GWB, 2. Aufl. 1999, § 37 Rn. 21.

490 Vgl. BGHZ 88, 273, 280 f, wonach ein Anteilserwerb unterhalb der Schwelle einer Beteiligung von 25 vH grundsätzlich keinen Zusammenschluß i.S.d. GWB darstellt; kritisch dazu Niederleithinger, in Schwerpunkte des Kartellrechts 1985/86, FIW-Schriftenreihe Bd 124, S. 28 f.

491 BGHZ 102, 180, 186 = WuW/E 2443, 2446 ("Singener Wochenblatt").

492 BGHZ 102, 180, 187 = WuW/E 2443, 2447; BGH WuW/E 2276, 2280 ("Donau Kurier"); Mestmäcker in Immenga/Mestmäcker, GWB, § 23 Rdnr. 168.

eine Stellung erlangt hat, die der eines Aktionärs mit Sperrminorität entspricht, lassen sich daher grundsätzlich auf das Rundfunkrecht übertragen, wobei auf die rundfunkspezifischen Besonderheiten noch einzugehen sein wird.

Der Bundesgerichtshof hat die für § 23 Abs. 2 Nr. 2 Satz 4 GWB a.F. maßgeblichen Prüfungskriterien in dem Beschluß "Singener Wochenblatt" dargelegt[493]. Demnach ist beim Vergleich der Stellung des Erwerbers mit der des mit 25 vH der Kapitalanteile beteiligten Aktionärs "wertend darauf abzustellen, ob dem Erwerber entsprechende wirtschaftliche Sperrmöglichkeiten eingeräumt sind"[494]. Dabei sind in die Prüfung neben Vetorechten bei Grundlagenentscheidungen, die für die Stellung eines Aktionärs mit Sperrminorität kennzeichnend sind, auch weitere dem Erwerber eingeräumte Befugnisse einzubeziehen[495], denn, so der Bundesgerichtshof, „§ 23 Abs. 2 Nr. 2 Satz 4 GWB a.F. stellt nur auf eine Vergleichbarkeit und nicht auf eine völlige Übereinstimmung der Rechtsstellung des Erwerbers mit der des Aktionärs mit Sperrminorität ab. Die wertende Beurteilung muß sich daher notwendig auf eine Gesamtbetrachtung unter Einbeziehung aller dem Erwerber eingeräumten Befugnisse erstrecken. (...) Allein aus der Bezugnahme auf die Rechtsstellung des Aktionärs mit Sperrminorität kann deshalb noch nicht geschlossen werden, daß andere rechtliche Einflußmöglichkeiten (...) wie die Einflußmöglichkeit auf die Geschäftsführung (...) bei der Bewertung der Rechtsstellung unberücksichtigt bleiben sollten. Solche Rechte können vielmehr ein Anzeichen dafür sein, daß es sich bei dem Anteilserwerb nicht lediglich um eine Finanzanlage mit den erforderlichen Kontrollrechten, sondern um eine unternehmerische Beteiligung mit entsprechenden Einflußmöglichkeiten handelt"[496].

Den Ausführungen des Bundesgerichtshofs zu der Auslegung des § 23 Abs. 2 Nr. 2 Satz 4 GWB a.F. lassen sich wichtige Anhaltspunkte für die Ermittlung eines "vergleichbaren Einflusses" i.S.v. § 28 Abs. 2 RfStV 1997 entnehmen. Die von dem Gericht betonte "wertende Betrachtung" ist auch für das Rundfunkrecht maßgeblich. Es kommt auch im Hinblick auf die Bestimmung eines sonst maßgeblichen Einflusses nicht darauf an, eine Stellung nachzuweisen, die mit der eines Minderheitsgesellschafters mit Sperrminorität identisch ist. Vielmehr ist auch im Rundfunkrecht eine wertende Gesamtbetrachtung aller Umstände vorzunehmen. Im Rundfunkrecht stehen insofern allerdings nicht die strukturellen Unterschiede der Gesellschaftsformen im Vordergrund, denn § 28 Abs. 2 RfStV 1997 ist im Unterschied zu § 23 Abs. 2 Nr. 2 Satz 4 GWB a.F. rechtsformneutral formuliert. Die Notwendigkeit einer wertenden Betrachtung ergibt sich im

493 BGHZ 102, 180, 186 = WuW/E 2443, 2446; vgl. dazu Mestmäcker in Immenga/Mestmäcker, GWB, § 23 Rdnr. 172; Paschke a.a.O. S. 30 ff.

494 BGH a.a.O. S. 185.

495 Ebd. S. 186.

496 Ebd.

Rundfunkrecht indessen aus dem Normzweck des § 28 Abs. 2 RfStV 1997. Die Vorschrift soll verhindern, daß eine Person, die unterhalb der Schwelle von 25 vH an einem Veranstalter beteiligt ist oder in einem sonstigen Verhältnis zu einem Veranstalter steht, auf andere Weise entscheidenden Einfluß auf den Veranstalter nehmen kann. Dieses Ziel läßt sich nicht durch eine schematische Vorgehensweise erreichen, die sich allein an der Stellung eines Minderheitsgesellschafters mit einer Sperrminorität orientiert, sondern setzt eine wertende Betrachtung voraus, die alle Einflußmöglichkeiten einer Person auf einen Veranstalter erfaßt. Von besonderer Bedeutung für das Rundfunkrecht sind dabei die Einflußmöglichkeiten im Progammbereich. Entscheidend ist somit, ob wesentliche programmrelevante Entscheidungen wie der Einkauf von Programmen oder die Beteiligung an Programmproduktionen von der Zustimmung einer Person abhängen oder dieser anderweitige Sonderrechte im Programmbereich eingeräumt wurden.
Die nach § 23 Abs. 2 Nr. 2 Satz 4 GWB a.F. vorzunehmende Beurteilung der Stellung eines Erwerbers von Anteilen und die Konzentrationsprüfung nach § 28 Abs. 2 RfStV 1997 weichen indes im Hinblick auf die Umstände, die in die Prüfung einzubeziehen sind, voneinander ab. Bei der Anwendung des § 23 Abs. 2 Nr. 2 Satz 4 GWB a.F. waren nach der ganz überwiegenden Ansicht nur rechtliche Umstände zu berücksichtigen[497]. Das folgt aus dem eindeutigen Wortlaut der Vorschrift, die von einer Rechtsstellung spricht und als Einflußmittel Vertrag, Satzung, Gesellschaftsvertrag und Beschluß anführt[498], und aus den Gesetzesmaterialien, in denen ebenfalls auf rechtsgeschäftlich begründete Einflußmöglichkeiten abgestellt wird[499]. Der Beurteilung eines vergleichbaren Einflusses im Sinne des § 28 Abs. 2 RfStV 1997 sind hingegen auch tatsächliche Umstände zu berücksichtigen.

(b) Der Tatbestand des § 37 Abs. 1 Nr. 4 GWB

Unter diesem Gesichtspunkt könnte der Auffangtatbestand des § 37 Abs. 1 Nr. 4 GWB (§ 23 Abs. 2 Nr. 6 GWB a.F.) für die Auslegung des § 28 Abs. 2 RfStV 1997 von Bedeutung sein, denn § 37 Abs. 1 Nr. 4 GWB unterscheidet sich von § 23 Abs. 2 Nr. 2 Satz 4 GWB a.F. gerade dadurch, daß die Umstände, die zu dem Erwerb von Anteilen hinzutreten müssen (sog. Plusfaktoren)[500], im Fall von § 37 Abs. 1 Nr. 4 auch tatsächli-

497 KG WuW/E OLG 2517, 2520 ("Metro/Kaufhof"); Mestmäcker, in Immenga/Mestmäcker, GWB, § 23 Rdnr. 169; Möschel, Wettbewerbsbeschränkungen, Rdnr. 747; Paschke a.a.O. S. 32; Kleinmann/Bechthold, Fusionskontrolle, § 23 Rdnr. 110; a.A. Steindorff, Wettbewerbliche Einheit, S 52, 54.
498 KG a.a.O.; Paschke a.a.O.
499 Begründung zum Regierungsentwurf BT-Drs. 8/2136, S. 19.
500 Vgl. dazu Bechthold, Die Änderungen der Fusionskontrolle durch die 5. GWB-Novelle, in BB 1990, S. 357, 361.

cher oder wirtschaftlicher Natur sein können, während nach § 23 Abs. 2 Nr. 2 Satz 4 GWB a.F. allein rechtliche Umstände in Betracht kommen[501]. § 37 Abs. 1 Nr. 4 GWB erfaßt damit auch Fälle einer sog. faktischen Sperrminorität[502]. Die Bestimmung eignet sich indes aus anderen Gründen nicht, um aus ihr Kriterien für die Ermittlung eines vergleichbaren Einflusses im Sinne von § 28 Abs. 2 RfStV 1997 abzuleiten[503]. Aus der Begründung zu der 5. GWB - Novelle ergibt sich zunächst, daß auch eine Verbindung im Sinne von § 37 Abs. 1 Nr. 4 GWB (§ 23 Abs. 2 Nr. 6 GWB a.F.) einen gesellschaftsrechtlich vermittelten Einfluß voraussetzt[504]. Die Grundlage des Einflusses wird im Falle von § 37 Abs. 1 Nr. 4 GWB durch den Erwerb von Anteilsrechten gebildet und muß damit rechtlich gesichert sein[505]. Allein die zu den Anteilsrechten hinzutretenden Umstände können tatsächlich begründet sein[506]. Die Vorschrift erfaßt damit nicht rein wirtschaftliche Abhängigkeiten[507]. Die Regelung des § 28 Abs. 2 RfStV 1997 bezieht demgegenüber über Satz 2 Fälle wirtschaftlicher Abhängigkeit wie die Programmzulieferung in die Strukturkontrolle mit ein.
Der entscheidende Unterschied zwischen der Vorschrift des § 37 Abs. 1 Nr. 4 GWB und § 28 Abs. 2 RfStV 1997 liegt indes darin, daß die Vorschrift des § 37 Abs. 1 Nr. 4 GWB nicht an die Stellung eines Minderheitsgesellschafters mit einer Sperrminorität anknüpft, sondern statt dessen ein wettbewerbsspezifisches Beurteilungskriterium vorsieht[508]. Nach § 37 Abs. 1 Nr. 4 GWB ist somit nicht wie im Falle des § 28 Abs. 2 RfStV 1997 zu prüfen, ob ein Unternehmen über die Einflußmöglichkeiten verfügt, die ein Minderheitsgesellschafter mit Sperrminorität ausüben kann. Stattdessen ist maßgeblich, ob ein Unternehmen einen wettbewerblich erheblichen Einfluß auf ein anderes Unternehmen ausüben kann. Ein solcher Einfluß ist nach der Begründung zu § 23 Abs. 2 Nr. 6 GWB a.F. (§ 37 Abs. 1 Nr. 4 GWB n.F.) anzunehmen, "wenn aufgrund des zwischen den Unternehmen bestehenden gesamten Beteiligungsgeflechts zu erwarten ist, daß der Wettbewerb zwischen den beteiligten Unternehmen so wesentlich einge-

---

501 Mestmäcker, in Immenga/Mestmäcker, GWB, § 23 Rdnr. 169, 246; Bechthold a.a.O.; Paschke a.a.O. S. 60.

502 Paschke a.a.O.

503 So im Ergebnis auch Engel a.a.O. S. 571, der davon ausgeht, daß § 21 Abs. 3 2. Alt. RfStV 1991 und § 23 Abs. 2 Nr. 6 GWB a.F. eine "ähnliche Funktion" aufweisen.

504 Begründung zum Regierungsentwurf BT-Drs. 11/4610, S. 18, abgedr. bei v. Gamm, Kartellrecht, Anhang 2, S. 684, 693 ff. Dort wird ausdrücklich auf die BuM-Entscheidung des Bundesgerichtshofs (BGHZ 90, 381, 395) Bezug genommen, die für die Beherrschung nach § 17 AktG eine gesellschaftsrechtlich abgesicherte Einflußmöglichkeit verlangt; vgl. zu der Gesetzesbegründung auch die kritischen Anmerkungen von Mestmäcker, der auf die unterschiedlichen Schutzzwecke von Aktienrecht und Wettbewerbsrecht hinweist und die Bezugnahme auf die Entscheidung des BGH daher für verfehlt hält, ders. in Immenga/Mestmäcker, GWB, § 23 Rdnr. 244.

505 Mestmäcker in Immenga/Mestmäcker, GWB, § 23 Rdnr. 246.

506 Ebd.

507 Begründung zum Regierungsentwurf a.a.O.; Bechthold a.a.O. S. 360.

508 Mestmäcker in Immenga/Mestmäcker, GWB, § 23 Rdnr. 242.

schränkt wird, daß die Unternehmen nicht mehr unabhängig am Markt auftreten"[509]. Abgesehen von den Schwierigkeiten, welche die Auslegung dieses Merkmals bereits im Kartellrecht bereitet[510], läßt sich das Merkmal aufgrund seines besonderen kartellrechtlichen Bezugs[511] nicht zur Bewertung rundfunkrechtlicher Sachverhalte heranziehen. Zudem besteht ein weiterer funktionaler Unterschied zwischen § 37 Abs. 1 Nr. 4 GWB und § 28 Abs. 2 RfStV 1997. Während der § 37 Abs. 1 Nr. 4 GWB lediglich eine materielle Prüfung des Zusammenschlusses nach § 36 Abs. 1 GWB auslöst[512], kann die Programmzurechnung nach § 28 Abs. 2 RfStV 1997 über die Vermutung vorherrschender Meinungsmacht gemäß § 26 Abs. 2 RfStV 1997 die Versagung einer Sendelizenz zur Folge haben oder vielfaltssichernde Maßnahmen auslösen.
Zusammenfassend läßt sich feststellen, daß ein direkter „vergleichbarer" Einfluß eines Unternehmens auf einen Veranstalter anzunehmen ist, wenn eine wertende Betrachtung aller rechtlichen und tatsächlichen Umstände ergibt, daß das Unternehmen in der Lage ist, wesentliche, insbesondere programmrelevante Entscheidungen des Veranstalters zu verhindern, oder Einflußmöglichkeiten auf die Geschäftsführung oder anderweitige Sonderrechte im Bereich der Programmgestaltung hat.

(2) Indirekte Einflußnahmemöglichkeiten

Im Hinblick auf indirekte Einflußnahmemöglichkeiten ist in Anlehnung an die Programmzurechnung bei mittelbaren Beteiligungen gem. § 28 Abs. 1 RfStV 1997 von einer Beteiligung von 50,1 vH der Kapital- oder Stimmrechtsanteile als Vergleichsmaßstab auszugehen. Es ist insoweit denkbar, auf die Einflußmöglichkeiten abzustellen, die einem herrschenden Unternehmen gegenüber konzernverbundenen Unternehmen im Sinne von § 15 AktG zustehen. Das Konzernrecht ist als Maßstab für die Erheblichkeit des Einflusses auf die Programmgestaltung indes nur bedingt geeignet. Auf die unterschiedliche Zielsetzung von Konzernrecht und Rundfunkrecht wurde bereits hingewiesen. Es wurde weiterhin dargelegt, daß ein beherrschender Einfluß nach dem Aktienrecht nicht notwendigerweise auch Programmherrschaft begründet, während sich umgekehrt erhebliche Einflußmöglichkeiten auf die Programmgestaltung auch dann ergeben können, wenn ein beherrschender Einfluß im aktienrechtlichen Sinne nicht vorliegt. Dem Konzernrecht fehlt damit der unmittelbare Bezug zu dem für die Meinungsvielfalt relevanten Bereich der Programmgestaltung.

---

509 BT-Drs. 11/4610, S. 18.
510 Emmerich, Kartellrecht, S. 374 f.
511 Vgl. dazu Mestmäcker in Immenga/Mestmäcker, GWB, § 23 Rdnr. 242.
512 Vgl. zu den Rechtsfolgen des § 23 Abs. 2 Nr. 6 a.F. GWB, Bechthold, GWB, § 23 Rdnr. 32.

Ferner könnten die Einflußtatbestände des § 28 Abs. 2 S. 2 RfStV 1997 als Vergleichsmaßstab zugrunde gelegt werden. In diesem Fall wären ein vergleichbarer Einfluß auf die Programmgestaltung anzunehmen, wenn einer Person Einwirkungsmöglichkeiten auf einen Veranstalter zustehen, die von ihrer Intensität den Einflußmöglichkeiten desjenigen entsprechen, der einen wesentlichen Teil der Sendezeit eines anderen Veranstalters mit von ihm zugelieferten Programmen gestalten kann (Nr. 1) oder wesentliche programmbezogene Entscheidungen eines anderen Veranstalters von seiner Zustimmung abhängig machen kann (Nr. 2). Dabei müßte der Einfluß auf die Programmgestaltung im Mindestumfang die in Nr. 2 vorausgesetzte Intensität erreichen. Ein positiv bestimmender Einfluß auf das Programm wäre nicht erforderlich. Der Einfluß wäre bereits als erheblich anzusehen, wenn ein Unternehmen oder eine natürliche Person wesentliche Entscheidungen im Bereich der Programmgestaltung verhindern kann (sog. negative Programmherrschaft). Die medienspezifischen Zurechnungstatbestände des § 28 Abs. 2 S. 2 RfStV 1997 sollen im folgenden näher betrachtet werden.

dd) Die medienspezifischen Zurechnungstatbestände

Den Zurechnungstatbeständen des § 28 Abs. 2 RfStV 1997 kommt im Rahmen der Zurechnungsnorm des § 28 Abs. 1 eine zentrale Bedeutung für die Vielfaltssicherung im bundesweiten Rundfunk zu. Sie erfassen beteiligungsgleiche Einflußstrukturen zwischen Veranstaltern und Unternehmen in dem für die Meinungsvielfalt besonders wichtigen Bereich der Programmgestaltung.

(1) Zuliefererklausel

In § 28 Abs. 2 S. 2 Nr. 1 RfStV 1997 ist bestimmt, daß ein vergleichbarer Einfluß vorliegt, wenn ein Unternehmen regelmäßig einen wesentlichen Teil der Sendezeit eines Veranstalters mit von ihm zugelieferten Programmteilen gestaltet. Die Programmzulieferung wurde bereits vor der Änderung des Staatsvertrages als der in der Praxis wichtigste Fall des sonst maßgeblichen Einflusses auf die Programmgestaltung angesehen[513]. Die entscheidende Frage ist, was unter einem "wesentlichen Teil der Sendezeit" zu verstehen ist. In der Begründung zu der mit § 28 Abs. 2 S. 2 Nr. 1 RfStV 1997 wortidentischen Vorschrift des § 21Abs. 1 S. 4 Nr. 1 RfStV 1991 wurde hierzu ausgeführt, daß die Zulieferung einzelner Programmteile allein nicht ausreiche. Die Zulieferung müsse ein

513 Vgl. hierzu eingehend Schurig, Programmzulieferung zwischen Wirtschaftlichkeit und Vielfalt, in DLM-Jahrbuch 1988, S. 50; Thaenert a.a.O. S. 45; Wagner, Konzentrationskontrolle im privaten Rundfunk, in RuF 1990, S. 165, 176; Ziethen, Rechtliche Spielräume der Lizenzierung und Kontrolle, in Rundfunkaufsicht, Bd. II. S. 122 f.

Ausmaß erreichen, daß einem erheblichen redaktionellen Einfluß gleichkäme und die Voraussetzung der Gestaltung eines Programms erfülle[514]. Die Länder haben sich damit nicht auf eine bestimmte Prozentzahl festgelegt. Das ermöglicht eine differenzierte, am Normzweck des § 28 RfStV 1997 orientierte Betrachtung. So wird man im Falle der Zulieferung sämtlicher Nachrichten- und Informationssendungen eines Senders durch ein Unternehmen den Tatbestand als erfüllt ansehen können, auch wenn diese Sendungen vom Umfang her nicht einen "wesentlichen" Teil der Sendezeit ausmachen[515].

2) *Zustimmungsvorbehalt*

Ein vergleichbarer Einfluß ist nach § 28 Abs. 2 S. 2 Nr. 2 RfStV 1997 ferner anzunehmen, wenn ein Unternehmen "aufgrund vertraglicher Vereinbarungen, satzungsrechtlicher Bestimmungen oder in sonstiger Weise eine Stellung inne hat, die wesentliche Entscheidungen eines anderen Veranstalters über die Programmgestaltung, den Programmeinkauf oder die Programmproduktion von seiner Zustimmung abhängig macht". Die Vorschrift erfaßt sämtliche Fälle negativer Programmherrschaft, unabhängig davon, ob sie auf rechtlicher oder wirtschaftlicher Grundlage beruhen[516]. Das folgt aus der umfassenden Aufzählung der Einflußmittel[517], insbesondere dem Satzteil "oder in sonstiger Weise eine Stellung inne hat", die einen Zustimmungsvorbehalt sichert. Die in der amtlichen Begründung zur wortgleichen Bestimmung des alten Staatsvertrag vorgenommene Einschränkung auf "vertraglich oder satzungsmäßig verbürgte Einflußrechte" ist deshalb zu eng und wird dem Wortlaut der Vorschrift nicht gerecht[518]. Allein eine Auslegung des § 28 Abs. 2 S. 2 Nr. 2 RfStV 1997, die auch Einflußverhältnisse auf wirtschaftlicher Grundlage miteinbezieht, ist verfassungskonform[519]. Wagner hat bereits zu der aufgrund des ersten Staatsvertrages von 1987 geltenden Regelung überzeugend dargelegt, daß nur eine weite Auslegung der Einflußklausel, die auch wirtschaftliche Abhängigkeiten erfaßt, den Anforderungen entspricht, die das Bundesverfassungsgericht in dem Niedersachsenurteil an eine wirksame Konzentrationskontrolle im Rundfunk gestellt hat[520]. Das Bundesverfassungsgericht hat dort die Gefahren für die Meinungsviel-

---

514 Amtliche Begr. zu § 28 RfStV 1997.

515 Vgl. Engel, Vorsorge gegen die Konzentration im privaten Rundfunk mit den Mitteln des Rundfunkrechts, in ZUM Sonderheft 1993, 557, 568 ff., 572, der den über einen Programmbeirat abgesicherten Einfluß von APF auf die Nachrichten- und Informationssendungen von SAT 1 als maßgeblichen Einfluß im Sinne von § 21 Abs. 3 RfStV ansieht.

516 Esser in Bremer/Esser/Hoffmann, Der Rundfunk in der Verfassungs- und Wirtschaftsordnung in Deutschland, S. 65, 74; Haeckel, Konzentrationskontrolle im privaten Rundfunkmarkt, in DLM-Jahrbuch 1992, S. 15,18.; so bereits Wagner a.a.O. S. 165, 175 f zu Art 8 Abs. 5 S 3 RfStV 1987.

517 Vgl. Wagner a.a.O. 165, 175.

518 Amtliche Begr. zu § 21 RfStV 1991.

519 BVerfGE 73, 118, 172.

520 Konzentrationskontrolle im privaten Rundfunk, in RuF 1990, S. 165, 175 f.

falt aufgezeigt, "die sich ergeben, wenn ein Unternehmen einen oder mehrere Veranstalter rechtlich oder wirtschaftlich beherrscht oder in anderer Weise erheblichen Einfluß auf die Programmgestaltung ausübt"[521]. Damit hat das Gericht zum Ausdruck gebracht, daß der Landesgesetzgeber zu geeigneten Vorkehrungen gegen das Entstehen vorherrschender Meinungsmacht auch insoweit verpflichtet ist, als diese auf wirtschaftlichen Einflußverhältnissen beruht[522].
In der Rechtsprechung und im Schrifttum wird dementsprechend nunmehr einhellig angenommen, daß § 28 Abs. 2 RfStV 1997 sowohl rechtliche als auch tatsächliche Einflußmöglichkeiten erfaßt[523]. Wann ein solcher Einfluß auf die Programmgestaltung als erheblich anzusehen ist, richtet sich nach dem in § 28 Abs. 2 RfStV 1997 vorgegebenen Maßstab. Der Einfluß muß demnach im Mindestumfang eine der negativen Programmherrschaft vergleichbare Intensität erreichen.

ee) Die sog. „Angehörigenklausel"

Nach § 28 Abs. 4 RfStV 1997 sind bei der Prüfung und Bewertung vergleichbare Einflüsse auf einen Veranstalter bestehende Angehörigenverhältnisse einzubeziehen. Hierbei finden die Grundsätze des Wirtschafts- und Steuerrechts Anwendung[524]. Unter den Landesmedienanstalten hatte sich zu dieser Frage bis zur Änderung des Staatsvertrages noch keine einheitliche Auffassung gebildet[525]. Die Frage wurde insbesondere im Zusammenhang mit dem Zulassungsverfahren des Deutschen Sportfernsehens (DSF) zum Sendebetrieb kontrovers diskutiert. In dem Verfahren stellte sich die Frage, unter welchen Voraussetzungen familiäre Bindungen zwischen Gesellschaftern unterschiedlicher Veranstalter einen gemeinsamen vergleichbaren Einfluß auf die Programmgestaltung eines Veranstalters begründen können[526]. In dem Verfahren ging es im Kern um die Frage, ob der Kirch-Gruppe aufgrund der familiären Beziehungen von Leo und Thomas die Programme des von Thomas Kirch beherrschten Senders ProSieben zuzurechnen sind.

521 BVerfGE 73, 118, 172.
522 BVerfGE 73, 118, 172.
523 BayVGH Beschluß v. 24. 3. 1993, ZUM 1993, 296, 301 = BayVBl. 1993, 340, 343; vgl. aus dem Schrifttum: Dörr, Konzentrationstendenzen im Bereich des Rundfunks und ihre Rechtsprobleme, in ZUM 1993, S. 10, 12; Esser in Bremer/Esser/ Hoffmann , Der Rundfunk in der Verfassungs- und Wirtschaftsordnung in Deutschland, S. 65, 74; Kreile, Rundfunk im vereinten Deutschland, in ZUM 1991, S. 568, 571; v. Wallenberg, Die Regelungen im RfStV zur Sicherung der Meinungsvielfalt im privaten Rundfunk, in ZUM 1992, 387, 389 f.
524 Siehe dazu eingehend, Schweitzer, Die rechtliche Bedeutung von Angehörigenverhältnissen im Rahmen der Konzentrationskontrolle nach dem Rundfunkstaatsvertrag (RStV), in ZUM 1998, S. 597 ff.
525 Vgl. Zwischenbilanz zur Konzentrationskontrolle, Beschluß der DLM v. 14.12.1993, abgedr. in epd/KuR Nr. 2 v. 13.01.1994, S. 21, 22 f.
526 BayVGH Beschluß v. 24.3.1993, ZUM 1993, 296, 302.

In diesem Fall wäre die von der Kirch-Gruppe beantragte Sendelizenz für DSF gemäß der damals geltenden Regelung des § 21 Abs. 1 RfStV 1991 zu untersagen gewesen[527]. Der Bayerische Verwaltungsgerichtshof hat in dem Verfahren festgestellt, "es sei bei nahen Verwandten besonders eingehend und überzeugend darzulegen, warum die Grundsätze der Medienvielfalt gewahrt sind"[528]. Damit ist allerdings noch nicht entschieden, daß familiäre Bindungen zwischen Gesellschaftern verschiedener Veranstalter für sich genommen ausreichen, um eine gemeinsame Programmpolitik der Familienangehörigen und damit eine einheitliche Einflußnahme auf die Programmgestaltung eines Senders anzunehmen. Das setzt zunächst voraus, daß der an dem jeweiligen Veranstalter beteiligte Familienangehörige selbst eine Stellung innehat, die ihm zumindest eine negative Programmherrschaft ermöglicht. Es bleiben indes unabhängig davon Zweifel, ob familiäre Bindungen allein eine ausreichend sichere Grundlage für eine gemeinsame Programmherrschaft sein können. Der Bundesgerichtshof hat für das Aktienrecht festgestellt, daß es keinen Erfahrungssatz gibt, demzufolge Familienangehörige stets gleichgerichtete Interessen verfolgen[529]. Das entspricht auch der Rechtslage im Kartellrecht. Die Familienzugehörigkeit reicht demnach für sich allein nicht aus, um rechtlich selbständige, von verschiedenen Familienmitgliedern beherrschte Unternehmen wettbewerblich als einheitliches Unternehmen anzusehen (§ 36 Abs. 2 GWB, § 23 Abs. 1 S. 2 GWB a.F.)[530]. Das Rundfunkrecht weist auch nach Einführung von § 28 Abs. 4 RfStV keine Besonderheiten auf, die eine grundsätzlich davon abweichende Beurteilung familiärer Beziehungen im Hinblick auf den Verbund von Veranstaltern zuläßt. Es ist daher auch im Rundfunkrecht erforderlich über die familiäre Bindung hinaus weitere Indizien festzustellen, die eine gemeinsame Programmpolitik von Familienangehörigen erwarten lassen. So hat die KEK die im Rahmen der Prüfung von Beteiligungsveränderungen bei dem Veranstalter ProSieben Media AG getroffene Feststellung, daß sich die Kirch-Gruppe (SAT 1, DSF) und die ProSieben-Gruppe (ProSieben und Kabel 1) die Zuschaueranteile ihrer Sender wechselseitig zurechnen lassen müssen - neben den familiären Beziehungen zwischen den die beiden Unternehmensgruppen kontrollierenden Gesellschaftern Dr. Leo Kirch (Kirch-Gruppe) und Thomas Kirch (ProSieben-Gruppe) - auf weitere Indizien gestützt[531]. Maßgeblich für die Annahme einer Koordinierung der Interessen der beiden Unternehmensgruppen ist nach Auffassung der KEK neben der

527 BVerfG Beschluß v. 9.7.1993, Az 1 BvR 748/93 AfP 1993, 730.

528 BayVGH Beschluß v. 24. 3. 1993, ZUM 1993, 296, 302.

529 BGHZ 77, 94, 105 f.; 80, 69, 73.

530 Mestmäcker in Immenga/Mestmäcker, GWB, § 23 Rdnr. 33; Monopolkommission, Hauptgutachten VII. 1986/87 Tz. 370 ff.

531 Beschluß der KEK vom 26.1.1999 in der Sache „ProSieben Media AG“, Az. KEK 007 und 029, ZUM Rechtsprechungsdienst Heft 5/1999, S. 251 ff.; siehe auch KEK, Tätigkeitsbericht 1998/99, S. 39 ff.

verwandtschaftlichen Beziehung insbesondere, daß die Sender ProSieben und Kabel 1 einen hohen Anteil ihrer Programme von der Kirch-Gruppe beziehen, beide Unternehmensgruppen an einem Standort tätig sind, ein personeller Austausch von Führungskräften stattfindet und zudem enge finanzielle Beziehungen zwischen beiden Unternehmensgruppen bestehen, die u.a. durch den Umstand belegt würden, daß ein Anteil der Erlöse aus dem Börsengang von ProSieben der Kirch-Gruppe als Darlehen zugeflossen seien[532].

f) Rechtsfolgen bei Feststellung vorherrschender Meinungsmacht

Im Rahmen der Novellierungsdiskussion war bis zuletzt umstritten, welche Rechtsfolgen im Rahmen des Zuschaueranteilsmodells eintreten sollten, sofern ein Unternehmen mit dem ihm zurechenbaren Programmen die Grenze vorherrschender Meinungsmacht nach § 26 Abs. 2 S. 1 RfStV 1997 erreicht[533]. Die Ministerpräsidenten der Länder verständigten sich schließlich auf eine differenzierende Rechtsfolgenregelung, die in den § 26 Abs. 3 und Abs. 4 RfStV 1997 enthalten ist. Danach darf einem Unternehmen, welches mit den ihn zurechenbaren Programmen vorherrschender Meinungsmacht erlangt, keine weitere Zulassung für ein Programm erteilt werden. Der Erwerb weiterer Beteiligungen an Unternehmen ist zu untersagen, sofern dem Unternehmen dadurch weitere Programme nach § 28 RfStV 1997 zuzurechnen wären (§ 26 Abs. 3 RfStV 1997). Darüber hinaus sieht § 26 Abs. 4 RfStV 1997 bei Erreichen der Obergrenze des zulässigen Zuschauermarktanteils vielfaltssichernde Maßnahmen - wie die Einräumung von Sendezeit für unabhängige Dritte (§ 31) oder die Einrichtung eines Programmbeirates (§ 32) - sowie Entflechtungsmaßnahmen - insbesondere die Aufgabe von Beteiligungen an Fernsehunternehmen oder die Reduzierung von Beteiligungen auf medienrelevanten verwandten Märkten - vor (§ 26 Abs. 4 RfStV 1997).

Die Rechtsfolgenbestimmungen im Rahmen des Zuschaueranteilsmodells unterscheiden nicht danach, ob ein Unternehmen vorherrschende Meinungsmacht durch externes Unternehmenswachstum, insbesondere den Erwerb weiterer Beteiligungen an Fernsehver-

532 Beschluß der KEK vom 26.1.1999 Az. KEK 007 und 029, Begründung S. 15 ff.). Siehe auch den Bericht in der Frankfurter Allgemeine Zeitung vom 9.10.1999, S. 19, demzufolge die Kirch-Gruppe beabsichtigt, die Mehrheit der stimmberechtigten Aktien an der ProSieben Media AG von Thomas Kirch durch Aktientausch zu übernehmen.

533 Vgl. Bericht der Arbeitsgruppe Rechtsaufsicht - Medienkonzentration - Der Rundfunkkommission der Länder, abgedr. in Funck-Korrespondenz Nr. 45 f 11.11.1994, S 29 ff.; Arbeitspapier - Modelle zum materiellen Medienkonzentrationsrecht -, erstellt von den Rundfunkreferenten aufgrund der Ergebnisse der Medienklausur der Ministerpräsidenten vom 14.10.1995 in Bad Neuenahr in abgedr. in epd./KuR Nr. 92 vom 22.11.1995, S. 31 ff.; Hesse, Zur aktuellen Entwicklung des Rundfunkrechts, in BayVBl. 1997, S. 165, 167 f.; Stockmann/Zigelski, Novellierung des Rundfunkstaatsvertrages, in ZUM 1995, S. 537, 547.

anstaltern, oder durch sog. „internes Wachstum“ erreichen[534]. Ein Erreichen der Marktanteilsobergrenze durch internes Wachstum ist insbesondere gegeben, wenn ein Programmveranstalter seinen Zuschauermarktanteil durch ein verbessertes oder attraktiveres Programmangebot erhöht. Die Einbeziehung internen Wachstums in die rundfunkspezifische Konzentrationskontrolle war im Vorfeld der Novellierung des Staatsvertrages umstritten[535]. Die Anwendung des Rechts zur Sicherung der Meinungsvielfalt auf internes Wachstum ist mit den Grundprinzipien der Wettbewerbsordnung nicht zu vereinbaren und zu dem unter verfassungsrechtlichen Gesichtspunkten bedenklich. Engel die Notwendigkeit, internes Wachstum in die Konzentrationskontrolle einzubeziehen, mit der Überlegung begründet, daß im Rundfunkrecht eine der kartellrechtlichen Mißbrauchsaufsicht vergleichbare „publizistische Verhaltenskontrolle“ aus verfassungsrechtlichen Gründen nicht möglich sei. Durch internes Wachstum erlangte vorherrschende Meinungsmacht könne demnach nur mit den Vorschriften zur Sicherung der Meinungsvielfalt wirksam begegnet werden[536]. Dieser Auffassung ist zu Recht widersprochen worden[537]. Die Anwendung der Vorschriften zur Sicherung der Meinungsvielfalt auf internes Wachstum kann zu schwierigen und praktisch kaum befriedigend lösbaren Entflechtungsproblemen führen[538]. Es erscheint zu dem äußerst fragwürdig, ob eine Untersagung publizistischer Tätigkeiten als Reaktion auf den Erfolg im publizistischem Wettbewerb mit der Rundfunkfreiheit vereinbar ist[539]. Auch die im Staatsvertrag vorgesehene Möglichkeit der Anordnung vielfaltssichernder Maßnahmen anstelle von Entflechtungsmaßnahmen führt nicht zu einer anderen Beurteilung. Degenhart hat in diesem Zusammenhang zutreffend darauf hingewiesen, daß die sog. vielfaltssichernden Maßnahmen dem privaten Fernsehen seine „eigentliche grundrechtliche Substanz“ entziehen, indem sie „die Rundfunkfreiheit privater Veranstalter in ihrem Kern, in der Programmverantwortung“ treffen[540]. Auf diese Frage wird im Rahmen der kritischen Würdigung des Zuschaueranteilsmodells im Rahmen der Schlußbetrachtung zurückzukommen sein. Im folgenden sollen nun zunächst die einzelnen Rechtsfolgentatbestände der § 26 Abs. 3 und Abs. 4 RfStV 1997 näher betrachtet werden.

---

534 Vgl. Engel, Medienrechtliche Konzentrationsvorsorge, in die Landesmedienanstalten (Hrsg.), die Sicherung der Meinungsvielfalt, S. 221, 258 f.

535 Siehe dazu Mestmäcker, Über den Einfluß von Ökonomie und Technik auf Recht und Organisation der Telekommunikation und der elektronischen Medien, in: ders. (Hrsg.), Kommunikation ohne Monopole II, 1995, S. 13, 160 f.; Stockmann/Zigelski a.a.O. S. 547; Engel a.a.O.; Kübler, Konzentrationskontrolle des bundesweiten Rundfunks, in die Landesmedienanstalten (Hrsg.), Die Sicherung der Meinungsvielfalt, S. 287, 309 ff.

536 Engel a.a.O. S. 258.

537 Mestmäcker a.a.O. S. 161 f; Stockmann/Zigelski a.a.O. S. 547.

538 Mestmäcker a.a.O.; Stockmann/Zigelski a.a.O.

539 Degenhart, Zur Novellierung des § 21 RfStV, in AfP 1995, S. 550.

540 Siehe vorherige Note.

aa) Verbot der Zulassung weiterer Programme

Nach § 26 Abs. 3 1. Alt. RfStV 1997 darf die Zulassung für die Veranstaltung eines weiteren Fernsehprogramms nicht erteilt werden, sofern dieses Programm einem Unternehmen zuzurechnen ist, daß mit sämtlichen ihm zurechenbaren Programmen vorherrschende Meinungsmacht erlangt. Die Rechtsfrage tritt, wie oben bereits erwähnt wurde, unabhängig davon ein, ob das Unternehmen die Marktanteilsgrenze von 30 v.H. durch externes oder internes Wachstum überschreitet. Bei Erreichen eines Marktanteils von 30 v.H. durch externes Wachstum ist die in § 26 Abs. 3 RfStV 1997 vorgesehen Sanktion unumstritten[541]. Das Verbot der Zulassung weiterer Programme greift allerdings nach dem eindeutigen Wortlaut der Vorschrift nur dann ein, wenn ein Unternehmen bereits im Zeitpunkt der Beantragung einer weiteren Zulassung durch sämtliche ihm zurechenbare Programme den zulässigen Marktanteil erreicht hat. Die Vorschrift ist nach ihrem Wortlaut hingegen nicht anwendbar, sofern ein Unternehmen mit Marktanteilen knapp unterhalb der zulässigen Obergrenze einen Antrag auf Zulassung eines weiteren Programms stellt und erst unter Hinzurechnung der zu erwartenden weiteren Marktanteile durch das neue Programme die Marktanteilsobergrenze erreichen würde. Die KEK hätte mithin in diesem Falle nach dem Wortlaut der Vorschrift des § 26 Abs. 3 RfStV 1997 selbst dann nicht die Möglichkeit die Zulassung zu untersagen, wenn bereits im Zeitpunkt der Entscheidung mit großer Wahrscheinlichkeit zu erwarten ist, daß das Unternehmen die 30 v.H. Schwelle durch die Zulassung eines weiteren Programmes in absehbarer Zeit überschreiten wird. An diesem Beispiel zeigt sich, die bereits oben erwähnte Schwäche des Zuschaueranteilsmodells, die in der Festlegung starrer Marktanteilsgrenzen anstelle eines materiellen Beurteilungskriteriums liegt[542]. Die Vorschrift des § 26 Abs. 3 RfStV 1997 räumt der KEK den für eine Prognoseentscheidung erforderlichen Beurteilungsspielraum nicht ein. Ein solcher Beurteilungsspielraum steht der KEK nur im Rahmen der Beurteilung intermedialer Verflechtungen gem. § 26 Abs. 2 S. 2 RfStV 1997 zu wie oben dargelegt wurde[543].

bb) Untersagung des Erwerbs weiterer Beteiligungen an Veranstaltern

Die Bestimmung des § 26 Abs. 3 2. Alt. RfStV 1997 sieht als weitere Sanktion bei Erreichen der 30 v.H. Schwelle vor, daß der Erwerb weiterer Beteiligungen an Veranstaltern durch das Unternehmen nicht als unbedenklich bestätigt werden darf. Die Regelung knüpft damit an § 29 RfStV 1997 an. Danach ist jede geplante Veränderung von Betei-

541 Vgl. Ricker/Schiwy, Rundfunkverfassungsrecht, E Rdz. 58.
542 Siehe oben 2. Abschnitt A I. 3 e) und 4 b).
543 2. Abschnitt A I. 4. c).

ligungsverhältnissen oder sonstigen Einflüssen bei der zuständigen Medienanstalt vor ihrem Vollzug schriftlich anzumelden. Die Veränderungen dürfen nur dann als unbedenklich bestätigt werden, wenn unter den veränderten Voraussetzungen eine Zulassung erteilt werden könnte (§ 29 S. 3 RfStV 1997). Das ist nicht der Fall, wenn das Unternehmen bereits mit den ihm zurechenbaren Programmen vorherrschende Meinungsmacht erlangt. Es ist auch insoweit fraglich, ob die Vorschrift auch auf Unternehmen Anwendung findet, die erst durch die ihm infolge des beabsichtigten Beteiligungserwerbs zurechenbaren Programme die Marktanteilsobergrenze überschreitet. Nach dem Wortlaut der Bestimmung des § 26 Abs. 3 2. Alt. RfStV 1997 ist die Vorschrift auf diesen Fall nicht anwendbar, da das Unternehmen erst durch den Erwerb der weiteren zurechenbaren Beteiligung vorherrschende Meinungsmacht erlangt. Das hätte allerdings zur Folge, daß unmittelbar nach dem Erwerb der Beteiligung vielfaltssichernde Maßnahmen nach § 26 Abs. 4 RfStV 1997 zu ergreifen wären. Die Vorschrift des § 26 Abs. 3 2. Alt. RfStV 1997 ist daher dahin auszulegen, daß ein Beteiligungserwerb auch dann zu untersagen ist, wenn erst durch den Erwerb der zulässige Marktanteil von 30 v.H. überschritten wird. Diese Fallkonstellation entspricht im Rahmen der wettbewerblichen Fusionskontrolle der Untersagung eines Zusammenschlusses, wenn zu erwarten ist, daß durch den Zusammenschluß eine marktbeherrschende Stellung entsteht. Die Vorschrift des § 26 Abs. 3 2. Alt. RfStV 1997 greift anders als die Vorschriften der wettbewerblichen Fusionskontrolle allerdings auch bei Erreichen der Marktanteilsobergrenze durch internes Wachstum ein.

cc) Vielfaltssichernde Maßnahmen

Die Bestimmung des § 26 Abs. 4 RfStV 1997 sieht neben den sog. vielfaltssichernden Maßnahmen im Sinne der §§ 30 bis 32 RfStV 1997 (Satz 1 Ne. 3) auch Entflechtungsmaßnahmen (Satz 1 Ne.1 und 2) vor. Aus der amtlichen Begründung zu § 26 Abs. 4 RfStV 1997 ergibt sich, daß die genannten Möglichkeiten gleichwertig nebeneinander stehen[544]. Die Bestimmung des § 26 Abs. 4 RfStV 1997 sieht folgende Verfahrensregelung vor:

Die KEK schlägt dem Unternehmen eine der vorgenannten Maßnahmen vor und erörtert diese mit dem Unternehmen mit dem Ziel, eine einvernehmliche Regelung herbeizuführen (Satz 1 und 2). Kommt eine Einigung nicht zustande oder werden die einvernehmlich zwischen den Unternehmen und der KEK vereinbarten Maßnahmen nicht in angemessener Frist durchgeführt, so sind von der zuständigen Landesmedienanstalt nach Feststellung durch die KEK die Zulassungen von so vielen dem Unternehmen zure-

544 Amtliche Begründung zu § 26 Abs. 4 RfStV 1997.

chenbaren Programmen zu widerrufen, bis keine vorherrschende Meinungsmacht durch das Unternehmen mehr gegeben ist (Satz 3). Die Auswahl trifft die KEK unter Berücksichtigung der Besonderheiten des Einzelfalles (Satz 4). Eine Entschädigung für Vermögensnachteile durch den Widerruf der Zulassung wird nicht gewährt (Satz 5).
Die Unternehmen haben damit kein Wahlrecht im Hinblick auf die vorgenannten Maßnahmen. Es obliegt der KEK eine Maßnahme vorzuschlagen. Dabei ist die KEK indes verpflichtet, auf eine einvernehmliche Regelung mit den betroffenen Unternehmen hinzuwirken. Die Unternehmen haben daher die Möglichkeit, für den Fall, daß die KEK ihren Vorschlag auf eine der vorgenannten Maßnahmen beschränkt, andere Maßnahmen im Rahmen der Erörterungen mit der KEK vorzuschlagen[545]. Wird ein Einvernehmen zwischen der KEK und dem Unternehmen nicht hergestellt, ist die KEK verpflichtet, den Widerruf von Zulassungen durch die zuständige Landesmedienanstalt in dem Maße zu veranlassen, wie dies nach Auffassung der KEK zur Behebung vorherrschender Meinungsmacht des betroffenen Unternehmens erforderlich ist[546]. Dabei hat die KEK zu berücksichtigen, daß der Widerruf von Zulassungen die für Unternehmen einschneidenste Maßnahme ist. Die KEK hat daher in jedem Einzelfall mit besonderer Verantwortung und unter Berücksichtigung des Gebotes der Verhältnismäßigkeit zu prüfen, ob die Maßnahme geeignet ist, daß schonenste Mittel darstellt und verhältnismäßig im engeren Sinne ist. Anhaltspunkte können dabei die geringe Höhe der Beteiligung an einem Programm, der Zeitpunkt des Beteiligungserwerbs oder die Beständigkeit des bisherigen Zuschauermarktanteils, ggf. durch eine Prognose zur künftigen Entwicklung der jeweiligen Marktanteile sein[547]. Der Widerruf von Zulassungen wird als für das Unternehmen durchgreifendste Sanktion daher in der Regel nur als ultima ratio in Betracht kommen, sofern im Rahmen der Erörterungen zwischen der KEK und dem Unternehmen kein Einvernehmen über vielfaltssichernde Maßnahmen erzielt wird. Im folgenden soll daher zunächst auf die vielfaltssichernden Maßnahmen und anschließend auf die sog. Entflechtungsmaßnahmen näher eingegangen werden.
Als vielfaltssichernde Maßnahmen kommen gem. § 30 RfStV 1997 - wie bereits oben dargelegt - die Einräumung von Sendezeit für unabhängige Dritte (§ 31) sowie die Einrichtung eines Programmbeirats (§ 32) in Betracht. Die Landesmedienanstalten sind aufgrund von § 33 RfStV 1997 ermächtigt, Richtlinien zur näheren Ausgestaltung der vielfaltssichernden Maßnahmen zu erlassen, in denen insbesondere Vorgaben über die Berufung und Zusammensetzung des Programmbeirates nach § 23 RfStV 1997 zu machen sind.

545 Vgl. Amtliche Begründung zu § 26 RfStV 1997.
546 Ebd.
547 Vgl. Amtliche Begründung zu § 26 RfStV 1997.

(1) Sendezeit für unabhängige Dritte

Die Einräumung von Sendezeit für unabhängige Dritte gem. § 31 RfStV 1997 ist, wie dargelegt wurde, eine der Möglichkeiten, mit denen ein Unternehmen den Widerruf von Zulassungen nach Erreichen der Marktanteilsobergrenze vermeiden kann. Die Regelung greift indes bereits vor Erreichen der 30 v.H.-Grenze ein, wenn die Voraussetzungen der Bestimmung des § 26 Abs. 5 RfStV 1997 erfüllt sind. Danach ist ein Veranstalter eines Voll- oder Spartenprogramms mit Schwerpunktinformationen verpflichtet, für jedes einzelne dieser Programme mit einem Zuschauermarktanteil von im Jahresdurchschnitt mindestens 10 v.H. Sendezeit für unabhängige Dritte nach Maßgabe von § 31 RfStV 1997 einzuräumen[548]. Durch diese Regelung soll dem in der verfassungsgerichtlichen Rechtsprechung aus der Rundfunkfreiheit abgeleiteten Verpflichtung des Landesgesetzgebers, Konzentrationstendenzen durch vorbeugende vielfaltssichernde Vorkehrungen entgegen zu wirken, da eingetretene Fehlentwicklungen nur bedingt und unter erheblichen Schwierigkeiten rückgängig gemacht werden könnten[549].

Die Möglichkeit den Widerruf von Zulassungen durch die Einräumung von Drittsenderechten abzuwenden liegt die Erwägung zugrunde, daß durch das Fensterprogramm ein zusätzlicher Beitrag zur Vielfalt im Programm des zu vielfaltssichernden Maßnahmen verpflichteten Veranstalters oder Unternehmens geleistet wird. Der „zusätzliche Vielfaltsbeitrag" der Fensterprogramme soll nach den Vorstellungen der Verfasser des Staatsvertrages die durch die vorherrschende Meinungsmacht des Unternehmens hervorgerufene Gefährdung der Meinungsvielfalt ausgleichen. Dabei sehen die Verfasser des Staatsvertrages ausweislich der amtlichen Begründung Defizite in den Programmen privater Veranstalter, insbesondere in den Bereichen Kultur, Bildung und Information, da diese Bereiche „der Struktur privater Programme entsprechen, die vorwiegend den Unterhaltungsbereich pflegen", vernachlässigt würden[550]. Die Vorschrift baut damit in einem wesentlichen Element auf eine inhaltliche Wertung der Programme privater Veranstalter auf. Auf diesen unter verfassungsrechtlichen Gesichtspunkten unbedenklichen Aspekt wird im Rahmen der Wertung der Regelung im Rahmen der Schlußbetrachtung zurückzukommen sein. Damit das Ziel einen zusätzlichen Beitrag zur programminternen Vielfalt zu leisten erreicht wird, hat die Gestaltung des Fensterprogramms in redaktioneller Unabhängigkeit vom Hauptprogramm zu erfolgen (§ 31 Abs. 1 S. 2 RfStV 1997). Um die Unabhängigkeit des Fensterprogrammanbieters zu gewährleisten, bestimmt § 31 Abs. 3 RfStV 1997, daß dieser nicht in einem rechtlichen Abhängigkeitsverhältnis zum

548 Vgl. Amtliche Begründung zu § 26 Abs. 5 RfStV 1997.

549 Vgl. Amtliche Begründung zu § 31RfStV 1997 sowie BverfGE 73, 118, 172 f. m.w.N. Siehe dazu auch unter 2. Abschnitt A I. 4 g).

550 Vgl. Amtliche Begründung zu § 31 RfStV 1997.

sog. „Hauptprogrammveranstalter" stehen darf. Zur Feststellung, ob ein Fensterprogrammanbieter rechtlich von einem Hauptprogrammveranstalter abhängig ist, sind die Grundsätze der Programmzurechnung nach § 28 RfStV 1997 heranzuziehen (§ 31 Abs. 3 S. 2 RfStV 1997).

Die Mindestdauer des Fensterprogramms, die nach Ansicht der Verfasser des Staatsvertrages zur Gewährleistung der Wirksamkeit der vielfaltssichernden Maßnahme unverzichtbar erscheint, ist in § 31 Abs. 2 RfStV 1997 festgelegt[551]. Die Dauer des Fensterprogramms muß demnach wöchentlich mindestens 260 Minuten, davon mindestens 75 Minuten in der Hauptsendezeit von 19.00 Uhr bis 23.30 Uhr betragen (§ 31 Abs. 2 S. 1 RfStV 1997). In der amtlichen Begründung wird zu der Regelung ausgeführt, daß durch die Vorgabe einer Ausstrahlung von mindestens 75 Minuten des Fensterprogramms in der Hauptsendezeit die „Bemerkbarkeit" des Fensterprogramms gewährleistet werden soll. Des weiteren soll durch diese Vorgabe bei werbefinanzierten Programmen sichergestellt werden, daß dem unabhängigen Dritten „eine gesicherte finanzielle Grundlage für ein qualitätsvolles Programm" ermöglicht wird.

Regionalfensterprogramme, die redaktionell unabhängig veranstaltet werden und insgesamt bundesweit mindestens 50 v.H. der Fernsehhaushalte erreichen, werden gem. § 31 Abs. 2 S. 2 RfStV 1997 mit max. 80 Minuten pro Woche auf den Mindestumfang nach Satz 1 angerechnet. Dabei ist eine Anrechnung auf die Mindestsendedauer während der Hauptsendezeit zwischen 19.00 Uhr und 23.30 Uhr ausgeschlossen. Durch diese Regelung soll ein Anreiz für die Hauptprogrammveranstalter geschaffen werden, auch Regionalfensterprogramme zu fördern[552]. Die Auswahl unter den Bewerbern für das Fensterprogramm trifft die Landesmedienanstalt nach Maßgabe des in § 31 Abs. 4 RfStV 1997 festgelegten Verfahrens. Die Ausstrahlung des Fensterprogramms wird im einzelnen in einer Vereinbarung zwischen dem Fensterprogramm- und dem Hauptprogrammveranstalter geregelt (§ 31 Abs. 5 RfStV 1997). Zur Sicherung der Unabhängigkeit des Fensterprogrammveranstalters erhält dieser eine eigene Lizenz nach Maßgabe des § 31 Abs. 5 RfStV 1997. Auf die Einzelheiten der zuletzt genannten Vorschriften wird im Rahmen der Ausführungen zu den Drittsenderechten nach § 26 Abs. 5 RfStV 1997 unter Berücksichtigung der ersten Erfahrungen aus der Praxis der KEK näher einzugehen sein[553].

(2) Programmbeirat

Die zweite Möglichkeit den Widerruf von Zulassungen durch vielfaltssichernde Maßnahmen abzuwenden, besteht in der Einrichtung eines Programmbeirates. Die Ausge-

551 Ebd.
552 Vgl. Amtliche Begründung zu § 31 RfStV 1997.
553 Siehe hierzu unter 2. Abschnitt A. I. 4. g).

staltung eines solchen Beirats ist im einzelnen in § 32 RfStV 1997 geregelt. Aufgabe des Programmbeirates ist es, die „Programmverantwortlichen“ innerhalb des Veranstalters sowie die Geschäftsführung und die Gesellschafter bei der Gestaltung des Programms zu beraten. Dabei soll der Programmbeirat mit seinen Vorschlägen und Anregungen zur Sicherung der Meinungsvielfalt beitragen und die Pluralität des Programms sichern bzw. erhöhen. Dem Programmbeirat sind durch Vertrag oder Satzung die Befugnisse gegenüber dem Veranstalter einzuräumen, die dem Programmbeirat die zur Erfüllung seiner Aufgabe erforderlichen Einflußmöglichkeiten auf das Programm des Veranstalters gewährleisten (Abs. 1). Die Zusammensetzung des Beirates regelt Abs. 2. Dem Veranstalter steht danach das Recht zu, die Mitglieder des Programmbeirates zu berufen (Satz 1). Die Mitglieder des Beirats müssen aufgrund ihrer Zugehörigkeit zu gesellschaftlichen Gruppen in ihrer Gesamtheit die Gewähr dafür bieten, daß die wesentlichen Meinungen in der Gesellschaft vertreten sind (Satz 2). Dabei ist dem Veranstalter ein Auswahlermessen zuzubilligen[554]. Das Ermessen des Veranstalters ist indes wie alle in dieser Bestimmung eingeräumten Gestaltungsbefugnisse durch die Regelung des § 26 Abs. 4 S. 2 RfStV 1997 eingeschränkt, der zur Folge die Errichtung des Programmbeirates im Einvernehmen mit der KEK zu erfolgen hat[555]. Es wurde bereits darauf hingewiesen, daß die Landesmedienanstalten in § 33 RfStV 1997 ermächtigt wurden, insbesondere zu Berufung und Zusammensetzung des Beirates, Richtlinien zu erlassen. Die Rechte des Programmbeirats und die entsprechenden Pflichten der Geschäftsführung gegenüber dem Programmbeirat sind in den Absätzen 3 bis 5 geregelt. Sie umfassen eine weitgehende Informationspflicht des Programmbeirates in allen programmbezogenen Angelegenheiten (Abs. 3), die Befugnis von der Geschäftsführung Auskünfte zu verlangen und einzelne Beiträge zu beanstanden (Abs. 4) sowie Mitwirkungsrechte bei der Änderung der Programmstruktur, Programminhalten oder des Programmschemas (Abs. 5). Im einzelnen sind dem Programmbeirat danach folgende Befugnisse einzuräumen: Der Programmbeirat ist von der Geschäftsführung umfassend über alle Fragen, die das Programm betreffen zu unterrichten. Bei wesentlichen Änderungen der Programmstruktur, der Programminhalte, des Programmschemas sowie bei programmbezogenen Anführungen durch die zuständige Landesmedienanstalt und bei Programmbeschwerden ist er zu hören (Abs. 3). Nach Abs. 4 kann der Programmbeirat seinerseits zur Erfüllung seiner Aufgaben alle hierfür erforderlichen Auskünfte von der Geschäftsführung verlangen und hinsichtlich des Programms oder einzelner Beiträge Beanstandungen gegenüber der Geschäftsführung aussprechen (Satz 1). Zu Anfragen und Beanstandungen hat die Geschäftsführung innerhalb angemessener Frist Stellung zu

554 Amtliche Begründung zu § 32 Abs. 2 RfStV 1997.
555 Amtliche Begründung zu § 32 Abs. 2 RfStV 1997.

nehmen (Satz 2). Für den Fall, daß die Geschäftsführung den Anfragen und Beanstandungen der Geschäftsführung nach Auffassung des Programmbeirates nicht hinreichend Rechnung trägt, kann dieser in der Angelegenheit einen Beschluß des Kontrollorgans über die Geschäftsführung, sofern ein solches nicht vorhanden ist, der Gesellschafterversammlung, verlangen (Satz 3). Das Kontrollorgan bzw. die Gesellschafterversammlung kann die Vorlage des Programmbeirates nur mit qualifizierter Mehrheit von 75 v.H. der abgegebenen Stimmen zurückweisen (Satz 4). In Abs. 5 ist bestimmt, daß bei Änderungen der Programmstruktur, der Programminhalte oder des Programmschemas oder bei der Entscheidung über Programmbeschwerden vor der Entscheidung der Geschäftsführung die Zustimmung des Programmbeirates einzuholen ist (Satz 1). Verweigert der Programmbeirat die Zustimmung oder trifft er nicht binnen einer angemessenen Frist eine Entscheidung, kann die Geschäftsführung Maßnahmen in den in Satz 1 genannten Angelegenheiten nur dann treffen, wenn ihr Kontrollorgan, d.h. in der Regel der Aufsichtsrat oder die Gesellschafterversammlung, sofern ein Aufsichtsrat nicht besteht, den Maßnahmen mit einer qualifizierten Mehrheit von 75 v.H. der abgegeben Stimmen zustimmen (Satz 2). Um eine Kontrolle durch die Medienaufsicht zu ermöglichen, hat der Veranstalter das Ergebnis der Beteiligung des Programmbeirates oder des Kontrollorgans bzw. der Gesellschafterversammlung der zuständigen Landesmedienanstalt mitzuteilen[556].

Die Bestimmung des § 32 Abs. 6 RfStV 1997 sieht eine Sonderregelung für Veranstalter vor, die als einzelkaufmännische Unternehmen betrieben werden. Diese Unternehmen weisen weder ein Aufsichtsorgan noch eine Gesellschafterversammlung auf. Damit würde die in den Absätzen 4 und 5 vorgesehene Anrufung dieser Organe bei Meinungsverschiedenheiten zwischen Programmbeirat und Geschäftsführung leerlaufen. Aus diesem Grund bestimmt § 32 Abs. 6, daß der Programmbeirat in den Fällen der Absätze 4 und 5 anstelle der Gesellschafterversammlung oder des Kontrollorgans über die Geschäftsführung die zuständige Landesmedienanstalt anrufen kann, die über die Maßnahme entscheidet. In der amtlichen Begründung zu der Bestimmung heißt es, daß sich die Zuständigkeit zur Entscheidung in diesen Fällen nach dem Organisationsrecht der zuständigen Landesmedienanstalt richtet. In der Regel werde deshalb die Versammlung zur Entscheidung befugt sein. Die Entscheidung sei abweichend von der in den Absätzen 4 und 5 vorgesehenen qualifizierten Mehrheit, mit einfacher Mehrheit der abgegebenen Stimmen zu treffen[557]. Die amtliche Begründung zu § 32 Abs. 6 RfStV 1997 widerspricht den im dritten Unterabschnitt enthaltenen Bestimmungen über die Organisation der Medienaufsicht. Danach ist die KEK gem. § 36 Abs. 2 RfStV 1997 ausdrück-

556 Amtliche Begründung zu § 31 Abs. 5 RfStV 1997.
557 Amtliche Begründung zu § 32 Abs. 6 RfStV 1997.

lich für „Maßnahmen nach § 26 Abs. 4" zuständig. Zu den vielfaltssichernden Maßnahmen nach § 26 Abs. 4 RfStV 1997 gehört auch - wie vorstehend dargelegt - die Einrichtung eines Programmbeirates. Eine Ausnahme von der im Grundsatz umfassenden Zuständigkeit der KEK für die Beurteilung von Fragestellungen der Sicherung von Meinungsvielfalt im bundesweiten Fernsehen sieht § 36 Abs. 2 RfStV 1997 lediglich für die Auswahl und Zulassung von Fensterprogrammveranstaltern vor. Demnach ergibt sich aus § 36 RfStV 1997 eindeutig, daß für Entscheidungen nach § 32 Abs. 6 RfStV 1997 nicht das „nach dem Organisationsrecht der zuständigen Landesmedienanstalt" zu bestimmende Organ, sondern die KEK zuständig ist. Es ist äußerst fraglich, ob die zwangsweise Einrichtung von Programmbeiräten in Anlehnung an die binnenpluralen Vorkehrungen zur Sicherung von Meinungsvielfalt im öffentlich - rechtlichen Rundfunk geeignet ist, die Vielfalt und Pluralität im privaten Fernsehen zu sichern bzw. zu erhöhen. In diesem Zusammenhang ist zutreffend darauf hingewiesen worden, daß sich die binnenpluralen Maßnahmen bereits im öffentlich-rechtlichen Rundfunk aufgrund der starken Einflußnahme der Parteien nicht bewährt hat[558]. Die Einrichtung eines Programmbeirates nach Maßgabe der Bestimmungen des § 32 RfStV 1997 stellt zu dem einen substantiellen Eingriff in die Programmveranwortung des Veranstalters ein und ist aus diesem Grunde mit dem Wesen des privaten Rundfunks unvereinbar[559]. Auch auf diesen Punkt wird im Rahmen der in der Schlußbetrachtung vorzunehmenden Gesamtwürdigung des Zuschaueranteilsmodells noch zurückzukommen sein.

dd) Entflechtungsmaßnahmen

Die Bestimmung des § 26 Abs. 4 S. 1 RfStV 1997 sieht folgende Entflechtungsmaßnahmen vor: (1) die Aufgabe von Beteiligungen an Veranstaltern und (2) die Reduzierung der Marktstellung auf medienrelevanten verwandten Märkten.
Die zuerst genannte Maßnahme kommt vor allem in Betracht, wenn ein Unternehmen mit sämtlichen ihm zurechenbaren Programmen einen Anteil von 30 v.H. auf dem „Zuschauermarkt" im Fernsehen erreicht. Durch die Maßnahme soll der Zuschauermarktanteil der dem Unternehmen zurechenbaren Programme unter den Schwellenwert von 30 v.H. abgesenkt werden. Die Maßnahme kann nur unter Mitwirkung des Unternehmens durchgeführt werden. Den Landesmedienanstalten stehen keine Befugnisse zur zwangsweisen Durchsetzung der Entflechtung zu. Die Bestimmung des § 26 Abs. 4 S. 2 RfStV 1997 sieht dementsprechend vor, daß die Maßnahme einvernehmlich herbeizuführen ist. Wird keine Einigung erzielt, bleibt der KEK nur die Möglichkeit, die zustän-

558 So Ricker/Schiwy, Rundfunkverfassungsrecht E Rdz. 32 u. 62 m.w.N.
559 Ricker/Schiwy a.a.O. Rdz. 62; Degenhart. Zur Novellierung des § 21 RfStV 1997, in AfP 1995, S. 550.

dige Landesmedienanstalt zum Widerruf von Zulassungen zu veranlassen. Das gilt gleichermaßen für die Entflechtungsmaßnahmen nach § 26 Abs. 4 S. 2 Nr. 2 RfStV 1997. Diese Maßnahmen kommt insbesondere dann in Betracht, wenn ein Unternehmen vorherrschende Meinungsmacht durch seine Aktivitäten im Fernsehen und auf medienrelevanten verwandten Märkten erlangt (§ 26 Abs. 2 S. 2 RfStV 1997). In diesen Fällen kommt neben einer Aufgabe von Beteiligungen an Fernsehveranstaltern, insbesondere auch eine Verminderung der Stellung auf medienrelevanten verwandten Märkten wie Werbung, Hörfunk, Presse, Rechte, Produktion oder anderen medienrelevanten verwandten Märkten in Betracht.

g) Drittsenderechte

Ein Veranstalter von Fernsehvollprogrammen oder Spartenprogrammen mit Schwerpunktinformation hat bereits bei Erreichen eines durchschnittlichen jährlichen Zuschauermarktanteils von 10 v.H. Sendezeiten an unabhängige Dritte nach Maßgabe von § 31 RfStV 1997 abzugeben. Dies sieht die neu in das Recht zur Sicherung der Meinungsvielfalt eingefügte Bestimmung des § 26 Abs. 5 RfStV 1997 vor[560]. Dabei knüpft die Vorschrift von ihrem Wortlaut her an die bislang geltende Regelung des § 21 Abs. 2 RfStV 1991 (Grundsatz der „Binnenvielfalt") an, die Mehrheitsbeteiligungen an Veranstaltern von Fernsehvollprogrammen und Fernsehspartenprogrammen mit dem Schwerpunkt Information vorsahen[561]. Die Sendezeit für unabhängige Dritte ist binnen sechs Monaten nach Feststellung des Erreichens eines Zuschauermarktanteils von 10 v.H. einzuräumen.

Nach § 36 Abs. 2 RfStV 1997 obliegt die Auswahl und Zulassung von Fensterprogrammveranstaltern sowie die Aufsicht über das Programm dieser Veranstalter dem für die Zulassung zuständigen Organ der zuständigen Landesmedienanstalt. Bei Auswahl und Zulassung von Fensterprogrammveranstaltern ist zuvor das Benehmen mit der KEK herzustellen (§ 36 Abs. 2 S. 2 RfStV 1997)[562].

Die Grundsätze der Auswahl des Fensterprogrammveranstalters sind in § 31 Abs. 4 RfStV 1997 geregelt. Nach Feststellung der Verpflichtung eines Veranstalters zur Einräumung von Sendezeit für unabhängige Dritte, schreibt die zuständige Landesmedien-

560 Vgl. zu den Ausschreibungen von Drittsenderechten bei RTL Television und SAT 1, Bericht über die Tätigkeit der Kommission zur Ermittlung der Konzentration im Medienbereich (KEK) im Zeitraum 1997/1998, S. 34 ff.

561 Vollprogramm im Sinne des Staatsvertrages ist in § 2 Abs. 2 Nr. 1 definiert als „ein Rundfunkprogramm mit vielfältigen Inhalten, in welchem Information, Bildung, Beratung und Unterhaltung einen wesentlichen Teil des Gesamtprogramms bilden"; Spartenprogramm ist in § 2 Abs. 2 Nr. 2 definiert als „ein Rundfunkprogramm mit im wesentlichen gleichartigen Inhalten".

562 Siehe dazu Bericht über die Tätigkeit der Kommission zur Ermittlung der Konzentration im Medienbereich (KEK) im Zeitraum 1997/1998, S. 36 f.

anstalt nach Erörterung mit dem sog. „Hauptprogrammveranstalter" das Fensterprogramm zur Erteilung einer Zulassung aus (Satz 1). Durch die Ausschreibung soll sichergestellt werden, daß die Auswahl des Fensterprogrammveranstalters im Interesse einer Vielfalt der Veranstalter und der Programme eine möglichst breite Grundlage erhält[563]. Nach einer Überprüfung der auf die Ausschreibung hineingegangenen Anträge auf ihre Vereinbarkeit mit den Bestimmungen des Staatsvertrages sowie der sonstigen landesrechtlichen Bestimmungen, teilt die zuständige Landesmedienanstalt dem Hauptprogrammveranstalter die zulassungsfähigen Anträge mit und erörtert diese mit dem Hauptprogrammveranstalter mit dem Ziel eine einvernehmliche Auswahl zu treffen. Die Verfasser des Staatsvertrages halten dieses Verfahren für geeignet einen „Interessenausgleich" zwischen dem möglichen Bestreben des Hauptprogrammveranstalters sein Programmschema und seine „Programmfarbe" möglichst weitgehend zu erhalten und dem „normleitenden" Interesse, die programmliche Vielfalt zu steigern und auch Inhalten, die eher kleineren Gruppen von Zuschauern entgegenkommen, angemessen zu berücksichtigen[564]. Falls eine Einigung zwischen dem Hauptprogrammveranstalter und der zuständigen Landesmedienanstalt nicht zustande kommt, ist nach Satz 4 wie folgt zu verfahren: Liegen mehr als drei zulassungsfähige Anträge vor, wählt die zuständige Landesmedienanstalt aus einem Dreiervorschlag des Hauptprogrammveranstalters denjenigen Bewerber aus, dessen Programm den größt möglichen Beitrag zur Vielfalt im Programm des betroffenen Veranstalters erwarten läßt und erteilt ihm die Zulassung nach § 31 Abs. 6 RfStV 1997. Falls drei oder weniger Anträge vorliegen, trifft die zuständige Landesmedienanstalt die Entscheidung unmittelbar. Dabei hat die zuständige Landesmedienanstalt - wie bereits oben erwähnt - sowohl bei Auswahl als auch Zulassung das Benehmen mit der KEK herzustellen.
In den beiden in 1997 durchgeführten Verfahren zur Auswahl von Fensterprogrammen für die Hauptprogrammveranstalter „SAT 1" und „RTL" hat es offenbar Probleme im Hinblick auf die Abstimmung zwischen den zuständigen Landesmedienanstalten und der KEK gegeben[565]. Nach den Erhebungen der GfK betrugen die Zuschauermarktanteile von RTL und SAT 1 im September 1997 16,9 v.H. bzw. 12,2 v.H. und im September 1996 17,2 v.H. und 13,3 v.H. Die beiden Veranstalter von Vollprogrammen erreichen damit die in § 26 Abs. 5 RfStV 1997 festgelegte Zuschauergrenze von 10 v.H. und sind damit verpflichtet, unabhängigen Dritten Sendezeit zur Verfügung zu stellen. In beiden Fällen hatten die zuständigen Landesmedienanstalten[566] das Auswahlverfahren

563 Amtliche Begründung zu § 31 Abs. 4 RfStV 1997.
564 Amtliche Begründung zu § 31 Abs. 4 RfStV 1997.
565 Vgl. epd. medien Nr. 85 vom 1.11.1997, S. 13 f.
566 Für die Zulassung des Veranstalters SAT 1 ist die rheinland-pfälzische Landeszentrale für private Rundfunkveranstalter (LPR) zuständig; für die Zulassung des Veranstalters RTL ist die niedersächsische Landesmedienanstalt zuständig.

ohne vorherige Abstimmung mit der KEK eingeleitet. Die KEK hat dieses Verhalten unter Hinweis auf § 36 Abs. 2 RfStV 1997 beanstandet[567].

Die nach dem vorgenannten Verfahren ausgewählten Veranstalter schließen anschließend eine Vereinbarung mit den Hauptprogrammveranstaltern über die Ausstrahlung des Fensterprogramms. Der Rahmen für diese Vereinbarung wird durch § 31 Abs. 5 RfStV 1997 vorgegeben. In die Vereinbarung ist insbesondere die Verpflichtung des Hauptprogrammveranstalters aufzunehmen, dem Fensterprogrammveranstalter eine ausreichende Finanzierung seines Programms zu ermöglichen (§ 31 Abs. 5 S. 2 RfStV 1997). Auf eine nähere Ausformung dieser Verpflichtung haben die Verfasser des Staatsvertrages bewußt im Hinblick auf die Vielzahl der möglichen Gestaltungen und Bedingungen verzichtet. Die Vertragsgestaltung wird damit weitgehend den Parteien überlassen. In der amtlichen Begründung wird hierzu auf die sich bereits herausgebildete Vertragspraxis hingewiesen[568]. Dabei bleibt es der zuständigen Landesmedienanstalt allerdings vorbehalten, im Rahmen der Zulassung des Fensterprogrammveranstalters und bei Abänderung zu Zulassung des Hauptprogrammveranstalters zu überprüfen, ob die Vereinbarung „angemessene Bedingungen" enthält[569].

Nach § 31 Abs. 6 RfStV 1997 erteilt die zuständige Landesmedienanstalt den im Verfahren nach Abs. 4 ausgewählten Veranstalter eine Zulassung zur Veranstaltung des Fensterprogramms „auf der Grundlage einer Vereinbarung zu angemessenen Bedingungen nach Absatz 5" mit dem Hauptprogrammveranstalter. In die Zulassung von Haupt- und Fensterprogrammveranstalter sind die wesentlichen Verpflichtungen aus der nach Absatz 5 getroffenen Vereinbarung als Bestandteil der Zulassungen aufzunehmen (§ 31 Abs. 6 S. 2 RfStV 1997). Die Regelung unterstreicht noch einmal, daß die zuständige Landesmedienanstalt die „Angemessenheit" der nach Absatz 5 zutreffenden Vereinbarung zu prüfen hat. Die amtliche Begründung zu § 31 Abs. 6 RfStV 1997 enthält indes keinen Hinweis, nach welchen Kriterien die „Angemessenheit" zu beurteilen ist. Aus § 36 Abs. 2 RfStV 1997 folgt in jedem Fall, daß auch insoweit das „Benehmen" mit der KEK herzustellen ist. Ferner enthält die Bestimmung des § 31 Abs. 5 S. 3 RfStV 1997 eine Vorgabe zur Gestaltung der Kündigungsregelungen in der Vereinbarung zwischen Fensterprogramm- und Hauptprogrammveranstalter. Eine Kündigung während der Dau-

567 Vgl. epd. medien Nr. 85 vom 1.11.1997. Nach der Mitteilung der epd Medien hat die LPR-Versammlung Ende März 1997 dem Veranstalter SAT 1 vorgeschlagen, der DCTP und der Mainzer Firma „News and Pictures" die Lizenz für die Fensterprogramme von SAT 1 zu erteilen. Dabei handelt es sich bei dem zuletzt genannten Sender um den von einem früheren SAT 1-Geschäftsführer gegründeten in Mainz ansässigen Veranstalter. Die KEK hat lt. der Mitteilung von epd medien das Auswahlverfahren der LPR gerügt. Es hatten sich insgesamt zwanzig Veranstalter um das Fensterprogramm bei SAT 1 beworben, vgl. hierzu Funkkorrespondenz Nr. 38/97, S. 18 ff.

568 Amtliche Begründung zu § 31 Abs. 5 RfStV 1997.

569 Ebd.

er der Zulassung des Fensterprogrammveranstalters nach § 31 Abs. 6 RfStV 1997 darf danach nur wegen schwerwiegender Vertragsverletzung oder aus einem wichtigen Grund mit einer Frist von 6 Monaten vereinbart werden. Ziel dieser Regelung ist es, auf der einen Seite ein „angemessenen" Interessenausgleich zu erreichen, auf der anderen Seite aber auch, den Schutz des in der Regel wirtschaftlich schwächeren unabhängigen Dritten, zu gewährleisten[570].

In § 31 Abs. 6 S. 3 RfStV 1997 wird klargestellt, daß eine Entschädigung für Vermögensnachteile des Fensterprogrammveranstalters durch den teilweisen Widerruf der Zulassung des Hauptprogrammveranstalters nicht gewährt werden. In Satz 4 der Vorschrift ist schließlich bestimmt, daß die Zulassung für den Fensterprogrammveranstalter auf die Dauer von drei Jahren, längstens jedoch bis zum Ablauf der Zulassung des Hauptprogrammveranstalters zu befristen ist. In der amtlichen Begründung zu § 31 Abs. 6 S. 3 RfStV 1997 wird zur Begründung des Ausschlusses einer Entschädigung der Fensterprogrammveranstalter darauf hingewiesen, daß in dem teilweisen Widerruf der Zulassung des Hauptprogrammveranstalters „keine Enteignung durch Auferlegung eines Sonderopfers" vorliegt. Die Regelung über die Einräumung von Sendezeit für unabhängige Dritte stelle vielmehr eine notwendige, für alle betroffenen Kreise gleichmäßig geltende Regelung, zur Ausgestaltung der positiven Rundfunkordnung dar[571]. Die Regelung enthalte im übrigen eine zulässige Inhaltsbestimmung im Sinn des Art. 14 Abs. 1 S. 2 Grundgesetz. Es erscheint indes fraglich, ob die Regelung tatsächlich einer verfassungsrechtlichen Überprüfung stand hält. Der Frage kann im Rahmen dieser Arbeit nicht näher nachgegangen werden[572].

Unabhängig von der verfassungsrechtlichen Zulässigkeit einzelner Bestimmungen der Regelung über die Einräumung von Sendezeiten für unabhängige Dritte ist grundsätzlich fraglich, ob die Regelung in ihrem Kerngehalt mit dem Wesen privaten Rundfunks und dem Gebot der Verhältnismäßigkeit vereinbar ist[573]. Es ist daher bereits zweifelhaft, ob die Regelung überhaupt im Ansatz geeignet ist, Meinungsvielfalt im privaten Rundfunk zu sichern. Ein wesentliches Element der Programmfreiheit ist es, ein einheitliches Programmprofil herauszubilden. Die Aufnahme von Fensterprogrammen steht dem entgegen[574]. Des weiteren ist ungewiß, welche Auswirkungen die Fensterprogramme auf die Vielfalt der Programme eines Veranstalters haben wird. Eine Regelung, die von vornherein ungeeignet ist, das Ziel der Sicherung von Meinungsvielfalt im privaten Fernsehen zu erreichen, ist nicht mehr von dem Spielraum gedeckt, den die Verfas-

---

570 Ebd.

571 Amtliche Begründung zu § 31 Abs. 6 RfStV 1997.

572 Vgl. hierzu auch Hess, Medienkonzentrationsrecht nach dem neuen Rundfunkstaatsvertrag, in AfP 1997, S. 686.

573 Siehe hierzu Ricker/Schiwy, Rundfunkverfassungsrecht E Rdz. 61.

574 Siehe Ricker/Schiwy a.a.O.

sungsrechtsprechung dem Landesgesetzgeber bei der Ausgestaltung der Rundfunkordnung einräumt. In dieser Hinsicht bestehen erhebliche Zweifel an der Verfassungsmäßigkeit der Regelung des § 31 RfStV 1997.

II. Die Vorschriften zur Sicherung der Meinungsvielfalt in den Landesmediengesetzen

1. Leitbildfunktion des Staatsvertrages

Die Landesmediengesetze[575] enthalten neben dem Rundfunkstaatsvertrag eigene Regelungen zur Sicherung der Meinungsvielfalt. Die Regelungen gelten für den landesweiten, regionalen und lokalen Rundfunk. Bis zum Inkrafttreten des Dritten Rundfunkänderungsstaatsvertrags am 1.1.1997 galten sie neben dem Rundfunkstaatsvertrag zudem für den bundesweiten Rundfunk. Die Länder haben die Vorschriften zur Sicherung der Meinungsvielfalt in den Landesmediengesetzen nach der Novellierung des Staatsvertrages von 1991 überwiegend an die bis zum 31.12.1996 für bundesweite Veranstalter geltenden Vorschriften der §§20-22 RfStV 1991 angepaßt. Dabei haben die Landesgesetzgeber die staatsvertragliche Regelung teilweise vollständig wortgleich[576] oder in-

575 Als "Landesmediengesetze" werden im folgenden die in den einzelnen Bundesländern geschaffenen Rechtsgrundlagen für die Zulassung und Veranstaltung von privatem Rundfunk bezeichnet, deren Bezeichnung u.a. "Landesrundfunkgesetz", "Privatrundfunkgesetz", "Mediengesetz", "Landesmediengesetz" lautet. In Berlin und Brandenburg ist die Zulassung und Veranstaltung von privatem Rundfunk in einem Staatsvertrag geregelt. Im einzelnen handelt es sich um folgende Gesetze: Landesmediengesetz von Baden-Württemberg v. 19.7.1999, GBl. S. 273, Gesetz über die Entwicklung, Förderung und Veranstaltung privater Rundfunkangebote und anderer Mediengesetze in Bayern (Bayerisches Mediengesetz) v. 24.11.1992, GVBl. S. 584, in der Fassung des Zweiten Gesetzes zur Änderung des Bay.Mediengesetzes v. 27.12.1997, GVBl. S. 843; Staatsvertrag über die Zusammenarbeit zwischen Berlin und Brandenburg im Bereich des Rundfunks v. 29.2.1992, GVBl. Berlin, S. 150 u. GVBl. Brandenburg I. S. 141; Bremisches Landesmediengesetz v. 22.6.1993, GVBl. S. 197, zuletzt geändert am 16.2.1998, GVBl. S. 27; Hamburgisches Mediengesetz v. 20.4.1994, GVBl. S. 113, zuletzt geändert am 23.4.1996, GVBl. S. 59; Gesetz über den privaten Rundfunk in Hessen (Hessisches Privatrundfunkgesetz) v. 25.1.1995, zuletzt geändert am 20.5.1997, GVBl. S. 134; Rundfunkgesetz für das Land Mecklenburg-Vorpommern in der Neufassung v. 29.11.1994, GVOBl. S. 1058; Niedersächsisches Landesrundfunkgesetz v. 9.11.1993, GVBl. S. 523; Rundfunkgesetz für das Land Nordrhein-Westfalen i.d.F. v. 24.8.1995, GV NW S. 994, zuletzt geändert am 10.2.1998, GV NW S. 148; Landesrundfunkgesetz (Rheinland-Pfalz) v. 28.7.1992 GVBl. S. 247; zuletzt geändert am 17.12.1996, GVBl. S. 431; Rundfunkgesetz für das Saarland v. 5.8.1996, GBl. S. 913, zuletzt geändert am 26.11.1997, GBl. S. 102; Gesetz über den privaten Rundfunk und neue Medien in Sachsen (Sächsisches Privatrundfunkgesetz - SächsPRG) in der Neufassung v.9.3.1998, GVBl. S. 106; Gesetz über den privaten Rundfunk in Sachsen-Anhalt in der Neufassung v.13.12.1996, zuletzt geändert und ergänzt am 30.12.1997, GVBl. S. 1072; Rundfunkgesetz für das Land Schleswig-Holstein v.7.12.1995, GVBl. S. 422; Thüringer Rundfunkgesetz (TRG) v. 4.12.1996, GVBl. S. 271. Die Gesetze sind abgedruckt bei Ring, Medienrecht, Bd. III.C-VI.

576 Vgl. § 10 Abs. 1 bis 4 BremLMG; § 17 Abs.1 bis 5 HPRG; § 8 Abs. 2 bis 4 NdsLRG; § 6a LRG NW; § 13 Abs. 1 bis 5 LRG Rheinland-Pfalz; § 51 Abs. 1 bis 5 saarl. LRG.

haltsgleich[577] übernommen, teilweise durch Verweisung inkorporiert[578]. Der staatsvertraglichen Regelung kam damit bislang eine Leitbildfunktion für die Bestimmungen der Landesmediengesetze zur Vielfaltssicherung zu. Mit der Novellierung der staatsvertraglichen Vorschriften zur Sicherung der Meinungsvielfalt könnte sich dies ändern. Die Landesgesetzgeber haben das durch den des Dritten Rundfunkänderungsstaatsvertrags eingeführte sog. „Zuschaueranteilsmodell bisher nicht in die Landesmediengesetze übernommen. Eine Ausnahme davon ist das jüngst erlassene neue Landesmediengesetz Baden-Württemberg[579]. Die novellierten Vorschriften zur Sicherung der Meinungsvielfalt in Baden-Württemberg (§§ 24 ff. LMedienG Bad.-Württemberg) orientieren sich im Ansatz an dem Regelungsmodell des § 26 RfStV 1997, indem sie ebenso wie die Bestimmungen des Staatsvertrages an das zentrale Kriterium „vorherrschende Meinungsmacht" anknüpfen. Danach darf ein Unternehmer in Baden-Württemberg eine unbegrenzte Zahl von Programmen (Hörfunk und Fernsehen) veranstalten, sofern es dadurch keine vorherrschende Meinungsmacht erlangt (§ 24 Abs. 1 LMedienG Bad.-Württemberg). Die Regelungen über die Rechtsfolgen bei Erreichen vorherrschender Meinungsmacht (§§ 24 Abs. 3, 26 ff LMedienG Bad.-Württemberg) sowie die Grundsätze der Programmzurechnung (§ 25 LMedienG Bad.-Württemberg) sind weitgehend mit der staatsvertraglichen Regelung identisch. Abweichend von dem Rundfunkstaatsvertrag gilt die Vermutung vorherrschender Meinungsmacht indes nicht ab Erreichen eines bestimmten Zuschaueranteils, sondern jeweils dann, wenn in dem Verbreitungsgebiet in Baden-Württemberg neben den einem Unternehmen zurechenbaren Programmen nicht mindestens ebenso viele weitere, vergleichbare meinungsrelevante Rundfunkprogramme in vergleichbarem Umfang für die Bevölkerung empfangbar sind (§ 24 Abs. 2 LMedienG Bad.-Württemberg). Das neue Recht zur Sicherung der Meinungsvielfalt in §§ 26 – 34 RfStV 1997 gilt gem. § 39 S. 1 RfStV 1997 ausschließlich für bundesweit verbreitetes Fernsehen. Die Länder sind insoweit in Zukunft nicht mehr berechtigt, abweichende Regelungen in den Landesmediengesetzen zu erlassen[580] Dementsprechend beschränken sich die nach Inkrafttreten des Dritten Rundfunkänderungsstaatsvertrag angepaßten Landesmediengesetze darauf, hinsichtlich bundesweiter Programme auf die Regelung im Rundfunkstaatsvertrag zu verweisen[581]. Die Vorschriften

577 Vgl. §§ 21 Abs. 1, 22, 23 MedienStV Berlin-Brandenburg.

578 Vgl. § 25 Abs. 1 S.1 u. 3 HmbMedienG; § 7 SächsPRG.

579 Gesetz zur Änderung des Landesmediengesetzes vom 14.7.1999, Landtag von Baden-Württemberg Drucksache 12/4267 veröffentlicht in GBl. v. 19.7.1999, S. 273.

580 Vgl. § 22 Abs. 1 S. 2 RfStV 1991. Nach dieser Bestimmung konnten die Länder in den Landesmediengesetzen auch für den bundesweit verbreiteten Rundfunk „weitergehende Anforderungen" an die Sicherung der Meinungsvielfalt vorsehen. Siehe dazu Hartstein/Ring/Kreile/Dörr/Stettner. Rundfunkstaatsvertrag, 2. Auflage, 1995, § 22 RfStV 1991 Rdnr. 2 f. unter Hinweis auf die einzelnen weitergehenden landesrechtlichen Vorschriften.

581 Vgl. § 27 Abs.11 BayMG, § 17 Abs. 5 TRG.

zur Sicherung der Meinungsvielfalt in den Landesmediengesetzen gelten somit nunmehr ausschließlich für den landesweiten, regionalen und lokalen Rundfunk[582].

2. *Die Vorschriften zur Sicherung der Meinungsvielfalt im Überblick*

Die Landesmediengesetze enthalten zwei grundsätzlich verschiedene Regelungskreise zur Sicherung der Meinungsvielfalt. Zum einen stellen die Landesmediengesetze inhaltlich-programmliche Anforderungen an die Vielfalt der einzelnen Programme bzw. des Gesamtprogramms der privaten Veranstalter in einem Verbreitungsgebiet und sichern diese Vielfaltsgebote durch organisatorische Regelungen ab (sog. Organisationsmodelle der Vielfaltssicherung)[583]. Durch diese Regeln soll positiv bewirkt werden, daß inhaltlich die Vielfalt der Meinungen im privaten Rundfunk im wesentlichen zum Ausdruck gelangt[584]. Zum anderen enthalten sämtliche Landesmediengesetze Konzentrationsregeln. Diese sollen die Meinungsvielfalt sichern, indem sie Tendenzen zur Konzentration und den damit verbundenen Gefahren des Entstehens vorherrschender Meinungsmacht entgegenwirken[585]. In der Praxis der Landesmedienanstalten sind vor allem die Konzentrationsregeln von zentraler Bedeutung, während die organisatorischen Regeln zur Vielfaltssicherung praktisch keine Rolle spielen[586].

3. *Die organisatorischen Regeln der Vielfaltssicherung*

Die Organisationsmodelle in den Landesmediengesetzen zur Sicherung der inhaltlichen Vielfalt und Ausgewogenheit der Programme gehen auf das für den öffentlich-rechtlichen Rundfunk entwickelte Modell der Vielfaltssicherung zurück[587]. Von diesem Modell ist das Bundesverfassungsgericht bei der Ausgestaltung der Privatrundfunkordnung ausgegangen[588]. Dabei hat das Gericht das für den öffentlich-rechtlichen Rundfunk maßgebliche Gebot, die "Vielfalt der bestehenden Meinungen im Rundfunk in mög-

---

582 Vgl. hierzu auch die Begründung zu § 25 RfStV 1997, abgedr. bei Ring, Medienrecht, Bd. 2 unter C-0.1. Der bundesweite Hörfunk fällt nach der Novellierung nicht mehr unter die staatsvertragliche Regelung, und unterliegt damit zukünftig auch den Landesmediengesetzen. In der Praxis der Landesmedienanstalten bei der Anwendung der Vorschriften zur Sicherung der Meinungsvielfalt hat der bundesweite Rundfunk indes bisher keine Rolle gespielt.

583 Wagner, Konzentrationskontrolle im privaten Rundfunk, in RuF 1990, S. 165, 173.

584 Hartstein/Ring/Kreile/Dörr/Stettner a.a.O. § 20 RfStV 1991 Rdnr.5.

585 Siehe dazu ausführlich oben 2. Abschnitt A. I .4.b).

586 Fehling, Die Konkurrentenklage bei der Zulassung privater Rundfunkveranstalter, S. 102 f.

587 Vgl. dazu Bumke, Die öffentliche Aufgabe der Landesmedienanstalten, S. 355 ff.

588 Bremer in, Bremer/Esser/Hoffmann, Der Rundfunk in der Verfassungs- und Wirtschaftsordnung in Deutschland, S. 60 u. Esser ebenda S. 69 ff. Zur Kritik dieses Ansatzes siehe Mestmäcker, In welcher Weise empfiehlt es sich, die Ordnung des Rundfunks und sein Verhältnis zu anderen Medien- auch unter dem Gesichtspunkt der Harmonisierung - zu regeln ?, DJT 1986, S. O 18 f.

lichster Vollständigkeit und Breite zum Ausdruck zu bringen", nicht inhaltsgleich auf den privaten Rundfunk übertragen, sondern es für ausreichend erachtet, daß die privaten Veranstalter einen "Grundstandard gleichgewichtiger Vielfalt" gewährleisten. Die Entscheidung über die organisatorischen Regelungen, durch die der abgeschwächte Vielfaltsstandard für den privaten Rundfunk zu sichern ist, hat das Gericht dem Landesgesetzgeber überlassen[589].

Die Länder haben im wesentlichen drei verschiedene Modelle zur Vielfaltssicherung im privaten Rundfunk verwirklicht[590]. Davon abweichend hat Bayern aufgrund landesverfassungsrechtlicher Vorgaben ein besonderes Modell öffentlich-rechtlicher Trägerschaft entwickelt. Das Bayerische Mediengesetz sieht vor, daß die Bayerische Landeszentrale für Medien (BLM) als Trägerin des Rundfunks auf die Bildung und Ausgestaltung von Medienbetriebsgesellschaften hinwirkt, welche die Aufgabe haben, lokale und regionale sowie überregionale Rundfunkprogramme von privaten Anbietern zu organisieren und abzuwickeln. Zu diesem Zweck schließt die Medienbetriebsgesellschaft mit den Anbietern oder Anbietergemeinschaften Programmanbieterverträge, welche der Genehmigung der BLM bedürfen[591]. Die übrigen Länder gehen von der privaten Veranstaltung von Rundfunk aus und sehen folgende Modelle zur Sicherung von Meinungsvielfalt vor.

a) Das "binnenplurale" Modell

Das binnenplurale Modell ist in reiner Form im öffentlich-rechtlichen Rundfunk verwirklicht[592]. Kennzeichnend für das Modell ist, daß jedes einzelne Programm den Vielfaltsanforderungen entspricht. Das wird durch interne Vorkehrungen wie einen aus Vertretern der gesellschaftlichen Gruppen zusammengesetzten Programmbeirat sichergestellt. Dieses Modell haben mit im einzelnen unterschiedlichen Ausgestaltungen die Länder Bremen, Hamburg und Nordrhein-Westfalen verwirklicht[593]. Mit der Novellierung des Landesrundfunkgesetzes hat Schleswig-Holstein die Vorgabe einer binnenpluralen Struktur für jedes einzelne Programm aufgegeben und ist zu dem sog. Mischmodell übergegangen, daß im Ansatz von Außenpluralität ausgeht[594].

---

589 Hartstein/Ring/Kreile/Dörr/Stettner a.a.O.

590 Ebd. Rdnr. 6 ff.

591 Siehe dazu Lerche, Zu Grundfragen der öffentlich-rechtlichen Trägerschaft des Rundfunkbetriebs in Bayern, in ZUM 1993, 441.

592 Hartstein/Ring/Kreile/Dörr/Stettner a.a.O. Rdnr.6.

593 Vgl. § 18 BremLMG; § 7 HmbMedienG; § 12 Abs.3 LRG-NW. Siehe dazu Fehling a.a.O. S. 98.

594 Vgl. § 22 LRG Schl-H.

b) Das "außenplurale" Modell

Auf der Grundlage des "außenpluralen Modells" wird der Vielfaltsstandard dadurch gewährleistet und gesichert, daß das Gesamtangebot verschiedener, miteinander konkurrierender Veranstalter in einem Verbreitungsgebiet den Vielfaltsanforderungen entspricht. Die Landesmedienanstalten als externes Gremium wachen über die Einhaltung der gebotenen Ausgewogenheit und Vielfalt des Gesamtprogramms[595]. Das außenplurale Modell ist bislang in reiner Form in keinem Landesmediengesetz vorgesehen[596]. Das Modell setzt voraus, daß es in dem jeweiligen Verbreitungsgebiet eine hinreichende Zahl miteinander in Konkurrenz stehender Veranstalter gibt. Da dies bei Einführung des Privatrundfunks naturgemäß nicht der Fall war, haben der Rundfunkstaatsvertrag und die meisten Landesmediengesetze ein sog. Übergangs- oder Mischmodell vorgesehen.

c) Das Mischmodell

Ausgehend von dem außenpluralen Modell beruht das sog. Mischmodell auf der Annahme, daß die Vielfaltsanforderungen an das Gesamtangebot erfüllt sind, wenn in einem Verbreitungsgebiet mindestens drei Programme von privaten Veranstaltern verbreitet werden. Ist das nicht der Fall, ist jedes einzelne Programm zur Vielfalt verpflichtet und binnenpluralen Aufsichtsmaßnahmen unterworfen[597]. Dieses Modell lag auch dem Staatsvertrag bis zum 31.12.1996 zugrunde. Die maßgebliche Bestimmung des § 20 Abs. 2 RfStV 1991 lautete:

> "Solange nicht mindestens drei in der Bundesrepublik Deutschland veranstaltete private Fernsehvollprogramme von verschiedenen Veranstaltern bundesweit verbreitet werden, die jeweils von mehr als der Hälfte der Teilnehmer empfangen werden können, ist jedes der Programme zur Meinungsvielfalt (...) verpflichtet. Können mindestens drei derartige Fernsehvollprogramme entsprechend Satz 1 empfangen werden, achten die Landesmedienanstalten gemeinsam darauf, daß das Gesamtangebot dieser Programme den Anforderungen an die Meinungsvielfalt entspricht."

Dieses Modell ist im einzelnen in unterschiedlichen Ausgestaltungen in der Mehrzahl der Länder verwirklicht[598]. Die Bestimmung des § 20 Abs. 2 RfStV 1991 ist durch den Dritten Rundfunkänderungsstaatsvertrag aufgehoben worden. In der Begründung zu der

---

595 Hartstein/Ring/Kreile/Dörr/Stettner a.a.O. Rdnr.7.
596 Fehling a.a.O. S. 100.
597 Hartstein/Ring/Kreile/Dörr/Stettner a.a.O. Rdnr. 8.
598 Vgl. dazu Herrmann, Rundfunkrecht, S. 447.

Änderung des Staatsvertrages heißt es hierzu, daß die Regelung „angesichts der Vielzahl der privaten Fernsehprogramme und ihrer Reichweiten nicht mehr zeitgemäß" ist[599].

4. Die Konzentrationsvorschriften

Die für landesweite, regionale und lokale Veranstalter geltenden Konzentrationsvorschriften[600] enthalten neben den für Rundfunkveranstalter geltenden Programmzahl- und Beteiligungsbeschränkungen (intramediäre Konzentration) besondere Vorschriften, welche die Beteiligung von Presseunternehmen an Rundfunkveranstaltern (intermediäre Konzentration) regeln [601].

a) Vorschriften zur Verhinderung intramediärer Konzentration

aa) Verbot mehrfacher Programmträgerschaft

Das Verbot mehrfacher Programmträgerschaft war nach dem alten Staatsvertrag die zentrale Vorschrift zur Sicherung von Meinungsvielfalt im bundesweiten Rundfunk[602]. Ein privater Veranstalter durfte demnach höchstens für zwei bundesweit verbreitete Hörfunk- und zwei Fernsehprogramme zugelassen werden, darunter jeweils nur ein Vollprogramm oder ein Informationsprogramm (Verbot mehrfacher Programmträgerschaft). Die Landesgesetzgeber haben die Regelung für den landesweiten, regionalen und lokalen Rundfunk übernommen[603]. Dabei orientieren sich die Regelungen in den Landesmediengesetzen überwiegend am Wortlaut des § 21 RfStV 1991[604]. Die Möglichkeit, einen Dispens von dem Verbot mehrfacher Programmträgerschaft zu erteilen, wenn der Veranstalter binnenplurale Vorkehrungen getroffen hat, sieht auch das neugefaßte Landesrundfunkgesetz Schleswig-Holstein vor[605].

---

599 Amtliche Begründung zu § 25 RfStV 1997.

600 Einen Überblick über die Vorschriften geben Esser a.a.O. S. 72 ff. und Fehling a.a.O. S. 73 ff. sowie Schellenberg, Rundfunk-Konzentrationsbekämpfung zur Sicherung des Pluralismus im Rechtsvergleich, 1997, S. 57 ff.

601 Siehe dazu Kübler, Regelungsprobleme der Medienverflechtung in, Hübner (Hrsg.), Rechtsprobleme der privaten Rundfunkordnung, S. 43, 46 ff., der Argumente für ein Werbemarktanteilsmodell, in Media Perspektiven 1995, S. 48, 53; Schellenberg a.a.O. S. 60.

602 § 21 Abs. 1 RfStV 1991. Siehe dazu oben 2. Abschnitt A.I.2.

603 Bumke, Die öffentliche Aufgabe der Landesmedienanstalten, S. 369.

604 Vgl. § 27 Abs. 6 BayMG; §§ 21 Abs. 1, 22 MedienStV Berlin-Brandenburg; § 10 Abs. 1 BremLMG; § 25 Abs. 1 HmbMedienG; § 15 Abs.1 HPRG; § 10 Abs. 3 RGMV; § 8 Abs. 5 NdsLRG; § 13 Abs.6 LRG Rh.-Pf.; § 51 Abs.6 saarl. LMG; § 7 SächsPRG; § 6 Abs.2 PRG Sa.-Anh.; § 11 Abs.1 i.V.m. § 12 LRG Schl.-H.; § 17 Abs. 1 TPRG.

605 § 12 Abs. 2. LRG Schl.-H. Siehe dazu Bullinger/Gödel, Landesmediengesetz Baden-Württemberg. § 22 Rndr. 1 ff; Birkert, Landesmediengesetz Baden-Württemberg, § 22 Rndr. 1 ff. in bezug auf die vor Inkrafttreten des neuen LMedienG Bad.-Württ. 19.7.1999, GBl. S. 273 geltende Regelung

Das nordrhein-westfälische Landesmediengesetz schreibt anstelle eines Verbots mehrfacher Programmträgerschaft binnenplurale Vorkehrungen zur Sicherung der Meinungsvielfalt im landesweiten Rundfunk vor[606].

bb) *Beteiligungsbeschränkungen*

Den § 21 Abs. 2 und Abs. 3 RfStV 1991 entsprechende Beteiligungsbeschränkungen für den landesweiten Rundfunk sehen der Medienstaatsvertrag von Berlin-Brandenburg[607] sowie die Landesmediengesetze von Bremen[608], Hamburg[609], Hessen[610], Niedersachsen[611], Nordrhein-Westfalen[612], Rheinland-Pfalz[613], Saarland[614], Sachsen[615] und Schleswig-Holstein[616] vor. Im Hinblick auf die Ausgestaltung der Regeln im einzelnen und die Auslegung der Vorschriften kann auf die obigen Ausführungen zu § 21 Abs. 2 und Abs. 3 RfStV 1991 Bezug genommen werden[617].

cc) *Kartellrechtliche Unbedenklichkeitsbescheinigung*

In einzelnen Landesmediengesetzen ist vorgesehen, daß der Antragsteller auf Verlangen der Landesmedienanstalt durch ein Anmeldeverfahren beim Bundeskartellamt nachzuweisen hat, daß der Zulassung zur Veranstaltung eines Programms keine Vorschriften der wettbewerblichen Fusionskontrolle entgegenstehen[618]. Das Bundeskartellamt berücksichtigt bei seiner Prüfung indes keine medienspezifischen Gesichtspunkte, da die wettbewerbliche Fusionskontrolle an dem wirtschaftlichen Kriterium der Marktbeherrschung ausgerichtet ist. Darauf wird noch näher einzugehen sein[619].

---

des § 22 Abs. 4 LMG Bad.-Württ. a.F., die bestimmte, daß das Verbot mehrfacher Programmträgerschaft nicht anwendbar war, wenn ein Programm von weniger als einem Drittel der Einwohner des Verbreitungsgebietes empfangen werden konnte oder im Hinblick auf binnenplurale Vorkehrungen eines Veranstalters eine Ausnahme vom Verbot erteilt wurde.

606 § 6 Abs. 1 LRG NW. Siehe dazu Stock, Nordrhein-westfälisches Rundfunkrecht, S. 15 ff., 39 ff.

607 § 23 MedienStV Berlin-Brandenburg.

608 § 10 Abs. 2 u. 3 BremLMG.

609 § 25 Abs. 1 S. 3 HmbMedienG.

610 § 14 Abs. 3 HPRG.

611 § 8 Abs. 5 i.V.m. Abs. 3 u. 4 NdsLRG.

612 § 6a Abs. 2 LRG NW.

613 § 12 Abs. 6 LRG Rh.-Pf..

614 § 51 Abs. 6 i.V.m. Abs. 2 u. 3 saarl. LMG.

615 § 8 SächsPRG.

616 § 11 Abs. 2 u. 3 i.V.m. § 12 Abs. 1 LRG Schl.-H.

617 Siehe oben 2. Abschnitt A.I.2. Siehe ferner Schellenberg a.a.O. S. 59.

618 Vgl. § 26 Abs. 2 HmbMedienG;; § 10 Abs.3 S.3 Nds. LRG; § 8 Abs. 3 SächsPRG; § 6 Abs. 7 S. 2 PRG Sa.-Anh.; § 16 Abs. 3 LRG Schl.-H.; § 17 Abs. 4 TPRG, Siehe dazu Fehling a.a.O. S. 81 f.

619 Siehe unten 2. Abschnitt B.I.

b) Vorschriften gegen intermediäre Verflechtungen von Presse und Rundfunk

aa) Vorschriften gegen Doppelmonopole

Die meisten Landesmediengesetze enthalten besondere Bestimmungen, die der Gefahr des Entstehens multimedialer Meinungsmacht durch Verflechtungen von Presse und Rundfunk entgegenwirken sollen[620]. Die Vorschriften tragen insbesondere den Konzentrationstendenzen im lokalen Bereich Rechnung[621]. In etwa der Hälfte der Kreise und kreisfreien Städte in Deutschland erscheint nur eine Zeitung mit lokalen Informationen (sog. Einzeitungskreise). In diesen Gebieten besteht in besonderem Maße die Gefahr des Entstehens von sog. "Doppelmonopolen", wenn das Presseunternehmen, das eine Alleinstellung in dem Gebiet hat, zur Veranstaltung eines lokalen Hörfunk- oder Fernsehprogramms zugelassen wird[622]. Den dadurch entstehenden Gefahren für die Meinungsvielfalt sollen besondere Konzentrationsregeln entgegenwirken, welche die Beteiligung von Presseunternehmen an Rundfunkveranstaltern beschränken[623]. Solche Regeln sehen mit Ausnahme von Mecklenburg-Vorpommern alle Landesmediengesetze vor[624].
Die Regelungen weichen im einzelnen sowohl im Tatbestand als auch im Hinblick auf die Rechtsfolgen erheblich voneinander ab. Das ist sicherlich neben den unterschiedlichen Marktstrukturen in den einzelnen Ländern auch darauf zurückzuführen, daß es in diesem Bereich bis zur Novellierung des Staatsvertrages keine Regelung im Staatsvertrag gab, die zu einer Harmonisierung der einzelnen landesrechtlichen Bestimmungen hätte beitragen können. Es bleibt indes auch nach der Novellierung des Rechts zur Sicherung der Meinungsvielfalt fraglich, ob die zur Erfassung multimedialer Konzentration eingeführte Regelung des § 26 Abs. 2 .S. 2 RfStV 1997 Modellcharakter für die landesrechtlichen Bestimmungen zur Begrenzung intermediärer Verflechtungen erlangen wird. Die Regelung ist auf das für den landesweiten, regionalen und lokalen Bereich ungeeignete Zuschaueranteilsmodell zugeschnitten. Es wurde zudem bereits oben darauf hingewiesen, daß auch in bezug auf das bundesweite private Fernsehen zweifelhaft ist,

---

620 Herrmann, Rundfunkrecht, S. 468. Siehe zu dem Problem der Medienverflechtung unter rechtsvergleichender Berücksichtigung der Rechtslage in den U.S.A. die grundlegenden Arbeiten von Kübler, Medienverflechtung, 1984; Lerche, Presse und privater Rundfunk, 1984, Mestmäcker, Medienkonzentration und Meinungsfreiheit, 1978. Siehe auch Schellenberg a.a.O. S. 60, 210 ff.

621 Fehling a.a.O. S. 78.

622 Monopolkommission, Hauptgutachen X. Tz. 659. Siehe auch Möschel, Fusionskontrolle im Rundfunk, in Festschrift v. Gamm, S. 627, 635 f.

623 Fehling a.a.O.

624 Vgl. § 27 Abs. 7 S. 2 BayMG;§ 24 Medien StV Berlin-Brandenburg; § 10 Abs. 5 BremLMG; § 25 Abs. 2 HmbMedienG; § 15 Abs. 1 Nr. 3 HPRG; § 8 Abs. 7 nds. LRG; §§ 23-30 LRG NW; § 13 Abs. 7 LRG Rh.-Pf.; § 50 Abs. 2 Nr. 6, § 52 Abs. 5 S. 1 saarl. LRG; § 8 Abs. 2 SächsPRG; § 23 PRG Sa.-Anh.; § 12 Abs. 3 LRG Schl.-H.; §§ 16 Abs. 3, 17 Abs. 1 Nr. 3 TPRG.

ob die Regelung des § 26 Abs. 2 .S. 2 RfStV 1997 ein geeignetes Instrument zur Bekämpfung multimedialer Meinungsmacht ist.
Allen Regelungsansätzen in den Landesmediengesetzen ist gemeinsam, daß Adressat der Regelungen nicht Presseunternehmen generell sind, sondern überwiegend Verleger von Tageszeitungen[625], die in einem bestimmten Verbreitungsgebiet eine starke Marktstellung haben. Anstelle von Tageszeitungsverlegern richten sich die Regelungen der Landesmediengesetze von Sachsen und Sachsen-Anhalt an Unternehmen, die einen Anteil von mehr als 20 v.H. der Gesamtauflage aller, für den Bereich der jeweiligen lokalen und regionalen Programme bestimmten, "periodisch erscheinenden Druckwerke" verlegen[626].
Die Landesmediengesetze, die besondere Zulassungsbeschränkungen für Verleger von Tageszeitungen vorsehen, bestimmen den näheren Anwendungsbereich der betreffenden Norm jeweils in unterschiedlicher Weise, indem sie abweichende Anforderungen an die Marktstellung der Verlage stellen. Die Mehrzahl der Regelungen sehen besondere Zulassungsbeschränkungen für Verleger von Tageszeitungen vor, die im Verbreitungsgebiet des Programms, für das sie eine Zulassung beantragen, eine marktbeherrschende Stellung innehaben. Der Medienstaatsvertrag Berlin-Brandenburg erfaßt demgegenüber bereits Presseunternehmen, die einen Anteil von 25 % der Gesamtdruckauflage von Tageszeitungen haben, die schwerpunktmäßig in Berlin und Brandenburg verbreitet werden, bzw. 35 % für Tageszeitungen, die schwerpunktmäßig entweder nur in Berlin oder nur in Brandenburg verbreitet werden[627]. Einen wiederum anderen Weg bezüglich der Zulassungsbeschränkungen für Verleger von Tageszeitungen beschreitet das novellierte schleswig-holsteinische Landesrundfunkgesetz. Danach unterliegen Verleger von Tageszeitungen und periodischen Zeitschriften mit inhaltlichem Bezug auf Schleswig-Holstein Zulassungsbeschränkungen für landesweite Programme, wenn sie im Jahresdurchschnitt eine bestimmte Zahl von Exemplaren der Gesamtauflage verlegen[628].
Die Landesmediengesetze weisen mithin bereits auf der Tatbestandsseite erhebliche Unterschiede auf. Diese unterschiedlichen Regelungsansätze zeigen die Schwierigkeit, geeignete Kriterien für die Abgrenzung des Kreises von Presseunternehmen festzulegen, die Zugangsbeschränkungen unterliegen sollen.
Eine noch weitere Bandbreite unterschiedlicher Regelungen ist auf der Rechtsfolgenseite der Vorschriften gegen Doppelmonopole zu verzeichnen. Sie reichen von dem vollständigen Ausschluß von der Veranstaltung von Rundfunk[629] über unterschiedlich

625 Siehe vorherige Note.
626 Vgl. § 8 Abs. 2 SächsPRG; § 23 PRG Sa.-Anh.
627 Vgl. § 24 MedienStV Berlin-Brandenburg.
628 Vgl. § 12 Abs. 3 LRG Schl-H.
629 Vgl. § 15 Abs. 1 Nr. 3 HPRG.

abgestufte Beteiligungsbeschränkungen[630] bis zu der Verpflichtung, binnenplurale Vorkehrungen wie die Bildung eines gruppenplural zusammengesetzten Programmbeirates zu treffen. Die Mehrzahl der Länder sieht vor, daß die von dem Anwendungsbereich der Norm erfaßten Verleger von Tageszeitungen sich nur mit maximal 25 vH der Stimmrechte an Rundfunkveranstaltern in dem jeweiligen Verbreitungsgebiet beteiligen dürfen[631]. Eine Reihe von Ländern unterscheiden darüber hinaus zwischen Stimmrechten und Kapitalanteilen und lassen eine über den Anteil der Stimmrechte hinausgehende maximale Kapitalbeteiligung von 35 vH. zu[632]. Des weiteren sehen die vorgenannten Landesmediengesetze Regelungen zur Sicherung der Beteiligungsgrenzen gegen Umgehungsversuche dergestalt vor, daß der Sendeanteil eines Tageszeitungsverlages an dem Programm und an den Informationssendungen eines Veranstalters einen Anteil von 25 vH. nicht überschreiten darf[633]. Der von der Norm erfaßte Verlag darf auf der Grundlage der Mehrzahl der Landesmediengesetze zudem nicht einen sonst maßgeblichen - in einigen Ländern keinen "beherrschenden Einfluß"[634] - auf den Rundfunkveranstalter ausüben.

Ein von den vorstehend skizzierten Regelungen grundsätzlich abweichendes Konzept zur Verhinderung von Verflechtungen von Presse und Rundfunk im lokalen Bereich sieht das nordrhein-westfälische Landesrundfunkgesetz vor. Die Grundzüge dieser Regelung sollen im folgenden kurz dargestellt werden.

bb) Das nordrhein-westfälische Zwei-Säulen-Modell

Das sog. nordrhein-westfälische "Zwei-Säulen-Modell"[635] für den lokalen Rundfunk beruht auf der Trennung der publizistischen von der wirtschaftlich-technischen Seite der Veranstaltung von lokalem Rundfunk. Jeder Veranstalter besteht danach aus zwei rechtlich selbständigen Einrichtungen. Für das inhaltliche Programmangebot ist eine Veranstaltergemeinschaft zuständig. Diese ist nach Maßgabe der §§ 26-28 LRG NW in

---

630 Vgl. § 24 MedienStV Berlin-Brandenburg; § 10 Abs. 5 BremLMG; § 25 Abs. 2 HmbMedienG; § 8 Abs. 7 Nds LRG;§ 13 Abs. 7 LRG Rh.-Pf.. Siehe dazu auf der Grundlage von § 19 HmbMedienG a.F.; Hoffmann-Riem, Medienrecht, in Hoffmann-Riem/Kuch (Hrsg.), Hamburgisches Staats- und Verwaltungsrecht, S. 498 f.

631 Vgl. § 24 MedienStV Berlin-Brandenburg; § 10 Abs. 5 BremLMG; § 25 Abs. 2 HmbMedienG; § 8 Abs. 7 Nds LRG;§ 13 Abs. 7 LRG Rh.-Pf.

632 Vgl. § 25 Abs. 2 HmbMedienG; § 13 Abs. 7 LRG Rh.-Pf.

633 Vgl. § 24 MedienStV Berlin-Brandenburg; § 10 Abs. 5 BremLMG; § 25 Abs. 2 HmbMedienG; § 8 Abs. 7 Nds LRG;§ 13 Abs. 7 LRG Rh.-Pf.

634 Vgl. § 25 Abs. 2 HmbMedienG; § 13 Abs. 7 LRG Rh.-Pf.

635 Vgl. §§ 23-30 LRG NW. Siehe dazu Stock, Nordrhein-westfälisches Rundfunkrecht, S.75 ff.; Hirsch, Das Zwei-Säulen-Modell für den lokalen Rundfunk in NRW, in RuF 1991, S.173 ff.; kritisch Mestmäcker, Über den Einfluß von Ökonomie und Technik auf Recht und Organisation der Telekommunikation und der elektronischen Medien, in ders (Hrsg.) Kommunikation ohne Monopole II. S. 153 f.

der Rechtsform eines eingetragenen Vereins zu bilden und setzt sich aus mindestens acht Vertretern gesellschaftlich relevanter Gruppen am Ort zusammen. Die technische Abwicklung des Programms übernimmt eine Betriebsgesellschaft, die auch die für den Sendebetrieb erforderlichen Mittel zur Verfügung stellt. Unternehmen, die eine in dem Verbreitungsgebiet erscheinende Tageszeitung mit Lokalausgabe herausgeben, können sich entsprechend ihren Marktanteilen mit insgesamt bis zu 75 vH der Kapital- und Stimmrechte an der Betriebsgesellschaft beteiligen. Die weiteren 25 vH der Kapital- und Stimmrechte bleiben den Kommunen vorbehalten. Durch die Trennung von Programmveranstaltung und Abwicklung des Sendebetriebs soll verhindert werden, daß örtliche Zeitungsverleger vorherrschende Meinungsmacht im lokalen Rundfunk erlangen. Die Beteiligung der lokalen Zeitungsverleger an der Betriebsgesellschaft soll gewährleisten, daß die wirtschaftliche Grundlage der Lokalpresse nicht durch die Zulassung von werbefinanziertem lokalem Rundfunk gefährdet wird[636]. Das Bundesverfassungsgericht hat das nordrhein-westfälische Organisationsmodell für lokalen Rundfunk in seinem sechsten Rundfunkurteil eingehend geprüft und für verfassungsgemäß erklärt[637].

---

636 Stock a.a.O.
637 BVerfGE 83, 238, 324 ff.

Die wettbewerbliche Fusionskontrolle ist neben den medienspezifischen Vorschriften im Rundfunkstaatsvertrag die zweite Grundlage für die Konzentrationskontrolle im bundesweiten Fernsehen[638]. Die deutsche Fusionskontrolle ist im Gesetz gegen Wettbewerbsbeschränkungen (GWB)[639] geregelt. Das Bundeskartellamt ist mit Ausnahme der Ministererlaubnis für alle Maßnahmen der Fusionskontrolle ausschließlich zuständig[640]. Rechtsgrundlage der europäischen Fusionskontrolle ist die EG-Fusionskontrollverordnung (FKVO)[641] . Die EG-Fusionskontrollverordnung ist auf Zusammenschlüsse von gemeinschaftsweiter Bedeutung anwendbar. Für einen Zusammenschluß, der in den Anwendungsbereich der Verordnung fällt, ist die ausschließliche Zuständigkeit[642] der EG-Kommission gegeben[643]. Davon unberührt bleibt die Befugnis der Mitgliedstaaten,

---

638 Siehe dazu insbesondere: Mestmäcker in Immenga/Mestmäcker, GWB, vor § 23 Rdnr. 64.; Harms, in Gemeinschaftskommentar, GWB, § 24 Rdnr.863 ff.; Spieler, Fusionskontrolle im Medienbereich, 1988, passim.; Kiecker, Fusionskontrolle im Rundfunk, in WuW 1990, S. 128 ff.; Mook, Kartellrechtliche Beurteilung von Beteiligungen der Presse im Rundfunk, in WuW 1986, S. 777 ff.; Möschel, Fusionskontrolle im Rundfunk, in Festschrift v. Gamm, 1990, S. 627, 630 ff.; ders. Fusionskontrolle im Pressebereich, in JZ 1984, S. 493, 500 f; Greiffenberg , Medienrechtliche und kartellrechtliche Kontrolle der Konzentration im Rundfunk, in Mestmäcker (Hrsg.), Offene Rundfunkordnung, 1988, S. 311 ff.; Held, Zur Verflechtung der Medien aus wettbewerbsrechtlicher Sicht, in Röper (Hrsg.), Wettbewerbsprobleme öffentlich - und privater Medien, 1989, S. 81, 95 ff.; Wagner, Konzentrationskontrolle im Rundfunk, in RuF 1990, S. 165 ff.; Holznagel, Konzentrationsbekämpfung im privaten Rundfunk, in ZUM 1991, S. 263 ff.; v. Wallenberg, Aktuelle kartellrechtliche Fragen im Rundfunk, WuW 1991, S. 963, 968 ff.; Oppermann, Medienrecht, Privatfunk und Wettbewerb in ZUM 1990, S. 376, 384 ff.; Parlasca, Medienkonzentration und Medienverflechtung - zur Reichweite des kartellrechtlichen Instrumentariums, in WuW 1994, S. 210 ff.; Enquete-Kommission „Zukunft der Medien in Wirtschaft und Gesellschaft - Deutschlands Weg in die Informationsgesellschaft", Erster Zwischenbericht, BT-Drs. 13/6000, S. 19 ff.; Schellenberg, Rundfunk-Konzentrationsbekämpfung zur Sicherung des Pluralismus im Rechtsvergleich, 1997, S. 66 ff. sowie zum EG-Recht, Wagner, Konzentrationskontrolle im Medien-Binnenmarkt der EG, in AfP 1992, S.1 ff. und Jestaedt/Anweiler, Europäische Fusionskontrolle im Medienbereich, in EuZW 1997, S. 549 ff. sowie Monopolkommission, XII. Hauptgutachten 1996/97, Tz. 477 ff., 506 ff.

639 §§ 35-43 GWB (§§ 23-24 a GWB a.F.). Die Vorschriften über die Zusammenschlußkontrolle wurden durch das am 1.1.1999 in Kraft getretene Sechste Gesetz zur Änderung des Geseztes gegen Wettbewerbsbeschränkungen (GWB), BGBl. 1998 I. S. 2521 in dem neuen siebten Abschnitt „Zusammenschlußkontrolle" neu geregelt vgl. hierzu auch Reg.Entwurf BT-Drs. 13/9720 sowie Bechtold, GWB, 2. Aufl. 1999, Vor § 35 Rn. 1 f.

640 Siehe zu der Praxis des Bundeskartellamts die von dem Amt gem. § 53 GWB alle zwei Jahre veröffentlichten Berichte über seine Tätigkeit in den beiden vorangegangenen Kalenderjahren (Tätigkeitsberichte, im folgenden auch „TB" bezeichnet):TB 1985/86, BT-Drs.11/554; TB 1987/88, BT-Drs.11/4611; TB 1989/90, BT-Drs.12/847; TB 1991/92, BT-Drs.12/5200; TB 1993/94, BT-Drs.13/1660 u. TB 1995/96, BT-Drs.13/7900 und TB 1997/1998, BT-Drs. 14/1139.

641 Verordnung Nr. 4064/89 vom 21.12.1989, ABl. EG L 395 v.30.12.1989 - Berichtigung: ABl. EG L 257 v. 21.9.1990; geändert durch die VO Nr. 1310/97 des Rates vom 30.6.1997, ABl. EG L 180/1.

642 Art. 21 Abs. 1 u. 2 Unterabsatz 1 FKVO. Siehe dazu im einzelnen unter 2. Abschnitt B II. 2.

643 Zur Praxis der Anwendung der Fusionskontrollverordnung siehe die jährlich von der Europäi-

im Falle eines von der EG-Kommission nicht untersagten Zusammenschlusses Maßnahmen zum Schutz "anderer berechtigter Interessen" zu treffen[644]. Die Sicherung der "Medienvielfalt" ist als berechtigtes Interesses der Mitgliedstaaten im Sinne der Verordnung anerkannt[645].
Im folgenden sollen die Grundlagen und die Anwendungspraxis der deutschen und europäischen Fusionskontrolle im Medienbereich aufgezeigt werden. Im Vordergrund wird dabei die Frage stehen, ob und in welchem Maße die wettbewerbliche Fusionskontrolle geeignet ist, Wettbewerb im Medienbereich zu sichern, und damit zugleich zur Gewährleistung von Meinungs- und Informationsvielfalt beizutragen[646]. Die Betrachtung geht dabei von der Zielsetzung der Fusionskontrolle aus, den wirtschaftlichen Wettbewerb zu schützen. Der mit dem wirtschaftlichen Wettbewerb eng zusammenhängende publizistische Wettbewerb kann von den Kartellbehörden ebenso wie der Schutz der Meinungsvielfalt als "außerwettbewerbliches Ziel" nicht als solches bei der Kontrolle von Zusammenschlüssen im Medienbereich berücksichtigt werden[647]. Die Untersuchung wird indes zeigen, daß die Kartellbehörden durch die Sicherung wirtschaftlichen Wettbewerbs im Medienbereich, mittelbar auch einen entscheidenden Beitrag zur Erhaltung von publizistischem Wettbewerb als notwendiger Voraussetzung für die Sicherung von Meinungsvielfalt leisten.

I. Fusionskontrolle des Gesetzes gegen Wettbewerbsbeschränkungen

Das Bundeskartellamt hat einen Zusammenschluß von Rundfunkunternehmen nach § 36 Abs. 1 GWB (§ 24 GWB a.F.) zu untersagen, wenn zu erwarten ist, daß durch den Zusammenschluß eine marktbeherrschende Stellung entsteht oder verstärkt wird. Eine Untersagungsverfügung setzt eine Prüfung des Zusammenschlußvorhabens voraus[648]. Im Bereich des Rundfunks stellt sich dabei zunächst die Vorfrage nach der Anwendbarkeit

---

schen Kommission veröffentlichten Berichte über die Wettbewerbspolitik, insbesondere XX Bericht 1990; XXI. Bericht 1991; XXII Bericht 1992; XXIII. Bericht 1993; XXIV. Bericht 1994; XXV. Bericht 1995; XXVI. Bericht 1996, XXVII. Bericht 1997 und XXVIII. Bericht 1998.

644 Art. 21 Abs. 3 FKVO. Siehe dazu im einzelnen unter 2. Abschnitt B II. 1.

645 Art. 21 Abs. 3 Unterabsatz 2 FKVO. Siehe dazu Immenga in Immenga/Mestmäcker, EG-Wettbewerbsrecht, Bd. 1, S. 1060.

646 Vgl. Mestmäcker in Immenga/Mestmäcker, GWB vor § 23 Rdnr. 54; Parlasca, Medienkonzentration und Medienverflechtung zur Reichweite des kartellrechtlichen Instrumentariums, in WuW 1994, S. 210 ff. sowie zuletzt Ablasser, Medienmarkt und Fusionskontrolle, 1998, S. 209 ff.

647 Spieler, Fusionskontrolle im Medienbereich, S. 149; vgl. zu den Zielen des GWB allgemein, Möschel, Wettbewerbsbeschränkungen, Rdnr. 74.

648 Mit Inkrafttreten der 6. GWB-Novelle am 1.1.1999 unterliegen alle Zusammenschlüsse einer präventiven Kontrolle, vgl. § 35 Abs. 1 GWB. Siehe dazu Schulte, Änderungen der Fusionskontrolle durch die 6.GWB-Novelle, in AG 1998, S. 297 ff.

des GWB (dazu sogleich unter 1.) Die Fusionskontrolle vollzieht sich sodann in zwei Schritten Im Rahmen der formellen Aufgreifkriterien ist festzustellen, ob einer der in § 37 Abs. 1 GWB (§ 23 Abs. 2 GWB a.F.) GWB normierten Zusammenschlußtatbestände gegeben ist und bestimmte Umsatzkriterien erfüllt sind. Falls die Aufgreifkriterien vorliegen, wird der Zusammenschluß in einem zweiten Schritt anhand der materiellen Eingreifkriterien geprüft. Dabei ist zwischen Zusammenschlüssen von Rundfunkunternehmen (intramediärer Wettbewerb) und Zusammenschlüssen von Rundfunk- und Presseunternehmen (intermediärer Wettbewerb) zu unterscheiden[649]. Das Bundeskartellamt untersucht in beiden Fällen, ob durch den Zusammenschluß das Entstehen oder die Verstärkung einer marktbeherrschenden Stellung zu erwarten ist und prüft zugleich, ob durch den Zusammenschluß auch Verbesserungen der Wettbewerbsbedingungen eintreten, welche die Nachteile der Marktbeherrschung überwiegen (§ 36 Abs. 1 GWB)[650].

1. Anwendbarkeit des GWB im Rundfunk

Die ausschließliche Gesetzgebungskompetenz im Bereich des Rundfunks liegt nach Art. 70 Abs. 1 GG bei den Ländern. Aus diesem Umstand leiten die öffentlich-rechtlichen Anstalten[651] und Teile des Schrifttums[652] die Ansicht her, daß die Landesrundfunkordnungen einer Anwendung des Kartellrechts auf die Tätigkeit der Rundfunkanstalten entgegenstehen. Das Kammergericht[653] und der Bundesgerichtshof[654] haben demgegenüber entschieden, daß die Vorschriften des GWB auf öffentlich-rechtliche Anstalten und auf private Rundfunkveranstalter grundsätzlich anwendbar sind, soweit diese unternehmerisch tätig werden[655]. Das Bundesverfassungsgericht hat im "Niedersachsen-Urteil" festgestellt, daß die wettbewerbliche Fusionskontrolle im privaten Rundfunk neben der

---

649 Mestmäcker, Die Anwendbarkeit des Gesetzes gegen Wettbewerbsbeschränkungen auf Zusammenschlüsse zu Rundfunkunternehmen, in GRUR Int. 1983, S. 553, 557.

650 Siehe dazu Möschel, Recht der Wettbewerbsbeschränkungen, Tz. 737.

651 Gemeinsame Stellungnahme von ARD und ZDF zum 7. Hauptgutachten 1986/1987 der Monopolkommission und der Stellungnahme der Bundesregierung, abgedruckt in Media Perspektiven Dokumentation II/1989, S. 141 ff.

652 Bethge, Landesrundfunkordnung und Bundeskartellrecht, 1991, S. 11 ff., S. 73; Stock, Rundfunk im Wettbewerbsrecht im dualen Rundfunksystem, in Hoffmann-Riem (Hrsg.), Rundfunk im Wettbewerbsrecht,1988, S. 35 ff., 76 f; dagegen zu Recht, Grundmann, Die öffentlich-rechtlichen Anstalten im Wettbewerb, S. 69 ff., S. 160 ff. Einen Überblick über den Streitstand gibt Emmerich, Rundfunk im Wettbewerbsrecht, in AfP 1989, S. 433,434. Vgl. zu dieser Frage auch die Arbeiten von Hoffmann-Riem, Rundfunkrecht neben Wirtschaftsrecht, 1991, S. 87 ff. S. 210 f; Jarass, Landesrundfunkordnung und Bundeskartellrecht, 1991, passim.; Giehl, Der Wettbewerb zwischen öffentlich-rechtlichen Anstalten und privaten Rundfunkveranstaltern, 1993, S. 190 ff.

653 Beschluß v.26.6.1991, WuW/E OLG 4811 = AfP 1991, S. 745, ("WDR/Radio NRW").

654 Beschluß v. 14.3.1990, WuW/E 2627 = NJW 1990, S. 2815, ("Globalvertrag").

655 Vgl. Mestmäcker, in Immenga/Mestmäcker, GWB, vor § 23 Rdnr.71 m.w.N.

rundfunkspezifischen Konzentrationskontrolle anwendbar ist[656]. Demnach ist die Frage der Anwendbarkeit des GWB auf private Rundfunkveranstalter als für die Praxis geklärt anzusehen[657].

2. *Formelle Aufgreifkriterien*

a) *Zusammenschlußtatbestände*

Von den Zusammenschlußtatbeständen des § 37Abs. 1 GWB[658] sind für die Praxis der Fusionskontrolle im Medienbereich der Kontroll- und der Anteilserwerb von besonderer Bedeutung (§ 37 Abs. 1 Nr. 2 u. Nr. 3 GWB)[659]. Auf die Gründung von Gemeinschaftsunternehmen ist § 37 Abs. 1 Nr. 3 S. 3 GWB anwendbar[660]. Das GWB sieht des weiteren in § 37 Abs. 1 Nr. 4 einen Auffangtatbestand vor, um Unternehmensverbindungen zu erfassen, die nicht unter einen der Zusammenschlußtatbestände der Nr. 1 bis 3 fallen, jedoch wirtschaftlich vergleichbare Auswirkungen auf den Wettbewerb haben können. Dieser Tatbestand hat für die wettbewerbliche Fusionskontrolle im Rundfunk die gleiche Bedeutung wie die Zurechnungs- bzw. Umgehungstatbestände der medienspezifischen Konzentrationskontrolle[661]. § 37 Abs. 1 Nr. 4 GWB erfaßt auch wirtschaftliche Einflußmöglichkeiten unterhalb der Beteiligungsschwelle von 25 vH der Kapital- oder Stimmrechte[662]. Als Zusammenschluß gilt danach auch ein Anteilserwerb unterhalb der Schwelle von 25 vom Hundert der Kapital- oder Stimmrechte, sofern durch die Verbindung ein oder mehrere Unternehmen unmittelbar oder mittelbar einen wettbewerblich erheblichen Einfluß auf ein anderes Unternehmen ausüben können. Als wettbewerblich erheblich im Sinne der Vorschrift ist der Einfluß anzusehen, der es dem beteiligten Unternehmen ermöglicht, bei der Entscheidung über den Einsatz der Ressourcen des anderen Unternehmens die eigenen Wettbewerbsinteressen zur Geltung zu bringen[663].

---

656 BVerfGE 73, 118, 173 f; vgl. dazu Mestmäcker, in Immenga/Mestmäcker, GWB, vor § 23 Rdnr.72; Stockmann, Privater Rundfunk- ein Ausnahmebereich der Fusionskontrolle ? in AfP 1989, S. 634, 636.

657 So auch Schellenberg, Rundfunk-Konzentrationsbekämpfung zur Sicherung des Pluralismus im Rechtsvergleich, 1997, S. 66.

658 Zur Systematik und den Einzeltatbeständen des Katalogs der Zusammenschlußtatbestände siehe Langen/Ruppelt, KartR (8.Aufl.), § 23 Rn. 4 ff. Mit Inkrafttreten der 6. GWB-Novelle wurden die Zusammenschlußtatbestände gestrafft. Zugleich wurde ein neuer Tatbestand „Kontrollerwerb" in Anlehnung an die Europäische Fusionskontrollverordnung eingeführt.

659 Möschel, Fusionskontrolle im Rundfunk, in Festschrift v. Gamm, 1990, S. 627, 631; Wagner, Konzentrationskontrolle im Rundfunk, in RuF 1990, S. 165, 167 f. m.w.N.

660 Möschel a.a.O.

661 Siehe dazu Parlasca, in WuW 1994, S. 210, 214.

662 Mestmäcker a.a.O. Rdnr. 239 ff. m.w.N.

663 Mestmäcker a.a.O. Rdnr. 242. Siehe zur Bedeutung des § 37 Abs. 1 Nr. 4 GWB (§ 23 Abs. 2 Nr. 6 GWB a.F.) für Zusammenschlüsse im bundesweiten Fernsehen, Esser, in Bre-

b) *Quantitative Aufgreifschwellen*

Die Kontrolle eines Zusammenschlußvorhabens durch das Bundeskartellamt setzt voraus, daß alle am Zusammenschluß beteiligten Unternehmen insgesamt weltweit Umsatzerlöse von mindestens 1 Mrd. DM erzielen[664]. Bei einem Zusammenschluß von Presseunternehmen waren die Umsätze gemäß § 23 Abs.1 Satz 7 GWB a.F. bereits nach der alten Rechtslage zu verzwanzigfachen, so daß sich die Umsatzschwelle für Pressefusionen auf damals 25 Mio. DM (heute 50 Mio. DM) reduzierte[665]. Für Zusammenschlüsse von Rundfunkunternehmen galt demgegenüber bis 1998 noch die allgemeine Umsatzschwelle. Das hatte zur Folge, daß Zusammenschlüsse im lokalen und regionalen Hörfunkbereich sowie zwischen Rundfunkunternehmen und Programmproduktions- oder Zulieferfirmen teilweise nicht vom Bundeskartellamt aufgegriffen werden konnten, da die Umsatzerlöse der beteiligten Unternehmen nicht die maßgebliche Schwelle erreichten[666]. Spieler hat aus diesem Grund vorgeschlagen, die Umsatzschwellen für Zusammenschlüsse im Rundfunkbereich an die besonderen Strukturen der Rundfunkmärkte anzupassen[667]. Dies könne gesetzestechnisch durch eine Ausdehnung der Sonderregelung für Presseunternehmen auf Rundfunkveranstalter geschehen[668].

Das Sechste Gesetz zur Änderung des Gesetzes gegen Wettbewerbsbeschränkungen („6. GWB-Novelle“) sieht nunmehr eine entsprechende Regelung in § 38 Abs. 3 GWB vor. Danach werden zukünftig nicht nur bei Zusammenschlüssen von Presseunternehmen, sondern auch bei Zusammenschlüssen von Rundfunkunternehmen die Umsatzerlöse verzwanzigfacht. Durch die Regelung soll auch bei Zusammenschlüssen im Rundfunkbereich in Zukunft die für Pressefusionen geltende niedrigere Umsatzschwelle zur Anwendung kommen.[669]. Mit Inkrafttreten der 6. GWB-Novelle[670] am 1.1.1999 unterliegen damit Presse- und Rundfunkfusionen der Zusammenschlußkontrolle, wenn die beteiligten Unternehmen im letzten Geschäftsjahr vor dem Zusammenschluß insgesamt weltweit Umsatzerlöse von mehr als 50 Mio. DM erzielt haben. In der Begründung zu

---

mer/Esser/Hoffmann, Der Rundfunk in der Verfassungs- und Wirtschaftsordnung in Deutschland, S. 81 f.

664 Mit Inkrafttreten der 6.GWB-Novelle am 1.1.1999 wurde der Schwellenwert auf 1 Mrd. DM festgesetzt (§ 35 Abs. 1 GWB). Zuvor war die präventive Fusionskontrolle ab einem Schwellenwert von 2 Mrd. DM anwendbar. Bereits ab einem Umsatz von 500 Mio. DM war ein Zusammenschluß nachträglich anzeigepflichtig (§§ 23 Abs. 1, 24 a Abs. 1 S. 2 GWB a.F.). Siehe dazu Bechtold, GWB, 2. Aufl. 1999, § 35 Rn. 1.

665 Vgl. dazu Möschel, Pressekonzentration und Wettbewerbsgesetz, S. 167 f.

666 Wagner a.a.O. S. 170 f; Parlasca a.a.O. S. 213; Spieler a.a.O.

667 Spieler, Fusionskontrolle im Medienbereich, S. 169 f.

668 Spieler a.a.O.

669 § 35 Abs. 1 S. 1 GWB.

670 Art. 3 Sechstes Gesetz zur Änderung des Gesetzes gegen Wettbewerbsbeschränkungen (GWB), BGBl. 1998, S. 2521. Siehe dazu Richter, in Wiedemann, Handbuch des Kartellrechts, S. 655.

dem Regierungsentwurf heißt es zu der vorgeschlagenen Absenkung der Umsatzschwelle für Rundfunkunternehmen, daß die seit Einführung der Pressefusionskontrolle in 1980 „veränderten Marktverhältnisse im Rundfunkbereich“ es erforderlich machen, die besonderen Bestimmungen für Presseunternehmen auf Rundfunkunternehmen auszudehnen[671].

Der Reformvorschlag trägt insbesondere den besonderen Bedingungen auf den lokalen und regionalen Rundfunkmärkten Rechnung[672]. Bei Zusammenschlüssen im bundesweiten Fernsehen wurde die Umsatzschwelle bisher in allen Fällen bereits aufgrund der derzeit geltenden Regelung erreicht, da sich in diesem Bereich ausschließlich Großverlage und Multimediaunternehmen betätigen, die regelmäßig Umsätze oberhalb des Schwellenwerts von 1 Mrd. DM erzielen[673].

Als Zwischenergebnis bleibt festzuhalten, daß die quantitativen Aufgreifkriterien bei Zusammenschlüssen im bundesweiten Fernsehen bereits aufgrund der bis 1998 geltenden Regelung regelmäßig erfüllt waren. Die im Rahmen der 6. GWB-Novelle eingeführte Absenkung der Umsatzschwellen für Zusammenschlüsse im Rundfunkbereich wird sich daher in erster Linie bei Zusammenschlüssen auf den regionalen und lokalen Rundfunkmärkten auswirken.

3. Materielle Eingreifkriterien

a) Zusammenschlüsse von Rundfunkunternehmen (intramediärer Wettbewerb)

Die Feststellung, ob durch einen Zusammenschluß von Rundfunkveranstaltern das Entstehen oder die Verstärkung einer marktbeherrschenden Stellung zu erwarten ist, setzt zunächst eine sachliche und räumliche Marktabgrenzung voraus[674]. Sie erfolgt in der Praxis auf der Grundlage des Bedarfsmarktkonzepts[675].

aa) Sachliche Marktabgrenzung

Ein sachlich relevanter Markt umfaßt alle Erzeugnisse und Dienstleistungen, die vom Verbraucher aufgrund ihrer Eigenschaften, ihres wirtschaftlichen Verwendungszwecks

---

671 Begründung zum Reg. Entwurf zur 6. GWB-Novelle, BT-Drs. 13/9720, S. 59.

672 Spieler a.a.O. S. 170.

673 Parlasca a.a.O. S. 216; vgl. auch . Röper/Pätzhold, Medienkonzentration in Deutschland, S. 118 f.

674 Vgl. dazu allgemein Kantzenbach/Krüger, Zur Frage der richtigen Abgrenzung des sachlich relevanten Marktes bei der wettbewerbspolitischen Beurteilung von Unternehmenszusammenschlüssen, in WuW 1990, S. 472 ff.

675 BGH, WuW/E 2150, 2153 "Edelstahlbestecke"; Möschel, in Immenga/Mestmäcker, GWB, § 22 Rdnr. 24 m.w.N und Paschke/Kersten, in Frankfurter Kommentar , § 22 GWB Rn. 63.

und ihrer Preislage als gleichartig und funktionell austauschbar angesehen werden[676]. Demnach kann der Fusionskontrolle im Medienbereich nicht ein einheitlicher "Medienmarkt" zugrundegelegt werden[677]. Aufgrund der verschiedenen Wahrnehmungsformen und Nutzungsweisen der Medien sind zunächst Print-, Rundfunk- und Filmmärkte zu unterscheiden[678]. Im Rundfunkbereich sind drei wesentliche Märkte voneinander zu trennen, nämlich Rezipienten- und Werbemärkte sowie Programmbeschaffungsmärkte[679]. Die Rezipientenmärkte haben nach der wohl noch überwiegenden Auffassung in der Literatur keine eigenständige Bedeutung[680]. Das wird damit begründet, daß auf diesen "Märkten" kein wirtschaftlicher Austausch zwischen Programmveranstaltern und Rezipienten stattfindet, da die Programme überwiegend gebühren- oder werbefinanziert sind[681]. Die Rundfunkgebühr wird nach allgemeiner Ansicht pauschal für den Zugang zu Fernsehen und Hörfunk entrichtet, unabhängig von der tatsächlichen Nutzung der einzelnen Programmangebote, die demnach als unentgeltlich angesehen wird[682]. Ein Leistungsaustausch zwischen Veranstalter und Zuschauer findet nach dieser Betrachtung gegenwärtig lediglich im Bereich des Pay-TV statt, da der Zuschauer dort gegen Entgelt ein bestimmtes Programm abonniert[683]. Der Wettkampf zwischen den Programmveranstaltern um Zuschauerzahlen und Einschaltquoten ist jedoch aus wettbewerblicher Sicht nicht bedeutungslos, denn er gilt als der maßgebliche Wettbewerbsparameter für die Werbemärkte in den elektronischen Medien[684]. Dabei sind Hörfunkwerbemärkte und Fernsehwerbemärkte zu unterscheiden, die wiederum von den Printwerbemärkten abzugrenzen sind[685]. Aus der Sicht der werbenden Wirtschaft, die als Nachfrager für Werbe-

---

676 So grundlegend Monopolkommission, V. Hauptgutachten 1982/83, Tz. 606 ff.; Möschel, in Immenga/Mestmäcker, GWB, § 22 Rdnr. 24 m.w.N.

677 KG Beschluß v. 26.6.1991, WuW/E OLG 4811, 4825 f = AfP 1991, S. 745, 749; Monopolkommission, VI. Hauptgutachten 1984/85, Tz. 574 ff.

678 Siehe vorherige Note.

679 Wagner a.a.O. S. 165, 171.

680 Monopolkommission, XI. Hauptgutachten 1994/95, Tz. 835 f. ;vgl. auch Kiecker, in WuW 1990, S. 128, 130 ff. Kritisch Möschel, Fusionskontrolle im Rundfunk, in Festschrift v. Gamm, 1990, S. 627, 633. Für die Annahme eines „Fernsehzuschauermarktes“ Schmidt, Gibt es einen Fernsehzuschauermarkt im Sinne des Gesetzes gegen Wettbewerbsbeschränkungen ? in ZUM 1997, S. 472 ff.; dazu Buchholz,, in ZUM 1998, S. 108 ff. Auch die EG-Kommission geht in ihrer Entscheidungspraxis von einem übergeordneten Fernseh- oder Zuschauermarkt aus; dazu Jestaedt/Anweiler, Europäische Fusionskontrolle im Medienbereich, in EuZW 1997, S. 549 ff. Siehe dazu im einzelnen unter 2. Abschnitt B II.3 a).

681 Möschel, in Immenga/Mestmäcker, GWB, vor § 22 Rdnr. 30.

682 Möschel a.a.O.

683 Monopolkommission, VI. Hauptgutachten 1984/85, Tz. 584; XI. Hauptgutachten 1994/95, Tz. 835 f.; BKartA, Tätigkeitsbericht, 1985/86, S. 91 f.

684 Möschel, in Immenga/Mestmäcker, GWB, vor § 22 Rdnr. 30.

685 BKartA, WuW/E 2396, 2402 f; KG, Beschluß v.26.6.1991, WuW/E OLG 4811, 4825 f = AfP 1991, S. 745, 748 f.("WDR/Radio NRW"); Möschel, in Immenga/Mestmäcker, GWB, vor § 22 Rdnr.31 m.w.N.; so auch schon Mestmäcker in GRUR Int. 1983, S. 553, 557; Zu der Abgrenzung von Hörfunk- und Printwerbemärkten siehe KG WuW/E 2228, 2231 f "Zeitungsmarkt München". Vgl. dazu auch Möschel, Fusionskontrolle im Pressebereich, in JZ 1984, S. 493, 497.

zeiten in Hörfunk und Fernsehen auftreten, erweisen sich die verschiedenen Werbeträger nicht als funktional austauschbar, sondern als komplementär[686]. Im Verhältnis von Hörfunk- und Fernsehwerbung ergeben sich die maßgeblichen Gründe dafür aus den unterschiedlichen Wahrnehmungsformen und Wirkungsweisen der Werbung in dem jeweiligen Medium - das Kammergericht spricht in diesem Zusammenhang von der "zusätzlichen visuellen Dimension" - und den erheblich abweichenden Preisen der beiden Werbeträger[687].

Im Hinblick auf die Fernsehmärkte unterscheidet das Bundeskartellamt ebenso wie die EG-Kommission[688] zwischen dem werbefinanzierten privaten und dem aus Gebühren und Werbung finanzierten öffentlich-rechtlichen Fernsehen („Free-TV") und Pay-TV in seinen unterschiedlichen Ausgestaltungen (Pay-per-Channel, Pay per View etc.)[689]. Dabei ist nicht zwischen analog und digital übertragenem Pay-TV zu unterscheiden[690]. Eine Modifizierung der Abgrenzung des Pay-TV als eigener sachlich relevanter Markt könnte sich nach Auffassung des Bundeskartellamts ergeben, wenn das zur Zeit noch werbefreie Pay-TV in Zukunft auch für Werbung genutzt werden sollte[691].Das Bundeskartellamt ließ in einem Verfahren, in dem das Zusammenschlußvorhaben einer Tochtergesellschaft der Kirch-Gruppe mit einer Tochtergesellschaft des französischen Pay-TV Veranstalters Canal Plus S.A. zu beurteilen war, die Frage offen, ob im Pay-TV-Bereich ein eigener Markt für Spartenprogramme mit Schwerpunkt auf Spielfilmen anzunehmen ist[692].

Im Hinblick auf die den Werbemärkten (und dem Pay-TV-Markt) vorgelagerten Programmbeschaffungsmärkte[693] sind die sachlich relevanten Teilmärkte im Einzelfall abzugrenzen[694]. So hat das Kammergericht in einer Entscheidung, in welcher der sogenannte Globalvertrag zwischen den öffentlich-rechtlichen Rundfunkanstalten und dem deutschen Sportbund über die rundfunkmäßige Verwertung von Sportveranstaltungen zu beurteilen war, einen Programmbeschaffungsmarkt für die Übertragungsrechte an

---

686 BKartA a.a.O.; KG a.a.O. ; Möschel, Fusionskontrolle im Rundfunk, in Festschrift v. Gamm, 1990, S. 627, 633.

687 BKartA a.a.O.; KG a.a.O.; Möschel a.a.O.

688 Siehe dazu oben unter 2. Abschnitt B II. 3. a) aa) und cc).

689 BKartA, Beschluß v. 1.10.1998 „Premiere", WuW/E DE-V 53, 58. So bereits Mestmäcker, in GRUR Int. 1983, S. 553, 557.

690 BKartA, a.a.O. WuW/E DE-V 59.

691 Siehe vorherige N.

692 Vgl. Monopolkommission, IX. Hauptgutachten 1990/91, Tz. 692 u. XI. Hauptgutachten 1994/95, Tz. 836.

693 Vgl. dazu allgemein Stockmann, Programmbeschaffung und Kartellrecht, in Hoffmann-Riem (Hrsg.), Rundfunk im Wettbewerbsrecht, 1988, S. 156 ff.

694 BGH Beschluß v.14.3.1990, WuW/E 2627, 2636=NJW 1990, S. 2815, 2818 ("Globalvertrag").

Sportveranstaltungen angenommen[695]. Von besonderer Bedeutung ist daneben der Markt für Fernsehrechte an Spielfilmen und Serien[696].

bb) Räumliche Abgrenzung des relevanten Marktes

Die räumliche Marktabgrenzung wird wesentlich durch die Reichweite eines Senders bestimmt, die wiederum von der Übertragungstechnik abhängt[697]. Es lassen sich auf der Grundlage von terrestrischer Übertragung sowie der Verbreitung von Programmen über Satellit und Kabel lokale, regionale und nationale Fernsehwerbe- und Pay-TV Märkte unterscheiden[698]. Die Nachfrager nach Werbezeiten in lokalen Sendern haben in erster Linie das Ziel, Streuverluste zu vermeiden, so daß Werbezeiten in überregionalen Programmen für sie keine Alternative darstellen. Umgekehrt ist etwa für Markenartikelunternehmen ein lokales Medium nicht von Interesse, da die Werbung für diese Artikel regelmäßig auf bundesweite Verbreitung angelegt ist[699].

Der räumlich relevante Markt ist aus Rechtsgründen für die Fusionskontrolle nach dem GWB auf das Gebiet der Bundesrepublik Deutschland zu beschränken. Das hat der Bundesgerichtshof in der sog. „Backhofen" - Entscheidung in einem obiter dictum festgestellt[700]. Danach ist auch für überregional verbreitete Fernsehprogramme von einem auf Deutschland begrenzten Markt auszugehen. Das Bundeskartellamt[701] nimmt in Übereinstimmung mit der Kommission an, daß die unterschiedlichen nationalen Rechtsvorschriften, die bestehenden Sprachbarrieren sowie die kulturellen Unterschiede in den Mitgliedstaaten ausschlaggebend für die Abgrenzung von nationalen Fernsehmärkten sind[702].

---

695 Beschluß v.8.7.1988, WuW/E OLG 4267; bestätigt durch BGH WuW/E 2627, 2636. Das BKartA hatte demgegenüber einen eigenständigen Markt für Fußballübertragungsrechte angenommen, WuW/E BKartA. 2273, 2277 f. Siehe dazu auch die Entscheidungen von BGH (Beschluß v. 11.12. 1997, WuW DE-R 17) Kammergericht (WuW/E OLG 5565) und BKartA (WuW/E BKartA 2682) zur zentralen Vermarktung von Fernsehübertragungsrechten durch den DFB („Europapokalheimspiele").

696 Parlasca, Medienkonzentration und Medienverflechtung- zur Reichweite des kartellrechtlichen Instrumentariums, in WuW 1994, S. 210, 215.

697 Immenga, Rundfunk und Markt, in AfP 1989, S. 621, 622.

698 Möschel, Fusionskontrolle im Rundfunk, in Festschrift v. Gamm, S. 627, 634.

699 Möschel a.a.O.

700 Beschluß v. 24.10.1995, WuW/E 3026, 3033 ff.

701 BKartA, Beschluß v. 1.10.1998 „Premiere", WuW/E DE-V 53, 59.

702 Siehe dazu unter 2. Abschnitt B II. 3 a).

Die Feststellung nach § 36 Abs. 1 GWB, ob durch einen Zusammenschluß im Rundfunkbereich eine marktbeherrschende Stellung entsteht oder verstärkt wird, erfordert eine Prognose im Hinblick auf die Wirkungen des Zusammenschlusses auf den sachlich und räumlich bestimmten Markt[703]. Die Prognose setzt Erfahrungen über die Entwicklung des betroffenen Marktes voraus. Im Bereich des Rundfunks fehlen Erfahrungsregeln bisher weitgehend, welche eine Voraussage der vermutlichen Entwicklung auf den Fernsehmärkten zulassen[704]. Das Bundeskartellamt geht nach wie vor davon aus, daß die Marktstruktur auf dem deutschen Fernsehwerbemarkt durch ein Oligopol mit wesentlichem Binnenwettbewerb zwischen den Oligopolunternehmen (CLT/UFA (Bertelsmann) und der Kirch-Gruppe) gekennzeichnet ist[705]. So hat das Bundeskartellamt die Aufstockung der Anteile der Kirch-Gruppe an der DSF Deutsches Sportfernsehen GmbH und an SAT 1 ebenso wie die Erhöhung des Anteils von Thomas Kirch am stimmberechtigten Kapital der ProSieben Media AG freigeben[706]. Das Vorhaben der CLT/UFA S.A. (Bertelsmann) und der Kirch-Gruppe, ihre Beteiligungen an der Premiere Medien GmbH & Co. KG auf jeweils 50 v.H. zu erhöhen, wurde hingegen vom Bundeskartellamt untersagt[707]. Mit dem Vorhaben, das bereits wesentlicher Teile des von der Kommission im Mai 1998 untersagten Zusammenschlußvorhabens Bertelsmann/Kirch/ Premiere[708] war, wollten Bertelsmann und die Kirch-Gruppe den Pay-TV Sender Premiere in ein paritätisches Gemeinschaftsunternehmen umwandeln und als gemeinsame digitale Pay-TV Plattform ausbauen[709]. Zu diesem Zweck sollte Canal Plus als weiterer Gesellschafter von Premiere seine Anteile an die Kirch-Gruppe abgeben und aus der Gesellschaft ausscheiden. Zugleich beabsichtigte die Kirch-Gruppe, den von ihr betriebenen Pay-TV Sender DF 1 einzustellen[710]. Das Bundeskartellamt untersagte die als einheitliches Vorhaben angesehene Anteilsaufstockung durch CLT/UFA und Kirch mit der Begründung, daß dadurch die marktbeherrschende Stellung von Premiere auf dem Pay-TV Markt in Deutschland verstärkt wird und zugleich zu erwarten sei, daß ein marktbeherr-

---

703 Mestmäcker; in Immenga/Mestmäcker, GWB, § 24 Rdnr. 32 ff.

704 Spieler, Fusionskontrolle im Medienbereich, S. 176.

705 BKartA, Tätigkeitsberichte, 1993/1994, S. 122 f.; 1991/92, S. 129 f.; Monopolkommission, X. Hauptgutachten,1992/1993,Tz. 651 ff.

706 BKartA. Tätigkeitsbericht, 1997/1998, S. 164. Siehe zu der Beteiligungsveränderung bei ProSieben auch die Entscheidung der KEK vom 26.1.1999, Az. KEK 007/029. Die wesentlichen Gründe der Entscheidung sind im Jahresbericht der KEK 1998/99, S. 39-46 wiedergegeben.

707 BKartA, Beschluß v. 1.10.1998 "Premiere", WUW/DE-V 53 ff. Siehe auch Tätigkeitsbericht 1997/98, S. 163 f.

708 Entscheidung vom 27.5.1998 in der Sache IV/M. 993, ABl. V. 27.2.1999, Nr. L 53/1 u. WuW/E EU-V 222.

709 BKartA, a.a.O. DE-V 53 f. und 57.

710 Ebd. DE-V 53 f.

schendes Oligopol auf dem deutschen Free-TV Markt entsteht oder verstärkt wird[711]. Auf dem Pay-TV Markt hat Premiere nach den Feststellungen des Amtes einen Marktanteil von 90 v.H. und verfügt zudem über bedeutende Film- und Sportrechte. Mit der vorgesehenen Einstellung des Betriebes von DF 1 würde der einzige Wettbewerber von Premiere aus dem Markt ausscheiden. Damit würde Premiere eine Monopolstellung auf dem Pay-TV Markt in Deutschland erlangen[712]. Durch das Ausscheiden von Canal Plus aus Premiere könnten Bertelsmann und Kirch darüber hinaus über die Gesellschaft ihre Interessen im Pay-TV und im Free TV koordinieren und dadurch auch den Wettbewerb auf dem Fernsehwerbemarkt, an dem die beiden sog. „Senderfamilien“ RTL, RTL 2, Super RTL und VOX (CLT/UFA/Bertelsmann) und SAT 1, DSF, ProSieben und Kabel 1 (Kirch-Gruppe) zusammen einen Anteil von 90 v.H. haben, kontrollieren[713]. Zur Koordinierung ihrer Wettbewerbsinteressen im Pay TV und im Free TV (sog. „Gruppeneffekt“) könnten die beiden Medienunternehmen die Vorteile eines kombinierten Einkaufs von Free-TV und Pay-TV Rechten nutzen und ihre Programmstrategien im Free-TV und im Pay-TV aufeinander abstimmen und optimieren[714]. Die von CLT/UFA und der Kirch-Gruppe beim Kammergericht eingelegten Beschwerden gegen die Untersagungsverfügung sind mittlerweile erledigt, da die Kirch-Gruppe im April 1999 ihre Beteiligung an Premiere auf 95 v.H. aufgestockt hat[715].

dd) Verbesserung der Wettbewerbsbedingungen

Ein Zusammenschluß ist nicht nach § 36 Abs. 1 GWB nicht zu untersagen, wenn die beteiligten Rundfunkunternehmen nachweisen, daß mit ihm Verbesserungen der Wettbewerbsbedingungen verbunden sind, welche die Nachteile der Marktbeherrschung überwiegen[716]. Durch die sog. Abwägungsklausel wird dem Bundeskartellamt die Möglichkeit eröffnet, die positiven und die negativen Aspekte eines Zusammenschlußvorhabens abzuwägen. Bei der Beurteilung von Fusionen auf dem deutschen Fernsehwerbemarkt nahm das Bundeskartellamt zunächst an, daß Zusammenschlüsse von privaten Veranstaltern sich günstig auf die Marktstruktur auswirken, da eine gewisse Unternehmensgröße privater Veranstalter erforderlich sei, um mit den öffentlich-rechtlichen Anstalten zu konkurrieren (sog. Aufholfusionen)[717]. Dieser Praxis lag die Prämisse zugrun-

711 Ebd. 58.
712 Ebd. 59 f.
713 Ebd. 61.
714 Ebd. 62.
715 BKartA. Tätigkeitsbericht 1997/1998 S. 164.
716 Siehe dazu Bechtold, GWB, 2. Aufl. 1999, § 36 Rn. 18 ff.
717 BKartA, Tätigkeitsbericht, 1985/86, S. 91; dazu Wagner, Konzentrationskontrolle im Rundfunk, S. 165, 172.

de, daß die öffentlich-rechtlichen Anstalten aufgrund ihrer Ressourcen, insbesondere der größeren technischen Reichweite ihrer Programme und der Bestands-, Entwicklungs- und Finanzierungsgarantie einen Wettbewerbsvorsprung haben[718]. Der vom Bundeskartellamt angenommene Wettbewerbsvorsprung der öffentlich-rechtlichen Anstalten ist im Hinblick auf die erzielten Werbeumsätze mittlerweile von den privaten Veranstaltern weitgehend aufgeholt worden. Bei den Zuschaueranteilen bewegen sich RTL, SAT 1 und ProSieben nunmehr mit ARD und ZDF auf gleichem Niveau[719]. Auf dem Fernsehwerbemarkt haben die privaten Veranstalter inzwischen mit Anteilen von über 90 v.H. ein deutliches Übergewicht erlangt, während die öffentlich-rechtlichen Sender nur noch 7-8 v.H. der Werbemarktanteile halten. Diese Entwicklung ist auch auf die Beschränkung der Werbezeiten im öffentlich-rechtlichen, insbesondere den Ausschluß von der Werbung in der sog. „Prime Time“ ab 20 Uhr zurückzuführen[720]. Das Bundeskartellamt geht deshalb jetzt davon aus, daß bei zukünftigen Zusammenschlüssen privater Rundfunkunternehmen sorgfältig zu prüfen sein wird, ob die bestehenden Wettbewerbsverhältnisse auf dem nationalen Fernsehwerbemarkt, die bisher einer Untersagung solcher Zusammenschlüsse entgegenstanden, weiterhin fortbestehen[721].

b) Zusammenschlüsse von Rundfunkunternehmen und Presseunternehmen (intermediärer Wettbewerb)

Die materielle Prüfung eines Zusammenschlußvorhabens von Rundfunkunternehmen und Presseunternehmen[722], das die formellen Kriterien der Fusionskontrolle erfüllt, hat

---

718 BKartA, Tätigkeitsbericht, 1989/90, S. 107; Vgl. dazu Immenga, Rundfunk und Markt, in AfP 1989, S. 624.

719 BKartA, Tätigkeitsberichte, 1991/92, S. 129 u. 1993/1994, S. 122 f. Vgl. zur letzten Entwicklung Bericht über die Tätigkeit der Kommission zur Ermittlung der Konzentration im Medienbereich (KEK) im Zeitraum 1997/1998, Anhang S. 3 sowie BKartA. Beschluß v. 1.10.1998 „Premiere“, WuW/E DE-V 53, 56.

720 BKartA, Beschluß v. 1.10.1998 „Premiere“, WuW/E DE-V 53, 61.

721 BKartA Tätigkeitsberichte 1991/1992, S. 129 u. 1993/1994, S. 122 f. sowie aus jüngster Zeit Beschluß v. 1.10.1998 „Premiere“, WuW/E DE-V 53, 60 f.

722 Vgl. hierzu Monopolkommission, Wettbewerbsprobleme bei der Einführung von privaten Hörfunk und Fernsehen, Sondergutachten Nr.11, 1981, S. 15 ff. sowie aus dem umfangreichen Schrifttum: Börner, Der Zugang der Presse zum Rundfunk und das Wettbewerbsrecht,1985, S. 12 ff.; Spieler, Fusionskontrolle im Medienbereich,1988, S. 148 ff.; Gotthold, Kommmerzielles Fernsehen und Gesetz gegen Wettbewerbsbeschränkungen, in ZHR 148 (1984), S. 465 ff.; Held, Zur Verflechtung der Medien aus wettbewerbsrechtlicher Sicht, in Röper (Hrsg.), Wettbewerbsprobleme öffentlich - und privatrechtlicher Medien,1989, S. 81, 100 ff.; Kübler, Medienverflechtung,1982, S. 57 ff.; Mestmäcker, Die Anwendbarkeit des Gesetzes gegen Wettbewerbsbeschränkungen auf Zusammenschlüsse zu Rundfunkunternehmen, in GRUR Int. 1983, S. 553, 558, Möschel, Fusionskontrolle im Rundfunk, in Festschrift v.Gamm,1990, S. 627, 635.; ders. Fusionskontrolle im Pressebereich, in JZ 1984, S. 493, 501; Mook, Kartellrechtliche Beurteilung von Beteiligungen der Presse im Rundfunk, in WuW 1986, S. 777 und aus rechtsvergleichender Sicht, Schellenberg, Rundfunk-Konzentrationsbekämpfung zur Sicherung des Pluralismus im Rechts-

von den sachlich und räumlich relevanten Märkten auszugehen[723]. Die Marktabgrenzung ist in Anbetracht der komplexen Wettbewerbsbeziehungen im intermediären Bereich besonders schwierig[724]. Aus fusionsrechtlicher Sicht besteht kein einheitlicher "Medienmarkt". Es sind, wie oben dargelegt wurde, in sachlicher Hinsicht Print- und Rundfunkmärkte sowie Hörfunk- und Fernsehwerbemärkte und in räumlicher Hinsicht lokale, regionale und nationale Märkte zu unterscheiden[725]. Durch einen intermediären Zusammenschluß kann demnach eine marktbeherrschende Stellung sowohl auf den Rundfunkmärkten als auch auf den Pressemärkten entstehen oder verstärkt werden[726]. Entscheidende Bedeutung kommt der Frage zu, welche Auswirkungen der Zuwachs an "marktnahen Ressourcen" in dem einen Bereich (Rundfunk) auf den anderen Bereich (Presse) hat[727]. Das hängt wesentlich davon ab, ob zwischen den elektronischen Medien und den Printmedien Substitutionsbeziehungen bestehen[728]. Falls Substitutionswettbewerb zwischen Anzeigenwerbung und Hörfunk- oder Fernsehwerbung anzunehmen ist, kann ein intermediärer Zusammenschluß zu Beschränkungen dieses Wettbewerbs führen[729]. Des weiteren sind die Rückwirkungen des Zusammenschlusses auf die relevanten Zeitungs- und Rundfunkwerbemärkte zu berücksichtigen.
Der Schwerpunkt der Kontrolle von Zusammenschlüssen im intermediären Bereich lag bislang im Bereich der lokalen Presse- und Hörfunkmärkte[730]. Das Bundeskartellamt hatte vor allem Zusammenschlüsse zu beurteilen, bei denen sich Zeitungsverlage an lokalen oder regionalen Hörfunksendern beteiligt oder Gemeinschaftsunternehmen zum Zwecke der Veranstaltung von lokalen Hörfunkprogrammen gegründet hatten[731]. Dabei waren vielfach Zeitungsverlage an den Zusammenschlußvorhaben beteiligt , die über eine marktbeherrschende Stellung auf dem Anzeigenmarkt im Sendegebiet der Radiostation verfügten. Das Bundeskartellamt prüft in diesen Fällen, ob die Beteiligung zur Absicherung der beherrschenden Stellung des Zeitungsverlages in dem Anzeigenmarkt führen kann. Soweit sich das Verbreitungsgebiet der Zeitung und das Sendegebiet decken, ist regelmäßig ein beschränkter Substitutionswettbewerb zwischen der lokalen Hörfunkwerbung und der Anzeigenwerbung möglich. Die Beteiligung an dem Radiosender kann dem Zeitungsverlag somit die Möglichkeit eröffnen den Wettbewerb zwischen den Medien einzuschränken, um dadurch seine Stellung auf dem Anzeigenmarkt

vergleich, 1997, S. 210 ff.
723 Spieler, Fusionskontrolle im Medienbereich, S. 175
724 Spieler a.a.O. S. 177 ff.
725 Spieler a.a.O. S. 189. Siehe dazu auch Schellenberg a.a.O. S. 72 ff.
726 Möschel, Fusionskontrolle im Pressebereich, JZ 1984, S. 493, 501.
727 Mestmäcker, in GRUR Int. 1983, S. 553, 558.
728 Mestmäcker a.a.O.
729 Spieler a.a.O. S. 200.
730 Möschel, Fusionskontrolle im Rundfunk, in Festschrift v. Gamm, S. 627, 635.
731 BKartA, Tätigkeitsberichte, 1989/90, S. 107 ff.; 1987/88, S. 97; 1985/86, S. 91.

zu schützen. Das Anzeigengeschäft der Zeitung kann aber auch durch entsprechende Steuerung der Rundfunkwerbung abgesichert werden (sog. Kombinationstarife). Des weiteren können die redaktionellen Teile des Rundfunkprogramms auf die Zeitung abgestimmt werden. Alle diese Absicherungsstrategien setzen indessen voraus, daß der Zeitungsverlag seine Interessen gegenüber den anderen Gesellschaftern des Radiosenders durchsetzen kann und daß der Sender eine Marktposition innehat, welche die Durchsetzung der Strategie auf dem Markt erlaubt. Diese Voraussetzungen waren in den bislang vom Bundeskartellamt geprüften Fällen nicht gegeben, so daß es bisher zu keiner Untersagung in diesem Bereich kam[732].

Die Auswirkungen von Zusammenschlüssen zwischen überregionalen Presseverlagen und nationalen TV-Veranstaltern auf die Marktstrukturen der betroffenen Rundfunk- und Pressemärkte sind nach denselben Kriterien zu beurteilen, die für den lokalen Bereich gelten[733].

Zusammenfassend läßt sich feststellen, daß die Untersagung eines Zusammenschlusses von Rundfunkunternehmen und Presseunternehmen durch das Bundeskartellamt gegenwärtig allein im lokalen und regionalen Bereich zu erwarten ist. Die Prüfung nach § 36 Abs. 1 GWB ist dabei an den folgenden Kriterien zu orientieren[734]: (1) Zwischen den Rundfunk- und den Printmärkten muß Wettbewerb, mindestens in der Form des Substitutionswettbewerbs bestehen, (2) Das Presseunternehmen muß in der Lage sein, seine Absicherungsstrategie innerhalb des Rundfunkunternehmens durchzusetzen, (3) Das Rundfunkunternehmen muß über eine Marktstellung verfügen, welche die Durchsetzung der Strategie am Markt ermöglicht, (4) Die nachteiligen Wirkungen auf dem Pressemarkt dürfen nicht durch eine Verbesserung der Wettbewerbsbedingungen im Rundfunkbereich aufgewogen werden, welche durch den Zutritt eines neuen Wettbewerbers entstehen kann.

4. Zwischenergebnis

Die Ausführungen haben gezeigt, daß die wettbewerbliche Fusionskontrolle geeignet ist, wettbewerbliche Strukturen im Rundfunkbereich zu sichern und damit einen Beitrag zur Erhaltung des publizistischen Wettbewerbs zu leisten. Die formellen Aufgreifkriterien gewährleisteten im Bereich des bundesweiten privaten Fernsehens bereits aufgrund der bis 1998 geltenden Rechtslage eine materielle Prüfung der Zusammenschlüsse. Die mit Inkrafttreten der 6. GWB-Novelle am 1.1.1999 geltende Absenkung der Umsatz-

---

732 Vgl. Parlasca, Medienkonzentration und Medienverflechtung- zur Reichweite des kartellrechtlichen Instrumentariums, in WuW 1994, S. 210, 218.
733 Spieler a.a.O.
734 Vgl. Möschel a.a.O. S. 627, 635 f.

schwellen für Zusammenschlüsse von Rundfunkunternehmen wird daher voraussichtlich in erster Linie Auswirkungen auf die Kontrolle von Zusammenschlüssen auf den lokalen Presse- und Hörfunkmärkten haben. In materieller Hinsicht ist derzeit nach wie vor auf dem nationalen Fernsehwerbemarkt von einer oligopolistischen Marktstruktur auszugehen, die durch wesentlichen Wettbewerb im Innenverhältnis gekennzeichnet ist. Die Auswirkungen von Zusammenschlüssen im intermediären Bereich lassen sich nur unzureichend mit dem fusionsrechtlichen Instrumentarium erfassen. Die materielle Prüfung intermediärer Zusammenschlüsse wird dadurch erschwert, daß keine medienübergreifenden Rezipienten- oder Werbemärkte bestehen. Dem Substitutionswettbewerb zwischen Printmedien und elektronischen Medien kommt deshalb besondere Bedeutung zu. Substitutionsbeziehungen sind derzeit allerdings allein im Verhältnis von lokalen und regionalen Anzeigen- und Hörfunkwerbemärkten anzunehmen. In diesem Zusammenhang ist insbesondere festzustellen, welche Rückwirkungen ein Zusammenschluß von Rundfunkunternehmen und Presseunternehmen auf die Anzeigen- und Lesermärkte hat. Das Entstehen einer marktbeherrschenden Stellung auf einem nationalen Werbemarkt durch einen Zusammenschluß eines Rundfunkunternehmens und eines überregionalen Presseunternehmens ist gegenwärtig nicht zu erwarten.

5. Lizenzerwerb als Zusammenschlußtatbestand

Die Fusionsvorschriften sind nur auf Konzentrationsvorgänge anwendbar, die durch Anteilserwerb an Veranstaltern (externes Unternehmenswachstum) bewirkt werden, nicht hingegen auf solche, die durch den Erwerb von Rundfunklizenzen (internes Unternehmenswachstum) herbeigeführt werden[735]. Mestmäcker hatte daher bereits Anfang der achtziger Jahre vor Einführung des privaten Rundfunks vorgeschlagen, die Erteilung einer Sendeerlaubnis als Zusammenschlußtatbestand zu behandeln[736]. Dafür wäre eine Änderung des in die Zuständigkeit des Bundes fallenden Gesetzes gegen Wettbewerbsbeschränkungen erforderlich[737]. Die Bundesregierung hat gegenüber dem in der Folgezeit wiederholt aufgegriffenen Vorschlag der Monopolkommission[738] verfassungsrechtliche Bedenken geltend gemacht[739]. Den Haupteinwand gegen eine Ausdehnung der

---

735 Mestmäcker, Die Anwendbarkeit des Gesetzes gegen Wettbewerbsbeschränkungen auf Zusammenschlüsse zu Rundfunkunternehmen, GRUR Int. 1983, S. 553 ff. Siehe auch Schellenberg a.a.O. S. 71.

736 Mestmäcker a.a.O. Siehe auch Monopolkommission, Sondergutachten Bd 11, S. 9.

737 Art.74 Nr.11 GG.

738 Monopolkommission, IX. Hauptgutachten 1990/91, Tz.808, zuletzt XI. Hauptgutachten, 1994/95, Tz. 839.

739 Anwort der Bundesregierung vom 24.3.1993 auf die Große Anfrage der SPD-Fraktion zu dem Thema Konzentrationserscheinungen in den elektronischen Medien, BT-Drs. 12/4622 (neu), S. 3 ff.; zuletzt Stellungnahme der Bundesregierung zum Elften Hauptgutachten der Monopol-

Fusionskontrolle auf Vorgänge internen Unternehmenswachstums sieht die Bundesregierung in der rundfunkspezifischen Zielsetzung der Maßnahme. Der Vorschlag ziele darauf ab, den Zugang der Presse zum Rundfunk zu begrenzen. Diese medienspezifische Zwecksetzung sei nicht von der in Art. 74 Nr. 11 und 16 GG vorausgesetzten allgemeinen Zielsetzung einer Machtkontrolle der Wirtschaft gedeckt[740]. Im Rahmen der 6. GWB-Novelle[741] wurde der Vorschlag dementsprechend nicht berücksichtigt. Es ist mithin nicht damit zu rechnen, daß der Vorschlag in absehbarer Zeit Gesetz wird.

II. Die EG-Fusionskontrollverordnung

1. Anwendbarkeit im Medienbereich

Die EG-Fusionskontrollverordnung (FKVO) [742] ist auf den Medienbereich anwendbar[743]. Das ergibt sich im Umkehrschluß aus Art. 21 Abs. 3 FKVO. Die Bestimmung sieht vor, daß die Mitgliedstaaten bei Zusammenschlußvorhaben von gemeinschaftsweiter Bedeutung weiterhin befugt sind, Maßnahmen zum Schutz der Medienvielfalt zu treffen[744].

---

kommission 1994/95, BT-Drs. 451/97, Ziff. 62.

740 Ebd.

741 Siehe dazu oben 2. Abschnitt B. I. 2 b).

742 Verordnung Nr. 4064/89 des Rates v. 21.12.1989 über die Kontrolle von Unternehmenszusammenschlüssen, ABl. EG L 395 v. 30.12.1989 - Berichtigung: ABl. EG L 257 v. 21.9.1990 geändert durch die VO Nr. 1310/97 des Rates vom 30.6.1997, ABl. EG L 180/1, im folgenden auch als: „Fusionskontrollverordnung" oder „FKVO" bezeichnet. Die Änderungen der FKVO sind am 1.3.1998 in Kraft getreten (Art. 3 VO Nr. 1310/97). Einen guten Überblick über die FKVO gibt Ehlermann, Die europäische Fusionskontrollverordnung - erste Erfahrungen, in WuW 1991, S. 535 ff. Siehe auch Bechtold, Zwischenbilanz zum EG-Fusionskontrollrecht, in EuZW 1994, S. 653 ff. sowie zu den Änderungen der FKVO: Baron, Die neuen Bestimmungen der Europäischen Fusionskontrolle, in WuW 1997, S. 579 ff.; Hirsbrunner, Die revidierte EG-Fusionskontroll-Verordnung, in EuZW 1998, S. 69 ff.

743 EG-Kommission, 20. Bericht über die Wettbewerbspolitik, 1991, S. 77. Die Auffassung der Kommission findet im Schrifttum allgemeine Zustimmung; vgl. Esser, in Bremer/Esser/Hoffmann, Der Rundfunk in der Verfassungs- und Wirtschaftsordnung in Deutschland, 1992, S. 104; Fröhlinger, EG- Wettbewerbsrecht und Fernsehen, in RuF 1993, S. 59; Hümmerich, Nationale Rundfunkordnung und Europäischer Medienmarkt, in AfP 1991, S. 591, 594; Wagner, Konzentrationskontrolle im Medien -Binnenmarkt der EG, in AfP 1992, S. 5; Jestaedt/Anweiler, Europäische Fusionskontrolle im Medienbereich, in EuZW 1997, S. 549 ff.; Stockmann/Schultz, Kartellrechtspraxis und Kartellrechtsprechung 1997/98, 13. Aufl. 1998 S. 249 sowie zuletzt Schnelle/Bartosch, Entwicklung der fusionskontrollrechtlichen Kommissionspraxis im Medien- und Telekommunikationssektor, in Betriebs Berater 1999, S. 1933 ff.

744 Zur Reichweite der Vorschrift hat die EG-Kommission eine Erklärung abgegeben, vgl. Erklärungen für das Ratsprotokoll v. 19.12.1989, abgedr. in WuW 1990, S. 240, 242, Nr.10. Vgl. dazu Mestmäcker, in Immenga/Mestmäcker, GWB, vor § 23 Rdnr.109 ff.; Paschke, in Frankfurter Kommentar zum GWB, Vorbem. Zu §§ 23-24 c Rn. 98; Immenga in Immenga/Mestmäcker, EG-WbR, S 1060 sowie zuletzt Ablasser, Medienmarkt und Fusionskontrolle, 1998, S. 96 ff., 103 ff. unter Bezugnahme auf den, soweit ersichtlich bisher einzigen Fall – Newspaper Publishing, Entscheidung der Kommission vom 14.3.1994, ABl. Nr. C 085, IV M 423 – in dem ein Mitgliedsstaat

Die Mitgliedstaaten können damit ungeachtet der ausschließlichen Zuständigkeit der EG-Kommission für die wettbewerbliche Beurteilung von Zusammenschlüssen mit gemeinschaftsweiter Dimension weitergehende Vorkehrungen zur Sicherung der Meinungsvielfalt treffen. Damit ist die Geltung der Verordnung für Zusammenschlüsse im Medienbereich vorausgesetzt[745]. Der Vorschrift ist zugleich zu entnehmen, daß eine medienspezifische Konzentrationskontrolle auf nationaler Ebene mit dem Gemeinschaftsrecht vereinbar ist[746]. Auf die weitergehende Frage, ob die nationalen Vorschriften zum Schutz der Medienvielfalt wegen ihrer Unterschiedlichkeit ein Hindernis für das Funktionieren des Binnenmarktes darstellen und welche Folgerungen daraus gegebenenfalls zu ziehen sind, wird im Zusammenhang mit der Erörterung des "Grünbuchs" zu "Pluralismus und Medienkonzentration im Binnenmarkt" nachfolgend noch näher einzugehen sein[747]. An dieser Stelle soll untersucht werden, ob die Fusionskontrollverordnung geeignet ist, eine wirksame Kontrolle von Zusammenschlüssen von gemeinschaftsweiter Bedeutung im Medienbereich zu gewährleisten[748]

2. *Formelle Aufgreifkriterien*

Die Fusionskontrollverordnung gilt gemäß Art.1 Abs.1 für alle Zusammenschlüsse von gemeinschaftsweiter Bedeutung. Für einen Zusammenschluß, der in den Anwendungsbereich der Verordnung fällt, ist die EG-Kommission ausschließlich zuständig[749]. Der Anwendungsbereich der Verordnung wird einmal durch den Zusammenschlußbegriff (Art.3 FKVO) und zum anderen durch Umsatzschwellen (Art. 1 Abs. 2 u. Abs. 3 FKVO) bestimmt, welche die gemeinschaftsweite Bedeutung eines Zusammenschlusses anzeigen[750]. Die Kommission kann darüber hinaus auf Antrag der Mitgliedstaaten gem.

---

von der Ausnahmevorschrift des Art. 21 Abs. 3 FKVO Gebrauch gemacht hat.

745 Stockmann/Schultz a.a.O.

746 Mestmäcker, in Immenga/Mestmäcker, GWB, vor § 23 Rdnr. 110.

747 Siehe unten 3. Abschnitt.

748 Vgl. dazu auch Ablasser a.a.O. S. 45 ff.

749 Art. 21 Abs. 1 u. 2 Unterabsatz 1 FKVO. Eine Ausnahme von dem Grundsatz der ausschließlichen Geltung der Fusionskontrollverordnung für Zusammenschlüsse von gemeinschaftsweiter Bedeutung sieht Art. 21 Abs. 2 Unterabsatz 2 i.V.m. Art. 9 FKVO vor. Die EG-Kommission kann danach einen angemeldeten Zusammenschluß aufgrund eines in Art. 9 FKVO im einzelnen geregelten Verweisungsverfahren an die zuständigen Behörden der Mitgliedstaaten abgeben; vgl. dazu Niederleithinger, Das Verhältnis von nationaler und europäischer Kontrolle von Zusammenschlüssen, in WuW 1990, S. 721, 726 ff.; Mestmäcker, in Immenga/Mestmäcker, GWB, vor § 23 Rdnr. 99 ff.

750 Vgl. dazu und im weiteren Mestmäcker, in Immenga/Mestmäcker, GWB, 2. Aufl. vor § 23 Rdnr.90 ff.; 127 ff.; Immenga in Immenga/Mestmäcker, EG-WbR, S. 775 ff.; Schröter, in Groeben/Thiesing/Ehlermann, Kommentar zum EWG-Vertrag, 4. Aufl. 1993, Bd. 2, Art. 87 -Zweiter Teil, Rdnr. 259 ff.; Koch, in Grabitz, EWG-Vertrag, nach Art. 86, Rdnr. 9 ff.; Langen/Löffler, KartR (8.Aufl.), FKVO 4064/89, S. 1939 ff.; Stockmann/Schultz, Kartellrechtspraxis und Kartellrechtsprechung 1997/98, 13. Aufl. 1998; S. 231 ff.

Art. 22 Abs. 3 bis 5 FKVO auch Zusammenschlüsse untersuchen, die nicht die Umsatzschwellen des Art. 1 FKVO erreichen. Die Mitgliedstaaten machen von Möglichkeit, ihre Prüfungskompetenz auf die Kommission zu übertragen, in jüngster Zeit zunehmend Gebrauch[751]. So beruhte eine der wichtigsten Entscheidungen der Kommission zur Fusionskontrolle im Medienbereich[752] auf einer Verweisung nach Art. 22 FKVO[753].

a) Zusammenschlußbegriff

Der Zusammenschlußbegriff der Verordnung ist in Art.3 FKVO definiert[754]. Die Vorschrift enthält im Unterschied zum deutschen Kartellrecht keine abschließende Aufzählung von Zusammenschlußtatbeständen, sondern zwei generalklauselartige Tatbestände, nämlich die Fusion und den Kontrollerwerb[755]. Der zuletzt genannte Tatbestand ist in der Fusionskontrollpraxis der Kommission von besonderer Bedeutung[756]. Kontrolle ist nach der Legaldefinition des Art.3 Abs.3 FKVO "die Möglichkeit einen bestimmenden Einfluß auf die Tätigkeit eines Unternehmens auszuüben". Die Kontrolle wird im Regelfall durch den Erwerb von Anteilen oder Eigentumsrechten an einem Unternehmensvermögen begründet. Die Feststellung, ob eine Person oder ein Unternehmen, die Möglichkeit zur Ausübung eines bestimmenden Einflusses auf ein anderes Unternehmen erlangt hat, ist "unter Berücksichtigung aller tatsächlichen und rechtlichen Umstände" zu treffen (Art. 3 Abs. 3 FKVO). Eine Minderheitsbeteiligung kann demnach in Verbindung mit weiteren Umständen die "Kontrolle" über ein Unternehmen begründen, wobei eine einfache Sperrminoriät im Regelfall nicht ausreichend ist[757]. Ein Zusammenschluß wird nach Art.3 Abs.1 FKVO auch bewirkt, wenn mehrere Unternehmen die Kontrolle über ein anderes Unternehmen erwerben[758]. Die Verordnung sieht indessen nicht jede Gründung eines Gemeinschaftsunternehmens als Zusammenschluß an[759]. Nach den am 1.3.1998 in Kraft getretenen Änderungen der Fusionskontrollverordnung fallen Ge-

751 Siehe hierzu auch VO Nr. 1310/97 des Rates vom 30.6.1997, ABl. EG L 180/1 zur Änderung der Verordnung Nr.4064/89 des Rates v. 21.12.1989 über die Kontrolle von Unternehmenszusammenschlüssen, die vorsieht, daß nunmehr auch mehrere Mitgliedstaaten gemeinsam einen Antrag auf Verweisung nach Art. 22 FKVO stellen können.

752 RTL/Veronica/Endemol, Entscheidung der Kommission v.20.9.1995, ABl. EG Nr. L 134, S. 32 ff. Siehe dazu im einzelnen unter 2. Abschnitt B II. 3.

753 Siehe dazu eingehend Ablasser a.a.O. 108 ff.

754 Siehe dazu Mitteilung der Kommission über den Begriff des Zusammenschlusses der Verordnung (EWG) Nr. 4064/89 des Rates über die Kontrolle von Unternehmenszusammenschlüssen, ABl. EG C 66 v. 2.3.1998, S. 5.

755 Immenga in Immenga/Mestmäcker, EG-WbR, S. 919 ff.

756 Immenga a.a.O.

757 Koch, in Grabitz, EWG-Vertrag, nach Art.86, Rdnr.11. Siehe dazu auch Immenga in Immenga/Mestmäcker, EG-WbR, S. 925 f.

758 Koch a.a.O. Rdnr. 12.

759 Schröter a.a.O. Rdnr. 263.

meinschaftsunternehmen unter die Verordnung, die „auf Dauer alle Funktionen einer selbständigen, wirtschaftlichen Einheit“ erfüllen (sog. Vollfunktionsgemeinschaftsunternehmen)[760]. Die nach der Verordnung bislang maßgebliche Unterscheidung von kooperativen und konzentrativen Gemeinschaftsunternehmen[761] ist damit aufgehoben. In Zukunft werden somit auch sog. kooperative Vollfunktionsgemeinschaftsunternehmen ausschließlich von der Kommission im Fusionskontrollverfahren geprüft. Bisher wurden kooperative Gemeinschaftsunternehmen von der Kommission und teilweise zugleich von nationalen Kartellbehörden nach Art. 81 EG-Vertrag (früher Art. 85 EG-Vertrag) in dem Verfahren nach der VO Nr. 17[762] beurteilt. Die Ausweitung des Anwendungsbereichs der Fusionskontrollverordnung wirkt sich in erster Linie auf das Verfahren und die Zuständigkeit aus[763]. In materieller Hinsicht ändert sich nichts, da kooperative Vollfunktionsgemeinschaftsunternehmen auch in Zukunft nach Art. 81 EG-Vertrag zu beurteilen sind, und zwar im Rahmen des Fusionskontrollverfahrens. Zu diesem Zweck wurde die Bestimmung des Art. 2 Abs. 4 FKVO neu in die Verordnung eingeführt. Danach werden kooperative Gemeinschaftsunternehmen, die unter die Verordnung fallen, künftig anhand eines doppelten Prüfungsmaßstabes beurteilt. Neben der Beurteilung der „konzentrativen“ Elemente des Gemeinschaftsunternehmens anhand des sog. Marktbeherrschungstests[764] werden die „kooperativen“ Elemente eines Zusammenschlusses am Maßstab des Art 81 Abs. 1 und Abs. 3 von der Kommission beurteilt[765]. Alle von der Verordnung erfaßten Zusammenschlüsse sind durch externes Unternehmenswachstum bewirkt. Die Verordnung ist damit wie auch die Fusionskontrolle des GWB nicht auf Vorgänge internen Wachstums anwendbar[766].

b) Umsatzschwellen

Ein Zusammenschluß hat nach Art.1 Abs. 2 FKVO gemeinschaftsweite Bedeutung, wenn die folgenden Kriterien erfüllt sind: (1) die an dem Zusammenschluß beteiligten

---

760 Art. 3 Abs. 2 FKVO. Siehe dazu Mitteilung der Kommission über den Begriff des Vollfunktionsgemeinschaftsunternehmens nach der Verordnung (EWG) Nr. 4064/89 des Rates über die Kontrolle von Unternehmenszusammenschlüssen, ABl. EG C 66 v. 2.3.1998, S. 1.

761 Siehe dazu Mitteilung der Kommission über die Unterscheidung zwischen konzentrativen und kooperativen Gemeinschaftsunternehmen nach der Verordnung (EWG) Nr. 4064/89 des Rates über die Kontrolle von Unternehmenszusammenschlüssen, ABl. EG C 385 v. 31.12.1994, S. 1, dazu Drauz/Schröder, Praxis der Fusionskontrolle, 3. Aufl. S. 40, 50 ff.

762 Verordnung Nr. 17 des Rates v. 6.2.1962: Erste Durchführungsverordnung zu den Artikeln 85 und 86 des EWG-Vertrages, ABl. EG Nr. 13 v. 21.1.1962, S. 204.

763 Hirsbrunner, Die revidierte EG-Fusionskontrollverordnung, in EuZW 1998, S. 72.

764 Siehe dazu im einzelnen unter 2. Abschnitt B II. 3 b).

765 Siehe dazu im einzelnen Hirsbrunner a.a.O. S. 72 f.

766 Wagner, Konzentrationskontrolle im Medien - Binnenmarkt der EG, in AfP 1992, S. 1, 6.

Unternehmen[767] müssen weltweit Gesamtumsätze[768] von zusammen mehr als 5 Milliarden Euro (rd. 10 Mrd. DM) erzielen; (2) der gemeinschaftsweite Gesamtumsatz von mindestens zwei der beteiligten Unternehmen muß oberhalb von 250 Millionen Euro (rd. 500 Mio. DM) liegen; (3) die beteiligten Unternehmen dürfen jeweils nicht mehr als zwei Drittel ihres gemeinschaftsweiten Gesamtumsatzes in ein und demselben Mitgliedsstaates erzielen. Durch das zuletzt genannten Kriterium wird gewährleistet, daß für Zusammenschlüsse mit überwiegend nationalem Charakter die Kartellbehörde des jeweiligen Mitgliedsstaat zuständig ist[769]. Das gleiche gilt für Zusammenschlüsse, die nicht die Umsatzkriterien erreichen. In einer erheblichen Anzahl von grenzüberschreitenden Fusionen, die nicht die Umsatzschwellen erreichen, hat das zur Folge, daß Mehrfachanmeldungen in verschiedenen Mitgliedstaaten erforderlich sind. Die Kommission hatte unter anderem aus diesem Grund vorgeschlagen, die Umsatzschwellen generell abzusenken[770] . Der Rat entschied sich demgegenüber dafür die Umsatzschwellen nur für Fälle der sog. Mehrfachanmeldungen abzusenken. Zu diesem Zweck wurde ein neuer Art. 1 Abs. 3 FKVO eingeführt. Die Bestimmung sieht vor, daß ein Zusammenschluß, der nicht die in Art. 1 Abs. 2 FKVO vorgesehenen Schwellen erreicht, unter folgenden weiteren Voraussetzungen unter die Verordnung fällt: (1) die an dem Zusammenschluß beteiligten Unternehmen haben weltweit zusammen Gesamtumsätze von mehr als 2,5 Mrd. Euro (rd. 5 Mrd. DM); (2) der gemeinschaftsweite Gesamtumsatz von mindestens zwei der beteiligten Unternehmen übersteigt jeweils 100 Millionen Euro (rd. 200 Mio. DM); (3) der Gesamtumsatz aller beteiligten Unternehmen in mindestens drei Mitgliedstaaten übersteigt jeweils 100 Mio. Euro (rd. 200 Mio. DM) und (4) in mindestens drei dieser Mitgliedstaaten muß zudem jedes von mindestens zwei beteiligten Unternehmen einen Gesamtumsatz von jeweils mehr als 25 Mio. Euro (rd. 50 Mio. DM) erreichen.

---

767 Siehe dazu Mitteilung der Kommission über den Begriff der beteiligten Unternehmen in der Verordnung (EWG) Nr. 4064/89 des Rates über die Kontrolle von Unternehmenszusammenschlüssen, ABl. EG C 66 v. 2.3.1998, S. 14.

768 Siehe dazu Mitteilung der Kommission über die Berechnung des Umsatzes im Sinne der Verordnung (EWG) Nr. 4064/89 des Rates über die Kontrolle von Unternehmenszusammenschlüssen, ABl. EG C 66 v. 2.3.1998, S. 25.

769 Immenga in Immenga/Mestmäcker, EG-WbR, S. 814.

770 Vgl. Art. 1 Abs. 3 FKVO a.F., der eine Überprüfung der Schwellenwerte innerhalb von vier Jahren nach Erlaß der FKVO am 21.12.1989 vorsah. Siehe dazu Grünbuch über die Revision der Fusionskontrollverordnung v. 31.1.1996, KOM (96) 19 endg. sowie Mitteilung der Kommission an den Rat und das europäische Parlament betreffend die Änderung der Fusionskontroll-Verordnung v. 12.9.1996, KOM (96) 313 endg. Siehe dazu Kleinmann, in Festschrift Schmidt, 1997, S. 131 ff.

3. *Materielle Eingreifkriterien*

Die Entscheidung, ob ein Zusammenschluß im Medienbereich, der in die Prüfungskompetenz der Gemeinschaft fällt, zu untersagen ist, wird von der Kommission nach Maßgabe des materiellen Kriteriums der Marktbeherrschung beurteilt (Art. 2 Abs. 2 und Abs. 3 FKVO) [771]. Die Kommission nimmt den sog. Markbeherrschungstest anhand der in Art. 2 Abs.1 FKVO aufgeführten Indikatoren vor[772]. Ausgangspunkt der Prüfung ist die Abgrenzung der sachlich und räumlich relevanten Märkte.

a) *Marktabgrenzung*

Die Kommission hat im Dezember 1997 ihre Verwaltungspraxis sowie die Rechtsprechung des Europäischen Gerichts Erster Instanz und des Europäischen Gerichtshofs zur Abgrenzung des sachlich und räumlich relevanten Marktes im EG- Wettbewerbsrecht in einer Bekanntmachung zusammengefaßt[773]. Grundlage der Marktabgrenzung ist wie in der deutschen Fusionskontrolle das sog. Bedarfsmarktkonzept[774]. Der sachlich relevante Produktmarkt umfaßt danach alle Erzeugnisse und/oder Dienstleistungen, die vom Verbraucher hinsichtlich ihrer Eigenschaften, Preise, und ihres Verwendungszwecks als austauschbar oder substituierbar angesehen werden[775]. Die Kommission hat in den letzten Jahren in mehreren Entscheidungen, die den Medienbereich betrafen, die sachlich und geographisch relevanten Märkte untersucht und abgegrenzt[776]. Danach ist für die Beurteilung von Zusammenschlüssen im Medienbereich durch die Kommission von folgenden Märkten auszugehen[777].

---

771 Immenga in Immenga/Mestmäcker, EG-WbR, S. 819 ff. Siehe dazu mit Bezug auf den Mediensektor ausführlich Ablasser, Medienmarkt und Fusionskontrolle, S. 178 ff.

772 Immenga a.a.O.

773 Bekanntmachung der Kommission über die Definition des relevanten Marktes im Sinne des Wettbewerbsrechts der Gemeinschaft, ABl. EG 1997, C 372/15. Siehe dazu Stockmann/Schultz, Kartellrechtspraxis und Kartellrechtsprechung 1997/98, 13. Aufl. , 1998, S. 270 ff.

774 Immenga in Immenga/Mestmäcker, EG-WbR, S. 832 ff.

775 Immenga a.a.O. Vgl. auch Formblatt CO zur Anmeldung eines Zusammenschlusses gemäß der Verordnung Nr. 4064/89, Anhang, Abschnitt 6, abgedruckt bei Immenga/Mestmäcker, EG-WbR, S. 2767 ff.

776 Siehe zuletzt die Entscheidungen der Kommission vom 27.5.1998 in den Verfahren Bertelsmann/Kirch/Premiere, IV/M.993 u. Deutsche Telekom/Beatresearch, IV/M. 1027. ABl. EG L 53 v. 27.2.1999, S. 1 ff. und 31 ff. sowie WuW/E EU-V 222 ff. u. 237 ff. zur Einführung des digitalen Fernsehens in Deutschland.

777 Siehe dazu und zum folgenden Jestaedt/Anweiler, Europäische Fusionskontrolle im Medienbereich, in EuZW 1997, S. 549 ff. sowie Ablasser, Medienmarkt und Fusionskontrolle, S. 118 ff und Schnelle/Bartosch, Entwicklung der fusionskontrollrechtlichen Kommissionspraxis im Medien- und Telekommunikationssektor, in Betriebs Berater 1999, S. 1933 ff.

aa) Fernseh- oder Zuschauermarkt

In dem Verfahren „RTL/Veronica/Endemol“ hat die Kommission erstmals einen übergeordneten Fernseh- bzw. Zuschauermarkt angenommen, ohne allerdings die Entscheidung auf diesen Markt zu stützen[778]. Der Fernsehmarkt, der auch als „Zuschauermarkt“ bezeichnet wird, ist nach Auffassung der Kommission dadurch gekennzeichnet, daß in diesem Markt alle Sendeunternehmen um Zuschaueranteile konkurrieren[779]. Es gebe zwar keine direkte oder indirekte Geschäftsbeziehung zwischen den Anbietern frei zugänglicher TV-Programme auf der Angebotsseite und den Zuschauern auf der Nachfrageseite, so daß bezweifelt werden könne, ob es sich um einen Markt im ökonomischen Sinne handele[780]. Maßgeblich sei indes, daß die Sehbeteiligung und die Zuschaueranteile nicht nur für die privaten Anbieter von werbefinanzierten Fernsehprogrammen, sondern auch für öffentliche Rundfunkanstalten sowie Pay-TV- Anbieter der entscheidende Maßstab für die Attraktivität und Akzeptanz ihrer Programme in der breiten Öffentlichkeit ist[781]. Der Fernsehmarkt könne daher unter Umständen sämtliche Sendeunternehmen umfassen[782]. Im Hinblick auf die bestehenden ökonomischen Beziehungen zwischen den Fernsehsendern und den Zuschauern müsse jedoch zwischen dem Markt für Fernsehwerbung, in dem die Sendeunternehmen um Werbeeinnahmen konkurrieren, und dem Pay-TV Markt, in dem ein Wettbewerb um Abonnenten statt finde, unterschieden werden[783]. So hat die Kommission die Untersagung des Zusammenschlusses RTL/Veronica/Endemol u.a. damit begründet, daß der Zusammenschluß zu einer beherrschenden Stellung auf dem niederländischen Fernsehwerbemarkt führen würde[784]. Dem Verfahren lag der Zusammenschluß des luxemburgischen Rundfunkveranstalters RTL4 S.A. mit dem niederländischen Veranstalter Vereniging Veronica Omroeporganisatie, der bis September 1995 als öffentliche Rundfunkorganisation tätig war, und der unabhängigen niederländischen Produktionsgesellschaft Endemol Entertainment Holding B.V. zu einem konzentrativen Gemeinschaftsunternehmen unter der Firma „Holland Media Groep S.A. (HMG) zugrunde[785]. Die Beteiligten hatten zur Durchführung des Vorhabens ihre sämtlichen Fernseh- und Hörfunkaktivitäten in den Niederlanden

---

778 Entscheidung der Kommission v. 20.9. 1995, IV/M.553, ABl. EG Nr. L 134 , S. 32 ff. WuW/E EV 2371. Die Entscheidung wurde inzwischen durch rechtskräftiges Urteil des Gerichts erster Instanz v. 28.4.1999, Rs. T-221/95 „Endemol Entertainment Holding B.V./Kommission“ bestätigt, EuZW 1999, S. 600.

779 RTL/Veronica/Endemol, Entscheidung der Kommission v. 20.9.1995, IV/M. 553, Tz. 20.

780 Ebd. Tz. 17.

781 Ebd. Tz. 20.

782 Ebd.

783 Ebd.

784 Ebd. Tz. 65 ff. 115.

785 Ebd. Tz. 6.

auf das Gemeinschaftsunternehmen übertragen[786]. Die Kommission hat den Zusammenschluß untersagt, da er wie oben bereits erwähnt zu einer beherrschenden Stellung auf dem niederländischen Fernsehwerbemarkt und zudem zur Stärkung der beherrschenden Stellung von Endemol auf dem Markt der unabhängigen Fernsehproduktionen in den Niederlanden geführt hätte[787].

In der Entscheidung Bertelsmann/CLT hat die Kommission offen gelassen, ob es einen Zuschauermarkt im streng ökonomischen Sinne gibt, da der Zuschaueranteil in jedem Fall ein bestimmender Faktor für den Erfolg eines Senders im Fernsehwerbemarkt sei und daher zumindest im Zusammenhang mit diesem Markt berücksichtigt werden müsse[788].

Bei der Abgrenzung des geographisch relevanten Marktes betont die Kommission durchgehend in ihren Entscheidungen, daß sich die Fernsehmärkte in einem Prozeß der Entwicklung und Ausdehnung befinden[789] und die zunehmende Bedeutung der Satellitenübertragung tendenziell zu einer Internationalisierung der überwiegend national geprägten Fernsehmärkte führen könne[790]. Die Kommission hat dessen ungeachtet bisher in allen Entscheidungen, die den Fernsehsektor betrafen, nationale Märkte angenommen. Für den nationalen Charakter von Fernsehsendungen sprechen nach Auffassung der Kommission die bestehenden Sprachbarrieren, kulturelle Schranken, unterschiedliche Regulierungssysteme im Medienbereich in den einzelnen Mitgliedstaaten sowie weitere abweichende wettbewerblich relevante Faktoren in den einzelnen Märkten, wie etwa die unterschiedliche Struktur der Kabelfernsehmärkte in den einzelnen Mitgliedstaaten[791].

In der bereits erwähnten Entscheidung RTL/Veronica/Endemol hat die Kommission ungeachtet des Umstands, daß die betroffenen Sendungen in den Niederlanden und dem flämischen Teil Belgiens in derselben Sprache ausgestrahlt wurden, allein aufgrund der kulturellen Unterschiede ein wesentliches Hindernis für die Durchdringung der nieder-

---

786 Ebd. Tz. 7.

787 Entscheidung der Kommission v. 20.9. 1995, IV/M.553, ABl. EG Nr. L 134 , Tz. 115. Bestätigt durch rechtskräftiges Urteil des Gerichts erster Instanz v. 28.4.1999, Rs. T-221/95 „Endemol Entertainment Holding B.V./Kommission", EuZW 1999, S. 600.

788 Entscheidung der Kommission v. 7.10.1996, IV/M.779, Tz. 17 (nicht veröffentlicht).

789 Kirch/Richmont/Mulitchoice/Telepiu Entscheidung der Kommission v. 5.5.1995 IV/M. 584. Tz. 17 (nicht veröffentlicht).

790 CLT/Disney/Super RTL, Entscheidung der Kommission v. 17.5.1995, IV/M.566, Tz. 17.

791 Bertelsmann/CLT Entscheidung v. 7.10.1996, IV/M. 779, Tz. 20; RTL/Veronica/Endemol, Entscheidung v. 20.9.1995, IV/M. 553, Tz. 25; CLT/Disney/Super RTL, Entscheidung v. 17.5.1995, IV/M. 566, Tz. 17; MSG Media Service, Entscheidung vom 9.11.1994, IV/M.469 ABl. EG Nr. L 364 S.1, Tz. 46; Kirch/Richmont/Mulitchoice/Telepiu Entscheidung der Kommission v. 5.5.1995 IV/M.584, Tz. 17 sowie zuletzt Entscheidungen der Kommission vom 27.5.1998 in den Verfahren Bertelsmann/Kirch/Premiere, IV/M. 993 und Deutsche Telekom/Beatresearch, IV/M. 1027, ABl. EG L 53/1 v. 27.2.1999, Tz. 22 u. ABl. EG L 53/31 v. 27.2.1999 Tz. 23 f. auch veröffentlicht in WuW/E EU-V 222 ff. u. 237 ff.

ländischen und belgischen Fernsehmärkte gesehen und getrennte nationale Märkte angenommen[792]. Die bevorstehende Digitalisierung der Übertragungswege wird an dem überwiegend national geprägten Charakter von Fernsehsendungen nach Einschätzung der Kommission nichts ändern, so daß auch in Zukunft im wesentlichen von nationalen Märkten im Fernsehsektor auszugehen sein wird[793].

bb) Fernsehwerbemarkt

Der Fernsehwerbemarkt wird von der Kommission wie in der deutschen Praxis der Fusionskontrolle im Medienbereich von anderen Werbemärkten, insbesondere Printwerbemärkten abgegrenzt[794]. Die Kommission begründete diese Marktabgrenzung in der Entscheidung RTL/Veronica/Endemol damit, daß die von den verschiedenen Werbemedien angesprochenen Zielgruppen unterschiedlich seien. Das gelte auch für die angewandte Technik und die Produktionskosten von Werbemaßnahmen in den unterschiedlichen Medien. Es beständen nicht zuletzt erhebliche Preisunterschiede zwischen der Fernsehwerbung und der Werbung in anderen Medien[795].

Auch im Hinblick auf die geographisch relevanten Märkte für Fernsehwerbung nimmt die Kommission aus den vorgenannten Gründen[796] in ständiger Entscheidungspraxis nationale Märkte an[797]. Dementsprechend hat die Kommission in dem Verfahren RTL/Veronica/Endemol[798] eingehend den niederländischen und in der Sache Bertelsmann/CLT[799] den deutschen Fernsehwerbemarkt untersucht.

---

792 Entscheidung der Kommission v. 20.9.1995, IV/M. 553, Tz. 25 f.

793 MSG Media Service, Entscheidung der Kommission vom 9.11.1994, IV/M.469 ABl. EG Nr. L 364 S. 1, Tz. 45 f. u. Entscheidung der Kommission vom 27.5.1998 in den Verfahren Bertelsmann/Kirch/Premiere, IV/M. 993 ABl. EG 53/1 v. 27.2.1999 Tz. 22 ff. auch veröffentlicht in WuW/E EU 222 ff. mit der Erwägung den gesamten deutschsprachigen Raum in die Marktabgrenzung einzubeziehen, im Ergebnis jedoch offen gelassen.

794 RTL/Veronica/Endemol, Entscheidung der Kommission v. 20.9. 1995, IV/M.553, Tz. 22 f.; Bertelsmann/CLT Entscheidung der Kommission v. 7.10.1996, IV/M.779, Tz. 14.

795 Entscheidung der Kommission v. 20.9. 1995, IV/M.553, Tz. 23.

796 Siehe oben 2. Abschnitt B II. 3. a) aa).

797 Bertelsmann/CLT Entscheidung der Kommission v. 7.10.1996, IV/M.779, Tz. 20; RTL/Veronica/Endemol, Entscheidung der Kommission v. 20.9.1995, IV/M.553, Tz. 25; CLT/Disney/Super RTL, Entscheidung der Kommission v. 17.5.1995, IV/M.566, Tz. 17.

798 Entscheidung der Kommission v. 20.9.1995, IV/M.553, Tz. 31 ff.

799 Entscheidung der Kommission v. 7.10.1996, IV/M.779, Tz. 24 ff. Dabei kam die Kommission zu dem Ergebnis, daß das von Bertelsmann und Audiofina angemeldete Gemeinschaftsunternehmen CLT-UFA keine beherrschende Stellung auf dem deutschen Fernsehwerbemarkt inne hätte. Zwar kämen die mit CLT-UFA verflochtenen Unternehmen 1995 auf dem deutschen Fernsehwerbemarkt auf einen Anteil von 38 v.H. Die der Kirch-Gruppe zuzurechnenden Unternehmen hätten zusammen jedoch einen Marktanteil von über 50 v.H., so daß von wirksamen Wettbewerb auf dem Markt auszugehen sei. Die Kommission zur Ermittlung der Konzentration im Medienbereich (KEK) hat den Zusammenschluß nach Prüfung als für unbedenklich im Sinne der Vorschriften des Rundfunkstaatsvertrages zur Sicherung der Meinungsvielfalt (§§ 26-34 RfStV 1997) eingestuft. Dabei ist die KEK davon ausgegangen, daß CLT-UFA im Zeitraum 1996 über die Sender RTL,

cc) Markt für Pay-TV

Von dem Markt für werbefinanziertes Fernsehen ist der Pay-TV-Markt abzugrenzen. Während bei werbefinanziertem Fernsehen ein Austauschverhältnis zwischen Programmanbietern und der werbetreibenden Wirtschaft gegeben ist, besteht bei Pay-TV ein Austauschverhältnis zwischen Programmanbietern und Abonnenten. Die Kommission geht deshalb davon aus, daß der Pay-TV-Markt unabhängig von der Übertragungsart (Terrestrik, Kabel, Satellit) als ein eigenständiger Produktmarkt von dem Markt für werbefinanziertes Fernsehen abzugrenzen ist[800].

Die Kommission hat erstmals in der Entscheidung Kirch/Richemont//Telepiu einen Pay-TV-Markt angenommen[801]. Der Entscheidung lag die Anmeldung eines gemeinsamen Kontrollerwerbs an dem italienischen Pay-TV-Anbieter Telepiu S.r.l. durch die Kirch-Gruppe und die Compagnie Financiere Richemont AG zugrunde[802]. Die Kommission kam nach Prüfung des Falles zu dem Ergebnis, daß durch den Zusammenschluß keine beherrschende Stellung auf dem Pay-TV-Markt in Italien begründet wird und genehmigte den Zusammenschluß[803].

Mit Entscheidung vom 9. November 1994 hat die Kommission das Vorhaben der Bertelsmann AG, der Deutsche Bundespost Telekom und der zur Kirch-Gruppe gehörenden Taurus Beteiligungs-GmbH, ein Gemeinschaftsunternehmens unter der Firma MSG Media Service Gesellschaft für die Abwicklung von Pay-TV und verbundenen Diensten mbH (MSG) zu gründen, untersagt[804]. In der Entscheidung hat sich die Kommission eingehend mit dem Markt für Pay-TV in Deutschland befaßt. Das Gemeinschaftsunternehmen MSG, an dem sich die drei Gründungsgesellschafter Bertelsmann, Kirch und

---

RTL 2, Super RTL, Vox und Premiere über einen Zuschaueranteil von 27 v.H. erreicht habe, der die 30 v.H. Grenze deutlich unterschreite, so daß keine vorherrschende Meinungsmacht gegeben sei, vgl. dazu Funkkorrespondenz Nr. 12 v. 20.3.1998. Siehe zu den §§ 26-34 RfStV 1997 im einzelnen unter 2. Abschnitt A I. 4.

800 MSG Media Service, Entscheidung der Kommission v. 9.11.1994, IV/M.469, ABl. EG Nr. L 364/1 WuW/E EV 2231, 2237 f. u. Bertelsmann/Kirch/Premiere, Entscheidung der Kommission v. 27.5.1998, IV/M. 993 ABl. EG L 53/1 v. 27.2.1999, Tz. 18 – WuW/E EU-V 222. Siehe auch die auf die auf der Grundlage der Verordnung Nr. 17 getroffene Entscheidung der Kommission v. 3.2.1999 IV/36-327, ABl. EG 1999 L 90/6 betreffend das Gemeinschaftsunternehmen „Television Par Satellite (TPS)“ der Unternehmen TF 1, France Television, France Telecom, CLT-UFA, M 6 und Suez Lyonnaise des Eaux. Dazu Schnelle/Bartosch, Entwicklung der fusionskontroll-rechtlichen Kommissionspraxis im Medien- und Telekommunikationssektor, in Betriebs Berater 1999, S. 1933, 1936.

801 Entscheidung der Kommission v. 2.8.1994 IV/M.410, ABl. EG Nr. C 225/3, WuW 1994, S. 1020 f.; siehe dazu Schellenberg, Rundfunk-Konzentrationsbekämpfung zu Sicherung des Pluralismus im Rechtsvergleich, 1997, S. 243 sowie die Entscheidung der Kommission v. 5.5.1995 IV/M. 584 in der Sache Kirch/Richmont/Mulitchoice/Telepiu (nicht veröffentlicht).

802 Ebd.

803 Ebd.

804 MSG Media Service - IV/M.469, ABl. EG Nr. L 364/1, WuW/E EV 2231.

Telekom zu gleichen Teilen beteiligen wollten, sollte technische und administrative Dienstleistungen für Pay-TV und andere Kommunikationsdienste anbieten, die dafür erforderliche Infrastruktur bereitstellen sowie die Zugangskontrolle und die Kundenverwaltung übernehmen. Die Kommission ist nach Prüfung des Vorhabens zu dem Ergebnis gelangt, daß durch den Zusammenschluß auf dem Markt für Pay-TV sowie auf dem Markt für TV-Kabelnetze[805] und dem Markt für technische und administrative Dienstleistungen für Pay-TV und andere Kommunikationsdienste[806] eine beherrschende Stellung der Beteiligten entstehen würde[807].

Im Hinblick auf den Markt für Pay-TV nimmt die Kommission wie in der voran gegangenen Entscheidung in der Sache Kirch/Richemont//Telepiu einen eigenständigen, Produktmarkt an[808]. Der Markt sei räumlich wegen des Bezugs auf die Landessprache auf Deutschland beschränkt[809]. Die Kommission hat den Fall dessen ungeachtet nicht an das Bundeskartellamt verwiesen, da in Anbetracht der Größe des deutschen Marktes Auswirkungen auf die Gestaltung der Wettbewerbsbedingungen für digitales Pay-TV in der Gemeinschaft insgesamt zu erwarten gewesen seien[810]. Durch den Zusammenschluß wäre nach Auffassung der Kommission eine auf Dauer angelegte beherrschende Stellung von Bertelsmann und der Kirch-Gruppe auf dem Markt für Pay-TV entstanden, da die beiden Unternehmen durch die Gründung des MSG die Kontrolle über den Zugang zu dem Pay-TV Markt erlangt hätten und damit eine Benachteiligung zukünftiger Wettbewerber zu erwarten gewesen wäre[811]. Dabei sei zu berücksichtigen gewesen, daß Bertelsmann und die Kirch-Gruppe als Mehrheitsgesellschafter von Premiere, dem seinerzeit einzigen Pay-TV Anbieter in Deutschland, bereits eine beherrschende Stellung auf dem Markt innehaben und zudem an den werbefinanzierten Veranstaltern, RTL, RTL 2, Vox, SAT 1, Pro 7, Kabelkanal und DSF beteiligt sind bzw. auf diese Einfluß nehmen könnten. Darüber hinaus verfüge die Kirch-Gruppe über umfangreiche Programmressourcen. Die in diesem Zusammenhang von den betroffenen Unternehmen gemachte Zusage, eine diskriminierungsfreie Behandlung der Kunden der MSG durch marktgerechte Preise, die Verpflichtung, Programminformationen nicht weiterzugeben sowie die Bereitstellung ausreichender Übertragungskapazitäten sicherzustellen, wurde von der Kommission als unzureichend zurückgewiesen. Die Verhaltenszusagen seien nicht hinreichend konkret und nachprüfbar und deshalb ungeeignet, die mit der Gründung der MSG verbundenen strukturellen Probleme auszuräumen, die gerade für das Entstehen

805 Siehe dazu unten 2. Abschnitt B II. 3 a) dd).
806 Siehe dazu unten 2. Abschnitt B II. 3 a) ee).
807 MSG Media Service - IV/M.469, ABl. EG Nr. L 364/1, WuW/E EV 2231, Tz. 73 u. 91 f.
808 Ebd. Tz. 32 f.
809 Ebd. Tz. 45 ff.
810 Vgl. dazu die kritische Stellungnahme des BKartA, Tätigkeitsbericht 1993/94, S. 61f u. S. 136.
811 MSG Media Service - IV/M.469, ABl. EG Nr. L 364/1, WuW/E EV 2231, Tz 74 ff.

einer beherrschenden Stellung auf den relevanten Märkten maßgeblich sei[812].

In der Bertelsmann/CLT Entscheidung vom 7. Oktober 1996[813] hat die Kommission festgestellt, daß die Unterscheidung zwischen frei zugänglichem Fernsehen und Pay-TV möglicherweise wegfallen könne, falls im Zuge der Entwicklung von digitalem Fernsehen[814] „Programmbouquets" angeboten würden, die frei empfangbare und Pay TV Programme kombinieren[815]. Dabei ist nach Auffassung der Kommission jedoch zu berücksichtigen, daß im digitalen ebenso wie im analogen Pay-TV, der Verzicht auf Programmunterbrechungen durch Werbung ein wichtiger Faktor im Wettbewerb um Abonnenten sein wird. Solange sich die Anbieter von Pay-TV daher überwiegend durch Entgelte von Abonnenten und nicht durch Werbung finanzieren, werde auch im digitalen Fernsehen von einem eigenen Produktmarkt für Pay-TV auszugehen sein[816].

Die Pay-TV Märkte in der Gemeinschaft werden von der Kommission in geographischer Hinsicht ebenso wie die Fernsehwerbemärkte überwiegend national abgegrenzt. Die Gründe, die aus Sicht der Kommission gegen die Annahme eines europaweiten Pay-TV Marktes sprechen, sind im wesentlichen dieselben, die für die Abgrenzung nationaler Fernsehwerbemärkte bestimmend sind[817]. Die Anbieterstruktur auf den nationalen Pay-TV Märkten sei indes abweichend von den Märkten für Fernsehwerbung dadurch gekennzeichnet, daß jeweils ein Anbieter in jedem Mitgliedstaat eine überragende oder gar Monopolstellung einnehme: das gelte in Benelux für Filmnet, in Deutschland für Premiere, in Frankreich und Spanien für Canal +, in Großbritannien für BSkyB und in Italien für Telepiu[818].

---

812 MSG Media Service - IV/M.469, ABl. EG Nr. L 364/1, WuW/E EV 2231, Tz. 94 ff.

813 IV/M.779 (nicht .veröffentlicht).

814 Siehe zum digitalen Fernsehen in Deutschland aus jüngster Zeit die beiden Entscheidungen der Kommission vom 27.5.1998 in den Verfahren Bertelsmann/Kirch/Premiere, IV/M.993 u. Deutsche Telekom/Beatresearch, IV/M.1027 ABl. EG L 53/1 v. 27.2.1999 Tz. 22 u. ABl. EG L 53/31 v. 27.2.1999 Tz. 23 f. auch veröffentlicht in WuW/E EU-V 222 ff. u. 237 ff. Zur Einführung von digitalen interaktiven TV-Diensten in England, siehe die Anmeldung nach der Verordnung Nr. 17 der Gründung des Gemeinschaftsunternehmens „British Interactive Broadcasting Limited" (BiB) durch BT Holdings Ltd. British Sky Broadcasting Ltd. („BskyB"), Matsushita Electric Europe Ltd. und Midland Bank plc. Sache IV/36.539, ABl. EG C Nr. 259/3 v. 26.8.1997. Zur Errichtung einer digitalen Plattform für die Verbreitung von Programmen und audio-visuellen Diensten in Frankreich, siehe die Entscheidung der Kommission v. 3.2.1999 IV/36-327, ABl. EG 1999 L 90/6 betreffend das Gemeinschaftsunternehmen „Television Par Satellite (TPS)" der Unternehmen TF 1, France Television, France Telecom, CLT-UFA, M 6 und Suez Lyonnaise des Eaux.

815 Siehe dazu die Vorträge von Bullinger, Niewiarra, Meyrat und Hochstein auf der 81. Tagung des Studienkreises für Presserecht und Pressefreiheit am 23./24.5.1997 in Leipzig zu dem Thema „Verbreitung entgeltlicher Rundfunkprogramme und Mediendiensten in Paketen" abgedr. in AfP 1997, S. 761 ff.

816 Bertelsmann/CLT Entscheidung der Kommission v. 7.10.1996, IV/M.779, Tz. 16.

817 Siehe dazu oben unter 2. Abschnitt B II. 3 a) aa).

818 Entscheidung der Kommission v. 9.11.1994, IV/M.469 MSG Media Service, Tz. 48.

dd) Markt für administrative und technische Dienstleistungen für Pay-TV

Bei dem Markt für technische und administrative Dienstleistungen für Pay-TV handelt es sich um einen der Veranstaltung von Pay-TV vorgelagerten Markt, der die folgenden Dienstleistungen für den Betrieb von Pay-TV umfaßt: (1) die Bereitstellung von Decodern für die Verschlüsselung und Entschlüsselung von Programmen, (2) die Abwicklung der Zugangskontrolle zu den Programmen, (3) die Abonnentenverwaltung gegenüber den Kunden sowie (4) die Abrechnung gegenüber den Programmanbietern[819]. Die Kommission ist in der MSG Media Service Entscheidung davon ausgegangen, daß ein Markt für diese Dienstleistungen in Deutschland noch nicht besteht, da der einzige Pay-TV-Veranstalter in Deutschland, Premiere, die für den Betrieb von Pay-TV erforderlichen Dienstleistungen zur Zeit selbst erbringt, jedoch zu erwarten sei, daß sich ein solcher Markt nach Einführung des digitalen Fernsehens entwickeln wird[820]. MSG wäre nach Einschätzung der Kommission auf absehbare Zeit der einzige Anbieter auf diesem Markt gewesen und hätte damit eine Alleinstellung innegehabt, da mit einem weiteren Marktzutritt nicht zu rechnen sei. Zwar sei eine Alleinstellung auf einem sich erst entwickelnden Zukunftsmarkt nicht zwangsläufig als beherrschende Stellung im Sinne der Fusionskontrollverordnung anzusehen. Im vorliegenden Fall sei jedoch zu befürchten gewesen, daß die MSG nicht nur eine vorübergehende, sondern eine auf Dauer angelegte Alleinstellung auf dem Markt für technische und administrative Dienstleistungen erlangt hätte, mit der Folge, daß der Markt bereits in seiner Entstehungsphase abgeschottet worden wäre. Dabei sei zu berücksichtigen gewesen, daß potentieller Wettbewerb gerade von den Gesellschaftern der MSG zu erwarten gewesen sei, da jedes der drei Unternehmen für sich in der Lage sei die Dienstleistungen zu erbringen[821].

Dem Verfahren "MSG Media Service" kommt über den Medienbereich hinaus weitreichende Bedeutung für die Wettbewerbsbedingungen auf den Märkten für Kommunikations- und Informationsdienste zu, die durch die Konvergenz von Telekommunikation, elektronischen Medien und Datenverarbeitung neu entstehen[822]. Die Entscheidung ist im Kontext der Politik der EU zu sehen, die auf eine Liberalisierung der Telekommunikati-

819 Entscheidung der Kommission v. 9.11.1994, IV/M.469, ABl. EG Nr. L 364/1 WuW/E EV 2231. Siehe auch Bertelsmann/Kirch/Premiere, Entscheidung der Kommission v. 27.5.1998, IV/M. 993 ABl. EG L 53/1 v. 27.2.1999. – WuW/E EU-V 222.

820 Entscheidung der Kommission v. 9.11.1994, IV/M. 469 MSG Media Service, Tz. 20 ff.

821 Ebd. Tz. 55 ff.

822 Siehe dazu EG-Kommission, „Grünbuch zur Konvergenz der Branchen Telekommunikation, Medien und Informationsgesellschaft und ihren ordnungspolitischen Auswirkungen – Ein Schritt in Richtung Informationsgesellschaft" Brüssel, 3.12.1997, KOM (97) 623, endg. BR-Drs. 1064/97, siehe dazu Bartosch, Das Grünbuch über Konvergenz, in ZUM 1998, S. 209 ff. sowie Schmittmann/Stolz, in AfP 1998, S. 43 ff.

onsinfrastruktur und der Kabelfernsehnetze[823] gerichtet ist und die Sicherung gleicher Wettbewerbschancen der neuen Dienste und Netze als Voraussetzung einer Liberalisierung der Netze zum Ziel hat[824].
In der oben bereits erwähnten Entscheidung Bertelsmann/Kirch/Premiere hat die Kommission erwogen, eine Untergliederung des Marktes für technische Dienstleistungen für Pay-TV in zwei selbständige Teilmärkte für Satelliten- und Kabelübertragung anzunehmen, die Marktabgrenzung jedoch im Ergebnis insoweit offen gelassen[825].

ee) *Markt für TV-Kabelnetze*

Die Kommission hat in der MSG Media Service Entscheidung einen eigenständigen Markt für TV- Kabelnetze in Deutschland angenommen[826]. Dabei hat die Kommission das von den Beteiligten vorgebrachte Argument, Kabel-, Satelliten- und terrestrische Übertragung seien aus Sicht der Verbraucher austauschbar, mit der Begründung zurückgewiesen, daß zwischen den Übertragungsformen in technischer und finanzieller Hinsicht für die Verbraucher erhebliche Unterschiede bestünden[827].

Bei der Beurteilung der Auswirkungen des Zusammenschlusses auf den Markt für TV-Kabelnetze in Deutschland, ist die Kommission davon ausgegangen, daß auf dem Markt zum Zeitpunkt der Entscheidung in 1994 ein Monopol der Deutschen Bundespost Telekom bestand, das wirksamen Wettbewerb per se ausgeschlossen hatte. Die Kommission kam dennoch zu dem Ergebnis, daß durch den Zusammenschluß eine Absicherung der Marktstellung der Deutschen Bundespost Telekom bewirkt worden wäre. Dem lag die Annahme zugrunde, daß im Zuge der Liberalisierung der Sprachdienste 1998 mit einer Deregulierung des Marktes für Kabeldienste zu rechnen sei. Vor diesem Hintergrund habe die Gefahr bestanden, daß die Deutsche Bundespost Telekom, die zum Zeitpunkt der Entscheidung über das weltweit größte Kabelnetz mit etwa 14 Millionen angeschlossenen Haushalten sowie über das Monopol beim ortsfesten Telefonnetz verfügte, durch den Verbund mit den führenden Pay-TV Anbietern Bertelsmann und Kirch ihre

823 Siehe EG-Kommission, „Grünbuch über die Liberalisierung der Telekommunikationsinfrastruktur und der Kabelnetze, Teil I, Grundsätze und Zeitrahmen“ Brüssel, 25.10. 1994, KOM (94) 440 endg.; Teil II, „Ein Gemeinsames Konzept zur Bereitstellung einer Infrastruktur für Telekommunikation in der Europäischen Union“ Brüssel, 25.1.1995, KOM (94) 682, endg.

824 Mestmäcker in ders. (Hrsg.), Kommunikation ohne Monopole II. S. 59.

825 Entscheidung der Kommission v. 27.5.1998, IV/M. 993 ABl. EG L 53/1 v. 27.2.1999 Tz. 19 ff. WuW/E EU-V 222.

826 Entscheidung der Kommission v. 9.11.1994, IV/M.469, ABl. EG Nr. L 364/1 WuW/E EV 2231. Siehe auch die Entscheidung der Kommission vom 27.5.1998 in dem Verfahren Deutsche Telekom/Beatresearch, IV/M. 1027, ABl EG L 53/31 v. 27.2.1999 Tz.19 ff. auch veröffentlicht in WuW/E EU-V 237.

827 Entscheidung der Kommission v. 9.11.1994, IV/M.469 Tz. 41.

Stellung als Kabelnetzbetreiber gegenüber zukünftigen Wettbewerbern absichern könnte. Die Deutsche Bundespost Telekom würde durch die Gründung des Gemeinschaftsunternehmens MSG Media Service Einfluß auf die technisch administrative Gestaltung der Beziehungen zwischen den Programmanbietern und den Kunden und damit einen Wettbewerbsvorsprung erlangen. Dabei sei zu berücksichtigen, daß Bertelsmann und die Kirch-Gruppe als potentielle Wettbewerber ausfielen[828].

Die Kommission hatte sich in der Sache Nordic Satellite Distribution erneut mit einem Kabelfernsehmarkt zu befassen[829]. Das Verfahren betraf das Vorhaben der drei skandinavischen Telekommunikationsunternehmen, Norsk Telekom AS (Norwegen), Tele-Dannmark A/S (Dänemark) und Industriförvaltnings AB Kinnevik (Schweden) ein Gemeinschaftsunternehmen unter dem Namen „Nordic Satellite Distribution" (NSD) zu gründen[830]. NSD sollte nach den Plänen der Gründer die Übertragung und Verteilung von Satellitenfernsehprogrammen auf dem nordischen Markt übernehmen und Kabelfernsehbetreibern und direkt empfangbaren Haushalten Satellitenfernsehprogramme andienen[831]. Die Kommission untersagte das Vorhaben, da durch den Zusammenschluß die beherrschende Stellung von TeleDannmark auf dem Kabelfernsehmarkt in Dänemark verstärkt und eine beherrschende Stellung von NSD auf dem Markt für Satellitentransponder-Dienste im nordischen Raum entstanden wäre[832]. Dabei stellte die Kommission im Hinblick auf die Marktabgrenzung wiederum darauf ab, daß aus Sicht der Zuschauer die Übertragungswege (terrestrisch, Satellitendirektempfang und Kabel) sowohl in technischer als auch in finanzieller Hinsicht erheblich voneinander abweichen, so daß getrennte Märkte anzunehmen seien[833].

ff) Markt für die Bereitstellung von Transponderkapazität für Satelliten -TV

In dem Verfahren Nordic Satellite Distribution (NSD) hat die Kommission neben dem Kabelfernsehmarkt auch den Markt für die Bereitstellung von Satellitentransponderkapazität untersucht[834]. Die auf diesem Markt tätigen Unternehmen (Satellitenbetreiber) bringen Satelliten in die Umlaufbahn , betreiben diese und vermieten Transponder für die Übertragung von Fernsehsignalen an Sendeunternehmen[835]. Die Kommission nimmt auch hinsichtlich der Verteilung von Fernsehsignalen über Satellit (Transponder) aus

---

828 Siehe vorherige N. Tz. 92 f.
829 Entscheidung der Kommission v. 19.7.1995, IV/M.490, ABl. Nr. L 53/20, WuW/E EV 2343.
830 Ebd. Tz. 8 ff.
831 Ebd. Tz. 11.
832 Ebd. Tz. 161 ff.
833 Ebd. Tz. 62.
834 Ebd.
835 Entscheidung der Kommission v. 19.7.1995, IV/M.490, ABl. Nr. L 53/20, Tz. 56.

den zuvor genannten Gründen einen eigenständigen Produktmarkt an, da diese Übertragungsart sich wesentlich von der Verteilung über terrestrische Verbindungen unterscheide[836].

Bei der geographischen Marktabgrenzung hat die Kommission in dem Verfahren Nordic Satellite Distribution abweichend von den bisher untersuchten Märkten einen mehrere Mitgliedstaaten umfassenden Markt zugrunde gelegt[837]. Dabei hat die sich die Kommission darauf gestützt, daß die Ausleuchtzone - der Ausschnitt der Erdoberfläche, in dem die via Satellite übertragenen Fernsehsignale direkt empfangbar sind - des von dem Gemeinschaftsunternehmen NSD geplanten Transponders den nordischen Raum, insbesondere die Staaten Dänemark, Schweden, Norwegen und Finnland umfassen sollte[838].

gg) Markt für unabhängige TV-Produktionen

In der vorerwähnten Entscheidung RTL/Veronica/Endemol hat die Kommission neben dem Fernseh- bzw. Zuschauermarkt und dem niederländischen Fernsehwerbemarkt auch den Markt für unabhängig produzierte niederländische TV-Programme untersucht[839]. Dabei hat die Kommission einen eigenständigen Produktmarkt für unabhängige TV-Produktionen angenommen. Die unabhängigen TV-Produzenten konkurrieren nach Auffassung der Kommission nicht mit Eigenproduktionen der öffentlich-rechtlichen und privaten Fernsehveranstalter, da diese in erster Linie dazu dienten, Zuschauer an den Sender zu binden und daher nicht auf dem Markt angeboten würden. Der Markt für unabhängige TV-Produktionen sei demgegenüber dadurch gekennzeichnet, daß die Produktionen den Sendeunternehmen zum Kauf angeboten und von diesen nachgefragt werden[840].

In geographischer Hinsicht geht die Kommission für unabhängige TV-Produktionen ebenso wie für die Fernsehwerbung überwiegend von nationalen Märkten aus[841]. Maßgeblich hierfür sind vor allem kulturelle Unterschiede. So ist die Kommission in dem Verfahren RTL/Veronica/Endemol nach einer Analyse des Marktes für unabhängige niederländische TV-Produktionen zu dem Ergebnis gelangt, daß belgische Fernsehsen-

---

836 Ebd. Tz. 57.

837 Ebd. Tz. 65 ff.

838 Ebd.

839 Entscheidung der Kommission v. 20.9. 1995, IV/M.553, Tz. 24 u. 89 f. Siehe auch Urteil des Gerichts erster Instanz v. 28.4.1999, Rs. T-221/95 „Endemol Entertainment Holding B.V./Kommission“, Tz. 106-112.

840 Entscheidung der Kommission v. 20.9. 1995, IV/M.553 Tz. 24. Das Gericht erster Instanz hat die Marktabgrenzung der Kommission bestätigt und das Argument der Klägerin zurückgewiesen, die Eigenproduktionen der öffentlich-rechtlichen Sender hätten mit einbezogen werden müssen, siehe vorherige N.

841 Ebd. Tz. 29.

der auch im flämischen Teil keine niederländischen Programme und niederländische Sender keine in Belgien produzierten Programme einkaufen. Die Unterschiede zwischen den in beiden Ländern hergestellten Programmen zeigten sich dabei besonders deutlich bei Unterhaltungsprogrammen, insbesondere Fernseh- und Talkshows sowie Programmen mit politischem und kulturellem Gehalt[842]. In der Entscheidung Bertelsmann/CLT hat die Kommission angedeutet, daß im Einzelfall eine weitere räumliche Marktabgrenzung in Betracht kommen könnte[843]. Es sei etwa denkbar, daß ein Markt für TV-Produktionen einen länderübergreifenden Sprachraum umfassen könne. Dabei ließ es die Kommission in dem Verfahren im Ergebnis offen, ob der französischsprachige Teil von Belgien in den relevanten französischen und Österreich in den räumlich relevanten deutschen Markt einzubeziehen sei[844].

hh) Markt für Fernsehrechte und Lizenzen

Das Zusammenschlußvorhaben Bertelsmann/CLT gab der Kommission Anlaß sich neben den betroffenen Märkten für Fernsehwerbung und -produktion auch mit den relevanten Märkten für den Erwerb und die Lizenzierung von Fernsehrechten zu befassen[845]. Dem Verfahren lag die von der Bertelsmann AG und der luxemburgischen Audiofina S.A. angemeldete Gründung des konzentrativen Gemeinschaftsunternehmens CLT-UFA zugrunde. Im Rahmen des Vorhabens haben die Gründungsgesellschafter ihre gesamten, vorher in der Ufa Film – und Fernseh GmbH und der von Audiofina kontrollierten Compagnie Luxembourgeoise de Telediffusion (CLT) zusammengefaßten, Fernseh- und Hörfunkaktivitäten in das Gemeinschaftsunternehmen eingebracht[846]. Die Kommission gab das Vorhaben frei, da durch den Zusammenschluß auf keinem der untersuchten Märkte eine beherrschende Stellung des neuen Unternehmens CLT-UFA entstehen würde[847].

Im Hinblick auf den Erwerb und die Lizenzierung von Fernsehrechten unterscheidet die Kommission zwischen Filmrechten und Sportrechten[848]. Übertragungen von Sportveranstaltungen erreichen nach Einschätzung der Kommission häufig hohe Einschaltquoten und sind daher besonders geeignet ein attraktives Umfeld für Werbespots zu schaffen. Sportrechte zeichnen sich im Gegensatz zu Filmrechten dadurch aus, daß sie zu einem Zeitpunkt erworben werden, in dem häufig, etwa bei Fußballeuropapokalspielen, nicht

842 Entscheidung der Kommission v. 20.9. 1995, IV/M.553 Tz.29.
843 Entscheidung der Kommission v. 7.10.1996, IV/M.779 (nicht veröffentlicht), Tz. 21.
844 Ebd.
845 Ebd.
846 Ebd. Tz. 8 f.
847 Ebd. Tz. 41; siehe dazu oben unter 2. Abschnitt B II. 3 a) bb).
848 Ebd. Tz. 18.

einmal die Teilnehmer feststehen. Es besteht zudem das Risiko, daß die Ausstrahlung einer Sportveranstaltung wegen kurzfristiger Absagen oder Ausscheiden von Sportlern bei einem bestimmten nationalen oder regionalen Publikum an Attraktivität verliert[849]. Aufgrund dieser besonderen Merkmale tendiert die Kommission dazu, einen eigenständigen Produktmarkt für den Erwerb und die Lizenzierung von Sportrechten anzunehmen[850]. In der Entscheidung Bertelsmann/CLT hat die Kommission die Marktabgrenzung jedoch offen gelassen, da auch bei einer engen Marktabgrenzung keine beherrschende Stellung entstanden wäre[851].

Bei der räumlichen Marktabgrenzung geht die Kommission auch hinsichtlich des Erwerbs und der Lizenzierung von Fernsehrechten von nationalen Märkten aus[852]. In der Entscheidung CLT/ Disney/Super RTL, welche die Gründung eines Veranstalters von familienorientierten Fernsehprogrammen in Deutschland unter dem Namen „Super RTL" durch The Walt Disney Corporation und CLT betraf, begründete die Kommission die Annahme eines auf Deutschland beschränkten Marktes damit, daß die Ausstrahlung des Programms von Super RTL aufgrund der von der zuständigen Landesmedienanstalt erteilten Sendeerlaubnis auf Deutschland beschränkt sei[853]. Die Beteiligten hatten demgegenüber argumentiert, daß Filmrechte zunehmend europaweit vergeben würden einschließlich der Möglichkeit Unterlizenzen für einzelne Länder zu erteilen[854]. In der Entscheidung Bertelsmann/CLT stellte die Kommission fest, daß trotz der teilweise weltweiten Nachfrage nach den Rechten für bestimmte internationale Sportereignisse oder Spielfilme überwiegend von einer Vergabe der Rechte nach Ländern oder zumindest Sprachräumen auszugehen sei[855]. Für die Entscheidung kam es auf eine exakte Marktabgrenzung indes nicht an, da auch bei einer engen Marktdefinition nicht von einer beherrschenden Stellung auszugehen war, so daß die Kommission auch diese Marktabgrenzung im Ergebnis offen lassen konnte[856].

b) Begründung oder Verstärkung einer marktbeherrschenden Stellung

Ein Zusammenschluß ist für unvereinbar mit dem Gemeinsamen Markt zu erklären, wenn er eine beherrschende Stellung begründet oder verstärkt, durch die wirksamer Wettbewerb im Gemeinsamen Markt oder einem wesentlichen Teil desselben erheblich

---

849 Entscheidung der Kommission v. 7.10.1996, IV/M.779, Tz. 18
850 Ebd.
851 Ebd.
852 Bertelsmann/CLT Entscheidung der Kommission v. 7.10.1996, IV/M.779, Tz. 21; CLT/Disney/Super RTL, Entscheidung der Kommission v. 17.5.1995, IV/M. 566, Tz. 18.
853 Entscheidung der Kommission v. 17.5.1995, IV/M. 566, Tz. 18.
854 Ebd.
855 Bertelsmann/CLT Entscheidung der Kommission v. 7.10.1996, IV/M.779, Tz. 21.
856 Ebd.

behindert wird (Art. 2 Abs. 3 FKVO). Die Vorschrift ist vom Wortlaut her weitgehend an Art. 82 EG-Vertrag (früher Art. 86 EG-Vertrag) angelehnt, so daß die Rechtsprechung und das Schrifttum zu dieser Vorschrift bei der Auslegung des Begriffs der beherrschenden Stellung herangezogen werden können[857]. Die Feststellung einer beherrschenden Stellung erfolgt mit Hilfe der in Art. 2 Abs.1 FKVO enthaltenen Indikatoren, die überwiegend aus der Rechtsprechung und der Verwaltungspraxis zu Art. 82 EG-Vertrag übernommen wurden[858]. Zu berücksichtigen sind danach die Marktstruktur, die Marktstellung der beteiligten Unternehmen, die Wahlmöglichkeiten der Lieferanten und Abnehmer, der Zugang zu Beschaffungs- und Absatzmärkten, Marktzutrittsschranken, die Entwicklung von Angebot und Nachfrage, Verbraucherinteressen sowie die Entwicklung des technischen und wirtschaftlichen Fortschritts (Art. 2 Abs. 1 lit. a und b FKVO). Entscheidende Bedeutung kommt dem Marktanteil zu[859]. Ein Anteil unter 25 vH kann nach dem 15. Erwägungsgrund der Verordnung ein Indiz für die Vereinbarkeit eines Zusammenschlusses mit dem Gemeinsamen Markt sein. Es lassen sich indessen keine allgemeingültigen Aussagen machen, von welchem Marktanteil an von einer Marktbeherrschung auszugehen ist[860]. Maßgeblich sind jeweils die Strukturen des betroffenen Einzelmarktes und der tatsächliche oder potentielle Wettbewerb, der auf diesem besteht[861].

Ziel der Verordnung ist es, den Wettbewerb im Binnenmarkt vor Verfälschungen zu schützen (Art. 3 g) EG-Vertrag[862]. Die Beurteilung von Fusionen ist dementsprechend an wettbewerblichen Kriterien zu orientieren. Dem Tatbestand der "Entwicklung des technischen und wirtschaftlichen Fortschritts" in Art. 2 Abs. 1 lit b FKVO kommt in diesem Zusammenhang keine gegenteilige Bedeutung zu. Die Bestimmung stellt kein "Einfallstor" für außerwettbewerbliche Ziele dar[863]. Aus der Protokollerklärung der Kommission zu Art. 2 FKVO geht hervor, daß mit der Vorschrift den Interessen von Mitgliedstaaten mit unzulänglichen industriellen Strukturen Rechnung getragen werden sollte, ohne dadurch die wettbewerbliche Zielsetzung der Verordnung einzuschränken[864]. In diesem Sinne ist auch der 13. Erwägungsgrund der Verordnung zu verstehen,

---

857 Schröter, in Groeben/Thiesing/Ehlermann, Kommentar zum EWG-Vertrag, 4. Aufl. Art.87 – Zweiter Teil, Rdnr. 268; ders. Art. 86 Rdnr. 51 ff.

858 Immenga, in Immenga/Mestmäcker, EG-WbR. S. 819 ff. Vgl. zu der Entscheidungspraxis zu Art. 82 EG-Vertrag (Art. 86 EG-Vertrag a.F.), Schröter a.a.O. Rdnr. 270 u. Art. 86 Rdnr. 71 ff.; Koch, in Grabitz, EWG-Vertrag, nach Art. 86 Rdnr. 30; Art. 86 Rdnr. 20 ff.

859 Mestmäcker, in Immenga/Mestmäcker, GWB, vor § 23 Rdnr. 208.

860 Vgl. dazu Mestmäcker a.a.O.; Koch a.a.O. Rdnr. 21, jeweils m.w.N.

861 Siehe ausführlich, Ablasser, Medienmarkt und Fusionskontrolle, S 183 ff. m.w.N. sowie Albers, in Groeben/Thiesing/Ehlermann, Kommentar zum EWG-Vertrag, 5. Aufl. 1999, Bd. 2. S. 1222 ff.

862 Vgl. Art. 3 g EG-Vertrag sowie Erwägungsgrund Nr. 1. der FKVO.

863 Schröter a.a.O. Art.87 -Zweiter Teil, Rdnr. 273 f. sowie ausführlich Ablasser a.a.O. S. 217 ff. m.w.N. aus der Entscheidungspraxis der Kommission.

864 Erklärung für das Ratsprotokoll v.19.12.1989, zu Art. 2 Abs. 1 und 13. Erwägungsgrund der

auf den sich die Kommission bei ihrer Erklärung zu Art. 2 Abs. 1 FKVO bezieht. Die Bezugnahme auf die allgemeinen Vertragsziele des EG-Vertrages in dem Erwägungsgrund ist demgemäß in dem erläuterten Zusammenhang zu sehen. Sie hat nicht zur Folge, daß die Kommission bei der Beurteilung eines Zusammenschlusses andere als wettbewerbliche Zielsetzungen berücksichtigt.

Die Fusionskontrollverordnung läßt somit keinen Raum für die Berücksichtigung "außerwettbewerblicher" Ziele[865]. Die Kommission kann einen Zusammenschluß im Medienbereich demnach nicht zum Schutz der Medienvielfalt als solcher untersagen. Das ergibt sich auch aus Art. 21 Abs. 3 FKVO. Die Vorschrift weist die Zuständigkeit für Maßnahmen zum Schutz der Medienvielfalt ausdrücklich den Mitgliedstaaten zu[866]. Voraussetzung für die Untersagung eines Zusammenschlusses im Medienbereich auf der Grundlage der Fusionskontrollverordnung ist demnach, daß durch den Zusammenschluß eine beherrschende Stellung auf einem der vorstehend beschriebenen Fernsehmärkte (Zuschauer[867]-, Werbe[868]-, Pay-TV[869]-, Kabel-TV[870]-, Produktionen[871]- und Fernsehrechte-Lizenzmärkte[872]) oder einem Markt für technische Leistungen im Zusammenhang mit Fernsehen[873] entsteht[874].

Die Kommission hat bislang fünf den Medienbereich betreffende Zusammenschlüsse untersagt. Davon betrafen die Entscheidungen RTL/Veronica/Endemol[875] und Bertelsmann/Kirch/Premiere[876] Fernsehmärkte (Free TV und Pay TV) und die Märkte für Fernsehrechte und Lizenzen sowie unabhängige TV Produktionen, während sich die Ent-

---

FKVO, abgedruckt in WuW 1990, S. 241; vgl. dazu Koch a.a.O. Art.86 Rdnr.30; Schröter a.a.O.; Immenga, Die Sicherung unverfälschten Wettbewerbs durch Europäische Fusionskontrolle in WuW 1990, S. 371 ff.

865 Vgl. hierzu auch die Erklärung des vormals für Wettbewerb zuständigen EG-Kommissars, Sir Leon Brittan: "Die Verordnung ist (...) in der Wettbewerbspolitik begründet, und sie verfolgt das alleinige Ziel, diese Politik auf systematische und umfassende Weise zur Anwendung zu bringen. Sie hat nicht die Aufgabe andere Probleme zu lösen, die sich im Zuge eines Zusammenschlusses ergeben", abgedr. in WuW 1991, S. 29, 30 f.

866 EG-Kommission, Grünbuch - Pluralismus und Medienkonzentration im Binnenmarkt, KOM (92) 480 endg. 23.12.1992, S. 84 f. Siehe dazu Ablasser, a.a.O. S. 96 ff. 103 ff. unter Bezugnahme auf den soweit ersichtlich bisher einzigen Fall – Newspaper Publishing. Entscheidung der Kommission vom 14.3.1994, ABl. Nr. C 085, IV M 423 – in dem ein Mitgliedstaat von der Ausnahmevorschrift des Art. 21 Abs. 3 FKVO Gebrauch gemacht hat.

867 Siehe oben 2.Abschnitt 2 B II. 3 a) aa).

868 Ebd. 3 a) bb).

869 Ebd. 3 a) cc).

870 Ebd. 3 a) ee).

871 Ebd. 3 a) gg).

872 Ebd. 3 a) hh).

873 Ebd. 3 a) dd) u ff).

874 Siehe dazu ausführlich Ablasser, Medienmarkt und Fusionskontrolle, S. 181 ff.

875 Entscheidung der Kommission v. 20.9. 1995, IV/M.553, ABl. EG Nr. L 134/32, WuW/E 2371, siehe dazu oben unter 2. Abschnitt B II. 3 a) aa).

876 Entscheidung der Kommission vom 27.5.1998, IV/M.993 ABl. EG L 53/1 v. 27.2.1999 sowie WuW/E EU-V 222.

scheidungen MSG Media Service[877], Nordic Satellite Distribution[878] und Deutsche Telekom/Betaresearch[879] auf die den Fernsehmärkten vorgelagerten Märkte für technische Dienstleistungen für Pay-TV, TV-Kabelnetze und die Bereitstellung von Transponderkapazität für Satelliten-TV bezogen. Die Entscheidungen Bertelsmann/Kirch/Premiere[880] und Deutsche Telekom/Betaresearch[881] hatten die Einführung des digitalen Fernsehens in Deutschland zum Gegenstand[882].

Die Untersagung des Zusammenschlusses RTL/Veronica/Endemol wurde von der Kommission damit begründet, daß der Zusammenschluß eine beherrschenden Stellung der Holland Media Groep S.A. (HMG) auf dem niederländischen Fernsehwerbemarkt und zudem zur Stärkung der beherrschenden Stellung von Endemol auf dem Markt der unabhängigen Fernsehproduktionen in den Niederlanden führen würde[883]. Das Gemeinschaftsunternehmen sollte die niederländischen Programme RTL 4 und RTL 5 des Fernsehveranstalters RTL 4 S.A. zusammen mit dem neuen kommerziellen niederländischen Sender Veronica betreiben und die Zulieferung von Programmen für die drei Sender durch Endemol sicherstellen[884]. Hintergrund des Vorhabens war die 1995 vollzogene Umwandlung von „Veronica", des bis dahin erfolgreichsten öffentlich-rechtlichen Senders in den Niederlanden, in einen kommerziellen Veranstalter[885]. Durch diesen Schritt wäre Veronica zu einem der Hauptkonkurrenten der privaten niederländischen Sender RTL 4 und RTL 5 geworden[886]. Der Zusammenschluß hätte HMG demgegenüber die Möglichkeit eröffnet, die Programme der drei Sender zu koordinieren und auf die einzelnen Zuschauergruppen abzustimmen[887]. Dadurch hätte HMG eine starke Stellung auf

877 Entscheidung der Kommission v. 9.11.1994, IV/M.469, ABl. EG Nr. L 364/1, WuW/E EV 2231, siehe dazu oben unter 2. Abschnitt B II. 3 a) cc) u. dd).

878 Entscheidung der Kommission v. 19.7.1995, IV/M.490, ABl. EG Nr. L 53/20, WuW/E EV 2343, siehe dazu oben unter 2. Abschnitt B II. 3 a) ff.).

879 Entscheidung der Kommission vom 27.5.1998, IV/M.1027 ABl EG L 53/31 v. 27.2.1999 sowie WuW/E EU-V 237.

880 Entscheidung der Kommission vom 27.5.1998, IV/M. 993 ABl. EG L 53/1 v. 27.2.1999 sowie WuW/E EU-V 222.

881 Entscheidung der Kommission vom 27.5.1998, IV/M. 1027 ABl. EG L 53/31 v. 27.2.1999 sowie WuW/E EU-V 237.

882 Siehe dazu auch die Untersagungsverfügung des BKartA v. 1.10.1998 „Premiere", WuW/E DE-V 53, dazu oben näher unter 2. Abschnitt B I. 3 a) cc) sowie den Beschluß der KEK vom 26.1.1999, Az. KEK 026 in dem Verfahren auf Zulassung der Premiere Medien GmbH & Co. KG zur Veranstaltung von digitalen Pay-TV-Programmen, die denselben Sachverhaltskomplex betreffen. Siehe dazu näher oben unter 2. Abschnitt A.I.4. a) aa) sowie im letzten Tätigkeitsbericht der KEK für den Zeitraum 1998/1999, S. 11 ff.

883 Entscheidung der Kommission v. 20.9. 1995, IV/M.553, Tz. 115, siehe oben 2. Abschnitt B II. 3 a) aa). Siehe zu der Entscheidung Ablasser, Medienmarkt und Fusionskontrolle 1998, S. 108 ff.

884 Ebd. Tz. 6 ff.

885 Entscheidung der Kommission v. 20.9. 1995, IV/M.553, Tz 42.

886 Ebd. Tz. 43.

887 Ebd.

dem niederländischen Fernsehmarkt erlangt[888] und wäre als unangefochtener Marktführer auf dem niederländischen Fernsehwerbemarkt in der Lage gewesen, insbesondere den Marktzutritt von neuen Wettbewerbern zu erschweren[889]. Durch den Zusammenschluß wäre zudem die beherrschenden Stellung von Endemol auf dem Markt der unabhängigen Fernsehproduktionen in den Niederlanden gestärkt worden[890]. Zwar war Endemol bereits vor der Fusion der wichtigste Programmlieferant für RTL 4, RTL 5 und Veronica. Durch die Beteiligung an HMG wäre die Marktstellung von Endemol nach Auffassung der Kommission indes weiter verstärkt worden, da Endemol dann über eine sichere, umfangreiche Verkaufsbasis für seine Produktionen verfügt hätte, die von Konkurrenten nicht mehr hätte angegriffen werden können[891]. Die Kommission sah sich in dieser Annahme zudem durch eine zwischen Endemol und HMG vereinbarte Abnahmegarantie bestätigt[892]. Kein anderer unabhängiger TV-Produzent in den Niederlanden verfügte über eine vergleichbar gesicherte Absatzbasis für seine Produktionen und die Möglichkeit der Einflußnahme auf die Einkäufe eines Fernsehsenders[893]. Aus den dargelegten Gründen hat die Kommission den Zusammenschluß untersagt[894]. Der Zusammenschluß war jedoch bereits im Zeitpunkt der Entscheidung vollzogen[895], da das Vollzugsverbot gem. Art. 7 FKVO nicht anwendbar war[896]. Die Kommission hat indes zunächst auf die Anordnung von Entflechtungsmaßnahmen nach Art. 8 Abs. 4 FKVO verzichtet und die Beteiligten statt dessen aufgefordert, Maßnahmen vorzuschlagen, die geeignet sind wirksamen Wettbewerb auf den vorgenannten Märkten wiederherzustellen[897]. Endemol hat sich daraufhin im Frühjahr 1996 vollständig aus HMG zurückgezogen. Des weiteren verpflichtete sich HMG den Betrieb von RTL 5 als Vollprogramm einzustellen und dafür ein Nachrichtenprogramm zu senden. Die Kommission erklärte den Zusammenschluß daraufhin für mit dem Gemeinsamen Markt vereinbar[898].

Für die Untersagung des Zusammenschlußvorhabens Bertelsmann/Kirch/Premiere war aus Sicht der Kommission ausschlaggebend, daß durch den Zusammenschluß die marktbeherrschende Stellung von Premiere auf dem Markt für Pay-TV in Deutschland

---

888 Ebd. Tz. 64.
889 Ebd. Tz. 87.
890 Ebd. Tz. 105.
891 Ebd. Tz. 98.
892 Ebd.
893 Ebd. Tz. 99.
894 Ebd. Tz. 115.
895 Ebd. Tz. 116.
896 Ebd. Tz. 6. Die Kommission hat den Zusammenschluß auf Antrag der niederländischen Regierung nach Art. 22 FKVO untersucht, da die Schwellenwerte des Art. 1 Abs. 2 FKVO nicht erreicht waren. In dem Verfahren nach Art. 22 FKVO finden die Vorschriften über die Aussetzung des Vollzugs von Zusammenschlüssen keine Anwendung. Siehe zu dem Verfahren und der Entscheidung Ablasser, Medienmarkt und Fusionskontrolle, 1998, S. 108 ff.
897 Art. 1 der Entscheidung v. 20.9. 1995, IV/M. 553.
898 Entscheidung der Kommission v. 17.7. 1996, ABl. EG Nr. L 294/14.

dauerhaft verstärkt worden wäre[899]. An der Premiere Medien GmbH & Co. KG („Premiere“), dem mit ca. 1,5 Mio. Abonnenten mit Abstand führenden Pay-TV Anbieter in Deutschland, waren zum Zeitpunkt der Entscheidung CLT-UFA (Bertelsmann) und Canal + jeweils mit 37,5 v.H. und die Kirch-Gruppe mit 25 v.H. beteiligt[900]. Im Rahmen des angemeldeten Vorhabens war geplant, Premiere unter Ausscheiden von Canal + aus dem Gesellschafterkreis in ein paritätisches Gemeinschaftsunternehmen von CLT-UFA und Kirch umzuwandeln. Des weiteren beabsichtigte die Kirch-Gruppe, den Betrieb des Pay-TV Veranstalters DF 1, dem mit ca. 100.000 Abonnenten einzigen Wettbewerber von Premiere auf dem Pay-TV Markt, einzustellen und Vermögenswerte von DF 1 sowie dem Sportsender DSF in Premiere einzubringen[901]. Durch das Ausscheiden von DF 1 aus dem Markt, hätte Premiere praktisch eine Alleinstellung auf dem Pay TV Markt in Deutschland erlangt. Premiere hätte zudem über die attraktivsten und umfassendsten Programmressourcen verfügt[902]. Es sei ferner zu erwarten gewesen, daß CLT/UFA (Bertelsmann) und Kirch einen kombinierten Einkauf von Pay-TV und Free TV Rechten anstreben und durch den Zusammenschluß in der Lage gewesen wären, ihre Programmstrategien im Free-TV und Pay-TV aufeinander abzustimmen (sog. Komplementärprogrammierung)[903]. Beide Faktoren hätten eine weitere Verstärkung der Marktstellung von Premiere im deutschen Pay-TV Markt zur Folge gehabt[904]. Der durch die vorgenannten Umstände begründete wettbewerbliche Verhaltensspielraum von Premiere wird nach Auffassung der Kommission nicht in erheblicher Weise durch den „Wettbewerbsdruck“ des öffentlich-rechtlichen Fernsehens kontrolliert[905]. Es sei zwar richtig, daß zwischen Pay-TV und Free-TV, obwohl diese wie dargelegt eigenständige Märkte bilden, eine Wechselbeziehung bestehe. Je attraktiver das Programm der werbe- und gebührenfinanzierten Veranstalter sei, desto geringer sei der Anreiz zusätzlich zu den freien Sendern Pay-TV zu abonnieren. Nach Auffassung der Kommission bestehen jedoch keine direkten Wettbewerbsbeziehungen zwischen Free-TV und Pay-TV. So sei entgegen dem Vortrag der beteiligten Unternehmen nicht nachgewiesen, daß Wettbewerb zwischen freien und entgeltfinanzierten Sendern um Einschaltquoten statt finde. Dies belege eine Studie der GFK-Fernsehforschung, nach der Pay-TV-Abonnenten durchschnittlich ca. 90 % ihres „Zeitbudgets“ für Free-TV und nur 10 % für Pay-TV verwenden. Daß die Pay-TV-Nutzer bereit sind für Pay-TV, trotz der relativ geringen Nutzung (10 % des Fernsehkonsums), neben den Gebühren für das öffentlich-rechtliche

899 Entscheidung der Kommission vom 27.5.1998, IV/M. 993 ABl. EG L 53/l v. 27.2.1999 Tz. 100.
900 Ebd. Tz. 8
901 Ebd.
902 Ebd. Tz. 30 ff.
903 Ebd. Tz. 87 ff. u. 95 ff.
904 Ebd. Tz. 99.
905 Ebd. Tz. 43 ff. u. 77 ff.

Fernsehen weitere 30 – 50 DM monatlich zu zahlen, zeige, daß der wirtschaftliche Erfolg von Pay-TV gerade nicht von Einschaltquoten abhänge, sondern ein eigenständiges Produkt mit einem spezifischen „Zusatznutzen“ für den Kunden sei[906]. Schließlich wies die Kommission unter Bezugnahme auf die Kali + Salz Entscheidung des EuGH[907] auch das Argument der Parteien zurück, daß DF 1 auch ohne das Zusammenschlußvorhaben aufgrund der hohen Anlaufverluste aus dem Markt ausgeschieden wäre und Premiere damit eine Alleinstellung erlangt hätte. Die Parteien hätten nicht zur Überzeugung der Kommission nachweisen können, daß Premiere auch im Falle einer Untersagung des Zusammenschlußvorhabens zwangsläufig ihre marktbeherrschende Stellung verstärken würde. Selbst wenn der Betrieb von DF 1 eingestellt werden sollte, wären die negativen Folgen durch den Zusammenschluß überwiegend, da durch das Vorhaben zusätzlich sämtliche Vermögenswerte von DF 1 sowie die Pay-TV Rechte der Kirch-Gruppe in Premiere eingebracht werden sollten[908].

4. Zusammenfassung

Die Entscheidungen der Kommission in den Verfahren RTL/Veronica/Endemol und Bertelsmann/Kirch/Premiere haben gezeigt, daß das EG-Wettbewerbsrecht durch die Sicherung wirksamen Wettbewerbs auf den betroffenen Fernsehmärkten sowie den vor- und nachgelagerten Märkten einen wesentlichen Beitrag zur Sicherung von Medienvielfalt im Binnenmarkt leisten kann. Die Kommission kann nach Art. 22 FKVO auf Antrag der nationalen Regierungen auch dann tätig werden, wenn die in Art. 1 Abs. 2 FKVO vorgesehenen Umsatzschwellen nicht erreicht werden. Die Kommission hat in mittlerweile sieben Entscheidungen zu Fusionen im Medienbereich wesentliche Produktmärkte und geographisch relevante Märkte im Fernsehsektor abgegrenzt und untersucht. Dabei unterscheidet die Kommission im Rahmen der originären Fernsehmärkte zwischen Zuschauer-, Werbe-, Pay-TV- Markt sowie Märkten für unabhängige TV- Produktionen und den Erwerb und die Lizenzierung von Fernsehrechten. Dem Zuschauermarkt kommt in der Praxis der Kommission neben dem Fernsehwerbemarkt keine eigenständige Bedeutung zu. Die Märkte für Pay-TV sieht die Kommission als eigenständige Produktmärkte an. Bei der geographischen Marktabgrenzung nimmt die Kommission aufgrund der bestehenden Sprachbarrieren, kultureller Schranken sowie unterschiedlicher Regulierungssysteme im Medienbereich in den einzelnen Mitgliedstaaten überwiegend nationale Märkte an.

---

906 Entscheidung der Kommission vom 27.5.1998, IV/M. 993 Tz. 44 f. u. 87 f.
907 Urteil vom 31.3.1998, verb. Rs. C-68/94 u. C-30/95, Slg. 1998, S. I-1375.
908 Entscheidung der Kommission vom 27.5.1998, IV/M. 993, Tz. 69 ff., 76.

Neben den Fernsehmärkten kommt den Märkten für technische Leistungen im Zusammenhang mit Fernsehen einschließlich der Märkte für Kabel-TV-Netze in der Entscheidungspraxis der Kommission zunehmende Bedeutung zu. Die Leitentscheidung der Kommission in dem Verfahren "MSG Media Service" hat über den Medienbereich hinausreichende Auswirkungen auf die Wettbewerbsbedingungen auf den infolge der Konvergenz von Telekommunikation, elektronischen Medien und Datenverarbeitung, neu entstehenden Märkten für Kommunikations- und Informationsdienste. Die Entscheidung ist im Kontext einer auf die Liberalisierung der Telekommunikationsinfrastruktur und der Kabelfernsehnetze gerichteten Politik der EU zu sehen. Dabei wird es darauf ankommen zu verhindern, daß sich strategische Allianzen oder Gemeinschaftsunternehmen bilden, die durch überragende Marktstellungen die neu entstehenden Märkte von Beginn an abschotten. Eine solche Gefahr besteht insbesondere, wie in dem Fall "MSG Media Service" exemplarisch deutlich geworden ist, wenn Unternehmen, die in den herkömmlichen Medien- bzw. Telekommunikationsmärkten eine überragende Marktstellung innehaben, versuchen, diese auf neue Märkte auszudehnen.

3. Abschnitt Medienkonzentration und Medienvielfalt im Binnenmarkt

A. Ausgangslage

I. Die Entschließungen des Europäischen Parlaments

Das Europäische Parlament hat die Kommission ersucht, Maßnahmen zur Kontrolle und Beschränkung der Medienkonzentration vorzuschlagen[1]. Diese Maßnahmen sollten nach Auffassung des Parlaments in Gestalt einer Antikonzentrations-Richtlinie getroffen werden und vornehmlich zwei Zielen dienen: zum einen der Harmonisierung nationaler Vorschriften zum Schutz der Medienvielfalt und zum anderen der Sicherung der Meinungsvielfalt bei Konzentrationsvorgängen von gemeinschaftsweiter Dimension. Die Maßnahmen sollten ferner die Verbesserung der Zugangsbedingungen für Aktivitäten im Medienbereich und eine möglichst große Zahl von Medienanbietern in einem bestimmten Verbreitungsgebiet gewährleisten[2]. Das Parlament geht nicht ausdrücklich auf die Rechtsgrundlage für die vorgeschlagenen Maßnahmen ein. In der Entschließung vom 16. September 1992 wird in diesem Zusammenhang auf den 16. Erwägungsgrund der Fernsehrichtlinie vom 3. Oktober 1989[3]. Bezug genommen. Dort heißt es, daß "die Mitgliedstaaten dafür Sorge tragen, daß Handlungen unterbleiben, die (...) die Entstehung beherrschender Stellungen begünstigen könnten, welche zu Beschränkungen des Pluralismus und der Freiheit der Fernsehinformation (...) führen können"[4]. Daran anknüpfend stellt das Parlament fest, daß die Medienkonzentration in Anbetracht ihrer europäischen und weltweiten Dimension nicht mehr national geregelt werden könne. Die Mitgliedstaaten und die Europäische Gemeinschaft seien für die Sicherung und die Entwicklung des Pluralismus verantwortlich[5]. Das Europäische Parlament geht damit offensichtlich davon aus, daß neben den Mitgliedstaaten auch die Gemeinschaft zuständig ist, um Maßnahmen zum Schutz der Medienvielfalt zu treffen. Das Parlament bekräftigte seinen Standpunkt in einer am 20. Januar 1994 verabschiedeten weiteren Ent-

---

1 Entschließung v. 15.2.1990 zur Konzentration im Medienbereich, ABl. C 68 v. 19.3.1990, S. 137; Entschließung v. 16.9.1992 zur Medienkonzentration und Meinungsvielfalt, ABl. C 284 v. 2.11.1992, S. 44.

2 Entschließung v. 16.9.1992, ABl. C 284 v.2.11.1992, S. 48.

3 Richtlinie des Rates vom 3. 10. 1989 zur Koordinierung bestimmter Rechts- und Verwaltungsvorschriften der Mitgliedstaaten über die Ausübung der Fernsehtätigkeit, ABl. L 298 v. 17.10.1989, S. 24.

4 Ebd.

5 Ebd.

schließung und wiederholte seine Aufforderung an die Kommission, einen Richtlinienvorschlag vorzulegen, der die nationalen Beschränkungen der Medienkonzentration harmonisiert und der Kommission die Möglichkeit einräumt bei "pluralismusgefährdenden" Konzentrationsvorgängen von europäischer Dimension einzuschreiten[6].

II. Stellungnahme der Kommission

In einer ersten Stellungnahme zu der Entschließung des Europäischen Parlaments hat die Kommission erklärt, daß sie nur in den Grenzen der Zuständigkeit und unter Beachtung des Grundsatzes der Subsidiarität tätig werden könne und solle. Es werde geprüft, wie die Gemeinschaft dazu beitragen kann, ein Maximum an Medienvielfalt innerhalb des Binnenmarktes zu erhalten[7]. Die Kommission hat ihre Einschätzung der Notwendigkeit einer Gemeinschaftsaktion in diesem Zusammenhang so dann in dem Grünbuch über "Pluralismus und Medienkonzentration im Binnenmarkt" zusammengefaßt, das am 23. Dezember 1992 angenommen wurde[8]. Die Kommission geht in dem Grünbuch davon aus, daß in erster Linie die Mitgliedstaaten zum Schutz des Pluralismus in den Medien zuständig sind[9]. Ein Tätigwerden der Gemeinschaft zum Schutz der Medienvielfalt als solcher kommt nach Auffassung der Kommission demnach nicht in Betracht[10]. Damit stehe indes noch nicht fest, daß ein Tätigwerden der Gemeinschaft in diesem Bereich generell ausscheidet. Denn die einzelstaatlichen Vorschriften zum Schutz des Pluralismus könnten wegen ihrer Unterschiedlichkeit ein Hindernis für das Funktionieren des Binnenmarktes darstellen[11]. Eine Maßnahme der Gemeinschaft könne daher unter dem Gesichtspunkt der Verwirklichung des Binnenmarktes im Medienbereich erforderlich sein. Eine solche auf Art. 14 (früher Art. 7 a) i.V.m. Art. 47 Abs.2 (früher Art. 57 Abs. 2) EG-Vertrag gestützte Maßnahme müßte dann notwendigerweise auch dem Schutz der Medienvielfalt Rechnung tragen[12]. Die Kommission war zunächst davon ausgegangen, daß die Hemmnisse für den Binnenmarkt aufgrund der unterschiedlichen nationalen Konzentrationsregeln im Medienbereich weitgehend potentieller Natur seien, da die Unternehmen überwiegend nationale Strategien verfolgten[13]. Nach Abschluß der ersten Phase des auf der Grundlage des Grünbuchs eingeleiteten Konsul-

6 ABl. C 44 v. 14.2.1994, S. 177.
7 Verhandlungen des EP, Vorläufige Ausgabe v. 9.7. 1992, S. 351-352.
8 KOM(92) 480 endg.
9 Ebd. S. 7.
10 Ebd. S. 97.
11 Ebd. S. 86 ff.
12 Ebd. S. 105 f.
13 KOM(92) 480 endg S. 98.

tationsprozesses nahm sie demgegenüber auch im Hinblick auf die zwischenzeitlich veränderten politischen, wirtschaftlichen und technologischen Rahmenbedingungen an, daß eine Gemeinschaftsregelung zur Angleichung der innerstaatlichen Rechtsvorschriften zum Medieneigentum notwendig sei und teilte diese Auffassung dem Rat mit.[14]
Im Herbst 1996 erarbeitete die Kommission anschließend auf der Grundlage des Grünbuchs einen ersten inoffiziellen Entwurf für einen Vorschlag einer „Richtlinie zum Medienpluralismus“ [15]. Der Entwurf wurde nicht veröffentlicht und von der Kommission später zurückgenommen[16]. Im März 1997 legte die Kommission dann einen zweiten inoffiziellen Entwurf für einen Richtlinienvorschlag unter dem Titel „Medieneigentum im Binnenmarkt“[17] vor, der innerhalb der Kommission sowie mit den betroffenen Medienunternehmen und Verbänden diskutiert wurde. Der offenbar auch innerhalb der Kommission nicht unumstrittene Entwurf ist bei einzelnen Mitgliedstaaten und Verbänden auf heftige Kritik gestoßen[18]. Es ist derzeit nicht absehbar, ob die Kommission einen Richtlinienvorschlag vorlegen und im Bereich Medienkonzentration tätig werden wird[19].

B. *Das Grünbuch der Kommission über Pluralismus und Medienkonzentration im Binnenmarkt*

Das Ziel des Grünbuchs der Kommission zu Pluralismus und Medienkonzentration im Binnenmarkt ist es, die Notwendigkeit einer Gemeinschaftsaktion im Hinblick auf Konzentrationstendenzen im Medienbereich (Fernsehen, Hörfunk, Presse) zu beurteilen[20].

---

14 KOM(94) 353 endg. v. 5.10.1994 = BR-Drs. 1049/94 Siehe hierzu auch die zustimmenden Stellungnahmen des Wirtschafts- und Sozialausschusses vom 10.11.1993, ABl. C 304 , S. 17 ff. u. 22.2.1995 ABl. C 110 S. 53 ff.

15 Siehe dazu Monopolkommission XII. Hauptgutachten 1996/97, Tz. 495.

16 Ebd.

17 Draft Proposal for a Euorpean Parliament and Council Directive on Media Ownership in the Internal Market (nicht veröffentlicht).

18 Siehe dazu Mastroianni, Sicherung der Meinungsvielfalt - Medienkonzentrationsrecht in Europa, in Europäisches Medienrecht, Schriftenreihe des EMR, Bd. 18, 1998, S. 61, 68 f.

19 Monopolkommission XII. Hauptgutachten 1996/97, Tz. 496. Nach einer Aussage des vormaligen Bundesjustizministers a.D. Prof. Dr. Schmidt-Jortzig wird die Kommission keinen Vorschlag für eine Medienkonzentrationsrichtlinie vorlegen, abgedruckt in AfP 1998, S. 297, Siehe auch Mastroianni a.a.O.

20 KOM(92) 480 endg. v. 23.12.1992, S. 7. Vgl. aus dem Schrifttum die zusammenfassenden Darstellungen bei Schwartz, Subsidiarität und EG-Kompetenzen - Der neue Titel "Kultur" - Medienvielfalt und Binnenmarkt, in AfP 1993, S. 409, 419 f; Brühann, Pluralismus und Medienkonzentration im Binnenmarkt, ZUM 1993, S. 600 ff.; v. Wallenberg, Das Grünbuch der EG-

Im Mittelpunkt des Grünbuchs steht der Rundfunk. Der Pressebereich wird nur am Rande behandelt. Ausgangspunkt der Überlegungen der Kommission sind eine ökonomische Analyse der Konzentrationserscheinungen in den Medien[21] und eine Bestandsaufnahme der auf nationaler Ebene getroffenen Maßnahmen zur Begrenzung der Medienkonzentration[22]. Das Grünbuch enthält anders als das vorangegangene Grünbuch der EG-Kommission zu dem Thema "Fernsehen ohne Grenzen"[23], keinen Vorschlag für eine Gemeinschaftsregelung, sondern stellt drei Optionen zur Diskussion: (1) Die Kommission schlägt keine Maßnahme auf Gemeinschaftsebene vor; (2) Die Kommission schlägt eine rechtlich nicht verbindliche Empfehlung für mehr Transparenz hinsichtlich der Eigentumsverhältnisse an den Medien vor oder; (3) Die Kommission schlägt eine Harmonisierung der nationalen Medienkonzentrationsvorschriften vor.

I. Das Pluralismus-Konzept

Grundlage der Überlegungen der Kommission ist das aufgrund einer Analyse von nationalem und Gemeinschaftsrecht entwickelte Pluralismus-Konzept[24]. Die Kommission definiert „Pluralismus“[25] zum einen "funktional" als Instrument der Rechtsordnung die Meinungsäußerungsfreiheit zugunsten des Allgemeininteresses an Informationsvielfalt einzuschränken. So kann einem Medienunternehmen zum Schutz des Pluralismus etwa die Verbreitung eines weiteren Rundfunkprogramms untersagt werden[26]. Daneben faßt die Kommission das Pluralismus-Konzept "zielgerichtet" auf. Bei dieser Betrachtungsweise steht das Ziel, Informationsvielfalt zu gewährleisten, im Vordergrund. Dabei geht die Kommission von der Prämisse aus, daß Informationsvielfalt, verstanden als die Vielfalt der dem Publikum an einem gegebenen Ort angebotenen Informationen im Sinne von Ideen, Programmen, Mitteilungen und Inhalten, zu erwarten ist, soweit bezogen auf ein bestimmtes Gebiet eine möglichst große Zahl voneinander unabhängiger Eigentümer

---

Kommission zu "Pluralismus und Medienkonzentration", in WuW 1993, S. 910; Schellenberg, Europäische Konzentrationskontrolle im Medienbereich, in DZWiR. 1994, S. 410.

21 Studie über Pluralismus und Konzentration in den Medien, erstellt von Booz Allen & Hamilton, 6.2.1992.

22 KOM(92) 480 endg., Anhang.

23 Mitteilung der Kommission an den Rat vom 14.6.1984, KOM(84) 300 endg.

24 KOM(92) 480 endg., S. 14 ff. Siehe zu den unterschiedlichen Pluralismuskonzepten in Deutschland, Frankreich, Italien und Großbritannien: Schellenberg, Rundfunk-Konzentrationsbekämpfung zu Sicherung des Pluralismus im Rechtsvergleich, 1997, S. 26 ff; 96 ff; 124 ff. u. 157 ff.

25 Vgl. zur Terminologie v. Wallenberg a.a.O. S. 911, die nachweist, daß der Begriff des Pluralismus in der deutschen Fassung des Grünbuchs auf den Begriff der "pluralite des medias" in der französischen Originalfassung zurückzuführen sei, der seinerseits auf Art. 21 Abs. 3 FKVO zurückgehe. Dies zeige auch die synonyme Verwendung der Begriffe "Pluralismus", "Medienpluralismus" und "Medienvielfalt ".

26 KOM(92) 480 endg., S. 15.

eine möglichst große Zahl von Medien kontrollieren[27].

Um als Bewertungskriterium für Konzentrationsvorgänge im Medienbereich zu dienen, muß der Begriff der Vielfalt der Informationen nach Auffassung der Kommission konkretisiert werden. Als Kriterium der Konzentrationskontrolle könne Informationsvielfalt bezogen auf die Inhalte, die Anzahl der in einem Gebiet verbreiteten Programme oder aber die Anzahl der "Medienkontrolleure" definiert werden[28]. Die Kommission hält das zuletzt genannte Kriterium für praktikabel und am besten geeignet. Der Einschätzung liegt die Annahme der Kommission zugrunde, daß sich mit einer zunehmenden Anzahl von "Kontrolleuren" die Wahrscheinlichkeit dafür erhöht, daß Informationsvielfalt entsteht. Der Begriff der "Kontrolle" bezeichnet dabei sowohl die Kontrolle eines Mediums durch ein Unternehmen als auch die Beherrschung eines Medienunternehmens durch einen Gesellschafter. Unter einem "Kontrolleur" im engeren Sinne ist nach Auffassung der Kommission nicht allein ein Mehrheitsgesellschafter eines Medienunternehmens zu verstehen, sondern auch derjenige, der einen bestimmenden Einfluß ausübt[29].

Das Konzept des "Kontrolleurs" ist von zentraler Bedeutung für das Verständnis der von der Kommission entworfenen Medienkonzentrationsrichtlinie[30]. Festzuhalten bleibt, daß die Kommission von einem Pluralismus-Konzept ausgeht, welches Maßnahmen zur Beschränkung des Eigentums an Medien beinhaltet, die zum Ziel haben, Informationsvielfalt dadurch zu sichern, daß bezogen auf ein bestimmtes Gebiet eine möglichst große Zahl voneinander unabhängiger Eigentümer eine möglichst große Zahl von Medien kontrollieren.

II. Notwendigkeit einer Gemeinschaftsaktion

Die Kommission untersucht in dem Hauptteil des Grünbuchs[31] die zentrale Frage, ob die Gemeinschaft unter Berücksichtigung der Ziele des EG-Vertrages und des Subsidiaritätsprinzips im Hinblick auf den Stand der Medienkonzentration im Binnenmarkt tätig werden kann und sollte[32]. Die Prüfung vollzieht sich in drei Schritten:

Die Kommission prüft zunächst, ob eine Maßnahme auf Gemeinschaftsebene zum Schutz der Medienvielfalt als solcher notwendig ist. Der Schwerpunkt der Prüfung liegt

---

27 KOM(92) 480 endg S. 16 f.

28 Ebd. S. 19 ff.

29 Ebd.

30 Draft Proposal for a Euorpean Parliament and Council Directive on Media Ownership in the Internal Market (nicht veröffentlicht), dazu näher unter 3. Abschnitt C.

31 KOM(92) 480 endg., Teil 4, S. 57 ff.

32 Siehe hierzu auch Draft Proposal for a Euorpean Parliament and Council Directive on Media Ownership in the Internal Market (nicht veröffentlicht), Explanatory Memorandum, p.4 ff.

dabei auf der Frage, ob die einzelstaatlichen Maßnahmen zum Schutz der Medienvielfalt ein wirksames Instrumentarium zur Begrenzung von Konzentrationstendenzen in den Medien, insbesondere unter Berücksichtigung des grenzüberschreitenden Sendeverkehrs, sind[33]. In einem zweiten Schritt untersucht die Kommission, ob eine Gemeinschaftsregelung unter dem Gesichtspunkt erforderlich ist, daß die Rechtsunterschiede zwischen den einzelstaatlichen Konzentrationsvorschriften ein Hindernis für das Funktionieren des Binnenmarktes darstellen können[34]. Ausgehend von einem gegebenen Handlungsbedarf prüft die Kommission sodann nach Maßgabe des Subsidiaritätsprinzips (vgl. Art. 5 Abs.2, früher Art. 3 b Abs. 2, EG-Vertrag), ob ein Einschreiten auf Gemeinschaftsebene erforderlich ist[35].

1. Die einzelstaatlichen Vorschriften zum Schutz der Medienvielfalt

Die Gemeinschaft wird nach Art. 3 b Abs. 1 (früher Art. 3 b Abs. 1) EG-Vertrag innerhalb der Grenzen der ihr im EG-Vertrag zugewiesen Ziele und Befugnisse tätig. Ausgehend von der Feststellung, daß der Schutz der Medienvielfalt als solcher nicht zu den Zielen und Befugnissen der Gemeinschaft gehört, untersucht die Kommission zunächst die auf nationaler Ebene getroffenen Medienkonzentrationsvorschriften auf ihre Wirksamkeit[36].

a) Die Anwendung einzelstaatlicher Vorschriften zum Schutz der Medienvielfalt *auf grenzüberschreitende Sachverhalte*

Auf der Grundlage einer Analyse der medienspezifischen Konzentrationsvorschriften der Mitgliedstaaten kommt die Kommission zu dem Schluß, daß die einzelstaatlichen Vorschriften trotz ihres beschränkten Geltungsbereiches grundsätzlich geeignet sind eine wirksame Kontrolle von Konzentrationsvorgängen im Medien-Binnenmarkt zu gewährleisten[37]. Probleme könnten sich einmal durch grenzüberschreitende Verflechtungen und zum anderen dadurch ergeben, daß ein Medienunternehmen die nationalen Vorschriften umgeht, indem es von einem anderen Mitgliedstaat aus sendet. Die Mitgliedstaaten könnten diesen Sachverhalten jedoch durch ihre innerstaatlichen Vorschriften hinreichend Rechnung tragen, so daß ein Tätigwerden der Gemeinschaft aus diesem Grunde nicht notwendig erscheint. Die Kommission weist in diesem Zusammenhang darauf hin, daß die innerstaatlichen Vorschriften zum Schutz der Medienviel-

33 KOM(92) 480 endg. Kap. I, S. 57 ff.
34 Ebd. Kap. II/III, S. 86 ff.
35 Ebd. Kap. IV, S. 103 ff.
36 Ebd. S. 57.
37 Ebd. S. 86.

falt auch auf Zusammenschlüsse von gemeinschaftsweiter Bedeutung Anwendung finden (Art. 21 Abs. 3 FKVO). Die Mitgliedstaaten könnten zudem unter bestimmten Voraussetzungen die Ausstrahlung von Programmen, die von einem anderen Mitgliedstaat aus gesendet werden, einschränken, wenn diese eine Gefahr für die Medienvielfalt darstellen und das Ziel einer Umgehung der inländischen Vorschriften zum Schutz der Medienvielfalt nachweisbar ist[38].

b) *Die prinzipielle Vereinbarkeit der einzelstaatlichen Vorschriften zum Schutz der Medienvielfalt mit dem EG-Vertrag*

Die Kommission kommt in dem Grünbuch zu dem Ergebnis, daß die einzelstaatlichen Vorschriften zum Schutz der Medienvielfalt prinzipiell mit dem EG-Vertrag vereinbar sind[39]. Die Vorschriften beinhalten zwar eine Beschränkung des Eigentums an Medien und damit auch eine Begrenzung der Ausübung von Medientätigkeiten. Sie können deshalb die in Art. 10 EMRK verankerte Meinungsäußerungsfreiheit sowie die Niederlassungsfreiheit gemäß Art. 43 (früher Art. 52) EG-Vertrag und, soweit der grenzüberschreitende Sendeverkehr betroffen ist, auch die Dienstleistungsfreiheit nach Art. 49 (früher Art. 59) EG-Vertrag beeinträchtigen[40]. Die Einschränkung der Medientätigkeit erfolgt nach Auffassung der Kommission jedoch zum Schutz der Medienvielfalt und sei damit aus Gründen des Allgemeininteresses gerechtfertigt[41]. Das ergebe sich sowohl aus der Rechtsprechung des Europäischen Gerichtshofs für Menschenrechte, der den Schutz des Pluralismus als Ausnahme von dem Grundsatz der freien Meinungsäußerung anerkannt habe (Art. 10 Abs.2 EMRK)[42] als auch aus der Rechtsprechung des EuGH. Danach können unterschiedslos geltende nationale Vorschriften zum Schutz der Medienvielfalt aus zwingenden Gründen des Allgemeininteresses geboten und deshalb grundsätzlich mit dem EG-Vertrag vereinbar sein[43]. Als Zwischenergebnis bleibt festzuhalten, daß die Kommission eine Gemeinschaftsinitiative zum Schutz der Medienvielfalt als solcher nicht für erforderlich hält.

2. *Die Notwendigkeit einer Maßnahme zur Verwirklichung des Binnenmarktziels*

Die Notwendigkeit für ein Tätigwerden der Gemeinschaft könnte sich im Hinblick auf das Ziel der Verwirklichung des Binnenmarktes (Art. 14 (früher Art. 7a), Art. 47 Abs. 2

38 KOM(92) 480 endg.. S. 73.
39 Ebd. S. 8.
40 Ebd. S. 62.
41 Ebd. S. 66 f.
42 EuGHMRE 173, 1 Urteil v. 28.3.1990 "Groppera".
43 EuGH Urteil v.25.7.1991, Rs. C-288/89, Slg. 1991, I-4007.

(früher Art. 57 Abs. 2) EG-Vertrag) ergeben[44]. Die Gemeinschaft kann nach Art. 14 (früher Art. 7a) EG-Vertrag eine Angleichung innerstaatlicher Vorschriften vornehmen, "soweit dies für das Funktionieren des Binnenmarktes" erforderlich ist. Die erheblichen Rechtsunterschiede zwischen den einzelstaatlichen Vorschriften zum Schutz der Medienvielfalt[45] können nach der Auffassung der Kommission ein potentielles Hindernis für das Funktionieren des Binnenmarktes darstellen[46]. Die Unterschiedlichkeit der nationalen Regelungen kann nach Einschätzung der Kommission die Aufnahme und Ausübung von Medientätigkeiten erschweren und die Niederlassungsfreiheit begrenzen. Die dadurch entstehende Rechtsunsicherheit könne sich negativ auf das Funktionieren des Binnenmarktes auswirken. Des weiteren können durch die Unterschiedlichkeit der Regelungen Wettbewerbsbeschränkungen und Verzerrungen verursacht werden. Ferner könne sich ein Hemmnis für den Binnenmarkt aus der Möglichkeit eines Mitgliedstaates ergeben, den freien Sendeverkehr einzuschränken, um eine Umgehung der innerstaatlichen Konzentrationsregeln zu verhindern[47]. Diese von der Kommission bei Annahme des Grünbuchs zunächst nur als potentiell angenommenen Hemmnisse für den freien Verkehr von Mediendienstleistungen und die Niederlassungsfreiheit für Medienunternehmen nehmen nach Einschätzung der Kommission vor dem Hintergrund der sich abzeichnenden "Globalisierung der Medienindustrie" und der Entwicklung neuer Informationstechnologien[48] in zunehmendem Maße "realere Züge" an[49]. Der Konsultationsprozeß habe gezeigt, daß die Unterschiede in den Regelungen der einzelnen Mitgliedstaaten Direktinvestitionen in Medienunternehmen und die Wahrnehmung der Niederlassungsfreiheit behindern. Die Ausübung von Medientätigkeiten werde zudem durch die bestehende Rechtsunsicherheit im Hinblick auf die Genehmigung von Beteiligungen oder die Zulässigkeit der Ausübung von Kontrolle über Medienunternehmen behindert. Weiterhin führten die Rechtsunterschiede dazu, daß Medienunternehmen ihre Investitionsentscheidungen vornehmlich an den rechtlichen Rahmenbedingungen in einem Mitgliedstaat und weniger an Marktchancen orientieren, was zur Folge hat, daß ineffiziente Investitionen getätigt werden oder Investitionen teilweise ganz unterbleiben. Die durch die Rechtsunterschiede verursachte Rechtsunsicherheit wirke sich zudem negativ auf den freien Sendeverkehr aus. Schließlich verhinderten die zur Zeit geltenden rechtlichen

44 KOM(92) 480 endg., S. 86.

45 Ebd. S. 97 f.

46 Siehe zu den unterschiedlichen Regelungen in Deutschland, Frankreich, Italien und Großbritannien: Schellenberg, Rundfunk-Konzentrationsbekämpfung zu Sicherung des Pluralismus im Rechtsvergleich, 1997, S. 142 ff, sowie Stock/Röper/Holznagel, Medienmarkt und Meinungsmacht, 1997

47 Ebd.

48 Vgl. Bangemann, u.a. Europa und die globale Informationsgesellschaft. Empfehlungen für den Europäischen Rat, 1994.

49 Mitteilung der Kommission v.5.10.1994, KOM(94) 353 endg., S. 44.

Rahmenbedingungen, daß die durch die neuen Technologien und den Binnenmarkt geschaffen Möglichkeiten voll genutzt werden[50]. Die Kommission geht deshalb nunmehr davon aus, daß die unterschiedlichen Vorschriften der Mitgliedstaaten zur Beschränkung des Eigentums an den Medien, ungeachtet ihrer prinzipiellen Vereinbarkeit mit dem EG-Vertrag, ein Hemmnis für das Entstehen des Binnenmarktes im Medienbereich darstellen[51]. Die Notwendigkeit für eine Maßnahme ergibt sich demnach aus Sicht der Kommission im Hinblick auf das Ziel den Binnenmarkt im Medienbereich zu verwirklichen[52].

3. Notwendigkeit einer Maßnahme auf Gemeinschaftsebene

Das Ziel einer Maßnahme auf dem Gebiet der Medienkonzentration ist die Beseitigung der durch die Rechtsunterschiede der nationalen Vorschriften zum Schutz der Medienvielfalt hervorgerufenen Hindernisse für das Funktionieren des Binnenmarktes im Medienbereich. In Anwendung des Subsidiaritätsprinzips (Art. 5 Abs. 2 (früher Art. 3 b Abs. 2) EG-Vertrag)[53] prüft die Kommission in dem Grünbuch, ob das Ziel in geeigneter Weise durch eine Maßnahme auf der Ebene der Mitgliedstaaten erreicht werden kann oder eine Maßnahme auf Gemeinschaftsebene erfordert[54]. Die Kommission kommt dabei zu dem Schluß, daß eine Angleichung der innerstaatlichen Vorschriften zum Schutz der Medienvielfalt auf der Ebene der Mitgliedstaaten nicht gleichermaßen wirksam und durchsetzbar ist wie eine Maßnahme auf Gemeinschaftsebene. Es bestehe daher die Notwendigkeit für eine Gemeinschaftsinitiative[55].

---

50 Mitteilung der Kommission v. 5.10.1994, KOM(94) 353 endg., S. 44 S. 17 ff. Vgl. zu dem vorstehenden auch Draft Proposal for a Euorpean Parliament and Council Directive on Media Ownership in the Internal Market (nicht veröffentlicht), Explanatory Memorandum, p.4 ff

51 KOM(92) 480 endg., S. 35.

52 KOM(92) 480 endg., S. 6. u. Draft Proposal for a Euorpean Parliament and Council Directive on Media Ownership in the Internal Market (nicht veröffentlicht), Erwägungsgrund 6.

53 Vgl. Schwartz, Subsidiarität und EG-Kompetenzen - Der neue Titel "Kultur" - Medienvielfalt und Binnenmarkt, in AfP 1993, S. 409, S. 420 , ders. EG-Kompetenzen für den Binnenmarkt: Exklusiv oder konkurrierenden/subsidiär? in Festschrift Everling, 1995, S. 1331 ff., der die Auffassung vertritt, daß das Subsidiaritätsprinzip keine Anwendung findet, da die Zuständigkeit für das Funktionieren des Binnenmarktes in die ausschließliche Zuständigkeit der Gemeinschaft falle, das Subsidiaritätsprinzip hingegen nur im Bereich der konkurrierenden Zuständigkeiten anwendbar ist.

54 KOM(92) 480 endg., S. 103.

55 KOM(92) 480 endg., S. 104; auch Draft Proposal for a Euorpean Parliament and Council Directive on Media Ownership in the Internal Market (nicht veröffentlicht), Explanatory Memorandum, p. 11 ff.

Die Kommission hatte in dem Grünbuch bereits Eckpunkte eines Konzepts für eine Medienkonzentrationsrichtlinie formuliert[56]. Dieses Konzept hat die Kommission dann in dem im März 1997 vorgelegten inoffiziellen Entwurf für einen Richtlinienvorschlag zu „Medieneigentum im Binnenmarkt“ konkretisiert[57]. Der Richtlinienvorschlag enthält fünf Abschnitte. Im ersten Abschnitt werden die für die Richtlinie wesentlichen Begriffe definiert und der Anwendungsbereich der Richtlinie festgelegt. In den Anwendungsbereich der Richtlinie sollen Fernsehsender, Radiostationen und Tageszeitungen fallen, die mindestens fünfmal wöchentlich erscheinen. Rundfunkveranstalter, die binnenplurale Strukturen aufweisen, nicht gewinnorientiert arbeiten und allgemein empfangbare Programme ausstrahlen, können von dem Anwendungsbereich des Richtlinienentwurfs ausgenommen werden. Dazu zählen in Deutschland die öffentlich-rechtlichen Rundfunkanstalten. Der „Binnenmarktprinzipien“ überschriebene zweite Abschnitt soll die Dienstleistungs- und Niederlassungsfreiheit im Medienbereich gewährleisten. Der dritte Abschnitt enthält den Kern der materiellen Konzentrationsregeln zum „Schutz des Pluralismus“. Die Regelung beruht ebenso wie die Medienkonzentrationsvorschriften des Rundfunkstaatsvertrags[58] auf einem Marktanteilsmodell. Der Entwurf der Kommission sieht vor, daß die Mitgliedstaaten den Zuschauermarktanteil („audience share“) eines Unternehmens mit allen vom ihm kontrollierten Senden auf einem Fernsehmarkt auf maximal 30 v.H. begrenzen. Die Mitgliedstaaten sollen zu diesem Zweck durch ihre Gesetzgebung sicherstellen, daß kein Unternehmen durch die Gründung eines Veranstalters, die Verlängerung der Sendelizenz oder den Kontrollerwerb über einen Veranstalter einen Marktanteil von 30 v.H. oder mehr im Fernsehen erreicht. Eine entsprechende Regelung gilt für den Hörfunk. Die Marktanteilsobergrenzen gelten für sog. „Medienkontrolleure“. Das sind Unternehmen oder natürliche Personen, die allein oder gemeinsam, direkt oder indirekt, rechtlich oder tatsächlich maßgeblichen Einfuß auf einen Fernseh- oder Hörfunkveranstalter nehmen können. Ein Medienkontrolleur darf nach dem Richtlinienentwurf im Fernsehen und im Hörfunk jeweils maximal einen Marktanteil von 30 v.H. inne haben.

Für einen im Fernsehen oder im Hörfunk tätigen „Medienkontrolleur“, der in einem weiteren Medienbereich tätig ist (Herausgabe einer Tageszeitung) gilt zudem eine

56 KOM(92) 480 endg., S. 103 ff.

57 Draft Proposal for a Euorpean Parliament and Council Directive on Media Ownership in the Internal Market (nicht veröffentlicht). Siehe dazu Monopolkommission XII. Hauptgutachten 1996/97, Tz. 495 f. sowie Mastroianni a.a.O.

58 Siehe dazu eingehend oben 2. Abschnitt A I 4.

Marktanteilsobergrenze von 10 v.H. berechnet auf der Grundlage der Marktanteile in Fernsehen, Hörfunk und Presse (Tageszeitungen). Auch die Vorschriften zur Begrenzung der intermediären Konzentration kommen jeweils in den drei vorgenannten Fallkonstellationen zur Anwendung, so daß ein Medienkontrolleur, der bereits einen Marktanteil von 30 v.H. im Fernsehen oder Hörfunk bzw. 10 v.H. im „Gesamtmarkt" „kontrolliert": (1) bei der Gründung eines Veranstalters oder Tageszeitungsverlages, (2) der Verlängerung von Sendelizenzen oder (3) dem Kontrollerwerb über einen Veranstalter oder einen Tageszeitungsverlag Beschränkungen unterliegt. Der vierte mit „Transparenz" überschriebene Abschnitt sieht Durchführungsbestimmungen, u.a. zur Erhebung der erforderlichen Marktdaten vor. Im letzten Abschnitt sind Sanktionen sowie die für die Umsetzung und das Inkrafttreten der an die Mitgliedstaaten gerichteten Richtlinie geregelt.

D. EG- Kompetenz für eine Medienkonzentrationsrichtlinie

Die vorstehenden Ausführungen haben gezeigt, daß die Kommission zur Harmonisierung der nationalen Medienkonzentrationsvorschriften mit dem Ziel der Verwirklichung des Binnenmarktes im Medienbereich notwendigerweise einheitliche „Grenzwerte" festlegen müßte. Damit würde die Kommission in die Kompetenz der Mitgliedstaaten für den Schutz der Medienvielfalt eingreifen. Es stellt sich somit die Frage, ob eine Angleichung der innerstaatlichen Vorschriften zum Schutz der Medienvielfalt von der Zuständigkeit der Gemeinschaft für das Funktionieren des Binnenmarktes gedeckt ist.

Damit ist die grundsätzliche Frage der Abgrenzung von gemeinschaftlicher und mitgliedstaatlicher Kompetenzen im Medienbereich aufgeworfen[59]. Im Kern geht es dabei

59 Vgl. aus dem umfangreichen Schrifttum insbesondere: Astheimer/Moosmayer, Europäische Rundfunkordnung- Chance oder Risiko ?; in ZUM 1994, S. 395 ff; Delbrück, Die Rundfunkhoheit der deutschen Bundesländer im Spannungsfeld zwischen Regelungsanspruch der Europäischen Gemeinschaft und nationalem Verfassungsrecht, 1986; Deringer, Europäisches Gemeinschaftsrecht und nationale Rundfunkordnung, ZUM 1986, S. 627; Dörr u.a.(Hrsg.), Die Einflüsse europäischer Entwicklungen auf das Bund-Länder-Verhältnis im Rundfunkwesen, EMR-Schriftenreihe, Bd. 4, 1992 passim.; ders., Der deutsche Förderalismus und die entstehende Medienordnung, in EWS 1991, S. 259 ff.; ders., Rundfunkföderalismus auf dem Prüfstand, in ZUM 1996, S. 617 ff; ders. EG-Vertrag, EU-Vertrag und Medienordnung, in Europäisches Medienrecht, EMR-Schriftenreihe, Bd. 18, 1998, S. 3 ff.; Eberle, Das europäische Recht und die Medien am Beispiel des Rundfunkrechts, in AfP 1993, S. 422; ders. in Festschrift für Thieme, S. 939 ff; Hailbronner, Die deutschen Bundesländer in der EG, in JZ 1990, S. 149 ff; Heinze, Fernsehen ohne Grenzen - um jeden Preis?, 1993; Herrmann, Rundfunkfreiheit und Rundfunkordnung im internationalen und europäischen Recht, in EWS 1991, S. 269; Stern u.a. (Hrsg.), Eine Rundfunkordnung für Europa- Chancen und Risiken, 1990 passim.; Ipsen, Der "Kulturbereich" im Zugriff der Europäischen Gemein-

darum, die sog. Querschnittskompetenzen der Gemeinschaft von der den Mitgliedstaaten im Medienbereich verbleibenden Sachkompetenzen abzugrenzen[60]. Diese Frage ist zwischen der Gemeinschaft und den Mitgliedstaaten sowie im Schrifttum äußerst umstritten[61]. Die gegensätzlichen Auffassungen sind durch eine unterschiedliche Betrachtungsweise der Medien gekennzeichnet.

Ein Teil der Literatur[62] und die EG-Kommission[63] betonen die wirtschaftliche Dimension der Medien. Die Medientätigkeiten fallen nach dieser Auffassung unter die Dienstleistungsfreiheit des EG-Vertrages. Die Gemeinschaft habe daher die Befugnis Materien des Medienrechts zu regeln, soweit dies zur Erleichterung der Aufnahme und Ausübung von Medientätigkeiten im Rahmen des Binnenmarktziels erforderlich ist. Die Vertreter dieser Auffassung berufen sich auf den Europäischen Gerichtshofs, der in ständiger Rechtsprechung die Auffassung vertritt, daß die Ausstrahlung von Fernsehsendungen als Dienstleistungen im Sinne des EG-Vertrages anzusehen sind[64].

Die Gegenansicht hebt den kulturellen Aspekt der Medien hervor und lehnt einen wirtschaftsrechtlich begründeten Zugriff der Gemeinschaft auf die Medien grundsätzlich ab[65]. Diese Auffassung wird mit Differenzierungen im einzelnen insbesondere in den

---

schaften, in Gedächtnisschrift für W.K.Geck, 1989, S. 339 ff; E. Klein, Der Verfassungsstaat als Glied einer Europäischen Gemeinschaft, VVDStRL 50 (1991), S. 50, 65 ff. Knothe/Wanckel, Europäische Rundfunkpolitik als Aufgabe der Länder?, in ZUM 1995, S. 20 ff; Meinel, Grenzen europäischer Rundfunkrechtsetzung, 1993; Mestmäcker u.a.(Hrsg.), Der Einfluß des europäischen Gemeinschaftsrechts auf die deutsche Rundfunkordnung, 1990 passim.; Ossenbühl, Rundfunk zwischen nationalem Verfassungsrecht und europäischem Gemeinschaftsrecht, 1986; Petersen, Rundfunkfreiheit und EG-Vertrag, 1994, S. 95 ff.; Ress, Kultur und Europäischer Binnenmarkt, 1991, passim.; Ress/Bröhmer, Gutachten zur der Frage der EG-Kompetenz zur Sicherung des Pluralismus im Medienbereich, Juni 1997, bisher unveröffentlicht, Typoskript erschienen in der Schriftenreihe der Forschungsstelle für Medienrecht und Medienwirtschaft an der Philipps-Universität Marburg); Schwartz, Rundfunk, EG-Kompetenzen und ihre Ausübung, in ZUM 1991, S. 155; ders. Subsidiarität und EG-Kompetenzen - Der neue Titel "Kultur" - Medienvielfalt und Binnenmarkt, in AfP 1993, S. 409; Schwarze, in ders. (Hrsg.) Rundfunk und Fernsehen im Lichte der Entwicklung des nationalen und internationalen Rechts, 1986, S. 149 ff.

60 E. Klein, Der Verfassungsstaat als Glied einer Europäischen Gemeinschaft, VVDStRL 50 (1991), S. 65.

61 Engel, Kommunikation und Medien, in Dauses (Hrsg.) Handbuch des EG-Wirtschaftsrechts, E.V, Rdnr. 60 m.w.N.; Gabriel - Bräutigam, in Mestmäcker a.a.O. N. 59, S. 34 ff. Siehe auch N. 59.

62 Vgl. Schwartz a.a.O. N.59 m.w.N.

63 Grünbuch zu dem Thema "Fernsehen ohne Grenzen", Mitteilung der Kommission an den Rat vom 14.6.1984, KOM(84)300 endg., abgedr. als BT-Drs. 360/84, S. 6 ff.

64 Vgl. EuGH Urteil v. 30.4.1974, RS. 155/73, Slg. 1974,409 "Sacchi"; Urteil v. 18.3.1980, Rs. 52/79, Slg. 1980,833 "Debauve"; Urteil v. 18.3.1980, Rs. 62/79, Slg. 1980,881 "Coditel I"; Urteil v. 26.4.1988, RS. 352/85, Slg. 1988,2085 "Bond van Adverteerders"; Urteil v. 25.7.1991, Rs. C-288/89, Slg. 1991,4007 Stichting Collective Anntennevoorziening Gouda";Urteil v. 25.7.1991, Rs. C-353/89, Slg. 1991, 4069 "Kommission/Niederlande; Urteil v. 3.2.1993 Rs C-148/91 "Veronica", EuZW 1993, S. 251; Urteil v.5.10.1994 RS. C-223/93 "TV 10 SA/Commissariat voor de Media", ZUM 1995, S. 327, mit Anmerkung von Trautwein, ZUM 1995, S. 324.

65 Vgl. Ossenbühl a.a.O. N.59 , S. 15 ff m.w.N.

Reihen der Bundesländer[66] und der öffentlich-rechtlichen Rundfunkanstalten vertreten[67]. Die Reichweite der Rechtsetzungskompetenz der Gemeinschaft im Rundfunkbereich war Gegenstand eines Bund-Länder-Streits über das Vorgehen der Bundesregierung beim Zustandekommen der Fernsehrichtlinie[68]. Auf die am 22. März 1995 verkündete Entscheidung des Bundesverfassungsgerichts in dem Rechtsstreit[69] und die Auswirkungen auf die hier behandelte Kompetenzfrage wird nachfolgend im einzelnen eingegangen. Zuvor soll diese Frage konkret im Hinblick auf die Zuständigkeit der Gemeinschaft für eine Medienkonzentrationsrichtlinie zunächst anhand der im Schrifttum entwickelten Kriterien zur Abgrenzung der gemeinschaftlichen von den mitgliedstaatlichen Kompetenzen untersucht werden.

I. Die Abgrenzung von gemeinschaftlichen und mitgliedstaatlichen Kompetenzen im Medienbereich anhand der Theorien im Schrifttum

1. Die Theorie vom „Regelungsschwerpunkt"

Im Schrifttum ist vorgeschlagen worden, die Abgrenzung der Kompetenzen von Gemeinschaft und Mitgliedstaaten im Einzelfall danach zu entscheiden, ob der Regelungsschwerpunkt einer Maßnahme im wirtschaftlichen oder im kulturellen Bereich liegt[70]. Im ersteren Fall wäre die Gemeinschaft zuständig, andernfalls bliebe die Zuständigkeit bei den Mitgliedstaaten. Dieser Ansatz hätte zur Folge, daß der Anwendungsbereich der Grundfreiheiten erheblich eingeschränkt wäre, da der Binnenmarkt in den dem Kulturbereich zugeordneten Sektoren nicht verwirklicht werden könnte[71]. Die Gemeinschaft wäre danach nicht befugt eine Angleichung der innerstaatlichen Vorschriften zum Schutz der Medienvielfalt vorzunehmen. Fraglich ist jedoch, ob sich überhaupt eine eindeutige Zuordnung unter dem Aspekt des Regelungsschwerpunkts vornehmen läßt.

---

66 Vgl. Stellungnahme des Bundesrates v.7.5.1993 zu dem Grünbuch "Pluralismus und Medienkonzentration im Binnenmarkt", BR-Drs. 77/93.

67 Stellungnahme von ARD und ZDF zu dem Grünbuch "Fernsehen ohne Grenzen", in ZUM 1985, S. 314.

68 Richtlinie (89/552) des Rates vom 3.10.1989 zur Koordinierung bestimmter Rechts- und Verwaltungsvorschriften der Mitgliedstaaten über die Ausübung der Fernsehtätigkeit, ABl. L 298 v. 17.10.1989.

69 2 BvG 1/89, AfP 1995, S. 483= ZUM 1995, S. 405.

70 E. Klein, Der Verfassungsstaat als Glied einer Europäischen Gemeinschaft, VVDStRL 50 (1991), S. 65.

71 Everling, Gestaltungsbedarf des Europäischen Rechts, in EuR 1987, S. 214, 221.

2. *Das Abgrenzungskriterium der Organentscheidung*

Es ist des weiteren im Schrifttum vorgeschlagen worden, bei der Kompetenzabgrenzung darauf abzustellen, ob ein einstimmiger Ratsbeschluß vorliegt[72]. Diese Auffassung basiert auf der Überlegung, daß dem Rat eine zentrale Stellung im Hinblick auf die Kompetenzabgrenzung zukomme, da dieser letztlich über ein Tätigwerden der Gemeinschaft und damit auch über deren Auswirkungen auf die Sachzuständigkeiten der Mitgliedstaaten entscheide[73]. Diesem Ansatz ist entgegen gehalten worden, daß im Rat allein die nationalen Regierungen entscheiden, so daß durch einen Ratsbeschluß die innerstaatliche Kompetenzverteilung überspielt werden könnte[74]. Zudem wäre das Kriterium insoweit ungeeignet, als mit der Verwirklichung des Binnenmarktes zunehmend Entscheidungen durch Mehrheitsbeschluß getroffen werden können[75]. Die Entscheidung über eine Medienkonzentrationsrichtlinie könnte der Rat gemäß Art. 47 Abs. 2 S. 3 (früher Art. 57 Abs. 2 S. 3) EG-Vertrag mit Zustimmung des Europäischen Parlaments nach dem Verfahren des neuen Art. 251 EG-Vertrag (bis zum Inkrafttreten des Amsterdamer Vertrages am 1.5.1999 war das Verfahren nach Art.189 b EG-Vertrag a.F. anwendbar) mit qualifizierter Mehrheit treffen[76].

3. *Das Verhältnismäßigkeitsprinzip*

Zur Grenzziehung zwischen der wirtschaftspolitischen Gemeinschaftskompetenz und der kulturpolitischen Zuständigkeit der Mitgliedstaaten wird im Schrifttum ferner das Prinzip der Verhältnismäßigkeit gem. Art. 5 Abs. 2 (früher Art. 3 b Abs. 2) EGV herangezogen[77]. Die Wahrnehmung der gemeinschaftsrechtlichen Kompetenzen findet demnach dort ihre Grenze, wo die Qualifizierung eines Verlagserzeugnisses oder einer Rundfunksendung als Ware oder Dienstleistung dazu führt, daß „ihre Kultur- und Grundrechtsqualität in unverhältnismäßiger Weise vernachlässigt oder gar ignoriert wird"[78]. Die Angleichung der einzelstaatlichen Konzentrationsvorschriften wäre danach wohl nicht als unverhältnismäßige Kompetenzwahrnehmung anzusehen, da das von der Kommission vorgesehene Gemeinschaftsinstrument in erster Linie an die ökonomischen

---

72 Everling a.a.O. S. 232.

73 Ebd.

74 Ress, Kultur und Europäischer Binnenmarkt, S. 50.

75 Ebd.

76 Vgl. Bieber in Beutler (Hrsg.), Die Europäische Union, S. 216.

77 Ipsen, Der "Kulturbereich" im Zugriff der Europäischen Gemeinschaften, in Gedächtnisschrift für Geck, 1989, S. 353 f. Vgl. dazu auch Ress/Bröhmer, Gutachten zur der Frage der EG-Kompetenz zur Sicherung des Pluralismus im Medienbereich, a.a.O. N. 59, S 60 ff, 83.

78 Ebd.

Voraussetzungen der Medientätigkeit anknüpft und weitergehende inhaltliche Vielfaltsanforderungen nicht vorgesehen sind[79].

4. *Der Grundsatz der Gemeinschaftstreue*

Weiterhin wird zur Kompetenzabgrenzung der Grundsatz der Gemeinschaftstreue herangezogen, der ähnlich wie das Verhältnismäßigkeitsprinzip als Schranke der Kompetenzausübung durch die Gemeinschaft wirken soll[80]. Aus dem Grundsatz folgt, daß die Gemeinschaft bei dem Erlaß von Rechtsakten auf die fundamentalen Verfassungsgrundsätze der Mitgliedstaaten Rücksicht nehmen muß. Die Rundfunkfreiheit und die Informationsfreiheit sind zu den grundlegenden Verfassungsprinzipien der Mitgliedstaaten zu zählen. Die Gemeinschaft darf in diesem Bereich demnach nur solche Maßnahmen treffen, die zur Liberalisierung unerläßlich sind[81]. Ob dazu eine Gemeinschaftsaktion zur Erleichterung des Zuganges zur Medientätigkeit zu rechnen wäre, hängt in tatsächlicher Hinsicht davon ab, ob die nationalen Vorschriften zum Schutz der Medienvielfalt wegen ihrer Unterschiedlichkeit ein Hindernis für das Funktionieren des Binnenmarktes darstellen. Die Kommission bejaht diese Frage, wie dargelegt wurde. Dem ist im Ergebnis zuzustimmen.

5. *Das Demokratieprinzip als Kompetenzausübungsschranke*

Nach Auffassung von Ress/Bröhmer steht der Ausübung einer Regelungskompetenz der Gemeinschaft zum Zweck einer Medienkonzentrationsrichtlinie das Demokratieprinzip sowie das in Art. 6 Abs. 1 (früher Art. F Abs. 1) EU-Vertrag verankerte Gebot der Achtung der nationalen Identität der Mitgliedstaaten entgegen[82]. Die Voraussetzungen und wesentlichen Funktionsbedingungen der demokratischen Ordnung der Mitgliedstaaten stünden nicht zur Disposition der Gemeinschaft[83]. Es erscheint indes zweifelhaft zu sein, ob durch den Richtlinienentwurf der Kommission für eine Harmonisierung der nationalen Medienkonzentrationsvorschriften das in den Verfassungen der Mitgliedstaaten verankerte Demokratieprinzip tatsächlich im Kern angetastet wird.

---

79 A.A.: Ress/Bröhmer, Gutachten zu der Frage der EG-Kompetenz zur Sicherung des Pluralismus im Medienbereich, a.a.O. N. 59, S 60 ff, 64.

80 Bleckmann, Art. 5 EWG-Vertrag und die Gemeinschaftstreue, in DVBl. 1976, S. 483 ff; Eberle, Das europäische Recht und die Medien am Beispiel des Rundfunkrechts, in AfP 1993, S. 422, 425.

81 Bullinger, in Stern (Hrsg.) Eine Rundfunkordnung für Europa, S. 85, 90 ff.

82 Gutachten zu der Frage der EG-Kompetenz zur Sicherung des Pluralismus im Medienbereich, a.a.O. N. 59, S 70 ff, S. 83.

83 Ebd. S. 83.

6. *Zwischenergebnis*

Die Anwendung der im Schrifttum entwickelten Kriterien zur Abgrenzung der gemeinschaftlichen von den mitgliedstaatlichen Kompetenzen auf die hier zu untersuchende Frage der Zuständigkeit der Gemeinschaft für die Koordinierung der innerstaatlichen Vorschriften zum Schutz der Medienvielfalt ergibt kein eindeutiges Bild. Man wird im Ergebnis wohl auf der Grundlage der Theorie vom "Regelungsschwerpunkt" sowie unter dem Gesichtspunkt der Verhältnismäßigkeit und Gemeinschaftstreue eine Zuständigkeit der Gemeinschaft annehmen können, da die von der Kommission und dem Europäischen Parlament angestrebte Gemeinschaftsaktion in erster Linie die wirtschaftliche Seite der Medientätigkeiten betrifft und insbesondere vor dem Hintergrund der sich entwickelnden neuen Informationstechnologien erforderlich ist, um die Ausübung der Niederlassungsfreiheit von Medienunternehmen und den freien Verkehr von Dienstleistungen im Medien-Binnenmarkt zu erleichtern. Aus demselben Grund bestehen auch unter dem Gesichtspunkt des Demokratieprinzips keine Bedenken im Ergebnis durchgreifenden Bedenken gegen eine Angleichung der nationalen Vorschriften zum Schutz der Medienvielfalt.

II. *Die Rechtsprechung des Europäischen Gerichtshofs zu den Kompetenzen von Gemeinschaft und Mitgliedstaaten im Medienbereich*

Fraglich ist, ob sich der Rechtsprechung des Europäischen Gerichtshofs Anhaltspunkte für die Abgrenzung von gemeinschaftlichen und mitgliedstaatlichen Kompetenzen entnehmen lassen. Von entscheidender Bedeutung für die Bestimmung der Grenzen der Gemeinschaftskompetenzen ist die Rechtsprechung des Gerichtshofs der Europäischen Gemeinschaft. Der Gerichtshof der Europäischen Gemeinschaft ist nach Art. 220 (früher Art. 164) EG-Vertrag für die Auslegung der Befugnisnormen des EG-Vertrages zuständig[84]. Nach Art. 230 (früher 173) EG-Vertrag und Art. 234 (früher Art. 177) EG-Vertrag überprüft der Gerichtshof Rechtsetzungsakte der Gemeinschaft und erklärt diese für nichtig, falls die Gemeinschaft ihre Kompetenzen überschritten hat[85]. Demgemäß wäre der Gerichtshof zuständig, wenn ein Mitgliedstaat in einem Verfahren nach Art. 230 (früher Art. 173) EG-Vertrag überprüfen lassen wollte, ob sich die Gemeinschaft bei dem Erlaß einer im Rahmen der ihr durch den EG-Vertrag zugewiesenen Befugnisse

---

84 Vgl. Nicolaysen, Der Gerichtshof, Funktion und Bewährung der Judikative, in EuR 1972, S. 375 ff.

85 E. Klein, Der Verfassungsstaat als Glied einer Europäischen Gemeinschaft, VVDStRL 50 (1991), S. 66.

gehalten hat[86]. Der Gerichtshof hatte bisher nur vereinzelt Gelegenheit sich ausführlicher zur Frage der Grenzen der gemeinschaftlichen Kompetenzen zu äußern[87].

Die Frage der Rechtmäßigkeit von Rechtsetzungsakten der Gemeinschaft (sog. Sekundärrecht) ist dabei zu unterscheiden von der Frage, ob nationale Vorschriften mit dem EG-Vertrag (sog. Primärrecht) vereinbar sind[88]. Der Gerichtshof hat in seiner Rechtsprechung zur grenzüberschreitenden Rundfunktätigkeit bisher allein zu der zuletzt genannten Frage Stellung genommen[89]. So hatte der Gerichtshof in der Rechtssache Bond von Adverteerders die Frage zu beurteilen, "ob eine innerstaatliche Regelung mit dem Gemeinschaftsrecht vereinbar ist, die es verbietet, von anderen Mitgliedstaaten aus gesendete Hörfunk- und Fernsehprogramme über Kabelnetze zu verbreiten, wenn diese Programme Werbemitteilungen enthalten, die sich speziell an das niederländische Publikum richten oder niederländische Untertitel führen"[90]. Der Gerichtshof sah in der Regelung eine Beschränkung des freien Dienstleistungsverkehrs im Sinne von Art. 49 (früher Art. 59) EG-Vertrag, die nicht durch Gründe der öffentlichen Ordnung (Art. 46 (früher Art. 56) EG-Vertrag) gerechtfertigt ist[91]. In dem 38. Urteilsgrund heißt es in Anknüpfung an die zuvor ergangene Entscheidung in der Rechtssache Debauve[92], daß jeder Mitgliedstaat "in Ermangelung einer Harmonisierung der auf dem Gebiet von Hörfunk und Fernsehen geltenden innerstaatlichen Vorschriften" befugt bleibt, die Fernsehwerbung aus Gründen des Allgemeininteresses bestimmten unterschiedslos geltenden Vorschriften zu unterwerfen.

Aus der Entscheidung läßt sich für die hier zu untersuchende Frage einmal ableiten, daß der Gerichtshof die Sachzuständigkeit der Mitgliedstaaten für den Fernsehbereich anerkennt. Der Entscheidung ist darüber hinaus die Befugnis der Gemeinschaft zur Angleichung der innerstaatlichen Vorschriften über die Fernsehtätigkeit entnommen worden[93].

In diesem Zusammenhang sind zwei weitere Entscheidungen des Gerichtshofs zur Vereinbarung einzelner Bestimmungen des niederländischen Mediengesetzes mit dem Ge-

---

86 Vgl. Ress. Kultur und Europäischer Binnenmarkt, S. 22 f.

87 Hartstein/Ring/Kreile, Kommentar zum Rundfunkstaatsvertrag, 2. Aufl., 1995, 2.Teil, Allgemeine Erläuterungen, Rndr. 97.

88 Engel, Kommunikation und Medien, in Dauses (Hrsg.), Handbuch des EG-Wirtschaftsrechts, E.V, Rdnr. 61.

89 Vgl. EuGH Urteil v. 30.4.1974, Rs. 155/73, Slg. 1974,409 "Sacchi"; Urteil v. 18.3.1980, Rs. 52/79, Slg. 1980,833 "Debauve"; Urteil v. 18.3.1980, Rs. 62/79, Slg. 1980,881 "Coditel I"; Urteil v. 26.4.1988, RS. 352/85, Slg. 1988,2085 "Bond van Adverteerders"; Urteil v. 25.7.1991, Rs. C-288/89, Slg. 1991,4007 "Stichting Collective Anntennevoorziening Gouda";Urteil v. 25.7.1991, Rs. C-353/89, Slg. 1991, 4069 "Kommission/Niederlande; Urteil v. 3.2.1993 Rs C-148/91 "Veronica", EuZW 1993, S. 251; Urteil v.5.10.1994 Rs.C-223/93 "TV 10 SA/Commissariat voor de Media", ZUM 1995, S. 327 , mit Anmerkung von Trautwein, ZUM 1995, S. 324.

90 Urteil v. 26.4.1988, Rs. 352/85, Slg. 1988,2085, 2125, "Bond van Adverteerders".

91 Ebd. S. 2137.

92 Urteil v. 18.3.1980, Rs. 52/79, Slg. 1980, 833.

93 So Schwartz, Die EG-Rechtsetzungsbefugnis für das Fernsehen, in ZUM 1989, S. 381, 389.

meinschaftsrecht aufschlußreich. Der Gerichtshof stellte in den Rechtssachen Stichting Collective[94] und Niederlande/Kommission[95] fest, daß die Aufrechterhaltung eines pluralistischen Rundfunkwesens einen zwingenden Grund des Allgemeininteresses darstellen kann, der eine Beschränkung des Dienstleistungsverkehrs rechtfertigt. Die Sicherung des Pluralismus stehe in einem Zusammenhang mit der durch Art.10 EMRK garantierten Meinungsfreiheit[96]. Ein Mitgliedstaat darf demnach zur Erhaltung des Pluralismus Vorschriften erlassen, welche die Medientätigkeit beschränken, sofern die Regelungen für seine eigenen Sendeanstalten entsprechend gelten[97]. Die Vorschriften müssen jedoch dem Verhältnismäßigkeitsprinzip entsprechend "als objektiv dafür erforderlich anzusehen [sein], das allgemeine Interesse an der Erhaltung eines pluralistischen nationalen Rundfunkwesens zu wahren"[98].

Als Zwischenergebnis läßt sich festhalten, daß die Mitgliedstaaten nach der Rechtsprechung des Gerichtshofs befugt sind, Vorschriften zum Schutz der Medienvielfalt zu erlassen, die gemessen an ihrem Ziel verhältnismäßig sind und eine nicht diskriminierende Beschränkung der Medientätigkeit vorsehen. Damit ist indessen nicht entschieden, ob und in welchem Umfang die Gemeinschaft befugt ist, solche Maßnahmen zur Rechtsangleichung im Medienbereich zu ergreifen.

Die Grenzen der Gemeinschaftskompetenz zur Rechtsangleichung könnten sich auf der Grundlage der Rechtsprechung des Gerichtshofs aus den spezifischen Vorbehalten des EG-Vertrages in Art. 46 (früher Art. 56) und Art. 86 Abs. 2 (früher Art. 90 Abs.2) EG-Vertrag herleiten lassen[99]. So hat der Gerichtshof in der Rechtssache "ERT" entschieden, daß der Vorbehalt des Art. 86 Abs. 2 (früher Art. 90 Abs. 2) EG-Vertrag für Unternehmen, die mit Dienstleistungen von allgemeinem wirtschaftlichen Interesse betraut sind, der Anwendung des Art. 82 (früher Art. 86) EG-Vertrages entgegen stehen kann[100]. Art. 86 Abs. 2 (früher Art. 90 Abs. 2) EG-Vertrag ist indessen allein unter bestimmten Voraussetzungen auf die Tätigkeit öffentlich-rechtlicher Rundfunkanstalten anwendbar[101].

Zu dem Vorbehalt des Art. 46 (früher Art. 56) EG-Vertrag hat der Gerichtshof in der Rechtssache "Bond von Adverteerders" festgestellt, daß die Bestimmung als Ausnahme

94 Urteil v. 25.7.1991, Rs. C-288/89, Slg.1991,I-4007, 4043, Rdnr. 22 f.
95 Urteil v. 25.7.1991, Rs. C-353/89, Slg.1991,I-4069, 4097, Rdnr. 29 f.
96 Ebd.
97 Vgl. Urteil v. 3.2.1993 Rs C-148/91 "Veronica", EuZW 1993, S. 251 f.; Urteil v.5.10.1994 Rs.C-223/93 "TV 10 SA/Commissariat voor de Media", ZUM 1995, S. 327 f.
98 Urteil v. 25.7.1991, Rs. C-288/89, Slg.I-1991, 4007, 4043, Rdnr. 24 f.
99 Vgl. dazu auch Dörr, EG-Vertrag, EU-Vertrag und Medienordnung, in Europäisches Medienrecht, EMR-Schriftenreihe, Bd. 18, 1998, S. 12 ff.
100 Urteil v. 18.6.1991, Rs. C-260/89, Slg. I-1991,2925, 2962, Rdnr. 33.
101 Hartstein/Ring/Kreile/Dörr/Stettner, Kommentar zum Rundfunkstaatsvertrag, 2. Aufl., 1995, 2. Teil, Allgemeine Erläuterungen, Rndr. 97.

von einem grundlegenden Prinzip des EG-Vertrages - nämlich der Grundfreiheit des Dienstleistungsverkehrs - so auszulegen ist, daß sich seine Wirkung auf dasjenige beschränkt, was zum Schutz der öffentlichen Interessen im Sinne der Vorschrift notwendig ist[102].

Festzuhalten bleibt demnach, daß die spezifischen Vorbehalte des Art. 46 (früher Art. 56) und Art. 86 (früher Art. 90) EG-Vertrag als Ausnahmevorschriften zu grundlegenden Prinzipien des EG-Vertrages nach der Rechtsprechung des Gerichtshofs eng auszulegen sind. Es ist demnach davon auszugehen, daß die Vorbehalte im EG-Vertrag einer auf Art. 47 (früher Art. 57 Abs. 2) EG-Vertrag gestützten Medienkonzentrationsrichtlinie nicht entgegenstehen.

Der Rechtsprechung des Gerichtshofs lassen sich damit keine Anhaltspunkte dafür entnehmen, daß die Gemeinschaft durch den Erlaß einer entsprechenden Richtlinie ihre Kompetenzen überschreiten würde. Allerdings enthält die Rechtsprechung auch keine eindeutigen positiven Hinweise zu dem Bestehen und dem Umfang der funktionellen Kompetenzen der Gemeinschaft zur Verwirklichung des Binnenmarktziels im Medienbereich.

III. Auswirkungen des Maastricht-Vertrages auf die Kompetenzverteilung im Medienbereich

Durch den am 1. November 1993 in Kraft[103] getretenen Vertrag von Maastricht[104] ist ein neuer Titel Kultur in den EG-Vertrag eingeführt worden. Im Hinblick auf die Kompetenzausübung durch die Gemeinschaft ist das mit dem Vertrag von Maastricht in Art. 5 (früher Art. 3 b) in den EG-Vertrag aufgenommene Subsidiaritätsprinzip von Bedeutung. Im folgenden soll untersucht werden, welche Auswirkungen die beiden durch den Vertrag von Maastricht bewirkten Änderungen des EG-Vertrages auf die Kompetenz der Gemeinschaft zur Regelung von Fragen der Medienkonzentration hat.

1. Der neue Titel "Kultur" im EG-Vertrag

In Art. 151 (früher Art. 128) EG-Vertrag ist bestimmt, daß die Gemeinschaft einen Beitrag zur Entfaltung der Kulturen Mitgliedstaaten unter Wahrung ihrer nationalen und regionalen Vielfalt sowie gleichzeitiger Hervorhebung des gemeinsamen kulturellen

---

102 Urteil v. 26.4.1988, Rs. 352/85, Slg.1988, 2085, 2135, Rdnr. 36.

103 Bekanntmachung v. 19.10.1993, BGBl. II S. 1947.

104 Vertrag über die Europäische Union v. 7.2.1992, BGBl. II S. 1253. Siehe auch Gesetz v. 28.12.1992 zum Vertrag v. 7.2.1992 über die Europäische Union, BGBl. II S. 1251.

Erbes leistet. Die Bestimmung überträgt der Gemeinschaft keine umfassende und allgemeine kulturpolitische Zuständigkeit[105]. Die Kulturpolitik bleibt auch nach Inkrafttreten des Maastricht-Vertrages grundsätzlich im Kompetenzbereich der Mitgliedstaaten[106]. Dem entspricht es, wenn Art. 151 Abs. 2 (früher Art. 128 Abs. 2) EG-Vertrag von den "Kulturen der Mitgliedstaaten" handelt. Der Gemeinschaft wird durch den Vertrag demnach in erster Linie die Aufgabe zugewiesen, die kulturpolitischen Maßnahmen der Mitgliedstaaten zu unterstützen und zu ergänzen[107]. Nach Art. 128 Abs.2 EG-Vertrag fördert die Gemeinschaft durch ihre Tätigkeit die Zusammenarbeit zwischen den Mitgliedstaaten und unterstützt und ergänzt erforderlichenfalls deren Tätigkeiten auf verschiedenen im einzelnen bezeichneten Gebieten der Kulturpolitik, zu denen auch das "künstlerische und literarische Schaffen, einschließlich im audio-visuellen Bereich" zählt. Eine Befugnis der Gemeinschaft zur Verwirklichung kulturpolitischer Zielsetzungen nationales Recht zu harmonisieren, ist in Art. 151 Abs. 5 (früher Art. 128 Abs.5) EG-Vertrag ausdrücklich ausgeschlossen worden.

Die Kommission berücksichtigt die Einführung des Art. 151 (früher Art. 128) EG-Vertrages durch den Vertrag von Maastricht in dem Grünbuch über "Pluralismus und Medienkonzentration"[108] im Hinblick auf die Differenzierung zwischen einem Hauptziel einer Gemeinschaftsregelung zur Medienkonzentration (Verwirklichung des Binnenmarktes im Medienbereich) und einem Nebenziel (Schutz der Medienvielfalt). Das Ziel der Medienvielfalt werde nicht als solches verfolgt, dafür seien die Mitgliedstaaten zuständig, sondern im Rahmen der Binnenmarktziels mit erfaßt[109]. Diese Auffassung findet dem ersten Anschein nach eine Grundlage in Art. 151 Abs. 4 (früher Art. 128 Abs.4) EG-Vertrag. Die Bestimmung lautete in der Fassung des Maastrichter-Vertrages von 1992: „Die Gemeinschaft trägt den kulturellen Aspekten bei ihrer Tätigkeit aufgrund anderer Bestimmungen dieses Vertrages Rechnung."[110]

Darin sehen Teile des Schrifttums eine Bestätigung der Politik der Gemeinschaft im audio-visuellen Bereich[111]. Mit der Vorschrift werde die Befugnis der Gemeinschaft,

---

105 Mestmäcker, Über den Einfluß von Ökonomie und Technik auf Recht und Organisation der Telekommunikation und der elektronischen Medien, in Kommunikation ohne Monopole II., S. 13, 163. Siehe auch Dörr, EG-Vertrag, EU-Vertrag und Medienordnung, in Europäisches Medienrecht, EMR-Schriftenreihe, Bd. 18, 1998, S. 12 und Ress/Bröhmer a.a.O. S. 64 ff.

106 Ebd.

107 Ebd.

108 KOM (92) 480 endg., v. 23.12.1992.

109 Ebd.

110 Durch den Amsterdamer Vertrag wurde die neue Bestimmung des Art. 151 Abs. 4 EG-Vertrag um den Halbsatz „insbesondere zur Wahrung und Förderung der Vielfalt ihrer Kulturen“ ergänzt. Die im folgenden zitierte Literatur bezieht sich auf die alte Fassung des Art. 128 Abs. 4 EG-Vertrag.

111 Schwartz, Subsidiarität und EG-Kompetenzen - Der neue Titel Kultur - Medienvielfalt und Binnenmarkt, in AfP 1993, S. 409, 417, 421.

den Binnenmarkt im Medienbereich zu verwirklichen, anerkannt[112]. Zugleich verdeutliche die Vorschrift, daß die Gemeinschaft dabei die "kulturellen Aspekte" der Medientätigkeit berücksichtigen müsse. Dementsprechend handele es sich um einen präzisen Anwendungsfall des Art. 151 Abs. 4 (früher Art. 128 Abs. 4) EG-Vertrag, wenn die Gemeinschaft im Rahmen einer Maßnahme zur Angleichung nationaler Medienkonzentrationsvorschriften den Schutz der Medienvielfalt in die Regelung einbeziehe[113]. Dieser Auslegung des Art. 151 Abs. 4 (früher Art. 128 Abs. 4) EG-Vertrag ist entgegenhalten worden, daß sie im Widerspruch zu dem Grundgedanken der Norm stehe. Die Konzeption der Vorschrift zeige, daß die Mitgliedsstaaten mit der Vertragsänderung gerade keine allumfassende Zuständigkeit der Gemeinschaft im Kulturbereich schaffen wollten. Die Rechtsetzungsbefugnisse der Gemeinschaft sei aus diesem Grund auf Fördermaßnahmen beschränkt und an strenge Verfahrensvoraussetzungen geknüpft worden[114].
Aus den gegensätzlichen Positionen zur Auslegung des Art. 151 (früher Art. 128) EG-Vertrag wird deutlich, daß die Vorschrift das Kernproblem der Kompetenzaufteilung zwischen Gemeinschaft und Mitgliedstaaten im Medienbereich nicht gelöst hat. Die Frage, in welcher Weise die Querschnittskompetenz der Gemeinschaft der mitgliedstaatlichen Sachkompetenz für medienrelevante Materien zuzuordnen ist, bleibt offen. Die Ausführungen zeigen darüber hinaus, daß der Frage, wie die verschiedenen Ziele einer Gemeinschaftsaktion im Verhältnis zueinander gewichtet werden, von entscheidender Bedeutung ist. So macht das Beispiel einer Medienkonzentrationsrichtlinie deutlich, daß die Einstufung des Ziels Medienvielfalt als Haupt- oder Nebenzielsetzung von ausschlaggebender Bedeutung für die Kompetenzfrage ist.
Als Fazit läßt sich festhalten, daß die Medienpolitik auch nach der Einführung des Art. 151 (früher Art. 128) EG-Vertrages weiterhin als Grauzone anzusehen ist, in der die Kompetenzen von Gemeinschaft und Mitgliedstaaten unscharf gegeneinander abgegrenzt sind[115].

2. *Das Subsidiaritätsprinzip*

Fraglich ist, welche Auswirkungen die Einführung des Subsidiaritätsprinzips auf die Bestimmung der Reichweite der Rechtsetungsbefugnisse der Gemeinschaft im Medienbereich hat. Der Grundsatz der Subsidiarität wurde bereits, bevor er durch den Vertrag

112 Ebd.
113 Ebd.
114 Eberle, Das europäische Recht und die Medien am Beispiel des Rundfunkrechts, in AfP 1993, S. 422, 426. Vgl. zu den Verfahrensvoraussetzungen, Bieber, in Beutler (Hrsg.), Die Europäische Union, S. 499. Der Rat verabschiedet Rechtsakte nach Art. 128 Abs. 5 EGV im Vermittlungsverfahren (Art.189 b EGV) in der Sonderform einstimmiger Entscheidungen des Rates.
115 So auch Dörr a.a.O. S. 16 f.

von Maastricht in den EG-Vertrag eingeführt wurde, als Kriterium für die Abgrenzung von gemeinschaftlichen und mitgliedstaatlichen Kompetenzen herangezogen[116]. Das Subsidiaritätsprinzip ist nunmehr in der Gestalt des Art. 5 b Abs.2 (früher Art. 3 b Abs. 2) EG-Vertrag zentraler Bestandteil der Gemeinschaftsverfassung. Die Vorschrift lautet: „In den Bereichen, die nicht in ihre ausschließliche Zuständigkeit fallen, wird die Gemeinschaft nach dem Subsidiaritätsprinzip nur tätig, sofern und soweit die Ziele der in Betracht gezogenen Maßnahmen auf Ebene der Mitgliedstaaten nicht ausreichend erreicht werden können und daher wegen ihres Umfangs oder ihrer Wirkungen besser auf Gemeinschaftsebene erreicht werden können."

Die rechtliche Bedeutung des Subsidiaritätsprinzips ist unklar und umstritten[117]. Manches spricht dafür, daß sich das Subsidiaritätsprinzip vor allem auf den politischen Prozeß der Integration auswirken wird. Beutler[118] führt hierzu aus: "Für eine systematische Auslegung ist zu berücksichtigen, daß das Subsidiaritätsprinzip nunmehr ausdrücklich erstmals im Zusammenhang mit der Erweiterung von Zuständigkeiten der Gemeinschaft auf marktfernere Bereiche eingeführt wurde. Daraus ließe sich der Grundsatz ableiten, daß die Ausübungsbefugnisse der Gemeinschaft in dem Maße abnehmen, in dem die Regelungsbefugnisse außerhalb des Marktgeschehens betroffen sind. Dies entspräche der Bedeutung des Gemeinsamen Marktes für die Entwicklung der Gemeinschaft, würde allerdings auch die Frage aufwerfen, wie weit Art. 5 (früher Art. 3 b) EG-Vertrag über das in Art. 308 (früher Art. 235) EG-Vertrag vorausgesetzte "Funktionieren des Gemeinsamen Marktes" inhaltliche und verfahrensrechtliche Bedeutung hat. Seine Hauptbedeutung dürfte daher im Bereich der politischen Willensbildung und im Begründungszwang für die Ausübung bereits bestehender Zuständigkeiten liegen".

Im Hinblick auf die hier zu untersuchende Kompetenzaufteilung ist zunächst fraglich, ob das Subsidiaritätsprinzip auf die Abgrenzung von gemeinschaftlicher Binnenmarkt-

116 Vgl. Ress, Kultur und Europäischer Binnenmarkt, S. 48 m.w.N.; Everling, Zur föderalen Struktur der Europäischen Gemeinschaft, in FS Döhring 1989 S. 179 ff.

117 Vgl. aus dem umfangreichen Schrifttum ohne Anspruch auf Vollständigkeit nur die folgenden Beiträge jeweils m.w.N.: Calliess, Der Schlüsselbegriff der "ausschließlichen Zuständigkeit" im Subsidiaritätsprinzip des Art. 3 b Abs.2 EG-Vertrag in EuZW 1995, 693; Constantinesco, "Subsidiarität": Magisches Prinzip oder Handlungsprinzip der Europäischen Union ? , in EuZW 1991, S. 561; Heintzen, Subsidiaritätsprinzip und Europäische Gemeinschaft, in JZ 1991, S. 317; Hochbaum, Kohäsion und Subsidiarität, Maastricht und die Länderkulturhoheit, in DÖV 1992, S. 285; Jarass, Die EG-Kompetenzen und das Prinzip der Subsidiarität nach Schaffung der Europäischen Union, in EuGRZ 1994, S. 209; Mestmäcker, Von der Wirtschaftsgemeinschaft zur Wirtschafts- und Währungsunion, in Hommelhoff/Kirchhoff (Hrsg.), Der Staatenverbund der Europäischen Union, S. 113; Pescatore, Mit der Subsidiarität leben, in Festschrift Everling, 1995, Bd. 2, S. 1071. Pieper, Subsidiaritätsprinzip - Strukturprinzip der Europäischen Union, in DVBl. 1993, S. 705; Pipkorn, Das Subsidiaritätsprinzip im Vertrag über die Europäische Union, in EuZW 1992, S. 697; Schmidhuber/Hitzler, Die Verankerung des Subsidiaritätsprinzips im EWG-Vertrag, in NVwZ 1992, S. 720.

118 Beutler/Bieber/Pipkorn/Streil, Die Europäische Union, S. 85.

kompetenz und mitgliedstaatlicher Sachkompetenz für die Medien überhaupt anwendbar ist[119]. Würde die Zuständigkeit der Gemeinschaft zur Verwirklichung des Binnenmarktes (Art. 14 (früher 7 a) i.V.m. Art. 47 Abs. 2 (früher 57 Abs. 2) EG-Vertrag) der ausschließlichen Zuständigkeit der Gemeinschaft zugerechnet, wofür einiges spricht, wäre der Grundsatz der Subsidiarität nicht auf die Ausübung dieser Kompetenzen anwendbar[120]. Wird eine konkurrierende Zuständigkeit angenommen, so wird das Ziel der Rechtsangleichung regelmäßig besser auf Gemeinschaftsebene zu erreichen sein[121]. Es wurde in diesem Zusammenhang zu Recht auf die Parallele zu Art. 72 Abs.2 GG hingewiesen, der in der Praxis zu einer Dominanz der Bundes- gegenüber der Ländergesetzgebung geführt hat[122]. Von Bedeutung ist zudem, daß die Zwecksetzungskompetenz bei der Gemeinschaft liegt. Die Kommission kann die Zielsetzung eines Regelungsvorschlags demnach in einer Weise vorgeben, die nur durch eine gemeinschaftsweite Regelung erreicht werden kann[123].
Als Ergebnis läßt sich festhalten, daß das Subsidiaritätsprinzip, seine Anwendung auf den hier untersuchten Kompetenzkonflikt unterstellt, nicht geeignet ist, die Reichweite der Kompetenzen von Gemeinschaft und Mitgliedstaaten im Medienbereich zu bestimmen[124].

3. *Das Maastricht-Urteil des Bundesverfassungsgerichts*

Das Bundesverfassungsgericht hat in dem am 12. Oktober 1993 verkündeten Maastricht-Urteil[125] grundlegende Aussagen zu der Reichweite der Aufgaben und Befugnisse der Gemeinschaft gemacht[126]. Das Gericht hat dabei die Maßgeblichkeit des Prinzips der

---

119 Vgl. dazu Schwartz a.a.O. S. 420.

120 So Schwartz a.a.O. Siehe zu dieser Frage eingehend aus jüngster Zeit Calliess a.a.O. m.w.N.

121 Hartstein/Ring/Kreile/Dörr/Stettner, Kommentar zum Rundfunkstaatsvertrag, 2. Aufl., 1995, 2. Teil, Allgemeine Erläuterungen, Rndr.100; a.A. Ress/Bröhmer, Gutachten zur der Frage der EG-Kompetenz zur Sicherung des Pluralismus im Medienbereich, Juni 1997, bisher unveröffentlicht, Typoskript S. 55 ff, 60.

122 Eberle a.a.O. S. 426.

123 Ebd.

124 So auch Dörr a.a.O. S. 10 ff; a.A. Ress/Bröhmer a.a.O.

125 BVerfGE 89,155 = NJW 1993, 3047 ff. Das Urteil ist vollständig abgedruckt in EuGRZ 1993, S. 427 ff.

126 BVerfGE 89, 155, 192 u. 209 f. Vgl. aus der Vielzahl der Stellungnahmen zu dem Urteil in der Literatur nur die folgenden Beiträge: Götz, Das Maastricht-Urteil des Bundesverfassungsgerichts, in JZ 1993, S. 1081, Isensee, in Kirchhof/Schäfer/Tietmeyer, Europa als rechtliche Idee und als rechtliche Form, S. 5; Schröder, Das Bundesverfassungsgericht als Hüter des Staates im Prozeß der europäischen Integration, in DVBl. 1994, S. 316, kritisch Tomuschat, Die Europäische Union unter der Aufsicht des Bundesverfassungsgerichts, in EuGRZ 1993, S. 489. Siehe ferner unter besonderer Berücksichtigung der medienrechtlichen Implikationen des Urteils: Dörr, Die Maastricht-Entscheidung des Bundesverfassungsgerichts und ihre Auswirkungen auf die Medienpolitik, in ZUM 1995, S. 14; Mestmäcker, Von der Wirtschaftsgemeinschaft zur Wirtschafts- und Wäh-

begrenzten Einzelermächtigung der Gemeinschaftsorgane hervorgehoben und auf die Bedeutung der Unterscheidung von Vertragsauslegung und Vertragsänderung hingewiesen[127]. Im Hinblick auf die extensive Interpretation von Kompetenznormen durch den Gerichtshof der Europäischen Gemeinschaft lautet die als Leitsatz formulierte zentrale Aussage des Urteils in diesem Kontext, daß eine Auslegung von Befugnisnormen, die in ihrem Ergebnis einer Vertragserweiterung gleichkommt, für Deutschland keine Bindungswirkung entfalten würde[128]. Diese Aussage geht auf den sog. Richtlinien-Beschluß[129] von 1987 zurück. Das Gericht hatte in dem Beschluß bereits darauf hingewiesen, daß die durch Art. 234 (früher Art. 177) EG-Vertrag übertragenen Kompetenzen nicht schrankenlos sind, und daß sie den durch das Grundgesetz gezogenen Grenzen der Gerichtsbarkeit des Bundesverfassungsgerichts unterliegen[130]. In den Gründen des Richtlinien-Beschlusses ist implizit bereits auch die Aussage angelegt, daß eine Vertragsauslegung durch den Gerichtshof, welche die Grenzen der ihm übertragenen Kompetenzen überschreitet, in Deutschland keine Bindungswirkung entfaltet. Denn die in dem Beschluß festgestellte Bindung des Bundesfinanzhofs an die eingeholte Vorabentscheidung des Gerichtshofs hatte das Gericht erst nach vorangegangener Überprüfung der Befugnis des Gerichtshofs zur Rechtsfortbildung gefolgert[131]. Das Bundesverfassungsgericht hat allerdings weder in dem Richtlinien-Beschluß[132] noch in dem Maastricht-Urteil[133] nähere Aussagen dazu gemacht, wo im Einzelfall die Grenze zwischen zulässiger Auslegung von Befugnisnormen und nicht mehr von den übertragenen Hoheitsbefugnissen gedeckter Vertragserweiterung zu ziehen ist[134].

Die Bedeutung des Maastricht-Urteils für die diesen Ausführungen zugrunde liegende Frage nach der Reichweite der Gemeinschaftskompetenzen im Medienbereich liegt in dem prononcierten Hinweis auf die Grenzen, die den Organen der Gemeinschaft einschließlich des Europäischen Gerichtshofs bei der Auslegung von Befugnisnormen des EG-Vertrages durch die ihnen übertragenen Hoheitsbefugnisse gesetzt sind. Vor diesem Hintergrund war die zur Zeit der Verkündung des Maastricht-Urteils noch ausstehende

---

rungsunion, in Hommelhoff/Kirchhoff (Hrsg.), Der Staatenverbund der Europäischen Union, S. 113.

127 Ebd.

128 BVerfGE 89, 155, Leitsatz Nr. 6 u. C II 3b), S. 209 f

129 BVerfGE 75, 223, 240 ff.

130 BVerfGE 75, 223, 235.

131 BVerfGE 75, 223, 244. Vgl. dazu Götz, Das Maastricht-Urteil des Bundesverfassungsgerichts, in JZ 1993, S. 1081, 1084.

132 BVerfGE 75, 223, 242 f.

133 BVerfGE 89, 155, S. 209 f.

134 Vgl. Götz a.a.O.

Entscheidung des Bundesverfassungsgerichts zur Fernsehrichtlinie[135] mit besonderer Aufmerksamkeit erwartet worden, da insbesondere die in der Richtlinie festgelegte Quotenregelung als Musterfall einer Kompetenzüberschreitung galt[136] und die klagenden Bundesländer in dem Verfahren unter anderem beantragt hatten, festzustellen, daß der Bund die Richtlinie als in Deutschland nicht anwendbares Recht zu behandeln habe[137].

IV. Das Urteil des Bundesverfassungsgerichts zur Fernsehrichtlinie

Das Bundesverfassungsgericht hat in seinem am 22. März 1995 verkündeten Urteil[138] zur Fernsehrichtlinie die Frage der Reichweite der Rechtsetzungskompetenz der Gemeinschaft im Rundfunk nicht, wie von den Ländern erwartet, entschieden[139], in den Gründen implizit jedoch wichtige Hinweise zur Kompetenzverteilung zwischen Gemeinschaft und Mitgliedstaaten bei der Regelung rundfunkrechtlicher Materien gegeben[140].

Im Mittelpunkt des Verfahrens stand die Frage, ob die Bundesregierung Verfassungsrechte der Bundesländer dadurch verletzt hat, daß sie der Richtlinie zustimmte[141]. Das Gericht bejaht eine Verletzung der Rechte der am Verfahren beteiligten Länder aus Art. 70 Abs.1 i.V.m. Art. 24 GG und dem Grundsatz des bundesfreundlichen Verhaltens lediglich im Hinblick auf die Mitwirkung der Bundesregierung am Zustandekommen der in der Richtlinie festgelegten Quotenregelung[142]. Bei der Begründung dieser Fest-

---

135 Richtlinie (89/552) des Rates vom 3.10.1989 zur Koordinierung bestimmter Rechts- und Verwaltungsvorschriften der Mitgliedstaaten über die Ausübung der Fernsehtätigkeit, ABl. L 298 v. 17.10.1989.

136 Dörr a.a.O. S. 19.

137 Vgl. Deringer, Pyrrhussieg der Länder, in ZUM 1995, S. 316.

138 2 BvG 1/89 = AfP 1995, S. 483 = ZUM 1995, S. 405. Die vollständigen Urteilsgründe sind abgedr. in Beilage zu Funk-Korrespondenz Nr. 12 v. 23.3.1995; aus diesen wird im folgenden nach Seitenzahlen zitiert. Vgl. aus der Vielzahl der Stellungnahmen zu dem Rechtsstreit insbesondere: Deringer, Pyrrhussieg der Länder, in ZUM 1995, S. 316; Häde, Anmerkung zum Urteil des BVerfG vom 22.3.1995 in der Rechtssache 2 BvG 1/89, in EuZW 1995, S. 284.;Kresse/Heinze, Der Rundfunk: Das "jedenfalls auch kulturelle Phänomen", in ZUM 1995, S. 394; Lerche, Konsequenzen aus der Entscheidung des Bundesverfassungsgerichts zur EG-Fernsehrichtlinie, in AfP 1995, S. 632; Zuleeg, Anmerkung zum Urteil des Bundesverfassungsgerichts v. 22.3.1995 in der Rechtssache 2 BvG 1/89, in JZ 1995, S. 673. Siehe auch die oben in N.59 zitierten Beiträge, die sich zum Teil unmittelbar auf das Verfahren beziehen.

139 Vgl. Urteilsgründe S. 34. Die dem Verfahren insoweit zugrunde liegenden Anträge, mit denen die Länder die Feststellung begehrten, daß der Bund die Richtlinie als in Deutschland nicht anwendbares Recht zu behandeln habe, wurden von dem Gericht als unzulässig verworfen, da eine Maßnahme der Bundesregierung die Länder zur Umsetzung der Richtlinie zu veranlassen, weder getroffen noch überhaupt absehbar sei.

140 Deringer a.a.O.

141 Lerche a.a.O.

142 Urteilsgründe S. 36 f. u. S. 55 f.

stellung geht das Gericht von dem von der Bundesregierung und den Ländern gemeinsam festgelegten Standpunkt zu dem Richtlinienvorschlag aus, wonach der Gemeinschaft die Kompetenz für eine Quotenregelung fehle, da sich diese auf die inhaltliche Gestaltung von Rundfunksendungen beziehe[143]. Diesen von dem Verfassungsgericht nicht in Frage gestellten gemeinsamen Standpunkt habe die Bundesregierung nicht konsequent genug vertreten, als sie der Quotenregelung später in der "fragwürdigen" Annahme zustimmte, mit einer Protokollerklärung sichergestellt zu haben, daß es sich bei der Quotenregelung um eine rechtlich nicht bindende "politische" Absichtserklärung handele[144].

Das Bundesverfassungsgericht kommt im übrigen zu dem Ergebnis, daß die Bundesregierung bei den Verhandlungen zur Richtlinie den prozeduralen Anforderungen aus ihrer Stellung als Sachwalter der Länderinteressen[145] im Hinblick auf die ausschließliche Gesetzgebungskompetenz der Länder[146] für den Rundfunk genügt hat. Die Bundesregierung konnte der Richtlinie im Hinblick auf deren weitere Bestandteile demnach zustimmen ohne Rechte der Länder zu verletzen, obwohl die Länder auch insoweit den Standpunkt vertreten hatten, die Gemeinschaft handele kompetenzwidrig. In den Gründen heißt es hierzu: "Die Bundesregierung konnte ohne Rechte der Antragsteller zu verletzen, den Standpunkt einnehmen, daß eine Kompetenz der Gemeinschaft gleichermaßen für das Recht der Gegendarstellung wie zur Regelung von Werbung und Sponsoring und des Jugendschutzes bestehe; insoweit konnte sie von der Stellungnahme des Bundesrates abweichen. Für ihre rechtliche Beurteilung, daß die Verbreitung von Fernsehsendungen eine Dienstleistung sei, für die der EWG-Vertrag in Art. 59 ff. der Gemeinschaft grundsätzlich eine Regelungskompetenz einräume, konnte sich die Bundesregierung auf eine gefestigte Rechtsprechung des Europäischen Gerichtshofs stützen. Davon ausgehend durfte sie der Auffassung sein, die grundlegende Vertragspflicht zur Schaffung eines freien Dienstleistungsverkehrs im Binnenmarkt schließe (...) eine Rechtsangleichung zumindest hinsichtlich der nationalen Vorschriften über Werbung, Sponsoring sowie den Jugendschutz und das Recht der Gegendarstellungen bei Fern-

---

143 Ebd. S. 12 u. S. 28.

144 Ebd. S. 55 f.

145 Ebd. S. 47 ff.

146 Vgl. Art. 23 Abs.6 n.F. GG und das Gesetz über die Zusammenarbeit von Bund und Ländern in Angelegenheiten der Europäischen Union v. 12.3.1993 (BGBl. I. 313) zur gegenwärtige Rechtslage. Art. 23 Abs. 6 Satz 1 n.F. GG lautet: "Wenn im Schwerpunkt ausschließliche Gesetzgebungsbefugnisse der Länder betroffen sind, soll die Wahrnehmung der Rechte, die der Bundesrepublik Deutschland als Mitgliedstaat der Europäischen Union zustehen, vom Bund auf einen vom Bundesrat benannten Vertreter der Länder übertragen werden." Die Vorschrift wurde nach dem entscheidungserheblichen Zeitpunkt der Zustimmung der Bundesregierung zu der Fernsehrichtlinie im Jahre 1989 neu gefaßt. Die Entscheidung des Bundesverfassungsgerichts bezieht sich somit im Hinblick auf die Beteiligungsrechte der Länder durchgängig auf die alte Rechtslage. Vgl. dazu Lerche a.a.O. S. 633 f.

sehveranstaltungen (...) ein. Dabei konnte die Bundesregierung berücksichtigen, daß die genannten Regelungen, obzwar für die Veranstalter von Fernsehsendungen von erheblicher wirtschaftlicher Bedeutung, den Kernbereich der Landeskompetenz zur Regelung der organisatorischen sowie politisch-kulturellen Materien des Rundfunkwesens nicht berühren."[147]

Damit hat das Bundesverfassungsgericht in der für die weitere Entwicklung im Medienbereich wichtigen Kompetenzfrage - dem eigentlichen Hauptanliegen der Antragsteller - inzidenter gegen die Länder entschieden, was Deringer veranlaßte in seiner Urteilsanmerkung von einem "Pyrrhussieg" der Länder zu sprechen[148]. Das Votum des Gerichts fiel allerdings nicht so eindeutig aus, wie es nach der vorstehend zitierten Urteilspassage scheinen könnte. Denn das Gericht hat den Bedenken der Länder, die Gemeinschaft könne durch eine ausdehnende Handhabung der Befugnisse aus Art. 49 ff (früher Art. 59 ff.) EG-Vertrag letztlich jede grenzüberschreitende entgeltliche Leistung erfassen und damit auch Regelungsmaterien im Bereich "Kultur" vollständig an sich ziehen[149], in gewissem Umfang Rechnung getragen. Anknüpfend an die Maastricht-Entscheidung heißt es zunächst: "die Bundesregierung hat darauf hinzuwirken, daß die bestimmbar festgelegten Gemeinschaftskompetenzen (vgl. BVerfGE 89, 155, 187 f, 191 ff) durch die Handhabung nicht an Voraussehbarkeit verlieren und ihre Begrenzungsfunktion einbüßen"[150], und daran anschließend, das Prinzip der Bundestreue verpflichte die Bundesorgane: „einer langfristigen Entwicklung entgegenzuwirken, bei der durch eine schrittweise ausdehnende Inanspruchnahme der Gemeinschaftskompetenzen, vor allem der sogenannten Querschnittskompetenzen, verbliebene Sachkompetenzen der Mitgliedstaaten und damit auch Länderrechte beeinträchtigt werden können"[151].

Aus dem Urteil wird man daher nicht den voreiligen Schluß ziehen können, daß das Bundesverfassungsgericht Gemeinschaftsinitiativen im Medienbereich, welche neben wirtschaftlichen Aspekten auch die Medien als "kulturelles Phänomen" berühren, zukünftig uneingeschränkt der Zuständigkeit der Gemeinschaft zuordnen und der Bundesregierung damit gegenüber den Ländern einen weiten Spielraum zubilligen wird[152].

---

147 Urteilsgründe S. 51 f.
148 Deringer a.a.O.
149 Urteilsgründe S. 48.
150 Ebd.
151 Urteilsgründe S. 49.
152 So offenbar Kresse/Heinze, Der Rundfunk: Das „jedenfalls auch kulturelle Phänomen“, in ZUM 1995, S. 394; dagegen Lerche a.a.O. S. 636.

Die Abgrenzung der Kompetenzen von Gemeinschaft und Mitgliedstaaten im Mediensektor ist deshalb besonders schwierig, weil es darum geht ungleichartige Zuständigkeiten voneinander abzugrenzen. Das Kernproblem liegt in dem Zusammentreffen der funktionellen Zuständigkeit der Gemeinschaft einerseits und der sachlichen Zuständigkeit der Mitgliedstaaten andererseits. Die Zuständigkeit der Gemeinschaft für das Funktionieren des Binnenmarktes und die Kompetenz der Mitgliedstaaten für den Medienbereich überschneiden sich in thematischer Hinsicht nicht. Es kann jedoch durch die Ausübung der Kompetenzen, wie am Beispiel der einzelstaatlichen Vorschriften zum Schutz der Medienvielfalt verdeutlicht, zu Konflikten kommen. So können die unterschiedlichen nationalen Konzentrationsvorschriften im Medienbereich das Funktionieren des Binnenmarktes behindern, während umgekehrt eine rechtsangleichende Maßnahme der Gemeinschaft in diesem Bereich die sachliche Kompetenz der Mitgliedstaaten beeinträchtigt. Im Konfliktfall muß der Mitgliedstaat im Grundsatz die Einschränkung seiner Handlungsmöglichkeiten durch die funktional wirkenden Grundfreiheiten hinnehmen. Das folgt aus dem Prinzip des Vorrangs des Gemeinschaftsrechts[153]. Die Ausweitung der Gemeinschaftstätigkeit im Zuge der fortschreitenden Integration und der damit verbundene Verlust von Handlungsspielräumen der Mitgliedstaaten im Kulturbereich wirft allerdings die Frage auf, wo die Grenzen der funktionellen Gemeinschaftskompetenzen verlaufen. Die Entscheidung des Bundesverfassungsgericht zur Fernsehrichtlinie gibt hierzu jetzt einen Anhaltspunkt. Das Gericht stellt auf den "Kernbereich der Rundfunkhoheit der Länder" ab und kommt zu dem Ergebnis, daß die nationalen Vorschriften über Werbung, Sponsoring sowie den Jugendschutz und das Recht der Gegendarstellungen bei Fernsehveranstaltungen nicht diesem Kernbereich zuzuordnen sind. Eine Auslegung von Art. 14 (früher Art. 7 a) und Art. 47 Abs. 2 (früher Art. 57 Abs. 2) EG-Vertrag, welche die Zuständigkeit der Gemeinschaft für den Erlaß einer Regelung zur Angleichung der einzelstaatlichen medienspezifischen Konzentrationsvorschriften annimmt, dürfte sich aus den dargelegten Gründen wohl ebenfalls im Rahmen der zulässigen Auslegung der Befugnisnorm halten.

153 EuGH Rs 6/64, Costa/ENEL, Slg. 1964, 1253, ständige Rspr.

Schlußbetrachtung

Das durch den Dritten Rundfunkänderungsstaatsvertrag novellierte Medienkonzentrationsrecht für das bundesweite private Fernsehen ist vor dem Hintergrund der technischen Entwicklung der elektronischen Medien und der Telekommunikation zu beurteilen. Das digitale Fernsehen wird zu einer Vervielfachung der Übertragungswege und zu neuen interaktiven Angeboten führen. Die Konvergenz von Telekommunikation und elektronischen Medien macht neben einer Neubestimmung der Beziehungen von Rundfunkveranstaltern zu vor- und nachgelagerten Märkten sowie zur Presse auch eine Klärung der Beziehungen zu Netzbetreibern notwendig. Im Vordergrund stehen hier Fragen des Zugangs zu neuen Übertragungswegen sowie die Neutralität von Netzbetreibern. Es ist zu entscheiden, ob Telekommunikationsunternehmen und Netzbetreiber zur Veranstaltung von Rundfunk zugelassen werden sollen. Der Rundfunkstaatsvertrag enthält in § 53 RfStV 1997 erstmals eine Regelung, die den diskriminierungsfreien Zugang von Anbietern von Fernsehdiensten zu den technischen Diensten einschließlich der Vermarktung von Dekodern und Steuerungssystemen für Programme und Dienste (sog. „Navigatoren„) vorsieht, mit deren Hilfe die Fernsehdienste von zugangsberichtigten Zuschauern genutzt werden können.
Den für den Rundfunk zuständigen Ländern kommt in diesem Zusammenhang die Aufgabe zu, Rahmenbedingungen zu setzen, die an die veränderte technische und wirtschaftliche Situation der elektronischen Medien angepaßt und für die Medienwirtschaft, Aufsichtsgremien und Gerichte auch zukünftig richtungweisend sind. Ein solcher Ordnungsrahmen müßte Regelungen zur Sicherung von Meinungsvielfalt und Wettbewerb vorsehen und zugleich die effektive Nutzung der neuen Informations- und Kommunikationstechnologien und die Entfaltung des Wirtschaftszweiges ermöglichen. Das Regelungssystem müßte dabei zudem die Möglichkeit des Wettbewerbs verschiedener Kommunikationssysteme offen halten, um den Zugang zu den für die Aufnahme von Fernseh-, Medien- und Telekommunikationsdiensten wesentlichen Einrichtungen gewährleisten zu können.
Die Länder haben mit dem neuen Medienkonzentrationsrecht im Rundfunkstaatsvertrag nur einen Teil dieser Regelungsaufgabe erfüllt. Mit dem von den Ministerpräsidenten verabschiedeten Vierten Rundfunkänderungsstaatsvertrag soll die geltende Regelung um einen ordnungsrechtlichen Rahmen für das digitale Fernsehen erweitert werden. Weitere Elemente des Ordnungsrahmens sind der am 1. August 1997 in Kraft getretene Mediendienste-Staatsvertrag und das Gesetz zur Regelung der Rahmenbedingungen für Informations- und Kommunikationsdienste (IuKDG).

In der hier vorliegenden Arbeit wurden die Konzentrationsprobleme in den elektronischen Medien auf der Grundlage der medienspezifischen Konzentrationsvorschriften im Rundfunkstaatsvertrag und in den Landesmediengesetzen sowie der wettbewerblichen Vorschriften der deutschen und europäischen Fusionskontrolle unter Berücksichtigung der verfassungs- und europarechtlichen Aspekte des Themas untersucht.
Die Untersuchung hat gezeigt, daß der Spielraum des Landesgesetzgebers bei der Ausgestaltung der Rundfunkordnung nicht schrankenlos ist. Auf der Grundlage der Rechtsprechung des Bundesverfassungsgerichts bleibt indes im unklaren, wo die Grenze im einzelnen verläuft. Diese Situation ist im Schrifttum treffend als "institutioneller Nebel" bezeichnet worden. Feststeht nach der Rechtsprechung des Bundesverfassungsgerichts lediglich, daß der Gesetzgeber einer Zweckbindung unterliegt. Die getroffenen Regelungen müssen geeignet sein, die Rundfunkfreiheit zu sichern. Bisher nicht entschieden ist, ob der Grundsatz der "Funktionsfähigkeit" des privaten Rundfunks den Gestaltungsspielraum des Gesetzgebers einschränkt. An diese Überlegungen anknüpfend wird im Schrifttum insbesondere von Lerche das Kriterium der "Modellkonsistenz" als Schranke der Gestaltungsbefugnis des Gesetzgebers herangezogen. Auf der Grundlage eines individualrechtlichen Verständnisses des Art.5 Abs.1 S.2 GG sind organisationsrechtliche Regelungen im Bereich des Rundfunks den Schranken des Art.5 Abs.2 GG zuzuordnen und damit am Maßstab des Verhältnismäßigkeitsgrundsatzes zu messen.
Das neue Medienkonzentrationsrecht im Rundfunkstaatsvertrag läßt den Medienunternehmen einen nicht unerheblichen Handlungsspielraum. Unternehmen können nunmehr bis zur Grenze vorherrschender Meinungsmacht, die bei einem Zuschaueranteil von 30 v.H. vermutet wird, eine unbegrenzte Zahl von Programmen verbreiten. Verfassungsrechtliche Bedenken gegen die Neuregelung wurden daher weniger unter dem Gesichtspunkt des Eingriffs in die Betätigungsfreiheit der betroffenen Medienunternehmen, als unter dem Aspekt der Eignung des neuen Medienkonzentrationsrechts, Meinungsvielfalt zu sichern, erhoben. Dieser Kritik ist im Ergebnis zuzustimmen. Ausschlaggebend dafür ist jedoch nicht, daß die Vorschriften zur Sicherung der Meinungsvielfalt kein „angemessenes Steuerungspotential“ bieten. Die Untersuchung hat gezeigt, daß in Anbetracht des technischen Wandels in den elektronischen Medien die von dem Bundesverfassungsgericht zuletzt in seinen Urteilen zur Zulassung des Deutschen Sport Fernsehen (DSF) und zur „Kurzberichterstattung“ angenommene „Sondersituation im Rundfunk“ zunehmend fragwürdig ist und ein „Sondermedienkartellrecht“ nicht mehr rechtfertigt. Es hat sich zudem erwiesen, daß das neue Medienkonzentrationsrecht - als eine im Tatbestand unscharfe, kaum praktikable Regelung ohne einschneidende Rechtsfolgen - den verfassungsrechtlichen Anforderungen an eine effektive präventive Konzentrationskontrolle im Rundfunk nicht gerecht wird.

Die Praxis des Bundeskartellamts und der EG-Kommission haben demgegenüber gezeigt, daß die wettbewerbliche Fusionskontrolle im Medienbereich ein geeignetes Instrument ist, wirtschaftlichen Wettbewerb in den betroffenen Medienmärkten und damit zugleich publizistischen Wettbewerb zu sichern. Dabei könnten Konzentrationsvorgänge durch den Erwerb von Lizenzen, die bisher als sog. internes Wachstum nicht unter die wettbewerblichen Fusionskontrolle fallen, zukünftig durch eine ergänzende Regelung erfaßt werden, die die Vergabe von Lizenzen als Zusammenschlußtatbestand fingiert.

Das Zuschaueranteilsmodell beruht auf der Prämisse, daß der anhand von Einschaltquoten ermittelte Zuschaueranteil als Indikator für die tatsächlich von einem Programm erreichten Zuschauer, ein geeignetes Kriterium ist, um das Einflußpotential von Medienunternehmen auf die öffentliche Meinungsbildung zu erfassen. Das Kriterium ist unmittelbar an der entscheidenden Zielgröße der Mediennutzung orientiert und erscheint damit im Ansatz sowohl im Hinblick auf alternative publizistische Kriterien, wie der Programmzahl und die technischen Reichweite eines Senders, als auch ökonomische Kriterien, wie Werbeerlöse und Umsätze eines Medienunternehmens, am ehesten geeignet zu sein, vorherrschende Meinungsmacht zu erfassen.

Die Ausgestaltung des neuen Medienkartellrechts wirft indes eine Reihe schwieriger Fragen auf, die bisher auch in der Praxis nicht zufriedenstellend gelöst werden konnten. Die Regelungsdefizite des Zuschaueranteilsmodells beruhen zum einen auf der Kombination von Elementen unterschiedlicher Novellierungsvorschläge, zum anderen auf der isolierten, aus dem Regelungszusammenhang herausgelösten, Übernahme von Elementen der wettbewerblichen Fusionskontrolle des Gesetzes gegen Wettbewerbsbeschränkungen. Die neuen Vorschriften zur Sicherung der Meinungsvielfalt im Rundfunkstaatsvertrag beinhalten weder eine klare und einfache Regelung, die Rechts- und Planungssicherheit für die Beteiligten schafft, noch hinreichend Flexibilität, um die Erfassung zukünftiger Entwicklungen zu ermöglichen. Die Hauptkritikpunkte sind im einzelnen, wie dargelegt wurde: die Probleme bei der Ermittlung der Zuschaueranteile; die Ausgestaltung der Zurechnungsvorschriften, die alle Anwendungsprobleme der alten Regelung des § 21 RfStV 1991 fortschreibt; die Erfassung sog. „internen Wachstums“ und die damit einher gehende „Bestrafung“ publizistisch erfolgreicher Sender; die Vermutungsregelung des § 26 RfStV 1997, deren rechtliche Tragweite umstritten ist sowie die unzureichende Erfassung von Medienverflechtungen durch die Regelung des §26 Abs.2 S.2 RfStV 1997, die nicht hinreichend bestimmt und damit nicht praktikabel ist. Die Regelung enthält weder einen Anhaltspunkt für die Beurteilung, unter welchen Voraussetzungen eine Unterschreitung der Zuschaueranteilsgrenze als „geringfügig“ anzusehen ist, noch sieht sie Kriterien vor, anhand derer die „medienrelevanten verwandten

Märkte" abzugrenzen und gegebenenfalls zu gewichten sind. Des weiteren bleibt offen, welcher Maßstab bei der Gesamtbeurteilung nach § 26 Abs. 2 S. 2 RfStV 1997 zugrunde zu legen ist. Es ist daher zu bezweifeln, daß das neue Medienkonzentrationsrecht geeignet ist, der vertikalen Integration von Programmproduktion, Rechtehandel, Rundfunkveranstaltung und Vertrieb von Programmen entgegenzuwirken, den Zugang zu Programmressourcen offenzuhalten und den Wettbewerb auf den Programmärkten zu sichern.

Das Kartellrecht bietet auch in dieser Hinsicht ein flexibleres Instrumentarium, das in höherem Maße als das Medienkonzentrationsrecht eine Berücksichtigung der Umstände des Einzelfalls ermöglicht.

Die bei Erreichen vorherrschender Meinungsmacht vorgesehenen sog. „vielfaltssichernden Maßnahmen" werden in der Literatur zu Recht als wenig wirksam angesehen. Die bereits ab einem Zuschaueranteil von 10 v.H. einzuräumenden Drittsenderechte sind mit der Programmverantwortung privater Veranstalter nicht vereinbar.

Die aufgezeigten Ausgestaltungsdefizite des Zuschaueranteilsmodells sowie die ersten Erfahrungen mit der Anwendung der Vorschriften durch die KEK geben Anlaß zu einer insgesamt zurückhaltenden Beurteilung des neuen Rechts zur Sicherung der Meinungsvielfalt.

Neben einer Novellierung des materiellen Konzentrationsrechts wurden das Verfahren und die Organisation der Konzentrationsaufsicht in dem Dritten Rundfunkänderungsstaatsvertrag neu geregelt. Die als Organ der Landesmedienanstalten mit der Konzentrationsaufsicht betraute Kommission zur Ermittlung der Konzentration im Medienbereich (KEK) verfügt nun erstmals über ein den Kartellbehörden vergleichbares Instrumentarium. Es erscheint jedoch in Anbetracht der Defizite der materiellen Regelung zweifelhaft, ob es der KEK gelingen wird, das Instrumentarium für eine effektive präventive Konzentrationskontrolle im Rundfunk einzusetzen.

Die EG-Kommission ist auf der Grundlage des Grünbuchs über "Pluralismus und Medienkonzentration" zu der Einschätzung gelangt, daß die unterschiedlichen nationalen Vorschriften zur Sicherung der Medienvielfalt ein Hindernis für die Verwirklichung des Binnenmarktes im Medienbereich sind und leitet aus diesem Umstand die Notwendigkeit einer Harmonisierung der nationalen Vorschriften her. Zu diesem Zweck hat die Kommission 1997 den Entwurf einer Medienkonzentrationsrichtlinie vorgelegt, diesen jedoch aufgrund unterschiedlicher Auffassungen innerhalb der Kommission und massiver Kritik von einzelnen Mitgliedstaaten sowie Verbänden bisher nicht veröffentlicht. Der Richtlinienentwurf enthält Vorschriften zur Sicherung der Medienvielfalt, die wie das Zuschaueranteilsmodell auf einer Marktanteilsbegrenzung beruhen. Die Kompetenz der Gemeinschaft für ein solches Regelungsvorhaben ist umstritten. In diesem Kontext stellt sich das grundsätzliche Problem der Kompetenzabgrenzung zwischen Mitgliedstaaten und Gemeinschaft im Medienbereich. Im Kern geht es dabei darum, die Querschnittszuständigkeit der Gemeinschaft für die Verwirklichung des Binnenmarkts der Sachkompetenz der Mitgliedstaaten für den Medienbereich zuzuordnen. Das Bundesverfassungsgericht hat in seiner Entscheidung zur Fernsehrichtlinie in diesem Zusammenhang auf den Kernbereich der Rundfunkhoheit der Länder abgestellt. Dieser wäre durch eine Medienkonzentrationsrichtlinie wohl nicht berührt. Davon zu unterscheiden ist die Frage, ob durch eine solche Maßnahme eine wirksame präventive Konzentrationskontrolle im Medienbereich erreicht werden kann. Der vorliegende Richtlinienentwurf begegnet insoweit denselben grundsätzlichen Vorbehalten, die anhand des Zuschaueranteilsmodells für die in Deutschland geltenden medienspezifischen Konzentrationsvorschriften aufgezeigt wurden. Die wettbewerbliche Fusionskontrolle ist auch auf europäischer Ebene besser geeignet, Konzentrationstendenzen im Medienbereich zu begegnen, was nicht zuletzt die jüngste Entscheidungspraxis der Kommission in bezug auf die Anwendung der EG-Fusionskontrollverordnung im Medienbereich gezeigt hat.

Literaturverzeichnis

Ablasser, Astrid, Medienmarkt und Fusionskontrolle: die Anwendung der Europäischen Fusionskontrollverordnung auf den Mediensektor, Köln, Berlin, Bonn, München, 1998.

Adler/Düring/Schmaltz, Rechnungslegung und Prüfung der Aktiengesellschaft, Handkommentar, Bd. 3, Rechnungslegung im Konzern,4. Aufl., Frankfurt a.M., Heidelberg, Köln 1972.

- Rechnungslegung und Prüfung der Unternehmen, Kommentar zum HGB, AktG, GmbHG, PublG nach den Vorschriften des Bilanzrichtlinien-Gesetzes, 5. Aufl., Stuttgart 1987.

Albath, Andreas, Unternehmensbeteiligungen unter 25 % Kapitalanteil: in gesellschafts- und wettbewerbsrechtlicher Betrachtung, Köln, Berlin, Bonn, München 1988.

Alexy, Robert, Theorie der Grundrechte, Baden-Baden 1985.

Astheimer, Sabine/Moosmayer, Europäische Rundfunkordnung-Chance oder Risiko ?, ZUM 1994, S. 395-404.

Badura, Peter, Verfassungsrechtliche Bindungen der Rundfunkgesetzgebung, München 1981.

Bangemann, Martin u.a., Europa und die globale Informationsgesellschaft, Empfehlungen für den Europäischen Rat, Brüssel 1994; zit. auch als Bericht der "High Level Group".

Baron, Die neuen Bestimmungen der Europäischen Fusionskontrolle, in WuW 1997, S. 579-591.

Battis, Ulrich, Systemgerechtigkeit, in Festschrift für Hans Peter Ipsen, 1977, S. 11-30.

Baumbach, Adolf/Hueck, Alfred (Hrsg.), GmbH-Gesetz, 16. Aufl., München 1996, zit.: Bearbeiter in Baumbach/Hueck, GmbH-Gesetz.

Baumbach, Adolf/Hefermehl, Wolfgang, Wettbewerbsrecht, Gesetz gegen den unlauteren Wettbewerb, Zugabeverordnung, Rabattgesetz und Nebengesetze, 21. Aufl., München 1999.

Baumbach, Adolf/Hueck, Alfred und Götz, Kommentar zum Aktiengesetz, 13. Aufl., München 1968.

Bauer, Michael, Öffentlich-rechtliche Rundfunkanstalten und das Kartellrecht, Baden-Baden 1993.

Bechtold, Rainer, Kartellgesetz, Gesetz gegen Wettbewerbsbeschränkungen, 2. Aufl., München 1999.

- Zwischenbilanz zum EG-Fusionskontrollrecht, EuZW 1994, S. 653-659.

Benda, Ernst/Maihofer, Werner/Vogel, Hans-Jochen (Hrsg.), Handbuch des Verfassungsrechts der Bundesrepublik Deutschland, 2. Auflage, Berlin, New York 1994, zit.: Bearbeiter in Benda/Maihofer/Vogel, Handbuch des Verfassungsrechts.

Bericht der Arbeitsgruppe Rechtsaufsicht- Medienkonzentration der Rundfunkkommission der Länder, abgedr. in Funk-Korrespondenz Nr. 45 v. 12.11.1994, S. 29-31.

Bericht zur Lage des Fernsehens für den Präsidenten der Bundesrepublik Deutschland Richard von Weizsäcker, vorgelegt von Jo Groebel, Wolfgang Hoffmann-Riem, Renate Köcher, Bernd-Peter Lange, Ernst Gottfried Mahrenholz, Ernst-Joachim Mestmäcker, Ingrid Scheithauer und Norbert Schneider, Februar 1994.

Beucher, Klaus/Leyendecker, Ludwig/von Rosenberg, Oliver, Mediengesetze, Rundfunk, Mediengesetze, Teledienste, Kommentar zum Rundfunkstaatsvertrag, Mediendienste-Staatsvertrag, Teledienstgesetz und Teledienstleistungsgesetz, München 1999.

Bethge, Herbert, Landesrundfunkordnung und Bundeskartellrecht, Baden-Baden 1991.

- Pluralismus und Kontrollgremien, in: Kohl, Helmut, Die Freiheit des Rundfunks nach dem Nordrhein-Westfalen-Urteil des Bundesverfassungsgerichts, Symposium aus Anlaß des 70. Geburtstags von Wolfgang Lehr, Konstanz 1991, S. 39-44.
- Rundfunkfreiheit und privater Rundfunk, Frankfurt a.M., Berlin 1985.
- Die verfassungsrechtliche Problematik der Zulassung von Veranstaltern des Privatrechts, München 1981.
- Rundfunkfreiheit und privater Rundfunk, München 1985.

Beutler, Bengt, Die Europäische Union: Rechtsordnung und Politik, 4. Auflage, Baden-Baden 1993.

Birkert, Eberhard, Landesmediengesetz Baden-Württemberg, Stuttgart 1993.

Bleckmann, Albert, Art. 5 EWG-Vertrag und die Gemeinschaftstreue, DVBl. 1976, S. 483-487.

Böckenförde, Ernst-Wolfgang, Grundrechtstheorie und Grundrechtsinterpretation, NJW 1974, S. 1529-1538.

Böckenförde, Ernst-Wolfgang/Wieland, Joachim, Die "Rundfunkfreiheit"- ein Grundrecht?, Überlegungen zu den verfassungsrechtlichen Vorgaben in Art. 5 Abs. 1 GG für die Organisation des Rundfunks, AfP 1982, S. 77-85.

Börner, Bodo, Der Zugang der Presse zum Rundfunk und das Wettbewerbsrecht, Berlin 1985.

Bonner Kommentar zum Grundgesetz, Dolzer, Rudolf (Gesamtherausgeber), Stand: 70. Lieferung, Heidelberg 1993, zit. Bearbeiter in Bonner Kommentar zum Grundgesetz.

Bork, Reinhard, „Geringfügige Unterschreitung des Zuschaueranteils“ – Betrachtung zu § 26 Abs. 2 S. 2 RfStV, Kommunikation & Recht S. 183 – 187.

Bremer, Eckhard/Esser, Michael/Hoffmann, Martin, Der Rundfunk in der Verfassungs- und Wirtschaftsordnung Deutschlands, Baden-Baden 1992.

Bremer, Eckhard, Freiheit durch Organisation?, "Ausgestaltung" der Rundfunkfreiheit als Problem von Grundrechtsinterpretation, Grundrechtstheorie und Ordnungstheorie, in: Mestmäcker, Ernst-Joachim (Hrsg.), Kommunikation ohne Monopole II., Baden-Baden 1995.

Brühann, Ulf, Pluralismus und Medienkonzentration im Binnenmarkt, ZUM 1993, S. 600-605.

Brugger, Winfried, Rundfunkfreiheit und Verfassungsinterpretation, Heidelberg 1991.

Bullinger, Martin, Kommunikationsfreiheit im Strukturwandel der Telekommunikation, Baden-Baden 1980.

- Freiheit von Presse, Rundfunk, Film, in: Isensee, Josef/ Kirchhof, Paul (Hrsg.), Handbuch des Staatsrechts der Bundesrepublik Deutschland, Bd. VI: Freiheitsrechte, 1989, § 142, S. 667-737.
- Elektronische Medien als Marktplatz der Meinungen -Abschied vom Modell harmonisierender Meinungspflege durch gewaltenaufteilende Presse- und Rundfunkunternehmen -, AöR 108 (1983), S. 161-215.
- Werbung und Quotenregelung zwischen nationalem und europäischem Rundfunkrecht, in Stern u.a. (Hrsg.), Eine Rundfunkordnung für Europa- Chancen und Risiken, 1990, S. 85-100.
- Rechtliche Eigenart der Vollprogramme im Rundfunk, ZUM 1994, S. 596-609.
- Der Rundfunkbegriff in der Differenzierung kommunikativer Dienste, AfP 1996, S. 18.

Bullinger, Martin/Gödel, Christoph, Landesmediengesetz Baden-Württemberg, Baden-Baden 1986.

Bullinger, Martin/Kübler, Friedrich (Hrsg.), Rundfunkorganisation und Kommunikationsfreiheit. Landesberichte und Generalbericht der Tagung für Rechtsvergleichung 1979 in Lausanne, Baden-Baden 1979.

Bullinger, Martin/Mestmäcker, Ernst-Joachim, Muitimediadienste. Struktur und staatliche Aufgaben nach deutschem und europäischem Recht, Baden-Baden 1997.

Bumke, Ulrike, Die öffentliche Aufgabe der Landesmedienanstalten, München 1995.

- Klagebefugnis der Landesmedienanstalten im Streit um rundfunkrechtliche Zulassungsentscheidungen ?, ZUM 1995, S. 360-368.
- Die Klagebefugnis der Landesmedienanstalten und das Gebot der präventiven Konzentrationskontrolle, in ZUM 1998, S. 121-128.

Bundeskartellamt, Tätigkeitsbericht 1985/86, BT-Drucksache 11/554.
- Tätigkeitsbericht 1987/88, BT-Drucksache 11/4611.
- Tätigkeitsbericht 1989/90, BT-Drucksache 12/847.
- Tätigkeitsbericht 1991/92, BT-Drucksache 12/5200.
- Tätigkeitsbericht 1993/94, BT-Drucksache 13/1660.
- Tätigkeitsbericht 1995/96, BT-Drucksache 13/7900.
- Tätigkeitsbericht 1997/98; BT-Drucksache 14/1139.

Bydlinski, Franz, Juristische Methodenlehre und Rechtsbegriff, New York, Wien 1982.

Callies, Christian, Der Schlüsselbegriff der "ausschließlichen" Zuständigkeit im Subsidiaritätsprinzip des Art. 3 b II EGV, EuZW 1995, S. 693-700.

Canaris, Claus-Wilhelm, Systemdenken und Systembegriff in der Jurisprudenz: entwickelt am Beispiel des deutschen Privatrechts, 2. Aufl., Berlin 1983.
- Mitbestimmungsgesetz und innergesellschaftliche Organisationsautonomie der Aktiengesellschaft, Der Betrieb -Beilage, Nr.14/1981, S. 1-16.

Clausen-Muradian, Elisabeth, Konzentrationskontrolle im privaten Rundfunk – Der neue Rundfunkstaatsvertrag (RfStV) 1997, in ZUM 1997, S. 934-947.
- Konzentrationstendenzen und Wettbewerb im Bereich des privaten kommerziellen Rundfunks und die Rechtsprobleme staatlicher Rundfunkaufsicht, Frankfurt a.M., Berlin, Bern, New York, Paris, Wien 1998.

Constantinesco, Viad, "Subsidiarität": Magisches Wort oder Handlungsprinzip der Europäischen Union, EuZW 1991, S. 561-563.

Degenhart, Christoph, Staatszielbestimmungen, Staatsorgane, Staatsfunktionen, 9. Aufl., Heidelberg 1993.
- Zur Novellierung des § 21 RufStV - Diskussionsbeiträge, in AfP 1995, S. 548-550.
- Systemgerechtigkeit und Selbstbindung des Gesetzgebers als Verfassungspostulat, München 1976.

Delbrück, Jost, Die Rundfunkhoheit der deutschen Bundesländer im Spannungsfeld zwischen Regelungsanspruch der Europäischen Gemeinschaft und nationalem Verfassungsrecht, Frankfurt a.M. 1986.

Deringer, Arved, Fragen zur "Gemeinsamen Beherrschung", in: Festschrift für Otto-Friedrich Frhr. von Gamm, 1990, S. 559-580.
- Europäisches Gemeinschaftsrecht und nationale Rundfunkordnung, ZUM 1986, S. 627-638.
- Pyrrhussieg der Länder - Anmerkung zum Urteil des Bundesverfassungsgerichts vom 22. März 1995 in der Rechtssache 2 BvG 1/89 in dem Verfahren der Fernsehrichtlinie, ZUM 1995, S. 316-318.

Dierdorf, Josef, Herrschaft und Abhängigkeit einer Aktiengesellschaft auf schuldvertraglicher und tatsächlicher Grundlage, Köln, Berlin, Bonn, München 1978.

Dörr, Dieter, (Hrsg.), Die Einflüsse europäischer Entwicklungen auf das Bund-Länder Verhältnis im Rundfunkwesen, Schriftenreihe des Instituts für Europäisches Medienrecht, Band 4, München 1992.

- Der deutsche Förderalismus und die entstehende Medienordnung, EWS 1991, S. 259-269.
- Konzentrationstendenzen im Bereich des Rundfunks und ihre Rechtsprobleme, ZUM 1993, S. 10-17.
- Das für die Medienkonzentration maßgebliche Verfahrensrecht, in Die Landesmedienanstalten (Hrsg.), Die Sicherung der Meinungsvielfalt, 1995, S. 331-433.
- Die Maastricht-Entscheidung des Bundesverfassungsgerichts und ihre Auswirkungen auf die Medienpolitik, ZUM 1995, S. 14-20.
- Maßnahmen zur Vielfaltssicherung gelungen ?, in Media Perspektiven, 1996, S. 621-628.
- EG-Vertrag, EU-Vertrag und Medienordnung, in Europäisches Medienrecht, Schriftenreihe des Instituts für Europäisches Medienrecht, Band 18, München 1998.

Druey, Jean Nicolas (Hrsg.), Konzernrecht aus der Konzernwirklichkeit, Das St. Galler Konzernrechtsgespräch, Bern, Stuttgart 1988.

Eberle, Carl-Eugen, Rundfunkübertragung: Rechtsfragen der Nutzung terrestrischer Rundfunkfrequenzen, Berlin 1989 .

- Das europäische Recht und die Medien am Beispiel des Rundfunkrechts, AfP 1993, S. 422-429.
- Das Fernsehen im Zugriff des europäischen Rechts, in Festschrift für Werner Thieme, 1993, S. 939-961.
- Neue Übertragungstechniken und Verfassungsrecht, ZUM 1995, S. 249-256.

Eberle, Carl-Eugen/Gersdorf, Hubertus, Der grenzüberschreitende Rundfunk im deutschen Recht, Baden-Baden 1993.

Ehlermann, Claus-Dieter, Die europäische Fusionskontrollverordnung - erste Erfahrungen, WuW 1991, S. 535 545.

Emmerich, Volker, Kartellrecht, 8. Aufl., München 1999.

- Rundfunk im Wettbewerbsrecht, AfP 1988/89, S. 433-438.

Emmerich, Volker/Habersack, Mathias, Aktienkonzernrecht, Kommentar zu den §§ 15-22 und 291- 328 AktG, München 1998.

Emmerich, Volker/Sonnenschein, Jürgen, Konzernrecht: das Recht der verbundenen Unternehmen bei Aktiengesellschaft, GmbH, Personengesellschaften und Genossenschaft, 6. Aufl., München 1997.

Engel, Christoph, Vorsorge gegen die Konzentration im privaten Rundfunk mit den Mitteln des Rundfunkrechts - eine Analyse von § 21 Rundfunkstaatsvertrag 1991. ZUM Sonderheft 1993, S. 557-585.

- Privater Rundfunk vor der Europäischen Menschenrechtskonvention, Baden-Baden, 1993.
- Kommunikation und Medien, in Dauses (Hrsg.), Handbuch des EG-Wirtschaftsrechts, München 1993, Kapitel E.V.
- Rundfunk in Freiheit, AfP 1994, S. 185-191.
- Medienrechtliche Konzentrationsvorsorge, in Die Landesmedienanstalten (Hrsg.), Die Sicherung der Meinungsvielfalt, 1995, S. 221-285.
- Die Messung der Fernsehnutzung als Voraussetzung eines Marktanteilsmodells zur Kontrolle der Medienkonzentration, ZUM 1995, S. 653-666.

Engel-Flechsig, Stefan/Maennel, Frithjof/Tettenborn, Alexander, Das neue Informations- und Kommunikationsdienste-Gesetz, in NJW 1997, S. 2981-2992.

Engels, Stefan, Verfassungsrechtliche Strukturvorgaben für Rundfunkkonzentrationsregelungen, ZUM 1996, S. 44-59.

Enquete-Kommission „Zukunft der Medien in Wirtschaft und Gesellschaft – Deutschlands Weg in die Informationsgesellschaft", Erster Zwischenbericht zum Thema Meinungsfreiheit – Meinungsvielfalt – Wettbewerb: Rundfunkbegriff und Regulierungsbedarf bei den Neuen Medien, (1996), BT-Drucksache 13/6000.

Esser, Josef, Vorverständnis und Methodenwahl in der Rechtsfindung - Rationalitätsgarantien der richterlichen Entscheidungspraxis, Frankfurt a.M. 1970.

Esser-Wellie, Michael, Das Verfassungs- und Wirtschaftsrecht der Breitbandkommunikation in den Vereinigten Staaten von Amerika - Zusammenhänge zwischen technischer Konvergenz und Wettbewerb, Baden-Baden 1994.

Europäische Kommission, Pluralismus und Medienkonzentration im Binnenmarkt, Bewertung der Notwendigkeit einer Gemeinschaftsaktion, Grünbuch der Kommission, KOM (92) 480 endg., Brüssel, 23.12.1992.

- Grünbuch über die Liberalisierung der Telekommunikationsinfrastruktur und der Kabelfernsehnetze: Teil 1, Grundsätze und Zeitrahmen, KOM (94) 440 endg., Brüssel, 25.10.1994.
- Grünbuch über die Liberalisierung der Telekommunikationsinfrastruktur und der Kabelfernsehnetze: Teil 2, Ein gemeinsames Konzept zur Bereitstellung einer

Infrastruktur für Telekommunikation in der Europäischen Union, KOM (94) 682 endg., Brüssel, 25.01.1995.
- Grünbuch über die Revision der Fusionskontrollverordnung, KOM (96) 19 endg., Brüssel, 31.01.1996.
- Grünbuch zur Konvergenz der Branchen Telekommunikation, Medien und Informationstechnologie und ihren ordnungspolitischen Auswirkungen – Ein Schritt in Richtung Informationsgesellschaft, KOM (97) 623 endg., Brüssel, 03.12.1997.
- XIX. Bericht über die Wettbewerbspolitik 1989, Brüssel- Luxemburg 1990.
- XX. Bericht über die Wettbewerbspolitik 1990, Brüssel - Luxemburg 1991.
- XXI. Bericht über die Wettbewerbspolitik 1991, Brüssel - Luxemburg 1992.
- XXII. Bericht über die Wettbewerbspolitik 1992, Brüssel - Luxemburg 1993.
- XXIII. Bericht über die Wettbewerbspolitik 1993, Brüssel - Luxemburg 1994.
- XXIV. Bericht über die Wettbewerbspolitik 1994, Brüssel - Luxemburg 1995.
- XXV. Bericht über die Wettbewerbspolitik 1995, Brüssel - Luxemburg 1996.
- XXVI. Bericht über die Wettbewerbspolitik 1996, Brüssel - Luxemburg 1997.
- XXVII. Bericht über die Wettbewerbspolitik 1997, Brüssel - Luxemburg 1998.

Europäisches Medieninstitut, Bericht über die Entwicklung der Meinungsvielfalt und der Konzentration im privaten Rundfunk gemäß § 21 Abs. 6 Staatsvertrag über den Rundfunk im vereinten Deutschland, in Die Landesmedienanstalten (Hrsg.), Die Sicherung der Meinungsvielfalt, 1995, S. 127-220.

Everling, Ulrich, Gestaltungsbedarf des Europäischen Rechts, in EuR 1987, S. 214-235.
- Zur föderalen Struktur der Europäischen Gemeinschaft, in Festschrift für Karl Döhring, 1989, S. 179-198.

Fäßler, Hans-Roland, Konzentrationskontrolle des privaten Fernsehens, AfP 1995, S. 542-545.

Fehling, Michael, Die Konkurrentenklage bei der Zulassung privater Rundfunkveranstalter, Berlin 1994.

Flume, Werner, Die Einbeziehung von Unternehmen im Mehrheitsbesitz ohne einheitliche Leitung in den Konzernabschluß, Der Betrieb 1968, S. 1011-1014.

Fraenkel, Ernst, Deutschland und die westlichen Demokratien, Frankfurt a.M. 1991.

Frankfurter Kommentar zum Gesetz gegen Wettbewerbsbeschränkungen - Hrsg.: Helmut v. Glassen, Helmuth v. Hahn, Hans-Christian Kersten, Walter Kolvenbach, Jürgen Lehmann, 3. Aufl., Köln.

Fröhlinger, Margot, EG-Wettbewerbsrecht und Fernsehen, RuF 1993, S. 59-65.

Gabriel-Bräutigam, Karin, Rundfunkkompetenz und Rundfunkfreiheit: eine Untersuchung über das Verhältnis der Rundfunkhoheit der Länder zu den Gesetzgebungszuständigkeiten des Bundes, Baden-Baden 1990.

- Wahlkampf im Rundfunk, ZUM 1991, S. 466-478.

v. Gamm, Otto-Friedrich Frhr. v., Kartellrecht, Kommentar zum Gesetz gegen Wettbewerbsbeschränkungen und zu Art. 85, 86 EWGV, 2. Aufl., Köln, Berlin, Bonn, München, Stand: 1. April 1990, zit.: v. Gamm, Kartellrecht.

Gansweid, Wolfgang, Gemeinsame Tochtergesellschaften im deutschen Konzern- und Wettbewerbsrecht, Baden-Baden 1976.

Gemeinschaftskommentar zum Handelsgesetzbuch begr. von Georg W. Bandasch, 2 Bde, 4. Aufl., Neuwied, Kriftel, Berlin 1989.

Gemeinschaftskommentar, Gesetz gegen Wettbewerbsbeschränkungen und Europäisches Kartellrecht, begr. v. Müller-Henneberg, Hans/ Schwartz, Gustav, 4.Auflage, Köln, Berlin, Bonn, München, 1981/1996.

Geppert, Martin, Europäischer Rundfunkraum und nationale Rundfunkaufsicht: zur Rolle und Zukunft der deutschen Landesmedienanstalten in einem europäischen Rundfunksystem, Berlin 1993.

Geßler, Ernst, Besprechung der Entscheidung BGHZ 62,193, ZGR 1974, S. 476-482.

Geßler, Ernst/Hefermehl, Wolfgang/Eckhardt, Ulrich/Kropff, Bruno, Aktiengesetz, Kommentar, 15. Lieferung, München, Stand: 1. Juli 1993.

Gersdorf, Hubertus, Staatsfreiheit des Rundfunks in der dualen Rundfunkordnung der Bundesrepublik Deutschland, Berlin 1991.

- Der verfassungsrechtliche Rundfunkbegriff im Lichte der Digitalisierung der Telekommunikation, Berlin 1995.
- Multi-Media: Der Rundfunkbegriff im Umbruch ?, AfP 1995, S. 565-574.
- Die dienende Funktion der Telekommunikationsfreiheiten : Zum Verhältnis von Telekommunikation und Rundfunkordnung, in AfP 1997, S. 424-429.

Giehl, Christoph, Der Wettbewerb zwischen öffentlich-rechtlichen Anstalten und privaten Rundfunkveranstaltern, Baden-Baden 1993.

Ginsburg, Douglas H./Botein, Michael H./Director, Mark D., Regulation of the electronic mass media: law and policy for radio, television, cable and the new video technologies, second edition, St. Paul 1991.

Glotz, Peter/Thomas, Uwe, Höchste Zeit - Für ein Medienordnungsrecht aus einem Guß, epd/Kirche und Rundfunk Nr.12 v.17.2.1996, S. 3-8.

v. Godin, Frhr./Wilhelmi, Hans, Aktiengesetz v. 6. Sept. 1965, Kommentar, neu bearbeitet von Sylvester Wilhelmi, 4.Aufl., Berlin 1971.

Götz, Volkmar, Das Maastricht-Urteil des Bundesverfassungsgerichts, JZ 1993, S. 1081-1086.

Gotthold, Jürgen, Kommerzielles Fernsehen und Gesetz gegen Wettbewerbsbeschränkungen, ZHR 148 (1984), S. 465-486.

Gounalakis, Georgions, Der Mediendienste-Staatsvertrag der Länder, in NJW 1997, S. 2993-3000.

Grabitz, Eberhard/ Hilf, Meinhard, (Hrsg.) Kommentar zur Europäischen Union, Loseblatt- Kommentar, 3.Aufl., München 1998.

Greiffenberg, Horst, Medienrechtliche und kartellrechtliche Kontrolle der Konzentration im Rundfunk, in Mestmäcker (Hrsg.), Offene Rundfunkordnung, 1988, S. 311-347.

Grimm, Dieter, Schutzrecht und Schutzpflicht: Zur Rundfunkrechtsprechung in Amerika und Deutschland, in Festschrift Mahrenholz, 1994, S. 529-539.

Groeben, Hans von der /Thiesing, Jochen /Ehlermann, Claus-Dieter, Kommentar zum EU-/EG-Vertrag, Bd. 2, 5.Aufl., Baden-Baden 1999.

Gromann, Hans Georg, Die Gleichordnungskonzerne im Konzern- und Wettbewerbsrecht, Köln, Berlin, Bonn, München 1979.

Grundmann, Birgit, Die öffentlichen Rundfunkanstalten im Wettbewerb, Baden-Baden 1990.

Habermas, Jürgen, Strukturwandel der Öffentlichkeit, 3.Aufl., Frankfurt a.M. 1993.

Häberle, Peter, Die Wesensgehaltsgarantie des Art. 19 Abs. 2 GG, 3.Aufl., Heidelberg 1983.

- Grundrechte im Leistungsstaat, VVDStRL 30 (1972), S. 43-131.

Haeckel, Helmut, Konzentrationskontrolle im privaten Rundfunkmarkt, DLM-Jahrbuch 1992, S. 15-24.

- Vielfaltssicherung im privaten Rundfunk, in Die Landesmedienanstalten (Hrsg.), Jahrbuch der Landesmedienanstalten 1993/1994, S. 75-83.

Hailbronner, Kay, Die deutschen Bundesländer in der EG, JZ 1990, S. 149-158.

Hain, Karl-Eberhard, Rundfunkfreiheit und Rundfunkordnung, Baden-Baden 1993.

Hartstein, Reinhard/Ring, Wolf-Dieter/Kreile, Johannes, Rundfunkstaatsvertrag: Kommentar zum Staatsvertrag der Länder zur Neuordnung des Rundfunkwesens, München 1989.

Hartstein, Reinhard/Ring, Wolf-Dieter/Kreile, Johannesf/Dörr, Dieter/Stettner, Ruppert, Rundfunkstaatsvertrag, Kommentar zum Staatsvertrag der Länder zur Neuordnung des Rundfunkwesens, 2. Aufl., München 1995.

- dies.:, Rundfunkstaatsvertrag, Kommentar zum Staatsvertrag der Länder zur Neuordnung des Rundfunkwesens, in Ring, Medienrecht, Bd. 2 , C-0.3, Loseblatt-Sammlung, München, Stand November 1998,

Hassold, Gerhard, Strukturen der Gesetzesauslegung, in Festschrift für Karl Larenz zum 80. Geburtstag, 1983, S. 211-240.

Hege, Hans, Konzentrationskontrolle des privaten Fernsehens, Zu den Fragen der Novellierung des § 21 Rundfunkstaatsvertrag, AfP 1995, S. 537-542.

- Für Wort, Schrift und Bild gleichermaßen - Bund und Länder müssen einen Multimedia-Pakt schließen, epd/Kirche und Rundfunk Nr.8. v.3.2.1996, S. 5-11.
- Offene Wege in die digitale Zukunft, Überlegungen zur Fortentwicklung des Medienrechts, Berlin 1995.

Heintzen, Markus Subsidiaritätsprinzip und Europäische Gemeinschaft, JZ 1991, S. 317-323.

Heinze, Matthias, Fernsehen ohne Grenzen - um jeden Preis? -, Schriftenreihe des Instituts für Rundfunkrecht an der Universität zu Köln, Band 61, München 1993.

Held, Stefan, Zur Verflechtung der Medien aus wettbewerblicher Sicht, in Röper (Hrsg.), Wettbewerbsprobleme öffentlich- und privatrechtlicher Medien, 1989, S. 81-103.

Hellstern, Gerd-Michael, Baden-Württemberg: Landesanstalt für Kommunikation, in: Rundfunkaufsicht, Bd. I: Rundfunkaufsicht in der Bundesrepublik Deutschland, Presse und Informationsamt der Landesregierung Nordrhein-Westfalen (Hrsg.), Paderborn 1989, zit. Rundfunkaufsicht Bd. I.

Henle, Victor, Erfahrungsbericht der Landesmedienanstalten zur Sicherung der Veranstalter- und Beteiligungsvielfalt im bundesweit verbreiteten Rundfunk (DLM-Konzentrationsbericht), in Die Landesmedienanstalten (Hrsg.), Die Sicherung der Meinungsvielfalt, Berlin 1995, S. 9-125.

Herrmann, Günter, Fernsehen und Rundfunk in der Verfassung der Bundesrepublik Deutschland, Tübingen 1975.

- Rundfunkrecht: Fernsehen und Hörfunk mit neuen Medien, München 1994.
- Rundfunkfreiheit und Rundfunkordnung im internationalen und europäischen Recht, EWS 1991, S. 269-274.

Hess, Wolfgang, Medienkonzentrationsrecht nach dem neuen Rundfunkstaatsvertrag, in AfP 1997, S. 680-688 (Teil 1 : Materielles Medienkonzentrationsrecht), S. 777-784 (Teil 2: Formelles Medienkonzentrationsrecht und Fragen des Rechtsschutzes).

Hesse, Albrecht, Rundfunkrecht: Die Organisation des Rundfunks in der Bundesrepublik Deutschland, 2. Auflage, München 1999.

- Anmerkung zum 6. Rundfunkurteil des Bundesverfassungsgerichts, JZ 1991, S. 357-361.
- Zur aktuellen Entwicklung des Rundfunkrechts, in BayVBL. 1997, S. 132-143 u. S. 165-173.

Hesse, Konrad, Grundzüge des Verfassungsrechts der Bundesrepublik Deutschland, 19. Aufl., Heidelberg 1993.
- Bestand und Bedeutung der Grundrechte in der Bundesrepublik Deutschland, EuGRZ 1978, S. 427-438.

v.Heyl, Cornelius, Teledienste und Mediendienste nach Teledienstegesetz und Mediendienste-Staatsvertrag, in ZUM 1998, S. 115-121.

Hirsbrunner, Simon, Die revidierte EG-Fusionskontroll-Verordnung, in EuZW S. 69-75.

Hochbaum, Ingo, Kohäsion und Subsidiarität- Maastricht und die Länderkulturhoheit, DÖV 1992, S. 285-292.

Hochstein, Reiner, Teledienste, Mediendienste und Rundfunkbegriff – Anmerkungen zur praktischen Abgrenzung multimedialer Erscheinungsformen, in NJW 1997, S. 2977-2981.

Hoffmann-Riem, Wolfgang, Rundfunkrecht neben Wirtschaftsrecht, Baden-Baden 1991.
- (Hrsg.) Rundfunk im Wettbewerbsrecht, Baden-Baden 1988.
- Massenmedien, in: Benda/Maihofer/Vogel, Handbuch des Verfassungsrechts des Bundesrepublik Deutschland, 1983, S. 389-469.
- Medienfreiheit und der außenplurale Rundfunk, in AöR 109 (1984) S. 306-368,
- Kommunikations- und Medienfreiheit, in Benda/Maihofer/Vogel, Handbuch des Verfassungsrechts des Bundesrepublik Deutschland, 2.Aufl., 1994, S. 191-262.
- Der Rundfunkbegriff in der Differenzierung kommunikativer Dienste, AfP 1995, S. 9-15.

Hoffmann-Riem, Wolfgang/Koch, Hans-Joachim (Hrsg.), Hamburgisches Staats- und Verwaltungsrecht, Frankfurt a.M. 1988.

Hoffmann-Riem, Wolfgang/Starck, Christian (Hrsg.), Das Niedersächsische Rundfunkgesetz vor dem Bundesverfassungsgericht, Baden-Baden 1987.

Hoffmann-Riem, Wolfgang/Vesting Thomas, (Hrsg.) Perspektiven der Informationsgesellschaft, Symposien des Hans-Bredow-Instituts, Bd.16, Baden-Baden 1995.
- Ende der Massenkommunikation ? Zum Strukturwandel der technischen Medien, Media Perspektiven 1994, S. 382-391.

Holzer, Norbert, Das Marktanteilsmodell auf dem Prüfstand - ein Problemaufriß, ZUM 1995, S. 577-590.

Holzkämper, Volker, Die Verfassungsmäßigkeit von Zugangsbeschränkungen für Presseunternehmen zum privaten Rundfunk, ZUM 1994, S. 114-117.

Holznagel, Bernd, Konzentrationsbekämpfung im privaten Rundfunk, ZUM 1991, S. 263-271.

- Probleme der Rundfunkregulierung im Mulitmedia-Zeitalter, ZUM 1996, S. 16-26.

Hoppmann, Erich, Meinungswettbewerb als Entdeckungsverfahren, in Mestmäcker (Hrsg.), Offene Rundfunkordnung, 1988, S. 164-198.

Hübner, Heinz (Hrsg.), Rechtsprobleme der privaten Rundfunkordnung: Vortragsveranstaltung vom 26. und 27. April 1991, Schriftenreihe des Instituts für Rundfunkrecht an der Universität zu Köln, Band 57, München 1992.

Hueck, Götz, Zwei Probleme der Konzernmitbestimmung, in: Festschrift für Harry Westermann zum 65. Geburtstag, 1974, S. 241-261.

Hüffer, Uwe, Aktiengesetz, 4. Aufl., München 1999.

Hümmerich, Klaus, Nationale Rundfunkordnung und Europäischer Medienmarkt, AfP 1991, S. 591-594.

Hüttemann, Rainer, Der Entherrschungsvertrag im Aktienrecht - Zulässiges Gestaltungsinstrument oder Verstoß gegen die aktienrechtliche Kompetenzordnung?, ZHR 156 (1992), S. 314-329.

Immenga, Ulrich/Mestmäcker, Ernst-Joachim, Gesetz gegen Wettbewerbsbeschränkungen, 2. Aufl., München 1992, zit.: Bearbeiter in Immenga/Mestmäcker, GWB.

Immenga, Ulrich/Mestmäcker, Ernst-Joachim, EG-Wettbewerbsrecht, München, 1997, zit.: Bearbeiter in Immenga/Mestmäcker, EG-WbR.

Ipsen, Hans Peter, Der "kulturpolitische" Zugriff der Europäischen Gemeinschaft, in Gedächtnisschrift für Wilhelm Karl Geck, 1989, S. 339-354.

Isensee, Josef/Kirchhof, Paul (Hrsg.), Handbuch des Staatsrechts der Bundesrepublik Deutschland, Heidelberg, 1987-1992, zit.: Bearbeiter in Isensee/Kirchhof (Hrsg.), Handbuch des Staatsrechts,

- Bd. II: Demokratische Willensbildung - Die Staatsorgane des Bundes, 1987.
- Bd. V: Allgemeine Grundrechtslehren, 1992.
- Bd. VI: Freiheitsrechte, 1989.
- Bd. VII: Normativität und Schutz der Verfassung- Internationale Beziehungen, 1992.

Jarass, Hans D., Die Freiheit der Massenmedien: zur staatlichen Einwirkung auf Presse, Rundfunk, Film und andere Medien, Baden-Baden 1978.

- Die Freiheit des Rundfunks vom Staat, Berlin 1981.

- Grundrechte als Wertentscheidungen bzw. objektivrechtliche Prinzipien in der Rechtsprechung des Bundesverfassungsgerichts, in AöR 110 (1985), S. 363-397.
- In welcher Weise empfiehlt es sich, die Ordnung des Rundfunks und sein Verhältnis zu anderen Medien - auch unter dem Gesichtspunkt der Harmonisierung - zu regeln?, 56. DJT (1986), Bd. II, Gutachten, S. G 9-112.
- Kartellrecht und Landesrundfunkrecht, Köln, Berlin, Bonn, München 1991.
- Die EG-Kompetenzen und das Prinzip der Subsidiarität nach Schaffung der Europäischen Union, EuGRZ 1994, S. 209.
- Folgen der Zulassung eines Fernsehprogramms für die Verbreitung in anderen Bundesländern, ZUM 1994, S. 319-334.

Jarass, Hans D./Pieroth, Bodo, Grundgesetz für die Bundesrepublik Deutschland, 4. Aufl., München 1997.

Jestaedt, Thomas/Anweiler, Jochen, Europäische Fusionskontrolle im Medienbereich, in EuZW 1997, S. 549-555.

Jochimsen, Reimut, Regulierung und Konzentration im Medienbereich, AfP 1999, S. 24-28.

Kaiser, Joseph H., Presseplanung, Frankfurt a.M. 1972.

Kantzenbach, Erhard/Krüger Reinald, Zur Frage der richtigen Abgrenzung des sachlich relevanten Marktes bei der wettbewerbspolitischen Beurteilung von Unternehmenszusammenschlüssen, WuW 1990, S. 472-481.

Karpen, Hans-Ulrich, Die Verweisung als Mittel der Gesetzgebungstechnik, Berlin 1970.

Kiecker, Jürgen, Fusionskontrolle im Rundfunk, WuW 1990, S. 128-131.

Kiefer, Marie-Luise, Konzentrationskontrolle: Bemessungskriterien auf dem Prüfstand, Media Perspektiven 1995, S. 58-68.

Klein, Eckhart, Der Verfassungsstaat als Glied einer europäischen Gemeinschaft, VVDStRL 50 (1991), S. 57-93.

Klein, Hans H., Die Rundfunkfreiheit, München 1978.
- Öffentliche und private Freiheit, Der Staat 10 (1971), S. 145-172.
- Rundfunkmonopol oder Pressezensur- Medienfreiheit auf dem Prokrustesbett, in: Festschrift für Martin Löffler zum 75. Geburtstag, 1980, S. 111-125.
- Rundfunkrecht und Rundfunkfreiheit, Der Staat 20 (1981), S. 177-200.
- Die grundrechtliche Schutzpflicht, DVBl. 1994, S. 489-497.

Kleinmann, Werner, Die Umsatzschwellen für Zusammenschlüsse von gemeinschaftsweiter Bedeutung in der Europäischen Fusionskontrolle und ihre Revision, in Festschrift für Ingo Schmidt, Baden-Baden, 1997, S. 131-141.

Kleinmann, Werner/Bechtold, Rainer, Kommentar zur Fusionskontrolle, 2. Aufl., Heidelberg 1989, zit.: Kleinmann/Bechtold, Fusionskontrolle.

Kleist, Thomas, Medienmonopoly im Konzentrationsprozeß - Hat die Kontrolle versagt?, ZUM 1993, S. 503-508.

Kloepfer, Michael, Öffentliche Meinung, Massenmedien, in: Isensee/Kirchhof, Handbuch des Staatsrechts, Bd. II, Heidelberg 1987, § 35, S. 171-205.

Knothe, Matthias, "Die Messung der Fernsehnutzung als Voraussetzung eines Marktanteilsmodells zur Kontrolle der Medienkonzentration", ZUM 1996, S. 132-134.

- Novellierung des Rundfunkstaatsvertrages, in ZUM 1997, S. 6-12.

Knothe, Matthias/Wanckel, Endress, Europäische Rundfunkpolitik als Aufgabe der Länder, ZUM 1995, S. 20-29.

Köhler, Helmut, Der Schutz des abhängigen Unternehmens im Schnittpunkt von Kartell- und Konzernrecht, NJW 1978, S. 2473-2481.

Kölner Kommentar zum Aktiengesetz, 2. Aufl., Köln, Berlin, Bonn, München, Stand: Dez. 1988, zit.: Bearbeiter in Kölner Kommentar zum AktG.

Kohl, Helmut (Hrsg.), Die Freiheit des Rundfunks nach dem Nordrhein-Westfalen-Urteil des Bundesverfassungsgerichts, Symposium aus Anlaß des 70. Geburtstags von Wolfgang Lehr, Konstanz 1991, zit.: Bearbeiter in Kohl (Hrsg.), Die Freiheit des Rundfunks.

- Elektronische Massenmedien und staatliche Verantwortung, in Assmann u.a (Hrsg.), Wirtschafts- und Medienrecht in der offenen Demokratie - Freundesgabe für Kübler zum 65. Geburtstag, Heidelberg 1997, S. 215-238.

Kommission zur Ermittlung der Konzentration im Medienbereich (KEK), Jahresbericht: Berichtszeitraum 15.Mai 1997 bis 30.Juni 1998, Potsdam 1998.
Jahresbericht: Berichtszeitraum 1. Juli 1998 bis 30.Juni 1999, Potsdam 1999.

Koppensteiner, Hans-Georg, Über wirtschaftliche Abhängigkeit, in: Festschrift für Walter Stimpel, 1985, S. 811-824.

- Bankenaufsicht und Bankengruppen, Heidelberg 1991.
- Wettbewerbsrecht, Kartellrecht und unlauterer Wettbewerb, Wien 1981.

Korfmacher, Hans-Wilhelm, Konzernrecht und Fusionskontrolle: kartellrechtliche Verweisungen auf den aktienrechtlichen Abhängigkeitstatbestand, Frankfurt a.M, Bern, New York, Paris 1989.

Kraft, Alfons, Der leitende Angestellte im Betriebsverfassungsrecht -Verschlungene Wege zur Abgrenzung -, in: Festschrift für Otto Mühl zum 70.Geburtstag, 1981, S. 389-407.

Kreile, Johannes, Kompetenz und kooperativer Föderalismus im Bereich des Kabel- und Satellitenrundfunks, München 1986.

- Rundfunk im vereinten Deutschland - Überblick über den neuen Staatsvertrag -, ZUM 1991, S. 568-573.

Kreile, Johannes, Die Reform des Rundfunkstaatsvertrages – Neue Wege bei der Vielfaltssicherung im privaten Rundfunk, in NJW 1997, S. 1329-1334.

Kreile, Johannes/Stumpf, Christoph, Das neue „Medienkartellrecht„: Die Sicherung der Meinungsvielfalt im novellierten Rundfunkstaatsvertrag, in Multi Media und Recht (MMR), 1998, S. 192-195.

Kresse, Hermann, Die Rundfunkordnung in den neuen Bundesländern, Stuttgart 1992.

- (Hrsg.), Pluralismus, Markt und Medienkonzentration: Positionen, Berlin 1995.
- Marktöffnung und Pluralitätssicherung, in Pluralismus, Markt und Medienkonzentration: Positionen, 1995, S. 13-93.

Kresse, Hermann/Heinze, Matthias, Rundfunk-Dynamik am Morgen des digitalen Zeitalters- Ein Beitrag zur funktionalen Entwicklung des Rundfunkbegriffs, AfP 1995, S. 574-580.

- Der Rundfunk: Das "jedenfalls auch kulturelle Phänomen"- Ein Pyrrhussieg der Länder ?- Eine Kurzanalyse des Urteils des Bundesverfassungsgerichts zur EU-Fernsehrichtlinie, ZUM 1995, S. 394-397.

Kropff, Bruno, Aktiengesetz, Textausgabe Düsseldorf 1965,

- "Verbundene Unternehmen" im Aktiengesetz und im Bilanzrichtlinien-Gesetz, Der Betrieb 1986, S. 364-368.

Kübler, Friedrich, Medienverflechtung: Eine rechtsvergleichende Untersuchung der Marktstrukturprobleme des privaten Rundfunks, Frankfurt a.M., Berlin 1982 zit.: Kübler, Medienverflechtung.

- Regelungsprobleme der Medienverflechtung, in: Hübner, Heinz (Hrsg.), Rechtsprobleme der privaten Rundfunkordnung, München 1992, S. 43-55.
- Massenkommunikation und Medienverfassung - Bemerkungen zur "institutionellen" Deutung der Presse- und Rundfunkfreiheit - in: Festschrift für Peter Lerche zum 65. Geburtstag, 1993, S. 649-662.
- Gesellschaftsrecht, 4. Aufl., Heidelberg 1994.
- Kurzgutachten zu den sich aus Art.21 RfStV ergebenden Voraussetzungen für die Zulassung von SAT 1 zur Veranstaltung und terrestrischen Verbreitung eines landesweiten Fernsehprogramms in Nordrhein-Westfalen, abgedr. in FUNK- Korrespondenz Nr.19 v. 14.5.1993, S. 35-42.
- Konzentrationskontrolle des bundesweiten Rundfunks, in Die Landesmedienanstalten (Hrsg.), Die Sicherung der Meinungsvielfalt, 1995, S. 287-330.
- Argumente für ein Werbemarktanteilsmodell, in Media Perspektiven 1995, S. 48-57.

- Organisationsrechtliche Vielfaltssicherung im privaten Rundfunk, Gutachten erstattet im Auftrag der Landesanstalt für Rundfunk Nordrhein-Westfalen, abgedr. in epd/Kirche und Rundfunk Nr.39 v.20.5.1995.

Kübler, Friedrich/Schmidt, Reinhard, Gesellschaftsrecht und Konzentration, Berlin 1988.

Kuch, Hansjörg, Das Zuschaueranteilsmodell – Grundlage der Sicherung der Meinungsvielfalt im Fernsehen, in ZUM 1997, S. 12-17.

- Der Staatsvertrag über Mediendienste, in ZUM 1997, S. 225-230.

Kull, Edgar, "Dienende Freiheit" - dienstbare Medien?, in: Festschrift für Peter Lerche zum 65. Geburtstag, 1993, S. 663-673.

- Für den Rundfunkgesetzgeber fast Pleinpouvoir : Nachlese zum 6.Rundfunkurteil des Bundesverfassungsgerichts, AfP 1991, S. 716-724.

Ladeur, Karl-Heinz, Zur Abgrenzung von Telekommunikations- und Medienrecht bei der Regelung von Pay-TV, in Archiv PT 1997, S. 193-200.

- Die Regulierung von Multi-Media als Herausforderung des Rechts, in AfP 1997, S. 598-605.

Landesmedienanstalten, (Hrsg.), Die Sicherung der Meinungsvielfalt: Berichte, Gutachten und Vorschläge zur Fortentwicklung des Rechts der Medienkonzentrationskontrolle, Schriftenreihe der Landesmedienanstalten, Band 4, Berlin 1995.

Langen, Eugen/Bunte, Hermann-Josef, Kommentar zum deutschen und europäischen Kartellrecht, 8. Aufl., Neuwied, Kriftel, Berlin 1997.

Larenz, Karl, Methodenlehre der Rechtswissenschaft, 6. Aufl., Berlin, Heidelberg, New York, London, Paris, Tokio, Hong Kong, Barcelona, Budapest 1991.

Lehr, Gernot, Verfassungs- und verwaltungsrechtliche Fragen der Novellierung der rundfunkrechtlichen Konzentrationskontrolle unter besonderer Berücksichtigung des Zuschaueranteilsmodells, ZUM 1995, S. 667-673.

Lerche, Peter, Übermaß und Verfassungsrecht, Köln, Berlin, München, Bonn 1961.

- Verfassungsrechtliche Zentralfragen des Arbeitskampfes, Bad Homburg v.d.H., Berlin, Zürich 1968.

- Rundfunkmonopol: Zur Zulassung privater Fernsehveranstaltungen, Frankfurt a.M., Berlin 1970.

- Verfassungsrechtliche Fragen zur Pressekonzentration, Berlin 1971.

- Sind neue rechtliche Instrumente für die Absicherung der Freiheit des Bürgers zu erwägen ? , in Bitburger Gespräche, Jahrbuch 1977/78, S. 55.

- Landesbericht Bundesrepublik Deutschland, in: Bullinger/ Kübler (Hrsg.), Rundfunkorganisation und Kommunikationsfreiheit, Baden-Baden 1979, S. 15-105.

- Hoheitliche Programmanforderungen für private Rundfunkveranstaltungen, in Schreiber/Langenbucher/Hömberg (Hrsg.), Kommunikation im Wandel der Gesellschaft , Festschrift für Otto B. Roegele, 1980, S. 291.
- Presse und privater Rundfunk. Eine Auseinandersetzung insbesondere mit der verfassungsrechtlichen Konzeption von Küblers "Medienverflechtung", Berlin 1984.
- In welcher Weise empfiehlt es sich, die Ordnung des Rundfunks und sein Verhältnis zu anderen Medien - auch unter dem Gesichtspunkt der Harmonisierung - zu regeln?, 56. DJT (1986), Bd. II, Referat, S. O 38-58.
- Das 6. Rundfunkurteil zur "Modellkonsistenz", in: Kohl, Helmut, Die Freiheit des Rundfunks nach dem Nordrhein-Westfalen-Urteil des Bundesverfassungsgerichts, 1991, S. 51-61.
- Grundrechtlicher Schutzbereich, Grundrechtsprägung und Grundrechtseingriff, in Isensee/Kirchhof (Hrsg.), Handbuch des Staatsrechts, Bd. V: Allgemeine Grundrechtslehren, 1992, § 121, S. 739-773.
- Zu Grundfragen der öffentlich-rechtlichen Trägerschaft des Rundfunkbetriebes in Bayern (Art. 111a Abs.2 S. 1 BV), ZUM 1993, S. 441-456.
- Konsequenzen aus der Entscheidung des Bundesverfassungsgerichts zur EG-Fernsehrichtlinie, AfP 1995, S. 632-638.
- Gestaltungskompetenz und Programmbereich der Rundfunkanstalten, in Freundesgabe für Kübler, 1997, S. 239-250.

Liebs, Rüdiger, Die Verweisung auf die aktienrechtliche Abhängigkeits- und Konzernvermutung, in: Gedächtnisschrift für Jürgen Rödig, Gesetzgebungstheorie Juristische Logik, Zivil- und Prozeßrecht, 1978, S. 286-301.

Löffler, Martin (Hrsg.), Die öffentliche Meinung, München, Berlin 1962.

Luhmann, Niklas, Öffentliche Meinung, in: Politische Viertel-Jahresschrift 1970, S. 2.

Lutter, Marcus, Zur Herrschaft mehrerer Unternehmen über eine Aktiengesellschaft, NJW 1973, S. 113-118.

Maasch, Beate, Auslegung von Normen - ein spezifisches Problem im Kartellrecht?, ZHR 150 (1986) S. 354-365.

v. Mangoldt, Hermann/Klein, Friedrich, Das Bonner Grundgesetz, Kommentar, Bd. 1: Präambel, Artikel 1 - 19, 4. Aufl., München 1999, zit.: Bearbeiter in v. Mangoldt/Klein, Das Bonner Grundgesetz.

Marchand, Gerhart, Abhängigkeit und Konzernzugehörigkeit von Gemeinschaftsunternehmen, Berlin 1985.

Martens, Klaus-Peter, Die existenzielle Wirtschaftsabhängigkeit - Eine Untersuchung im Spannungsfeld von Konzern- und Wettbewerbsrecht, Köln, Berlin, Bonn, München 1979.
- Zum Verhältnis von Mitbestimmungs- und Gesellschaftsrecht, ZHR 148 (1984), S. 183-199.
- Öffentlich als Rechtsbegriff, Bad Homburg v.d.H., Berlin, Zürich 1969.
Martinek, Michael, Unruhe an der Kartellfront, NJW 1990, S.793-800.
- Die Zurechnung von Zuschaueranteilen nach §§ 25 RfStV 1996 anläßlich der Lizenzanträge der Premiere Medien GmbH & Co. KG auf Zulassung zur bundesweiten Veranstaltung von digitalen Pay-TV-Programmangeboten, Rechtsgutachten, Schriftenreihe des Instituts für Europäisches Medienrecht, Bd. 19, München, Berlin 1998.
Maunz, Theodor/Dürig, Günter, Grundgesetz, Loseblatt-Kommentar, 7. Aufl., München 1998, zit.: Bearbeiter in Maunz/Dürig/Herzog, Grundgesetz.
Medienbericht, Bericht der Bundesregierung über die Lage der Medien in der Bundesrepublik Deutschland (1985), BT-Drucksache 10/5663.
Medienbericht 1994, Bericht der Bundesregierung über die Lage der Medien in der Bundesrepublik Deutschland 1994, BT-Drucksache 12/8587, zit. Medienbericht 1994.
Meinel, Wulf, Grenzen europäischer Rundfunkrechtssetzung, Frankfurt a.M., Berlin, Bern, New York, Paris, Wien 1993.
Mestmäcker, Ernst-Joachim, Medienkonzentration und Meinungsvielfalt. Eine vergleichende wirtschaftsrechtliche Untersuchung im Auftrage des Bundesministers des Inneren, Baden-Baden 1978, zit.: Mestmäcker, Medienkonzentration.
- Zur Systematik des Rechts der verbundenen Unternehmen im neuen Aktiengesetz, in: Festschrift für Heinrich Kronstein aus Anlass seines 70. Geburtstages, 1967, S. 129-150.
- Die Anwendbarkeit des Gesetzes gegen Wettbewerbsbeschränkungen auf Zusammenschlüsse zu Rundfunkunternehmen, GRUR 1983, S. 553-560.
- In welcher Weise empfiehlt es sich, die Ordnung des Rundfunks und sein Verhältnis zu anderen Medien - auch unter dem Gesichtspunkt der Harmonisierung - zu regeln?, 56. DJT (1986), Bd. II, Referat, S. O 9-37.
- Meinungsfreiheit und Medienwettbewerb, ZUM 1986, S. 63-68.
- (Hrsg.) Offene Rundfunkordnung: Prinzipien für den Wettbewerb im grenzüberschreitenden Rundfunk, Gütersloh 1988.
- (Hrsg.), Der Einfluß des europäischen Gemeinschaftsrechts auf die deutsche Rundfunkordnung, Baden-Baden 1990.

- Zur kartellrechtlichen und medienrechtlichen Beurteilung eines gesellschaftsrechtlichen Wettbewerbsverbots zwischen Fernsehunternehmen, ZUM 1993, S. 201-213.
- Von der Wirtschaftsgemeinschaft zur Wirtschafts- und Währungsunion, in Hommelhoff/Kirchhof (Hrsg.), Der Staatenbund der Europäischen Union, 1994, S. 113-130.
- (Hrsg.), Kommunikation ohne Monopole II., Ein Symposium über Ordnungsprinzipien im Wirtschaftsrecht der Telekommunikation und der elektronischen Medien, Baden-Baden 1995.
- Über den Einfluß von Ökonomie und Technik auf Recht und Organisation der Telekommunikation und der elektronischen Medien, in ders. (Hrsg.), Kommunikation ohne Monopole II, 1995, S. 13-177.

Mestmäcker, Ernst-Joachim/Blaise, Jean-Bernard/Donaldson, David T., Gemeinschaftsunternehmen im Konzern- und Kartellrecht, Frankfurt a.M. 1979.

Mestmäcker, Ernst-Joachim/Engel, Christoph/Gabriel-Bräutigam, Karin/Hoffmann, Martin, Der Einfluß des europäischen Gemeinschaftsrechts auf die deutsche Rechtsordnung, Baden-Baden 1990.

Michel-Kommission, Bericht der Kommission zur Untersuchung der Wettbewerbsgleichheit von Presse, Funk, Fernsehen und Film, BT-Drucksache V/2120, zit. Bericht der Michel-Kommission.

Möhring, Philipp, Vertraglicher Ausschluß von Abhängigkeit und Konzernvermutung, in: Festschrift für Harry Westermann zum 65. Geburtstag, 1974, S. 427-441.

Möschel, Wernhard, Pressekonzentration und Wettbewerbsgesetz - Marktbeherrschung, unlauterer Wettbewerb und Sanierungsfusionen im Pressebereich, Tübingen 1978.
- Das Recht der Wettbewerbsbeschränkungen, Köln, Berlin, Bonn, München 1983.
- Fusionskontrolle im Pressebereich, JZ 1984, S. 493-501.
- Mehr Wettbewerb für Hörfunk und Fernsehen, in Festschrift für Alfred-Carl Gaedertz zum 70. Geburtstag, 1992, S. 431-440.
- Fusionskontrolle im Rundfunk, in: Festschrift für Otto- Friedrich Frhr. v. Gamm, 1990, S. 627-636.
- Zum Subsidiaritätsprinzip im Vertrag von Maastricht, NJW 1993,S. 3025-3028.
- Zur Sicherung der Meinungsvielfalt nach § 21 Rundfunkstaatsvertrag, in Möschel/Streit/Witt, Marktwirtschaft und Rechtsordnung, Festschrift für Erich Hoppmann 1994, S. 329-344.

Monopolkommission , Wettbewerbsprobleme bei der Einführung von privatem Hörfunk und Fernsehen, Sondergutachten der Monopolkommission, Bd. 11, Baden-Baden 1981.

- V. Hauptgutachten 1982/83.
- VI. Hauptgutachten 1984/85.
- IX. Hauptgutachten 1990/91.
- X. Hauptgutachten 1992/93.
- XI. Hauptgutachten 1994/95.
- XII. Hauptgutachten 1996/97.

Mook, Peter, Kartellrechtliche Beurteilung von Beteiligungen der Presse im Rundfunk, WuW 1986, S. 777-785.

Müller, Volker, Auswirkungen gesellschaftsrechtlicher Veränderungen bei zugelassenen Rundfunkveranstaltern, in ZUM 1996, S. 508-512.

v. Münch, Ingo/Kunig, Philip, Grundgesetz-Kommentar, Bd. 1: (Präambel bis Art. 20) 4. Aufl., München 1992, zit.: Bearbeiter in v. Münch, Grundgesetz.

Münchener Handbuch des Gesellschaftsrechts, (Hrsg.): Hoffmann-Becking, Bd. 4: Aktiengesellschaft, München 1988, zit.: Bearbeiter in Münch.Hdb. des GesR.

Münchener Kommentar zum Bürgerlichen Gesetzbuch, Redakteur: Franz-Jürgen Säcker, Bd.1: Allgemeiner Teil (§§ 1-240), AGB-Gesetz, 3. Aufl., München 1993, zit.: Bearbeiter in MünchKomm.

Neft, Hans, Meinungsdominanz im Fernsehen - Aufgreifkriterien des neuen § 26 Abs. 2 Rundfunkstaatsvertrag (RStV), in ZUM 1998, S. 458-465.

- KEK und KDLM – unorthodoxe Organkonfigurationen zur Sicherung der Meinungsvielfalt im Fernsehen, ZUM 1999, s. 97 – 104.

Nicolaysen, Gert, Der Gerichtshof - Funktion und Bewährung der Judikative, EuR 1972, S. 375-390.

Niederleithinger, Ernst, Praxis der Fusionskontrolle und der Mißbrauchsaufsicht 1985/86, in: Schwerpunkte des Kartellrechts 1985/86, FIW-Schriftenreihe, Heft 124, Köln, Berlin, Bonn, München, 1987, S. 21-82.

- Das Verhältnis von nationaler und europäischer Kontrolle von Zusammenschlüssen, WuW 1990, S. 721-730.

Noelle-Neumann, Elisabeth, Öffentliche Meinung, Die Entdeckung der Schweigespirale, 3. Aufl., Frankfurt a.M., Mainz, Berlin 1991.

Oncken, H., Politik, Geschichtsschreibung und öffentliche Meinung, in: Historisch-politische Aufsätze und Reden, Bd. 1, Berlin, München 1914.

Ossenbühl, Fritz Rundfunk zwischen nationalem Verfassungsrecht und europäischem Gemeinschaftsrecht, Frankfurt a.M. 1990.

- Die Interpretation der Grundrechte in der Rechtsprechung des Bundesverfassungsgerichts, NJW 1976, S. 2100-2107.

Owen, Bruce M., Economics and Freedom of Expression, Cambridge/Mass. 1975.

Palandt, Bürgerliches Gesetzbuch , 58. Aufl., München 1999, zit.: Palandt-Bearbeiter.

Papier, Hans-Jürgen, Pressefreiheit zwischen Konzentration und technischer Entwicklung, Der Staat 18 (1979), S. 422-440.

Parlasca, Susanne, Medienkonzentration und Medienverflechtung - zur Reichweite des kartellrechtlichen Inatrumentariums, WuW 1994, S. 210-220.

Paschke, Marian, Medienrecht, Berlin, Heidelberg, New York, London, Paris, Tokyo, Hong Kong, Barcelona, Budapest, 1993.

- Zusammenschlußbegriff des Fusionskontrollrechts - Zur Erweiterung des Zusammenschlußbegriffs im Referentenentwurf der 5. GWB-Novelle v. 20.1.1989, Heidelberg 1989.

Peine, Franz Joseph, Systemgerechtigkeit. Die Selbstbindung des Gesetzgebers als Maßstab der Normenkontrolle, Baden-Baden 1985.

Pelny, Stefan, Konzentrationskontrolle für den privaten Rundfunk, in AfP 1998, S. 35-40.

Pescatore, Pierre, Mit der Subsidiarität leben: Gedanken zu einer drohenden Balkanisierung der Europäischen Gemeinschaft, in Due/Lutter/Schwarze (Hrsg.), Festschrift für Everling, Bd. 2, 1995, S. 1071-1094.

Peters, Klaus/Werner, Horst S, Banken als herrschende Unternehmen?, AG 1978, S. 297-309.

Petersen, Nikolaus, Rundfunkfreiheit und EG-Vertrag: Die Einwirkungen des Europäischen Rechts auf die Ausgestaltung der nationalen Rundfunkordnungen, Baden-Baden 1994.

Pfeiffer, Gerd, Grundfragen der Rechtskontrolle im Kartellverfahren, in Schwerpunkte des Kartellrechts 1978/79, FIW-Schriftenreihe Heft 91, Köln, Berlin, Bonn, München 1980, S. 1 ff.

Pieper, Antje Karin, Medienrecht im Spannungsfeld von "Broacasting und Mulitmedia", ZUM 1995, S. 552-558.

Pieper, Antje Karin/Wiechmann Peter, Der Rundfunkbegriff: Änderungen durch Einführung des interaktiven Fernsehens, ZUM 1995, S. 82-96.

Pieper, Stefan Ulrich, Das Subsidiaritätsprinzip- Strukturprinzip der Europäischen Union, DVBl. 1993, S. 705-712.

Pieroth, Bodo/Schlink, Bernhard, Grundrechte, Staatsrecht II, 11.Aufl., Heidelberg 1995.

Piette, Klaus-Walter, Meinungsvielfalt im privaten Rundfunk: eine rechtsvergleichende Untersuchung der Privatfunkgesetzgebung in der Bundesrepublik Deutschland, München 1988.

Pipkorn, Jörn, Das Subsidiaritätsprinzip im Vertrag über die Europäische Union: rechtliche Bedeutung und gerichtliche Überprüfbarkeit, EuZW 1992, S. 697-700.

Platho, Rolf, Die Grenzen der Beteiligung an privaten Fernsehveranstaltern: Versuch einer Systematisierung des § 21 Rundfunkstaatsvertrag, ZUM 1993, S. 278-282.

- Die Gesellschafterzusammensetzung bei SAT 1 und § 21 RfStV, Rechtsgutachtliche Untersuchung der Landeszentrale für private Rundfunkveranstalter, (unveröffentlicht), Umdruck S. 1 ff.

Pressekommission, Schlußbericht der Kommission zur Untersuchung der Gefährdung der wirtschaftlichen Existenz von Presseunternehmen und der Folgen der Konzentration für die Meinungsfreiheit in der Bundesrepublik Deutschland, erstattet der Bundesregierung der Bundesrepublik Deutschland, BT-Drucksache V/3122, zit. Bericht der Pressekommission.

Prühs Hagen, Grundprobleme der aktienrechtlichen Abhängigkeit im Spiegel der neuen Literatur, AG 1972, S. 308-311.

- Die tatsächliche Abhängigkeit aus aktienrechtlicher Sicht, Der Betrieb 1972, S. 2001-2005.

Raiser, Thomas, Recht der Kapitalgesellschaften, 2.Aufl., München 1992.

Rasch, Harold, Sperrminoritäten in Bankbesitz als Grundlage einer "Abhängigkeit" nach § 17 AktG?, AG 1979, S. 49-51.

Rehbinder, Eckard v.d.H., Konzernaußenrecht und allgemeines Privatrecht: Eine rechtsvergleichende Untersuchung nach deutschem und amerikanischem Recht -, Bad Homburg v.d.H., Berlin, Zürich 1969.

Ress, Georg, Kultur und Europäischer Binnenmarkt, Stuttgart, Berlin, Köln 1991.

Ress, Georg, Bröhmer, Gutachten zu der Frage der EG-Kompetenz zur Sicherung des Pluralismus im Medienbereich, Juni 1997, (Typoskript), erscheint voraus. in 1998 in der Schriftenreihe der Forschungsstelle für Medienrecht und Medienwissenschaft an der Philipps- Universität Marburg.

Ricker, Reinhart, Die Gestaltungsfreiheit des Gesetzgebers im Lichte des 6. Rundfunkurteils, in: Kohl, Helmut, Die Freiheit des Rundfunks nach dem Nordrhein-Westfalen-Urteil des Bundesverfassungsgerichts, 1991, S. 26-33.

Ricker, Reinhart, Schiwy Peter, Rundfunkverfassungsrecht, München 1997.

Ring, Wolf-Dieter, Medienrecht - Rundfunk, Neue Medien, Presse, Loseblattsammlung, München, Stand November 1998, zit. Medienrecht.

- Die digitale Revolution in Hörfunk und Fernsehen: neue Herausforderungen für unser duales Rundfunksystem, in Becker/Lerche/Mestmäcker (Hrsg.), Festschrift für Reinhold Kreile, Baden-Baden 1995, S. 569-584.

Rittner, Fritz, Publizitätsprobleme bei der Zusammenschlusskontrolle, in: Festschrift für Ernst v. Caemmerer zum 70. Geburtstag, 1978, S. 623-641.

- Kapitalerhöhung und Kapitalherabsetzung als Zusammenschlusstatbestände, in: Festschrift für Martin Luther zum 70. Geburtstag, 1976, S. 147-161.
- Die Beteiligung als Grund der Abhängigkeit einer Aktiengesellschaft, Der Betrieb 1976, S. 1465-1470 (I) u. S. 1513-1515 (II).

Röper, Horst/Pätzold, Ulrich, Medienkonzentration in Deutschland, Europäisches Medieninstitut, Düsseldorf 1993.

Röper, Horst, Formationen deutscher Medienmultis 1992, Media Perspektiven 1993, S. 56-74.

- Formationen deutscher Medienmultis 1994/95, Media Perspektiven 1995, S. 310-318.
- Mehr Spielraum für Konzentration und Cross ownership im Mediensektor, in Media Perspektiven 1996, S. 610-620.

Rossen, Helge, Freie Meinungsäußerung durch den Rundfunk, Baden-Baden 1988.

Roth, Wulf-Henning, Der Zugang der Presse zum privaten Rundfunk, ZHR 152 (1988), S. 165-185.

Rowedder, Heinz/ Laufermann, Josef/ Fuhrmann, Hans/ Rasner, Henning/ Koppensteiner, Hans-Georg/ Rittner, Fritz/ Zimmermann, Klaus, Gesetz betreffend die Gesellschaften mit beschränkter Haftung (GmbHG), Kommentar, 3. Aufl., München 1997, zit.: Bearbeiter in Rowedder, GmbHG.

Ruck, Silke, Zur Unterscheidung von Ausgestaltungs- und Schrankengesetzen im Bereich der Rundfunkfreiheit, AöR 117 (1992), S. 543-566.

Rudolf, Walter, Über die Zulässigkeit privaten Rundfunks, Frankfurt a.M. 1970.

Säcker, Franz-Jürgen, Allgemeine Auslegungsgrundsätze zum Mitbestimmungsgesetz 1976, ZHR 148 (1984), S. 153-182.

- "Mehrmütterklausel" und Gemeinschaftsunternehmen: Zur Bedeutung der Brost & Funke-Entscheidung des BGH, NJW 1980, S. 801-806.
- Die Wahlordnungen zum Mitbestimmungsgesetz, München 1978.

Schellenberg, Martin, Europäische Konzentrationskontrolle im Medienbereich, Ein Anwendungsfall des Subsidiaritätsprinzips, DZWir 1994, S. 410-415.

- Pluralismus: Zu einem medienrechtlichen Leitmotiv in Deutschland, Frankreich, und Italien, in AöR 119 (1994), S. 427-449.
- Rundfunk-Konzentrationsbekämpfung zur Sicherung des Pluralismus im Rechtsvergleich: Rundfunkstaatsvertrag 1997 und Landesmediengesetze im Vergleich mit den Kontrollsystemen in Frankreich, Italien und Großbritanien, Baden-Baden, 1997.

Scheuner, Ulrich, Das Grundrecht der Rundfunkfreiheit, Berlin 1981.
- Pressefreiheit, VVDStRL 22 (1965), S. 1-100.
Schmidhuber, Peter/Hitzler, Gerhard, Die Verankerung des Subsidiaritätsprinzips im EWG-Vertrag: ein wichtiger Schritt auf dem Weg zu einer föderalen Verfassung der europäischen Gemeinschaft, NVwZ 1992, S. 720-725.
Schmidt, Klaus-Eberhard, Gibt es einen Fernsehzuschauermarkt im Sinne des Gesetzes gegen Wettbewerbsbeschränkungen ?, in WuW 1997, S. 472-477.
Schmidt, Karsten, Gesellschaftsrecht, 3. Aufl., Köln, Berlin, Bonn, München 1997.
- Konzentrationsprivileg und Gleichordnungsvertragskonzern: Kartellrechtsprobleme des Gleichordnungskonzerns -, in: Festschrift für Fritz Rittner zum 70. Geburtstag, 1991, S. 561-581.
- "Unternehmen und Abhängigkeit": Begriffseinheit und Begriffsvielfalt im Kartell- und Konzernrecht - Besprechung der Entscheidung BGHZ 74, 359 -, ZGR 1980, S. 277-288.
- Gleichordnung im Konzern: terra incognita?, ZHR 155 (1991), S. 417-446.
Schmidt, Walter, Die Rundfunkgwährleistung, Frankfurt a.M. 1980.
- Rundfunkvielfalt: Möglichkeiten und Grenzen einer "pluralistischen" Rundfunkorganisation, Frankfurt a.M. 1984.
- Die Rundfunkgebühr in der dualen Rundfunkordnung. Zur Problematik des "Aufsichtsgroschen" und anderer "zusätzlicher Teile" an der öffentlich-rechtlichen Rundfunkgebühr, Frankfurt a.M. 1989.
Schmitt-Glaeser, Walter, Die Meinungsfreiheit in der Rechtsprechung des Bundesverfassungsgerichts, AöR 113 (1988), S. 52-100.
- Die Rundfunkfreiheit in der Rechtsprechung des Bundesverfassungsgerichts, AöR 112 (1987), S. 215-263.
Schnelle, Ulrich/Bartosch, Andreas, Entwicklung der fusionskontrollrechtlichen Kommissionspraxis im Medien- und Telekommunikationssektor, in Betriebs Berater 1999, S. 1993-1940.
Scholz, Rupert, Pressefreiheit und Arbeitsverfassung, Berlin 1978, zit. Pressefreiheit.
- Die Koalitionsfreiheit als Verfassungsproblem, München 1971.
- Medienfreiheit und Publikumsfreiheit, in: Festschrift für Martin Löffler zum 75. Geburtstag, 1980, S. 355-373.
- Das dritte Fernsehurteil des Bundesverfassungsgerichts, JZ 1981, S. 565-568.
- Zukunft von Rundfunk und Fernsehen: Freiheit der Nachfrage oder reglementiertes Angebot, AfP 1995, S. 357-362.
Schrape, Klaus Digitales Fernsehen: Marktchancen und ordnungspolitischer Regelungsbedarf, Ein Bericht der Prognos AG, Basel im Auftrag der Bayerischen Landes-

zentrale für neue Medien (BLM), München und der Landesanstalt für Rundfunk Nordrhein-Westfalen (LfR), Düsseldorf, BLM-Schriftenreihe, Band 30, München 1995, zit. Bericht der Prognos AG.

Schröder, Meinhard, Das Bundesverfassungsgericht als Hüter des Staates im Prozeß der europäischen Integration, DVBl. 1994, S. 316-325.

Schuler-Harms, Magret; Rundfunkaufsicht im Bundesstaat, Baden-Baden 1995.

- Die Zusammenarbeit der Landesmedienanstalten am Beispiel der Kontrolle bundesweiter Veranstalterstrukturen, AfP 1993, S. 629-635.

Schulte, Josef, Änderungen der Fusionskontrolle durch die 6. GWB-Novelle, in: Die Aktiengesellschaft 1998, S. 297-308.

Schurig, Christian, Programmzulieferung zwischen Wirtschaftlichkeit und Vielfalt unter Berücksichtigung baden-württembergischer Verhältnisse, in: DLM-Jahrbuch 1988, S. 50-55.

Schwartz, Ivo E., Subsidiarität und EG-Kompetenzen, Der neue Titel "Kultur", Medienvielfalt und Binnenmarkt, AfP 1993, S. 409-421.

- Rundfunk, EG-Kompetenzen und ihre Ausübung, ZUM 1991, S. 155-167.
- Die EG-Rechtsetzungsbefugnis für das Fernsehen, ZUM 1989, S. 381-389.
- EG-Kompetenzen für den Binnenmarkt: Exklusiv oder konkurrierend/subsidiär?, Festschrift Everling, 1995, S. 1331-1354.

Schwarze, Jürgen, Die Medien im Spannungsfeld von Wirtschaft und Kultur: Zur Einordnung und Beurteilung der Medien in der jüngsten Rechtsprechung des Europäischen Gerichtshofs, in ders. (Hrsg.), Rundfunk und Fernsehen im Lichte der Entwicklung des nationalen und internationalen Rechts, Baden-Baden 1986, S. 119-148.

Schweitzer, Heike, Die rechtliche Bedeutung von Angehörigenverhältnissen im Rahmen der Konzentrationskontrolle nach dem Rundfunkstaatsvertrag (RStV), in ZUM 1998, S. 597-615.

Selmer, Peter, Bestands- und Entwicklungsgarantie für den öffentlich-rechtlichen Rundfunk in einer dualen Rundfunkordnung: eine verfassungsrechtliche Untersuchung ihrer Zulässigkeit und Reichweite, Berlin 1988.

Selmer, Peter/Gersdorf, Hubertus, Die Finanzierung des Rundfunks in der Bundesrepublik Deutschland auf dem Prüfstand des EG-Beihilfenregimes, Berlin 1994.

Seufert, Wolfgang, Die Entwicklung des Wettbewerbs auf den Hörfunk- und Fernsehmärkten in der Bundesrepublik Deutschland, Berlin 1992.

Slongo, Bruno, Der Begriff der einheitlichen Leitung als Bestandteil des Konzernbegriffs; Betriebswirtschaftliche Analyse und Folgerungen für einen Konzern de lege ferenda, Zürich 1980.

Smend, Rudolf, Verfassung und Verfassungsrecht (1928), in Staatsrechtliche Abhandlungen und andere Aufsätze, Berlin 1968, S. 119-277.
- Das Recht der freien Meinungsäußerung (1928), ebenda, S. 89-118.

Spieler, Ekkehard, Fusionskontrolle im Medienbereich, Berlin 1988.

Starck, Christian, Die Verfassungsauslegung, in: Isensee, Josef/ Kirchhof, Paul (Hrsg.),Handbuch des Staatsrechts der Bundesrepublik Deutschland, Bd. VII: 1992, § 164, S. 189-229.
- Staatliche Organisation und Staatliche Finanzierung als Hilfen zur Grundrechtsverwirklichung ? in Festschrift Bundesverfassungsgericht, Bd. 2, 1976, S. 480-526.
- Zur notwendigen Neuordnung des Rundfunks, NJW 1980, S. 1359-1363.
- Grund- und Individualrechte als Mittel institutionellen Wandels in der Telekommunikation, in Mestmäcker (Hrsg.), Kommunikation ohne Monopole II., 1995, S. 291-309.

Steindorff, Ernst, Wettbewerbliche Einheit und kartellrechtliche Vermutungen, Heidelberg 1982.
- Gemeinschaftsunternehmen mit zwei paritätisch beteiligten Gesellschaftern, NJW 1980, S. 1921-1924.

Stern, Klaus, Das Staatsrecht der Bundesrepublik Deutschland, Bd.1: Grundbegriffe und Grundlagen des Staatsrechts, Strukturprinzipien der Verfassung, 2. Aufl., München 1984.
- Neue Medien - neue Aufgaben des Rechts ? , DVBl. 1982, S. 1109-1118.
- Idee und Elemente eines Systems der Grundrechte, in Isensee, Josef/ Kirchhof, Paul (Hrsg.),Handbuch des Staatsrechts der Bundesrepublik Deutschland, Bd. V: 1992 , § 109, S. 45-100.
- (Hrsg.), Eine Rundfunkordnung für Europa - Chancen und Risiken, Vortragsveranstaltung vom 18. und 19. Mai 1990, Schriftenreihe des Instituts für Rundfunkrecht an der Universität zu Köln, Band 54, München 1990.

Stock, Martin, Medienfreiheit als Funktionsgrundrecht, München 1985.
- Rundfunkrechtliche Konzentrationskontrolle - Altes und Neues, ZUM 1994, S. 206-214.
- Nordrhein-westfälisches Rundfunkrecht - zur Lage nach den jüngsten Novellierungen, Baden-Baden 1993.
- Zur Novellierung des § 21 RufStV - Diskussionsbeiträge, AfP 1995, S. 550-552.
- Meinungsvielfalt und Meinungsmacht: Das duale Rundfunksystem nach der staatsvertraglichen Neuregelung (1996), in JZ 1997, S. 583-595.

Stockmann, Kurt, Stellungnahme zu den verfahrensrechtlichen Anforderungen an eine medienrechtlich effektive Konzentrationskontrolle, in Die Landesmedienanstalten (Hrsg.), Die Sicherung der Meinungsvielfalt, 1995, S. 435-484.

- Privater Rundfunk: ein Ausnahmebereich der Fusionskontrolle ?, AfP 1989, S. 634-636.

Stockmann, Kurt/Schultz, Eberhard, Kartellrechtspraxis und Kartellrechtsprechung 1997/98, 13. Aufl., Heidelberg 1998.

Stockmann, Kurt/Zigelski, Sabine, Novellierung des Rundfunkstaatsvertrages, ZUM 1995, S. 537-552.

Thaenert, Wolfgang, Programm- und Konzentrationskontrolle privater Rundfunkveranstalter, in: DLM-Jahrbuch 1989/90, S. 31-51.

Tomuschat, Christian, Die Europäische Union unter der Aufsicht des Bundesverfassungsgerichts, EuGRZ 1993, S. 489-496.

Ulmer, Peter, Handelsgesetzbuch, Großkommentar, Zweiter Band, 1. Halbband: Zweiter Band, 1. Halbband: §§ 105-144, Berlin New Yorck 1983.

- Begriffsvielfalt im Recht der verbundenen Unternehmen als Folge des Bilanzrichtlinien-Gesetzes: Eine systematische Analyse -, in: Festschrift für Reinhard Goerdeler zum 65. Geburtstag, 1987, S. 623-648.
- Aktienrechtliche Beherrschung durch Leistungsaustauschbeziehungen ?, in ZGR 1978, S. 457-475.
- Gemeinsame Tochtergesellschaften im deutschen Konzern- und Wettbewerbsrecht ZHR 141 (1977), S. 466-477.

Ulmer, Peter/Hanau Peter, Mitbestimmungsgesetz, München 1981.

Vahrenhold, Olaf, Die Stellung der Privatrundfunkaufsicht im System staatlicher Aufsicht, Baden-Baden 1990.

Wagner, Christoph, Die Landesmedienanstalten, Baden-Baden 1989.

- Konzentrationskontrolle im privaten Rundfunk, RuF 1990, S. 165- 182.
- Konzentrationskontrolle im Medien-Binnenmarkt der EG: Wettbewerbsrechtliche und medienspezifische Ansätze, AfP 1992, S. 1-12.

v. Wallenberg, Gabriela, Aktuelle kartellrechtliche Fragen im Rundfunk, WuW 1991, S. 963-970.

- Anmerkung zu den Beschlüssen betreffend die Zulassung des Deutschen Sportfernsehens (DSF) zum Sendebetrieb, ZUM 1993, S. 276-278.
- Die Regelungen im Rundfunkstaatsvertrag zur Sicherung der Meinungsvielfalt im privaten Rundfunk, ZUM 1992, S. 387-394.
- Das Grünbuch der EG-Kommission zu "Pluralismus und Medienkonzentration", WuW 1993, S. 910-917.

Weber, Werner, Rundfunkfreiheit - Rundfunkmonopol, in Festschrift für Ernst Forsthoff zum 70. Geburtstag, 1974, S. 467-493.

Werner, Horst, Der aktienrechtliche Abhängigkeitstatbestand: Eine Untersuchung der Herrschaftsmöglichkeiten von Unternehmen über Unternehmen in den faktischen Konzernverbindungen, Göttingen 1979.

Wessing, Kurt/Hölters, Wolfgang, Gemeinschaftsunternehmen und paritätische Mitbestimmung, Der Betrieb 1977, S. 864-868.

Westermann, Harm-Peter, Banken als Kreditgeber und Gesellschafter: Zur Entscheidungsfreiheit der Bank im Kreditgeschäft, ZIP 1982, S. 379-391.

Westrick, Klaus/Löwenheim, Gesetz gegen Wettbewerbsbeschränkungen, Kommentar, 4. Aufl., Herne, Berlin 1977.

Wiedemann, Gerhard, Handbuch des Kartellrechts, München 1999.

\- Personengesellschaften in der Fusionskontrolle, ZHR 146 (1982), S. 296-329.

Wieland, Joachim, Die Freiheit des Rundfunks, Berlin 1985.

Wolff, Hans J./Bachhof, Otto/Stober, Rolf, Verwaltungsrecht, Band II., 5. Aufl., München 1987.

Würdinger, Hans, Aktienrecht und das Recht der verbundenen Unternehmen, 4. Aufl., Heidelberg, Karlsruhe 1981.

Ziethen, Michael P, Rechtliche Spielräume der Lizenzierung und Kontrolle: ausgewählte Regelungsfelder, in: Rundfunkaufsicht, Bd. III: Rundfunkaufsicht in vergleichender Analyse, Presse und Informationsamt der Landesregierung Nordrhein-Westfalen (Hrsg.), Paderborn 1989, S. 59-162, zit. Rundfunkaufsicht Bd. III.

Zippelius, Reinhold, Allgemeine Staatslehre, 13. Aufl., München 1999.

Zmeck, Gottfried, Konzentrationskontrolle des privaten Fernsehens nach § 21 Rundfunkstaatsvertrag, in AfP 1995, S. 545-548.

Christoph Engel/Kenneth H. Keller (eds.)

Understanding the Impact of Global Networks on Local Social, Political and Cultural Values

First Symposium of the German American Academic Council's Project »Global Networks and Local Values«. Dresden, February 18-20, 1999

Chancen und Risiken gehören zusammen. Kaum jemand leugnet die Chancen, die globale Netze im allgemeinen und das Internet im besonderen bergen. Aber viele sehen die damit verbundenen Risiken – oder das, was sie als Risiken wahrnehmen – mit Sorge.

Manche Besorgnisse sind beinahe universell, etwa Kinderpornographie. Bei anderen gibt es wenigstens graduelle Unterschiede. So hat Deutschland rechtsgerichtete Schriften im Lichte seiner Geschichte tabuisiert. Und die Mehrheit der US-Amerikaner fühlt sich von Darstellungen nackter Körper verletzt, die die meisten Deutschen ganz harmlos finden. Solche Beispiele verführen zu einem vereinfachten Schluß: globale Netze bedrohen lokale Werte. Die Wirklichkeit der globalen Netze und ihrer Wirkungen auf lokale Werte ist viel komplizierter.

Das Buch erprobt verschiedene analytische Pfade, um globale Netze, lokale Werte und ihr Verhältnis zueinander zu verstehen. Es reicht von der Sozialphilosophie bis zur Prognose der technischen Entwicklung, von der Kulturtheorie bis zum Recht, von der Soziologie bis zur Wissenschaft von den internationalen Beziehungen, von der Volkswirtschaftslehre bis zu den Politischen Wissenschaften.

2000, 298 S., geb. mit Schutzumschlag, 88,– DM, 642,– öS, 80,– sFr,
ISBN 3-7890-6389-4
(Law and Economics of International Telecommunications – Wirtschaftsrecht der internationalen Telekommunikation, Bd. 42)

NOMOS Verlagsgesellschaft
76520 Baden-Baden